U0565057

邹韬奋研究

第十辑

韬奋纪念馆 编

SJPC
上海三联书店

图书在版编目(CIP)数据

邹韬奋研究.第十辑/韬奋纪念馆编.—上海:上海三联书店,2022.12

ISBN 978-7-5426-7968-0

Ⅰ.①邹… Ⅱ.①韬… Ⅲ.①邹韬奋(1895—1944)-人物研究-文集 Ⅳ.①K825.42-53

中国版本图书馆 CIP 数据核字(2022)第 231987 号

邹韬奋研究(第十辑)

编　　者 / 韬奋纪念馆

责任编辑 / 吴　慧
装帧设计 / 徐　徐
监　　制 / 姚　军
责任校对 / 王凌霄

出版发行 / 上海三联书店
(200030)中国上海市漕溪北路 331 号 A 座 6 楼
邮购电话 / 021-22895540
印　　刷 / 上海惠敦印务科技有限公司

版　　次 / 2022 年 12 月第 1 版
印　　次 / 2022 年 12 月第 1 次印刷
开　　本 / 890 mm × 1240 mm　1/32
字　　数 / 290 千字
印　　张 / 12.5
书　　号 / ISBN 978-7-5426-7968-0/K·705
定　　价 / 65.00 元

敬启读者,如发现本书有印装质量问题,请与印刷厂联系 021-63779028

书名题签： 邹家华

主　　编： 赵书雷

编 委 会： 陈　挥　黄　瑚　雷群明
邢云文　高福进　庞慧敏
李雪峰　张　霞　王草倩
毛真好　王嫣斐

编辑前言

《邹韬奋研究》(第十辑)即将出版。从一到十,我们与专家、学者和读者们一起见证了韬奋研究的蓬勃发展。2021 年是中国共产党成立 100 周年,也恰逢山西大学新闻专业建设 40 周年。10 月 10 日,“邹韬奋与中国共产党——第七届韬奋学术研讨会暨山西大学新闻专业建设 40 周年学术论坛”在山西太原召开。本次研讨会由山西大学新闻学院、上海韬奋纪念馆、上海市中共党史学会韬奋研究专业委员会、复旦大学新闻学院、上海交通大学韬奋研究院共同举办。

邹韬奋作为我国杰出的出版家和著名的新闻记者,具有深厚的爱国情怀、坚定的理想信念、鲜明的人民立场、强烈的社会责任。“九一八”事变后,邹韬奋在胡愈之、张仲实等共产党人的帮助下,很快走上抗日救亡的道路。他不畏强暴,积极创办报刊,努力唤起民众,以犀利笔锋,怒斥敌寇,反对投降,主持正义,传播真理,为民族解放呐喊,为人民民主呼号。在中国人民苦苦求索的漫漫长夜里,他的言论在青年中产生极大的影响,他创办的生活书店,成为国民党统治区内重要的进步文化阵地。1944 年 7 月,韬奋在上海病逝,遗嘱中他再次恳请中共中央审查自己的一生,“如若合格,请批准我入党”。中共中央在唁电中表示,接受韬奋“临终的请求”,追认他为中国共产党员,“并引此为吾党的光荣”。周恩来曾说,“邹韬奋同志经历的道路是中国知识分子走向进步走向革命的道路”。

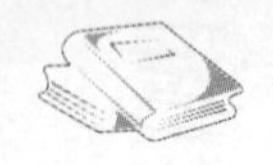

本次研讨会以“邹韬奋与中国共产党”为主题,从韬奋新闻思想与中国共产党百年新闻史研究,韬奋与马克思主义的传播研究,生活书店的红色出版物研究,韬奋和胡愈之、张仲实等共产党人的关系研究,国际共产主义运动对邹韬奋社会主义思想的影响等方面进行了深入探讨。

上海市中共党史学会副会长陈挥教授的《邹韬奋与中国共产党人的交往》,阐述了韬奋是在胡愈之、张仲实、周恩来等共产党人的引领、帮助、领导下,最终实现从民主主义到共产主义的伟大转变,并成为继鲁迅之后中国先进知识分子的杰出代表。《山西日报》高级编辑,原《山西晚报》社长、总编辑尹长虹的《试论韬奋报刊言论思想》,从言论主张的核心和言论实践等方面论说了韬奋报刊言论的大众观与自由观。西南政法大学新闻传播学院副院长张治中教授的《马克思主义新闻观视野中的邹韬奋新闻思想研究》,在探讨韬奋对马克思主义新闻思想的认知、理解与追随基础上,论述了韬奋的人民报刊思想、新闻自由思想和新闻改造社会思想。上海交通大学马克思主义学院教授高福进的《韬奋精神·抗战精神·建党精神》,由正义与真理、爱国主义与反抗帝国主义等内涵和特质揭示出韬奋精神与抗战精神和建党精神是紧密契合且相辅相成的,也是与中国精神一脉相承的。山西大学新闻学院副教授赵莹的《从“非孝”到“非英”——邹韬奋家庭教育观念的形成和转向》,勾勒韬奋家庭教育观念的形成过程和发展变化轨迹,阐释其家庭教育观念的特点和意义。张仲实主编、生活书店出版的最畅销丛书之一“青年自学丛书”曾成功地对广大青年读者起到启蒙和教育作用,我馆宣教部主任王草倩的《“青年自学丛书”的编辑与出版》,即是从编辑、出版、发行等方面介绍这套马列主义通俗读物所独具的特色和借鉴意义。复旦大学新闻学院博士陈媛媛的《动员、规训与认同:韬奋逝世纪念报道的话语研究(1944—1946)》,运用文本分析和话语分析的方法,爬梳中共党报《新华日报》《解放日报》从韬奋去世到中华人民共和国成立前的相关纪念报道。

因疫情防控需要,研讨会采取了线下与线上相结合的方式,除山西大学主会场外,还设有三个线上分会场。来自上海市中共党史学会、山西大学、西南政法大学、上海交通大学、上海韬奋纪念馆、复旦大学的专家、学者在会议现场进行了研讨交流。来自上海市政协文史委、青田章乃器研究会、辽宁人民出版社、立信会计出版社、兰州大学、同济大学、上海体育学院、辽宁大学、河南大学、杭州师范大学、青岛大学等20多位学者及研究生,通过视频联动参与了交流研讨,兰州大学新闻学院还特设分会场进行了研讨。上海市中共党史学会副会长陈挥、上海交通大学马克思主义学院教授高福进、兰州大学新闻学院教授李晓灵、复旦大学新闻学院党委副书记杨鹏、华东师范大学传播学院副教授洪九来、兰州大学新闻与传播学院教师谭泽明分别作为分会场点评人进行点评,山西大学新闻学院副教授赵莹、我馆副馆长张霞和兰州大学新闻与传播学院副教授张华分别担任分会场的主持人。

分会场的学者们带来了各个不同领域的韬奋研究论文,比如关于韬奋体育思想、家庭教育观念、女子职业教育观、女性观点对比等的研究,而从传播学的视角以科学传播、图像传播和动员理论等方面的研究也开始出现。有很多在读研究生也参与了此次研讨会,他们的论文虽然有些稚嫩,但角度新颖,这些新生力量为韬奋研究注入了新鲜血液。

这次研讨会的成功举办,还要感谢主办方之一及举办地山西大学的大力支持,为会议投入了大量人力物力,精心筹备,在疫情影响下依旧为大家提供了高质量的学术平台。

囿于篇幅所限,本论文集只能选用部分参会论文刊载,对未被刊载的论文作者表示诚挚的歉意。

为进一步推动韬奋和生活书店相关研究,我馆近年来已陆续披露许多珍贵馆藏史料,如影印出版了《生活书店会议记录》共四册,将生活书店 1933 年至 1945 年期间的社员大会、理事会、人事委员会、监察委员会、临时委员会、内地区管理委员会等会议记录全部影印出版。2022 年是生活书店创立 90 周年,我馆出版了《生活书店会议记录》全四册的排印本,为研究者提供更多的便利。另外还将推出“三联往事”丛书,内容是从“老三联人”撰写和编辑的记录三联历史和反映现实生活的内刊《联谊通讯》和《联谊简讯》中精选的关于书店、人物及出版的文章。希冀随着相关史料的不断披露,有更多学者加入到韬奋研究领域中来,提供不同的研究视角,催生更多的研究成果。

目　录

邹韬奋和中国共产党人的交往

陈　挥

（上海市中共党史学会）

邹韬奋是中国近代史上著名的出版家、杰出的新闻记者。在中华民族内忧外患交织的艰难时势中，韬奋不畏强暴，积极创办报刊，努力唤起民众，以犀利笔锋，怒斥敌寇，反对投降，主持正义，传播真理，为民族解放呐喊，为人民民主呼号，在中国人民苦苦求索的漫漫长夜里，成为一代青年认识社会、思考人生、追求进步的灯塔。

“九一八”事变后，邹韬奋在共产党员胡愈之等人的帮助下，很快走上抗日救亡的道路，靠近了中国共产党。《生活》周刊办得有声有色，发行量达到十多万份。邹韬奋的言论在青年中产生极大的影响。1932 年 7 月，邹韬奋又创办生活书店，出版大量进步的社会科学和文学艺术书籍，成为国民党统治区内重要的进步文化阵地。[①]

一、胡愈之的引领：实现了从民主主义到共产主义的伟大转变

（一）《莫斯科印象记》的深刻印象

“九一八”事变后，韬奋结识了刚从国外归来不久的胡愈

① 中共中央党史研究室：《中国共产党的九十年》，中共党史出版社、党建读物出版社 2016 年版，第 150 页。

之。胡愈之是《东方杂志》小有名气的编辑。他经受了“五四”新文化思潮的洗礼,积极参加“五卅”工人运动,思想日趋激进。1927年蒋介石发动了“四一二”反革命政变。胡愈之目睹商务印书馆所在的宝山路上革命群众惨遭屠杀、血流遍地的情景,义愤填膺,当即起草了抗议书,和郑振铎等7人在《商报》上公开发表,谴责这一“率兽食人”的滔天罪行。

1928年1月,胡愈之为了暂避国民党反动派的残酷迫害,以《东方杂志》驻欧洲特约记者身份到法国,1931年2月回国。在这三年里,他认真而系统地学习了不少马列原著,并利用假期到英国、比利时、瑞士等国进行实地考察,回国途中,又到德国、波兰、苏联作了访问。在对资本主义和社会主义都有了较深的了解后,他的思想发生了根本的转折,产生了一次飞跃,即开始由民主主义向共产主义转变。

回国以后,胡愈之撰写了《莫斯科印象记》。韬奋读了这本比较系统介绍苏联的政治、经济和人民生活状况的著作,如获至宝,特意写了《读〈莫斯科印象记〉》,在《生活》周刊上向读者介绍。他说:“全书虽有151页,但以著者亲切有味的叙述,通畅流利的文笔,令人非终卷不能自休,看完时觉得没有这么多的页数似的。”①

10月初,韬奋在毕云程陪同下,到上海宝山路东方图书馆拜访了胡愈之,向他提出了关于“九一八”事变后国内外形势的各种问题。胡愈之都作了详尽的回答和精辟的分析。两人志同道合,足足谈了三个小时,大有相见恨晚之感。

---

① 邹韬奋:《读〈莫斯科印象记〉》,《韬奋全集(增补本)》(第3卷),上海人民出版社2015年版,第449页。

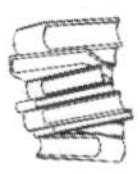

韬奋对胡愈之很钦佩，当场约他为《生活》周刊写稿。胡愈之欣然答应，很快写了一篇《一年来的国际》，评述了英、美、德等资本主义国家的经济危机，其内部及相互间的矛盾，介绍了苏联的建设成就，并且尖锐地指出："假如我们的推断不错，1931 年日本对我国东三省的强暴侵略行为，亦将成为第二次世界大战的序幕。"在当时中苏断交，谈共色变的环境下发表这样色彩鲜明的文章，要冒一定的政治风险。韬奋把它一字不改地刊登在《生活》周刊当年的"国庆特刊"上。后来胡愈之回忆说："从这开始，《生活》周刊逐渐改变了方向，关心和议论起国家民族的大事，使刊物和全国人民反蒋抗日的愿望一致起来，刊物更受到读者的欢迎。韬奋也从中受到教育和启示，以后《生活》周刊每期组稿都邀我参加研究。往往是在饭馆里几个人一起吃饭，同时就商谈下期刊物的内容，结果几乎每期总是确定以宣传抗日为主要宗旨。"①

（二）政治觉悟迅速提高

在胡愈之的帮助下，韬奋逐渐受到了马克思主义的影响，政治觉悟迅速提高。当时，由于日本帝国主义的武装侵略，民族危机深重地压到中国人民的头上，蒋介石的不抵抗政策和广大人民群众要求抗日救亡的意志形成严重的对立。在这种形势下，韬奋对国民党反动派的认识有了根本的变化。他在 1931 年 11 月的一篇文章中指出：我们每天"看报之后，对于内政外交的种种消息，非廉耻丧尽心肝灭绝，不能不难过"。因此他"大胆警告当局"，"政府所恃者不过几支枪杆子，民不畏死奈何以死惧之，民众为自己及卫护民族计，随时有爆发的机会，起来拼命"。② 韬奋这

① 胡愈之：《我的回忆》，江苏人民出版社 1990 年版，第 18—19 页。

② 邹韬奋：《韬奋全集（增补本）》（第 5 卷），第 92—93 页。

时候的想法代表了当时许多初步觉醒的人,他们开始看出,靠国民党的反动政府既不能解决个人问题,更不能解决整个民族的问题。但是到底出路在哪里,当然不是一下子就能看清楚的。

随着民族危机的不断加深,韬奋对国民党反动派的卖国本质有了进一步的认识。1932 年 6 月,广东军阀陈济棠全力以赴动用了飞机大炮,陆海空一起出动打内战,争地盘。而在"一·二八"淞沪抗战时,他却听从蒋介石的命令,不去支援同日寇浴血奋战的十九路军将士,在边上袖手旁观。为此,韬奋撰写了《劲儿多好!》一文,运用对比的方法,形象地揭露和讽刺了以蒋介石为代表的国民党新军阀在对外抗击日本帝国主义侵略时竟然无动于衷,而对于争夺个人的地盘权利的内战却"劲儿多好"的丑态。他尖锐地说,淞沪抗战时,"民众见敌机今天炸死我们人民多少,明天炸毁我们民屋多少,焦灼惶急,实非热锅上的蚂蚁所能比拟,希望有几架飞机出来抵他几阵,甚于大旱之望云霓,报上屡载将有广东飞机于何日可以到沪,我们民众伸长脖子望着,却始终未曾见过他们的影子。这次广东内战的情形却大大的不同"!陈济棠调拨新式战斗机共 11 架,"火速开赴前方,以便陆空军同时夹攻,较之上海抗日之仅有一小部分陆军而空军好像死光的现象,当然出色万分"!他愤怒指责了国民党新军阀"独对于民众所疾首痛心的为私人争权夺利的内战,劲儿再好没有,而对于民众所梦寐不忘的对外抗敌,却漠然无动于衷"。他认为,这是因为军阀们"所重的是个人的地盘权利",因此,"民众为着自身利益而反抗军阀混乱,反抗帝国主义的压榨,除非把政权和武力放在民众手中,或放在确能为民众奋斗的集团手中,绝对没有其他便宜的道路走"。①

---

① 邹韬奋:《韬奋全集(增补本)》(第 5 卷),第 164—166 页。

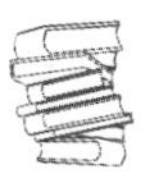

与此同时，韬奋开始系统地了解苏联、研究苏联、宣传苏联，对社会主义苏联的认识也不断提高。他很注意阅读中外出版的介绍苏联情况的书籍，对于当时苏联社会主义政治制度与经济建设、文化教育等各个方面都进行过研究，并且介绍给中国人民。后来他在给高尔基的信中说，办《生活》周刊的目的，就是"在中国鼓吹社会主义，同情中国的苏维埃运动"。从1933年1月7日起，《生活》周刊系统地发表了一系列关于宣传社会主义，介绍辩证唯物主义与历史唯物主义的文章，从而成为宣传社会主义的活跃阵地。他撰文热情赞扬列宁、斯大林和苏联共产党人的忘我工作精神和俭朴生活，详细介绍苏联第一个五年计划的伟大成就，认为这只有"在社会主义制度下是可能的，但在资本主义制度下是不可能的"。他特别钦佩无产阶级的革命导师列宁"对于党内信仰摇动的分子之坚决的不肯迁就不肯妥协的精神"，并深刻地指出："理论彻底，策略准确，然后以排除万难坚定不移的勇气和精神向前干去，必有成功的一日；即最初同志尽少，这种坚如金硬如铁的同志，一个可抵十个百个，内在的力量是异常伟大的。"①这反映出韬奋不仅对用马克思主义武装起来的共产党人的力量予以极高的评价，而且对革命的前途充满了信心。如果说，对国民党蒋介石政府幻想的破灭，迫使韬奋不得不另找中国的出路，那么，社会主义苏联的巩固和发展，恰好为他提供了一个生动的榜样，使他从实践上看到了中国的希望，明白了中国要得救只有社会主义一条路可走。1932年7月，他在《我们最近的趋向》一文中指出："中国乃至全世界的乱源，都可归结于有榨取的阶级和被榨的阶级，有压迫的阶级和被压迫的

---

① 邹韬奋：《韬奋全集（增补本）》（第5卷），第513—514页。

阶级,要消灭这种不幸的现象,只有社会主义的一条路走。"[①]从这里我们可以清楚看到,韬奋已经基本上认识到社会主义制度代替资本主义制度是历史发展的必然趋势,基本上认识到只有社会主义才能救中国,这是韬奋在向共产主义者转变的过程中所迈出的重要一步。

生活书店成立后,胡愈之尽管没有担任正式职务,但他为书店的规划工作和经营管理出谋划策,作出了巨大的贡献。韬奋曾在生活书店的内部刊物《店务通讯》发表的《我们的胡主席》一文中说:"胡主席(指后来担任的编委会主席)是本店的最有功勋的一位同事。他在《生活》周刊时代就经常替我们写国际文章,……他参加本店创办时的计划,等于本店'大宪章'的'社章'就是由他起草的。他对本店的重大贡献不仅是编审,在实际上是包括了我们的整个事业。……他是我们事业的同志,患难的挚友。"[②]

在胡愈之的建议下,生活书店大张旗鼓地出版了许多传播社会科学知识的书籍。1933 年 3 月,生活书店出版了胡愈之在 1932 年 6 月至 12 月以笔名"伏生"撰写的国际问题论文编辑而成的《伏生国际论文集》,韬奋在为其撰写的序中说:"伏生先生是我生平最佩服的一位朋友,他对于国际问题的研究,最善于用冷静的脑子,作客观的缜密的分析,这是在读者诸君自会感到的,我所尤觉得佩服的是无论怎样复杂的问题,一到了他的笔端,便能提纲挈领,左右逢源,说得你不懂也要懂,而且不但懂,还要不由自主的感觉到兴味盎然。"[③]这是胡愈之在生活书店出

① 邹韬奋:《韬奋全集(增补本)》(第 4 卷),第 413 页。
② 邹韬奋:《韬奋全集(增补本)》(第 9 卷),第 256—257 页。
③ 邹韬奋:《韬奋全集(增补本)》(第 5 卷),第 4 页。

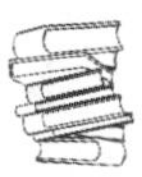

版的第一本书。此后，韬奋看到广大青年对国际时事十分关心，又约请胡愈之主编了一套《时事问题丛刊》，1933 年就出了 18 种，其中包括金仲华的“国际新闻读法”，张明养的《世界经济会议》等，都很受读者欢迎。

（三）世界观发生显著变化

从 1931 年“九一八”开始到 1933 年 7 月，是韬奋世界观发生显著变化的阶段。“九一八”以后，随着中国民族危机的日趋严重，中国共产党领导的抗日救亡运动日益高涨，韬奋在胡愈之的帮助下，对马克思主义的理解也逐步加深，他的社会历史观中的唯心主义观点日渐为唯物主义观点所代替，到 1933 年 7 月，韬奋对历史发展的趋势，对中国革命道路的认识，对人民群众的态度都已经达到或十分接近马克思主义的高度了。他这时关注的是工农大众的彻底解放，他用以观察分析社会上各式各样意向的，主要是阶级的观点。从革命民主主义者发展成为共产主义战士，要经过量变到质变的过程，一旦量的积累达到一定程度，这种质的飞跃就成了不可阻挡的历史趋势。

《生活》周刊的言论和韬奋思想的不断进步，遭到了国民党政府的嫉恨和迫害。在参加了杨杏佛追悼会后，韬奋的处境十分危险，国民党特务把他列入了“黑名单”，经常盯梢。那时，韬奋每天上下班，都要通过法国公园（现复兴公园）从辣斐德路（现复兴中路）大门到华龙路大门之间的那条小路，尤其在晚上，行人更少，亲友都替他的安全担心。经胡愈之等朋友的多次劝告，韬奋才借了一笔旅费，于 1933 年 7 月 14 日离沪赴欧考察，暂避眼前的政治风险。

韬奋出国以后，胡愈之接过了他留下的担子，为生活书店的发展竭尽全力地工作。《生活》周刊的编辑业务，主要由他负责；原先每期由韬奋撰写的“小言论”，也都由他执笔撰写。除了主持《生活》周刊、《新生》周刊、《世界知识》外,胡愈之还以极大的热情联系了各方面的作家,为生活书店筹划出版了《文学》《译文》《太白》等文艺刊物;介绍《妇女生活》杂志转到生活书店出版。这些刊物在当时国民党反动派加紧文化围剿的情况下,成为进步文化工作者进行战斗的重要阵地,推动了抗日救亡运动的发展。

在欧美近两年的生活中,韬奋觉得伦敦的博物院图书馆是"最值得留恋的一个地方"。旅欧期间,韬奋就把这里作为自己的"家"。除了前往各国考察、游览外,他几乎所有的时间都是在这里刻苦攻读马列主义的原著,"遇着自己认为可供参考的地方,几句或几段,随手把它写下来,渐渐地不自觉地积下了不少"。通过对马列主义理论全面、系统的学习和研究,他对无产阶级的革命导师产生了强烈的感情。他说:"革命的思想家的奋斗生活,常常能给我们以很深刻的'灵感'。我每想到卡尔和伊里奇的艰苦卓绝的精神,无时不'心向往之'。"他最喜欢诵读马克思的一首诗:

> 我永远不能冷静地做那些以伟大力量抓住我心灵的事情;
>
> 在不断的不歇的奋斗里,我必须向前努力和斗争。

他认为,这首诗"充满着迈进奋斗的英勇精神","这实在是卡尔一生的实践生活的象征"。①

通过在欧美的考察、学习和研究,韬奋对于一些马克思主义的基本观点和中国革命的基本问题都有了新的更加深刻的认

① 邹韬奋:《韬奋全集(增补本)》(第14卷),第16—18页。

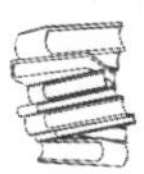

识，他的马克思主义世界观更为成熟，从而为他以后成为一个伟大的共产主义战士奠定了扎实的基础。

二、张仲实的帮助：生活书店成为进步文化出版事业的中心

（一）生活书店总编辑

张仲实是1925加入中国共产党的。1935年1月，胡愈之介绍他到生活书店工作，并在2月接替胡愈之任生活书店出版的《世界知识》杂志主编。该刊是胡愈之在1934年9月创办的。创办之初，胡愈之就邀请张仲实为特约撰稿人。当时，国际局势纷繁动荡。在那黑暗如磐的岁月里，人们都注视着社会主义的苏联。为此，张仲实在《世界知识》上发表了《苏联向何处去》《1936年苏联建设成绩图》《苏联的斯达哈诺夫运动》《谈谈苏联新宪法》等文章，向广大中国读者介绍苏联社会主义建设各方面的成就。这些文章观点鲜明、材料丰富、文字生动，吸引了众多的读者。

1935年11月，从国外回来不久的邹韬奋立即创办了《大众生活》，并聘请张仲实为生活书店总编辑。为了适应形势和满足读者的迫切要求，传播进步文化思想，坚持宣传抗日救亡，大力推进社会科学图书的出版，张仲实主持生活书店的编辑工作后，有计划地出版了"青年自学丛书""黑白丛书""救亡丛书""世界学术名著译丛""百科小译丛"等进步思想的社会科学系列图书。

1936年6月，张仲实主编的"青年自学丛书"开始出版，共有三十多种图书。其中有《中国怎样降到半殖民地》（钱亦石著）、《怎样研究中国经济》（钱俊瑞著）、《思想方法论》（艾思奇著）、《现代哲学的基本问题》（沈志远著）、《民族问题讲话》（吴清

友著)、《现代外交的基本知识》(张弼著)、《文学与生活》(胡风著)、《怎样阅读文艺作品》(沈起予著)、《创作的准备》(茅盾著)、《社会科学概论读本》(平心著)、《中国社会性质问题论战》(何干之著)、《新哲学的人生观》(胡绳著)、《怎样研究世界经济》(张仲实著)、《时论写作》(韬奋著)、《文艺思潮历史》(徐懋庸著)、《新闻学概论》(胡仲持著)等。这套丛书出版后,风行一时,广大青年争相购阅,许多人从这些书中接受了进步思想和马克思主义理论。“青年自学丛书”在20世纪30年代共出版发行了一百多万册(见《中国出版通史——民国卷》),这在识字率只有30%的民国时期很少见。①

为躲避国民党反动派的“文化围剿”,张仲实在生活书店主编的系列丛书中,以“世界学术名著译丛”的名义,实际出版了一批马克思主义经典著作。其中有恩格斯的《社会主义从空想到科学的发展》(吴黎平译)、马克思的《雇佣劳动与资本》(沈志远译)、列宁的《帝国主义——资本主义的最高阶段》(王唯真译)、普列汉诺夫的《艺术与社会生活》(冯雪峰译)、恩格斯的《反杜林论》(吴理屏译)、恩格斯的《费尔巴哈论》(张仲实译)等八部著作。关于冯雪峰译的普列汉诺夫的《艺术与社会生活》一书的出版过程,张仲实后来有过专门的回忆。1937年夏季的一天,冯雪峰拿着他翻译的《艺术与社会生活》一书的书稿,主动来到张仲实的住处面谈,希望该书由生活书店出版发行,此前父亲和冯雪峰从未见过面,张仲实爽快地答应了他的要求。1937年12月《艺术与社会生活》一书由生活书店出版,不到一年,1938年10月就由生活书店出版发行至第4版。

① 张复主编:《仲实:张仲实画传、忆念与研究》,中央编译出版社2014年版,第260—261页。

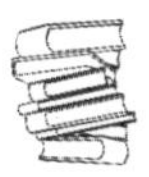

张仲实到生活书店后主持书店编辑工作期间，生活书店延续了办杂志的传统，除了出版《世界知识》《大众生活》《永生》外，在韬奋的支持下，继续出版或创刊了一些颇有影响的进步刊物，如《文学》月刊（郑振铎、傅东华出面编辑，实为茅盾主编）、《文艺阵地》（茅盾主编）、《译文》（黄源编辑，实为鲁迅主编）、“世界文库”（郑振铎主编）、《太白》（陈望道主编）、《妇女生活》（沈兹九主编）、《国民公论》（张仲实主编）、《读书与出版》（张仲实、林默涵编辑）。其中，《文学》《太白》《译文》杂志，刊载了鲁迅译著七十多篇。还有，《文学》月刊被誉为“三十年代第一刊”，绝大多数现代著名作家、剧作家都曾在这个重要园地推出作品使它成为 20 世纪 30 年代最有权威性的文学杂志之一。生活书店及其出版的这些刊物和图书，在当时国统区思想文化战线上，团结了一大批进步作家和读者，对国统区人民起到了很大的宣传、教育和组织作用，成为抗击国民党反动派文化“围剿”的坚强阵地。

（二）临时委员会主席

1936 年 7 月底，韬奋从香港回到上海。当时的形势非常严峻。为了规范生活书店的民主管理体制，应对突然发生的情况，生活出版合作社于 8 月 31 日召开第二次临时社员大会，决定设立在大会停会期内执行大会职权的临时委员会，选举邹韬奋、徐伯昕、王志莘、杜重远、张仲实等为委员。这个临时委员会是由理事会、人事委员会、监察委员会联合组成的。从 1936 年 9 月 3 日至 1939 年 4 月 28 日第五届理事会正式成立（第五届理事会于 1939 年 1 月 1 日和 4 月 7 日，召开了第一次和第二次会议），生活书店的社务、业务、人事等事项均由临时委员会讨论决定。在此期间共举行了 58 次会议，讨论了 207 件议案，其中 193 件得到执行。随着新一届理事、监察委员、人事委员的当选并正式上任,临时委员会完成了自己的历史使命。①

1936 年 9 月 3 日,生活出版合作社召开临时委员会会议,拟定了临时委员会办事细则规定。会议推举张仲实为临时委员会主席,负责召集本会并负责一切决议的执行。推举徐伯昕为生活书店经理,执行本会的决议、主持处理日常店务并对外作为本店代表。

自 1936 年 9 月 24 日临时委员会在上海举行的第一次常会,至 1938 年 8 月 7 日在汉口召开的谈话会议,都是张仲实主持的。此后的几次会议均由张志民代为出席。1938 年 11 月 1 日召开的第 28 次常会,至 1938 年 12 月 31 日召开的临时会议,也都是张仲实主持的。

此次临时会议决定张仲实赴新疆三个月,主持迪化分店的筹设和编辑事务。此后的几次会议均由邵公文代为出席。

临时委员会于 1939 年 1 月 10 日召开的第 31 次常会决定生活书店管理机构整顿结果:总经理邹韬奋,经理徐伯昕,秘书处主任张锡荣,生产部陈锡麟,营业部主任孙明心,服务部主任阎宝航,东南区管理处(香港)主任甘蘧园,西南区管理处主任严长衍,编审委员会主席胡愈之,副主席沈志远、金仲华。

在这两年 7 个月又 25 天里,生活书店在临时委员会的领导下,在抗日救亡运动中得到了很大发展,为中国抗日战争的胜利作出了突出的贡献。

临时委员会成立后,在张仲实的主持下,逐步完善了员工管理的具体措施,如员工试用办法、员工的医疗补助和体检。雇员升职员,职员晋升社员的考核标准(反复讨论),员工津贴及薪水的调整。

---

① 上海韬奋纪念馆编:《生活书店会议记录 1938—1939》,中华书局 2019 年版,第 2 页。

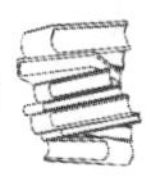

生活书店迁往汉口后，临时委员会于 1938 年 1 月 3 日召开的临时会议上，就讨论了“修正社章案”“改选问题案”。在此后的会议上，采取了一系列的措施，努力完善管理体制。

1938 年 6 月起，临时委员会先后组织了经济研究委员会、薪水调整研究委员会、雇员审查研究委员会、薪给标准研究委员会，提出解决有关问题具体意见和办法。

1939 年 2 月 24 日第 34 次常会上，韬奋就推选新一届的理事、监察委员、人事委员发表了自己的看法：“民主的选举是自由的，但为得到圆满的结果，应该提出候选人，以供选举者的参考和讨论。当选人名单有限，当然容纳不下全部优秀人才。我的选定候选人名单依据某些原则。理事看重资望，监察委员须懂会计，人事委员依据三个原则：1. 提拔新干部，同时顾到各方面，务使不偏；2. 能够计划设计者；3. 顾到能够反映多数人的要求；4. 尽可能取其在当地者。”①

（三）坚持正确的编辑出版方针，书店业务不断扩大

1937 年“八一三”淞沪抗战爆发后，国民政府被迫发表抗战自卫声明，下达了总动员令，开始了全国规模的抗日战争。张仲实极为振奋，他配合刚从监狱里出来的韬奋积极筹备创办一个新的抗战刊物。这样，距淞沪抗战爆发不到一周，1937 年 8 月 19 日，韬奋主编的《抗战》三日刊在淞沪抗战的隆隆炮声中诞生，张仲实为该刊编委，他在《抗战》第一期发表了《全面抗战的展开》。

1937 年 9 月 1 日，由《世界知识》《中华公论》《国民》《妇女生活》四刊物联合办的《战时联合旬刊》创刊，张仲实和金仲华、郑振铎、钱亦石等为编委。他在该旬刊第一期上发表《敌我军队

---

① 上海韬奋纪念馆编：《生活书店会议记录 1938—1939》，第 264—265 页。

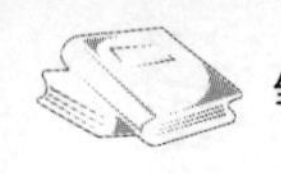

作战能力的对照》,述评中国军队在华北、上海抗击日本侵略军近一个月的战况,对比分析敌我双方士气和战斗力,以事实批驳唯武器论者、"恐日病患者",张仲实颇有见地指出:"我们的对日抗战,要的是在持久战中取得最后的胜利。"

在10天后出版的《战时联合旬刊》第二期上,张仲实发表了《敌人封锁我国海岸》,把日军称为"纸老虎",并提出:"我们应当毅然决然宣布对敌绝交,没收敌人在我国的一切公私财产,废止与敌国所订立的一切条约,废止敌国侨民所享特权,实行经济绝交,停付敌国的外债利息等,一方面表示我国保卫国家的决心,一方面借以获得全世界的同情才行!"

张仲实在全面抗战展开之初的这几篇文章,理论联系实际地对中国抗日战争的战略、前途、路线、政策等重要问题作了初步的探讨研究,提出了一些有益的见解。

全面抗战爆发前后,张仲实和中共中央代表潘汉年取得了联系。韬奋为《抗战》三日刊每期撰写一篇社论,常于拟稿前约潘汉年和张仲实等人商谈社论内容。

1937年11月12日,上海沦陷,成为孤岛,以韬奋为首的生活书店领导机关决定迁往武汉。11月27日,张仲实和邹韬奋、金仲华、钱俊瑞等化装后,由法租界码头登上一艘法国轮船驶往香港,何香凝、郭沫若等著名人士也同乘这只船。到香港后,他们决定由广州绕道广西、湖南到汉口。他们途经广西境内约半个月,在梧州、玉林、柳州和桂林都有停留。每到一个地方,都有无数男女青年来访或邀请他们在群众大会上讲演,韬奋讲团结抗战问题,张仲实讲青年思想问题,钱俊瑞讲农村经济问题,金仲华讲国际问题,沈兹九讲妇女问题,杨东莼讲教育问题。那时,张仲实和韬奋一行白天四处讲演,回到旅馆又被青年学生包围,他们一批批地接谈,直到深夜,第二天一早,客厅里、卧房里、

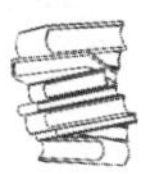

门口过道又都挤满了男女青年。有时起身后来不及吃早饭，又一直饿到深夜，但他们“每想到这许多热烈恳挚的青年朋友，精神上的安慰和愉快是无法形容的”。

1937 年 12 月下旬，韬奋和张仲实等到达汉口后，立即将《抗战》三日刊继续出版。张仲实很快和中共驻国统区的文委书记潘汉年取得了联系，并由潘汉年介绍到八路军武汉办事处面见了董必武、博古、凯丰，听取党对在国统区开展统一战线工作和文化工作的意见。

1938 年 7 月，为集中力量和充实内容，《抗战》三日刊与《全民》周刊合并，为《全民抗战》三日刊，邹韬奋主编，张仲实和沈钧儒、艾寒松、胡绳等任编委。

1938 年一年，张仲实在《抗战》和《全民抗战》三日刊上连续发表四十多篇国际时事评论和抗日战争方面的评论文章。其中有《罗斯福的演说》《孙中山与列宁》《不抵抗主义的末路》《太平洋上的英美与日本》《日寇内部矛盾的尖锐化》《敌人内部的反战运动》《民族大团结》《发展国货的必要》《同情于中国民族解放战争的马克思》《中国抗战与苏联》《彻底消灭内部摩擦》等。

为了帮助抗战中的中国民众了解二次世界大战爆发前后错综复杂的国际形势，在撰写时事评论文章的同时，张仲实与三联同人一起著书、编书。他参与策划了一批“战时丛书”，比较出名的有柳湜主编的“战时社会科学丛书”，范长江主编的“抗战中的中国丛刊”，周扬、艾思奇主编的“中国文化丛书”（稿件均来自延安），均由生活书店出版。毛泽东著的《论持久战》和《论新阶段》两本书于 1938 年以中国出版社名义出版，成为生活书店各地分店发行的极受读者欢迎的读物。

在武汉时，张仲实经常到八路军办事处会见中共长江局的负责人,曾向周恩来汇报工作、恳谈思想,使生活书店与中共中央的主要领导人建立了直接联系,生活书店也直接自觉地置于中共的领导之下。这样,生活书店在不到一年的时间里,由一个总店两个分店扩充为55处分支店,遍及14省,规模一时超过商务印书馆,以后陆续出版杂志八种,书籍近千种,通俗读物达500余万册,为动员全民抗战作出了重要贡献。当年,毛泽东在延安对柳湜说,“我们干革命有两支队伍,武的是八路军,文的是邹韬奋在上海办刊物,开书店”。20世纪30年代曾在生活书店工作过的林默涵回忆道:“当时,生活书店除了有广大进步职工外,可以说有两个重要支柱:一个是徐伯昕同志,他抓了总店及其遍布全国各地店的经营业务;另一个就是张仲实同志,他统一筹划和组织了整个的编辑、出版工作。”①

由于韬奋的积极努力和胡愈之、张仲实等共产党人的帮助以及生活书店全体同仁的共同奋斗,也由于许多朋友和广大读者的支持和爱护,生活书店很快发展为一个在国内外有巨大影响的革命文化堡垒。据徐伯昕在1938年5月13日第24次常会上关于业务概况的报告,生活书店已在汉口、广州、西安、长沙、重庆、桂林、成都、贵阳、昆明、兰州、香港增设分店,在万县、南昌设支店,在宜昌、衡阳、南郑、六安、金华、天水设办事处,并详细记录了以上各店的人员、收支等情况。② 比如,胡绳就是1938年5月3日以编审科职员的身份正式入职汉口总店的。③

据张仲实在临时委员会第24次常会对编辑出版工作的报告,生活书店过去的出版方向是“学术研究参考用书、通俗学术

① 张复主编:《仲实:张仲实画传、忆念与研究》,第252—253页。
② 上海韬奋纪念馆编:《生活书店会议记录1938—1939》,第19—22页。
③ 上海韬奋纪念馆编:《生活书店会议记录1938—1939》,第31页。

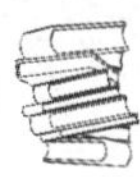

读物、介绍世界文学名作、救亡读物”；全面抗战爆发后的出版方向是“学术研究参考用书仍继续征稿，但宗旨侧重救亡理论。主要有沈志远主编的《新中国学术丛书》、艾思奇主编的《中国文化丛书》、柳湜主编的《战时社会科学丛书》、范长江主编的《抗战中的中国》、江陵主编的《大众读物丛刊》等”。具体出版情况是，1935 年 50 种左右，1936 年 100 种左右，1937 年战前平均 2 天 1 种，现在计划每天大小 1 种。[①]

从这份报告可以看到，生活书店出版的主要丛书的主编沈志远、艾思奇、柳湜、范长江等都是中共党员。我们可以认为，作为中共党员的张仲实在主持临时委员会的工作时期，自觉地把党的方针政策贯彻到书店的编辑出版工作之中，在积极扩大书店在全国各地的业务的同时，坚持正确的编辑出版方针，主动参与抗战救国的活动。

生活书店在抗日战争全面爆发以后得到迅速发展，这引起了国民党当局的极大不安。除了无理扣压稿件外，令韬奋最为痛心的就是对生活书店的横加摧残。

据临时委员会 1938 年 11 月 5 日召开的临时会议记录，1938 年 10 月 30 日早晨 8 时，西安警察第二分局局长亲自到生活书店西安分店搜查，查出毛泽东、王明等人的著作多种，当即带走张锡荣并不准营业。后经韬奋在各方设法奔走，11 月 1 日，西安分店恢复营业，不久，张锡荣也获释。[②] 1939 年 3 月，生活书店浙江天目山临时营业处首当其冲，2 日开幕，8 日即被迫停业。

这是抗日战争进入相持阶段以后，随着国民党政府的政策

---

① 上海韬奋纪念馆编：《生活书店会议记录 1938—1939》，第 35—37 页。

② 上海韬奋纪念馆编：《生活书店会议记录 1938—1939》，第 189 页。

重点逐渐从对外转向对内,从比较积极的抗日转向消极抗日、积极反共以后,对生活书店的横加摧残的开始。至1940年6月,生活书店经过16年的艰苦经营所建立的布满各地的55个分支店,只剩下6个分店了。

生活书店不仅是韬奋个人同国民党反动派进行政治斗争、文化斗争的物质基础,也是中国革命文化运动的物质基础。在中国共产党的领导下,生活书店成了在国民党统治区的进步读物的出版发行中心,生活书店所出版的进步刊物,在全国杂志界居于实际上的领导地位。

需要特别指出的是,作为中共党员的张仲实在主持临时委员会的工作时,同邹韬奋、徐伯昕通力合作自觉接受党对生活书店的帮助和指导,贯彻党的路线方针政策,把生活书店的工作引领到为抗日民族统一战线的服务的大局中。

三、周恩来的领导:韬奋的笔底培育了中国人民的觉醒和团结

(一) 周恩来是韬奋最可敬佩的朋友

“九一八”事变后,韬奋在胡愈之、张仲实等共产党人的帮助下,积极向党组织靠拢,很快走上了抗日救亡的道路。他主编的《生活》周刊办得有声有色,发行量最高达到15.5万份。对于韬奋所从事的革命文化事业,以周恩来为代表的共产党人给予他巨大关怀和帮助。这也是我们党在团结广大爱国者、发展进步力量方面一个十分成功的例子。在诸多的朋友中,韬奋认为,周恩来就是他最可敬佩的朋友。

1938年2月下旬,韬奋在张仲实陪同下,到八路军汉口办事处访问了周恩来。他们一见如故,就像老朋友见面一样。周

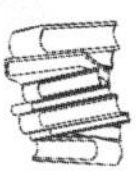

恩来对韬奋说："我们没有见面的时候已经是朋友，好朋友了。救国会的抗日主张，和我们是一致的，爱国七君子的节风，我是很佩服的。"他还称赞韬奋撰写的《萍踪忆语》是"关于美国的全貌，从来不曾看过有比这本书所搜集材料之亲切有味和内容丰富的"。①

周恩来爽朗亲切，循循善诱。他精辟的分析，透彻独到的见解，给韬奋留下了极深刻的印象。他除了认真地听取韬奋对形势的看法和工作汇报，以及在大敌当前的情况下对今后工作的设想和安排，还非常仔细地问了文化界和一些爱国知识分子的情况。他关切爱护地说："爱国知识分子是我们国家的宝贝。你们二人都是知识分子，有知识，又很爱国，希望我们更密切地配合起来，团结更多的知识分子，一道走抗日救国的道路。"他还关切地询问了韬奋出狱后的身体和家庭情况，并语重心长地说："现在，我们一起奋斗，以彻底打败日本帝国主义；将来，我们还要共同努力，以建设繁荣富强的新中国。抗日救国，少不了爱国知识分子的参加；建设社会主义新中国，更少不了爱国知识分子的参加嘛。"

对于国民党反动派迫害爱国知识分子的罪恶行径，周恩来表现得怒不可遏，作了严厉的斥责。他们时而哈哈大笑，时而神情严肃，充满激愤，无拘无束地谈了一个多钟头。临别时，周恩来紧握着韬奋的手，情深意切地说："请你们记住，爱国知识分子是国家的宝贵财富，无论什么时候都需要。有什么要求，请随时提出来，我们共产党一定会尽可能地帮助解决。"韬奋希望周恩来方便时到生活书店指导工作，周恩来毫无迟疑接受了这个请求。

---

① 邹韬奋：《韬奋全集（增补本）》（第10卷），第821页。

几天后,周恩来就为生活书店同仁作了题为《关于当前抗战形势和青年的任务》的报告。周恩来的热情真挚使韬奋深受感动。他后来不止一次地说过"周恩来先生的确是我的良师益友","是最可敬佩的朋友"。①

(二)韬奋向周恩来提出了参加中国共产党的要求

不久,韬奋直接向周恩来提出了参加中国共产党的要求。周恩来亲切地回答说:"你现在以党外民主人士身份在国民党地区和国民党作政治斗争,比你以一个共产党员身份所起到的作用不一样,这是党需要你这样做的。"②

此后,韬奋和周恩来的交往逐渐多了起来。有一段时间,周恩来几乎每周都到汉口中央银行楼上,同韬奋等各抗日党派的领导人共商国是,向他们介绍国共谈判的情况,分析政治形势,也听取他们对时局的意见。生活书店也经常邀请周恩来前来参加座谈会,作报告。每一次见面,彼此都是亲切坦诚,谈笑自如。他们的情谊也日渐深厚。凡是重大的行动,韬奋都向周恩来请示,由周恩来为之安排。

到了重庆以后,韬奋和周恩来的接触就更多了。韬奋经常去曾家岩50号八路军办事处拜访周恩来,向他请教政治问题,并接受中共中央对国统区文化工作的指示。有时周恩来也通过邓颖超约见韬奋和沈粹缜。韬奋对邓颖超也是非常敬重的。后来他在《抗战以来》一书中介绍中国共产党的七位参政员时说:"邓先生为周恩来先生的夫人,国语流利清晰,声如金石,坚锐明快,起立演说时,无论座位远近,字字打入每一个人的耳鼓。她

---

① 张仲实:《言犹在耳,记忆犹新——对周恩来同志的回忆片断》,《人民日报》1985年1月8日。

② 刘景华:《周总理与邹韬奋的友谊》,《光明日报》1979年7月24日。

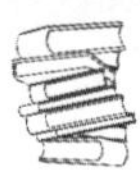

是‘女宾’中最令人注意的一位。”[1]

有一次韬奋又向周恩来提出了加入中国共产党的请求。周恩来仍然要他以党外民主人士的身份在国统区工作，并说“目前党还是需要你这样做”。当时生活书店总管理处每月举行一次茶话会，韬奋也常请周恩来到会介绍政治军事形势，并亲自伴送周恩来离开会场。[2]

1939 年 6 月 9 日，周恩来针对汉口、广州失陷后的形势，在重庆生活书店总管理处作了题为《抗战第二期的文化工作》的报告，让书店同仁及时地受到党的教育，听到党的声音，不断提高政治觉悟，增强了为革命做好本职工作的精神动力。据韬奋的次子邹竞蒙回忆，有一次韬奋发了高烧，病得很厉害。周恩来获悉后，亲自前来探望。他弯下腰，详细地询问了病情，并在床前坐了很久。皖南事变后韬奋和家人先后离开了重庆。邹竞蒙在桂林和家人失去了联系，逃难回到重庆后，是周恩来把他安排在重庆的八路军办事处，后又亲自把他带到了延安。

(三) 周恩来非常关心生活书店的工作

对于生活书店的工作，周恩来是非常关心的。生活书店的老同志张锡荣回忆道：“1940 年 3 月间，一位熟朋友秘密通知我，周恩来总理约我和李济安到曾家岩八路军办事处去谈话。我俩请了假，依约前往，上午 9 时前到达。周总理要我们汇报最近半年来生活书店的情况。当听到书店选举领导机构成员，青年人占多数、经验丰富的中年人占少数时，周总理详细问到落选人的姓名、职位和经历，对此好像有不同看法。邓颖超同志进来看我们，周总理立即介绍，我们含笑向邓大姐点头。她只说‘你

---

① 邹韬奋：《韬奋全集(增补本)》(第 10 卷)，第 196 页。

② 刘景华：《周总理与邹韬奋的友谊》，《光明日报》1979 年 7 月 24 日。

们谈,我不打扰',就出去了。我们继续汇报。当谈到书店小青年热情很高,不满足于整理书籍、开发票等业务工作,很想离开书店到延安去时,周总理说:'生活书店的事业是整个进步文化事业的一部分,参加生活书店工作就是参加革命。你们要向青年人宣传这个道理,方式要巧妙,要暗示,使他们了解工作的意义。了解了,他们就安心了。'最后汇报到生活书店受国民党压迫的种种情况。周总理深思一会,郑重地说:'可能还会出现更坏的局面,你们要有充分的准备。对国民党反共反人民的严重性要有足够的认识,否则就会吃大亏。书店应分一部分人带着纸型和书籍转到边区去,到敌后游击区去,在那里开展文化工作。留下的,也要将一部分人和财产分出去,采用各种可能的办法,建立第二道阵线,要隐秘,不露锋芒,长期埋伏,保存起来,等待有利的时机。这样,留下的只是一部分人,坚守少数重要的机构,在进一步恶化的局面到来时,可以减少损失。'最后说:'总之,革命的道路曲折,要根据具体情况保存自己,战胜敌人,讲究斗争艺术。'将到吃完饭的时候,周总理严肃地注视着我们,说了一句极其重要的话:'今后有什么事,你们随时可以来找我,如我不在,可找徐冰同志。'我们连声说:'好!好!'我们懂得周总理这句话的分量和意义,这就是我们与党中央取得经常的、直接的秘密联系。也就是周总理负责领导生活书店的工作。"①

针对一些青年同志不安心在大后方工作,想要去延安的想法,周恩来特意约了书店党支部的负责人谈话,勉励支部同志要耐心在同人中间做思想工作,要全力支持韬奋办好生活书店,在同事中间要讲团结。此后,就把书店党支部从地方党领导改由

① 邹嘉骊:《忆韬奋(增订本)》,生活·读书·新知三联书店 2015 年版,第 266—267 页。

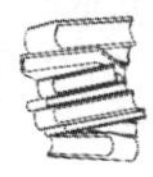

南方局直接领导。

1941 年 2 月的一天晚上，韬奋和沈粹缜一起到曾家岩 50 号看望周恩来。周恩来和邓颖超亲切接待了他们。周恩来和韬奋走进里间谈话，邓颖超则陪着沈粹缜在外间会客室聊天。当时皖南事变发生不久，形势非常紧张。国民党反动派对进步的文化出版事业也进行残酷的摧残。生活书店仅留下重庆一个分店，其他地方的分店全都被封闭或限期停业。周恩来在这一紧急情况下，指示韬奋为维护进步出版事业，继续与国民党在文化战线上进行斗争，并在斗争中求发展，要求采取化整为零、多种形式，分三条战线的原则和办法分别部署。并指示生活书店总的领导机构迁往香港，对干部要隐蔽精干，保存力量。周恩来还和韬奋商量了韬奋个人的去向问题以及今后如何继续斗争的问题。① 这是韬奋和周恩来最后的一次见面。后来韬奋曾经说起，从武汉到重庆，直到他离开重庆到香港，其后，回到上海，转到解放区，他的一切工作和行动，都是在党和周恩来同志指示下进行的。

(四) 韬奋的名字永远是引导中国人民前进的旗帜

韬奋逝世以后，周恩来亲自操办了追悼大会的事宜。1944 年 11 月的某一天，在陕甘宁边区政府窑洞会议室举行的延安各界追悼韬奋逝世大会筹备会上，周恩来首先说："报告大家一个好消息，中央政治局已正式讨论通过，接受韬奋先生临终请求，追认韬奋为中共党员，并引为吾党光荣!"随后他就介绍了韬奋的事迹，指出："韬奋是伟大的爱国主义者、民主主义者、共产主义者，是中国知识分子由民主主义走向共产主义的典范，是中国

---

① 江苏省政协文史资料委员会、江苏省常州市政协文史资料委员会编：《新文化出版家徐伯昕》，中国文史出版社 1994 年版，第 222 页。

知识分子学习的榜样。”他还说:“韬奋先后办的几种生活报,在国民党统治区销售达10余万份,这在当时销售量是相当大的,可见很受群众欢迎。我们党的抗日救国和抗日民族统一战线政策,主要是通过韬奋主编的刊物传播到国民党统治区广大知识分子中去的。韬奋在国统区知识分子中的威望最高。我们党专门在国统区做知识分子工作的领导人,都比不上他。我对韬奋的一生,用两句话来表述,就是‘俄国的方向,美国的精神’。所谓俄国的方向,就是他的最后奋斗目标,是社会主义、共产主义;所谓美国的精神,就是他在工作中的求实精神,踏踏实实、一丝不苟、认真负责的精神。这是难能可贵的。”①周恩来还认为:“韬奋是恽代英逝世后的中国青年的领袖。他是和群众有密切联系,得到青年信任的一位青年领袖。”②

抗日战争胜利以后,周恩来即致函韬奋夫人沈粹缜,表示了对韬奋的缅怀之情。他说:“在抗战胜利的欢呼声中,想起毕生为民族的自由解放而奋斗的韬奋先生已经不能和我们同享欢喜,我们不能不感到无限的痛苦。”“现在他一生光辉的努力已经开始获得报偿了。在他的笔底,培育了中国人民的觉醒和团结,促成了现在中国人民的胜利。中国人民一定要继续努力,为实现韬奋先生全心向往的和平、团结、民主的新中国而奋斗不懈。韬奋先生的功业在中国人民心目中永垂不朽,他的名字将永远是引导中国人民前进的旗帜。”③1949年7月,周恩来为纪念韬奋逝世五周年亲笔题词:“邹韬奋同志经历的道路是中国知识分子走向进步走向革命的道路。”

---

① 杨超伦:《忆周总理对邹韬奋的评价》,《新闻战线》1995年第12期。

② 上海韬奋纪念馆编:《邹韬奋研究》(第2辑),学林出版社2005年版,第5页。

③ 周恩来:《周恩来选集》(上卷),人民出版社1980年版,第225页。

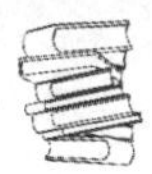

试论韬奋报刊言论的大众观与自由观

尹长虹
（山西日报社）

邹韬奋，作为现代新闻界的一名卓越旗手，在他十多年的报刊生涯中，撰写了几百万字的言论，其中包括大量的关于言论本身的言论。

人们在论及韬奋时，往往只从编辑和出版的角度来考察他惊人的业绩，而忽略了他富有历史和现实意义的言论大众观与自由观。即便提及，也是一笔略过，没有进行系统的考察。本文试图用历史唯物主义的眼光，对韬奋的报刊言论的大众观与自由观，作较为系统的探讨。

近代中国，新闻事业出现了繁荣，一些资产阶级报人提出了民众喉舌的思想，但他们只是原则上提提而已，并没有付诸实践，事实上也不可能实现，这是由他们所处的阶级地位所决定的。辛亥革命以后，资产阶级的报刊言论大多囿于一党一派利益。有的借为民众立言之名，行利己之实，而真正言行一致，为民众喉舌的言论作者却寥若晨星，韬奋则是其中最光彩夺目的一颗。

韬奋在就学期间，一贫如洗，他边读书边工作，因而有机会和下层民众接触，了解他们的处境和感情，同情他们的悲哀与不幸，他从下层民众的淳朴、顽强、乐观的品质中看到了希望。与一般小资产阶级知识分子不同，韬奋身上有可贵的平民气质，这就使他在发表言论之初就能以民众的利益为准绳。

早在20世纪20年代,韬奋就在《〈生活〉周刊究竟是为谁的》一文中开宗明义写道:“《生活》是以读者的利益为利益,以社会的改进为鹄的。”[①]为了把《生活》办成真正读者的刊物,韬奋采取了两项措施:开设“小言论”专栏和“读者信箱”专栏。小言论大部分由韬奋执笔,短小精悍,切合实际,通俗易懂。读者信箱是和民众商讨五花八门的实际问题,被读者誉为“人生百面镜”。30年代创办《生活日报》之初,韬奋再次强调言论要完全作人民的喉舌,新闻要完全作人民的耳目。总括韬奋的言论大众观,主要有以下几方面。

一、遵从大众第一,言论第二的原则

民众创造着历史,言论是反映和评价历史的一面镜子。民众的存在是形成报刊言论的基础,脱离了民众就无所谓正义的言论。韬奋主张言论必须反映“大众的意志和要求”,他认为“新闻纸上的议论,不过是社会心理的一种反映,它的力量就在于能代表当前大众的意志和要求”。大众是言论的主体,其他则处于从属的地位。为此,他能正确看待主笔的地位,认为主笔不过是沟通言论与大众的媒介,是芸芸大众里的一分子,“报纸的权威并非出自主笔自身的魔力,乃全在能代表大众的意志和要求”。[②] 只有反映大众的意志和要求,才是报纸赖以得到权威的唯一保证。

20世纪30年代,国难当头,抗日救亡是民众最迫切的意志和要求,因此言论上是否主张抗日救亡成了衡量各种报刊是否

① 邹韬奋:《韬奋文集》(第1卷),生活·读书·新知三联书店1956年版,第13页。

② 邹韬奋:《韬奋文集》(第1卷),第49页。

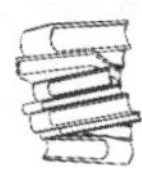

进步，是否为民众的重要标尺之一。以韬奋的《生活》《大众生活》和《生活日报》等为代表，关于抗日救亡的主张同共产党完全一致，因而赢得了民众的信任和爱戴。韬奋创办的报刊，因之风行海内。这同当时软弱的民族资产阶级报刊远离和轻视民众，既有抗日的愿望，同时又慑于国民党反动派的压力，言论上瞻前顾后，犹豫不定的两面性形成了鲜明的对比。

但是，言论对于大众的意愿，绝不是消极机械地反映。究竟何为大众的意愿，这里有真伪之辨，有现象与本质之分。大众意愿的本质是符合历史潮流的，但它是零散的、游移不定的东西，有时为假象所遮掩，这就需要言论撰写者用历史分析的眼光拨开迷雾，探究出民众意愿的真相。

韬奋认为言论“一方面在于领导社会，一方面在于能够反映大众的公意”，即言论有“领导”和“反映”两种基本职能。他用辩证唯物主义的观点，恰如其分地处理了两种职能的关系：领导是在正确反映大众公意基础上的领导，反映是在正确领导大众下的反映，两方面要“融会贯通，打成一片”。这充分体现了民众第一、言论第二的原则。韬奋在实践中尽全力履行这一原则。不过在当时中国的文盲占百分之八十的情形下，加之国民党反动派又实行法西斯独裁，要想完全付诸实践，是不可能的，也是不现实的。

二、以大众第一，党派第二为言论宗旨

韬奋在《生活日报》创刊词上申明：“同人愿以自勉的第一义，便是以全国民众的利益为一切记述评判和建议的中心标准。”[①]这道出了韬奋在言论上坚定不移的民众立场。诚然，永

① 穆欣：《韬奋新闻工作文集》，新华出版社 1985 年版，第 24 页。

远立于大众立场,做大众的喉舌,是韬奋言论的一贯宗旨。但他后来一直站在中国共产党的立场上发表言论,这似乎有违初衷,其实韬奋的言论观从民众的立场出发,最后站在党的立场上,这是自然而然的事,也是韬奋言论的必然归宿。因为党是大众利益的代表,党的立场也就是彻底的大众的立场,是更高标准、更严格意义上的大众立场,它与一般大众立场不同之处在于言论的党性,而且站在党性的高度来反映大众的公意更富于指导意义。

韬奋早期言论是从朴素的民众立场出发,他把"正义"作为检测言论的核心标准(凡符合大众利益都是正义的,反之则为非正义的),决不介入一党一派的纠纷,决不受一党一派的指使,自称"无党无派"。其实纯粹"无党无派"的言论是没有的,一个报刊的言论非此即彼。韬奋后来也认识到这一事实,他说:"在表面上可见的是某某个人,在骨子里却不过是这一群人或那一群人的代言人。"①他认为自己站在民众的立场上讲话,如果同那一派的主张相一致,那就无异于自己加入了这一党派的阵营。韬奋言论在对待大众和党派的态度上,永远把民众放在第一位,把党派放在第二位。在他看来,言论属于哪一派、哪一党这无关紧要,要紧的是它是否以大众的利益为利益,是否以大众意志的转移为转移,一句话,是否仍为"民众喉舌"。

韬奋把民众利益看得高于一党一派的利益,这对于出身于小资产阶级知识分子的他是难能可贵的,无党无派的言论形式也给他带来诸多方便,他可以把笔锋扫向社会任何一个黑暗角落。"讲人民大众想讲的话,讲国民党不肯讲的话,讲《新华日

---

① 邹韬奋:《韬奋文集》(第1卷),第93页。

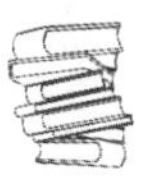

报》不便讲的话。”(周恩来语)[①]也有人别有用心地给他戴各种各样不相干的帽子,诸如“国家主义派”“左联”等,借以威胁,韬奋声明道:“其实我不管什么叫‘左’,什么叫‘右’,只知道就大多数民众的立场,有所主张,有所建议,有所批评而已。”[②]

值得一提的是,韬奋站在大众立场上发表言论,并不是轻视“党派”,他认为“根据自己的信仰而加入合乎自己理想的政治团体,原是光明磊落的事情”。他轻视和抨击的是“害尽苍生的党”,拥护和爱戴“为大众谋利益的党”。他后来找到了中国共产党,站在党的立场上讲话,战斗力更大,原则性更强。

三、注意大众容受性

这里所说的容受性是大众对言论最大限度的承受力。言论无论在内容上或是形式上,既要最大限度地满足大众丰富多彩的精神需求,同时又不能脱离大众的实际,超越这个限度,就会影响言论“民众喉舌”作用的正常发挥。因此,言论要真正做民众的喉舌,“就必须特别注意进行大众容受性分析”。韬奋一生致力于大众文化,从言论上推动其发展是他努力的一个方面,而且功效卓著,原因之一就是他的言论恰如其分地把握了读者的容受性。韬奋在《大众文化的基本条件》一文中严厉指出:“中国文化界有个危险,那便是关门主义,守着千篇一律的宗派方式,隔膜的理论,不顾到大众的现实需求和容受的力量。因此把它的影响范围,越缩越小,简直和大众不相干涉。”[③]在这里,韬奋

---

① 夏衍:《巨星永放光芒》,《人民日报》1978 年 8 月 2 日。

② 邹韬奋:《韬奋文集》(第 1 卷),第 64 页。

③ 邹韬奋:《韬奋文集》(第 1 卷),第 156 页。

尖锐抨击了当时言论界毫无创造精神的“尾巴主义”倾向和闭门造车的流弊,提出了要注意大众容受性的问题。

韬奋通过研究大众心理来分析和把握大众的容受性。他从纵横两角度研究大众心理。所谓纵的角度即为历史的角度。大众的文化心理素质随历史的发展而提高,以前深奥趋于专业性的东西,现在看来却是普遍的大众化的东西,言论必须体现这种变化并适应这种变化,必须随着大众容受性的扩大而扩大,决不能一成不变。“历史既不是重复,供应各个时代的特殊需要的精神食粮,当然也不应该重复。”[①]所谓横的角度,即为现实的角度。大众的内涵丰富而多变,20 世纪 20 年代韬奋认为大众包括“一般有正当职业或正在加入正当职业的平民”,抗战时期由于民族矛盾上升为主要矛盾,韬奋则认为一切拥护和参加抗日的都属于民众范畴。在同一时代,大众又是多层次的,由于民众年龄不等、文化素养不同、志趣爱好不一,又从事各种各样的职业,因而造成不同的容受性。言论撰写者必须对上述情况进行分析与综合,言论也应该多层次、多色彩,力求最优的比例和最佳的组合,来最大限度地满足大众需求。同时在特定的历史时期,大众的容受性具有确定性,言论必须精确把握大众容受性的极限,超过了这一极限,就会走向民众的反面。抗战时期,民众集中火力对付民族最大的敌人——日本帝国主义,而有人却喊出了“打倒一切帝国主义”的口号,这已超过了大众容受性的极限。韬奋一针见血地指出:“在表面上看来,好像他的思想是很前进的,而在实际上,却是破坏集中力量来对付我们的民族敌人,间接就是分散我们抗敌的集中力量。”[②]在这里,韬奋把大众

① 邹韬奋:《韬奋文集》(第 1 卷),第 274 页。
② 邹韬奋:《韬奋文集》(第 2 卷),第 104 页。

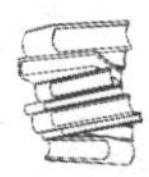

的容受性提高到政治的角度来强调。

此外，韬奋言论还有一显著的特点，就是大众化的文风，比如他主张“明显畅快”的文字，力避“佶屈聱牙”的文字。

在剥削阶级的社会里，人民大众的利益与少数剥削者的利益是根本对立的。你要站在人民的立场上发表言论，做民众的喉舌，势必触犯统治者的私利。这样，它就会动用手中掌握的国家机器，千方百计来压制你的言论，于是出现了言论自由与言论专制的尖锐对抗。封建专制下的中国社会，丝毫没有言论自由可言，国民党法西斯继承封建统治者的衣钵，实行残酷的“文化围剿”，其手段之一就是法西斯的新闻专制。他们在1929年制定了《宣传品审查条例》，1930年制定了《出版法》，1932年又制定了《危害民国紧急治罪法》，这些法令法规，公开宣告人民无言论自由权，一切言论均由国民党独裁。但正义的报人决不会屈服，他们纷纷起而抗争，邹韬奋就是其中的一员猛将，他在斗争中形成了自己的一套言论自由思想。

何谓言论自由？韬奋给它下了一个简括的定义：“所谓言论自由，就新闻业的观点看来，最简单的是真实的消息要让民众看到，正确的评论要让民众听到。”①这个定义，有以下三层意思：一、这里的言论指广义上的言论，它包括消息和评论，也就是所有新闻纸上的文字。二、强调真实与正确二字。报纸的任何一个消息必须是真实的，不能有任何掺假，不能为了迎合某一集团的利益和口味而肆意歪曲。报纸上的评论，必须言而有据，要站在民众的立场上发表意见，言论公允、正确、全面。三、言论自由的终极目的之一是使民众耳聪目明，否则“言论受着压迫，大众成了一大群瞎子，虽国事危迫万分，他们在报纸上所知道的却是

① 穆欣：《韬奋新闻工作文集》，第105页。

平静无事或谣传纷纷,不知所从,大众的力量从何而来?”①韬奋认为只有“言论自由”,大众才可能“共赴国难”。

韬奋这一主张在当时是有针对性的。国民党在抗战之初实行不抵抗政策,为了自圆其说,替自己的罪责开脱,在报纸上进行了一些歪曲的宣传,很多民众“蒙在鼓里,透不过气来”。因此,“广开言论”在当时是十分必要的。民众只有了解国事,才可能关心和参与国事。

韬奋在这里讲了言论自由的一方面,即读者要有看到真实消息和听到正确评论的自由。事实上,他也十分注意言论自由的另一方面,即撰写言论者要有写的自由。编辑要有编的自由。韬奋对笔的不自由有深刻的感受,他说:“办日报的朋友最痛苦的大概莫过于天天要把这类‘全非由衷’使人肉麻的废话恭而敬之记载出来,替他们做欺骗民众的工具。”②这里的“他们”显然是指国民党当局。国民党当局一方面压制言论,一方面又在外表上假惺惺地标榜言论自由。“一二·九”运动前夕,国难日重,民众对国民党当局钳制言论极为不满。为了掩人耳目,维护其统治,国民党通过了一项“开放新闻恢复言论自由的提案”,事实上这是一个名不副实的提案,与言论自由风马牛不相及。韬奋愤怒斥责道,“在题目上有着‘开放’和‘恢复’的字样”,“对于言论自由又解决了什么?”

韬奋认为,言论自由终究是无法被压迫的。因为正确的消息和正确的评论是无孔不入的。压迫的结果,只会失去民众,从而导致报纸的威信锐减,而民众可以通过其他方式获得言论。韬奋嘲笑统治者想收买言论机关的笨拙行为,他认为别的东西

① 邹韬奋:《韬奋文集》(第 2 卷),第 35 页。

② 邹韬奋:《韬奋文集》(第 1 卷),第 84 页。

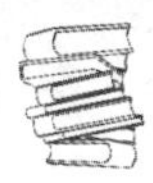

可以买得到，而言论机关的命根就在于信用，收买就等于宣布它的信用死刑，就等于替它鸣丧钟。

那么如何才能实现真正的言论自由呢？韬奋清醒地意识到，实现真正的言论自由，有赖于民主政治的建立。在言论自由和民主政治的关系上，韬奋认为：首先，言论自由是民主政治赖以建立和巩固的基础，任何民主国家的根本大法都对言论自由有所规定，而且占了第一位，这绝不是偶然的。因为言论自由都是争取民主的人民所必须争得的最重要的权利。这一民主权利得到相当的保障，然后民主政治才能建立，逐渐发展，逐渐巩固。其次，实现了民主政治，人民的言论自由才获得充分保障。民主政治的任务是要切实反映大多数人民的要求，如果人民不能充分表现他们的意见，这种反映就很困难。言论自由的保障，在民主政治实现以前，其作用是监督政府，在民主政治实现以后，其作用有二：其一，反映人民的要求；其二，继续监督政府。韬奋把言论机关分为民意和官意两种。在独裁专制的国家中，官意享有言论自由的保障较民意为大，甚至官意占绝对的优势，民意在摧残和压迫之下挣扎。在民主政治的国家中，官意机关和民意机关，在同一法律保护之下，同享言论自由的权利。愈民主的国家，官意愈近民意，甚至官意与民意打成一片，发生完全一致的现象。

韬奋从来认为没有绝对的言论自由。在出国游历期间，他细致地考察了不同社会制度的新闻事业状况，尤其是社会主义苏联的新闻事业状况。在回答苏联是否有言论自由时，他从两个角度作了阐述：从勤劳大众看去，可以说有，从剥削阶级的余孽及其种种寄生虫看去，可以说没有。他赞同苏联政府及新闻工作者的观点，无产阶级专政的过渡时代，还不能有完全的言论自由，完全的言论自由须等到消灭阶级之后才能办到。他认为资本主义国家与社会主义国家言论自由的不同之处在于一方是少数,另一方是多数。根据"少数与多数"这一观点,韬奋又把言论自由的现象分为三种。第一种是在法西斯国家,其作用是替日暮途穷的资本主义制度挣扎,替少数特权阶层说话。韬奋在考察德国新闻事业状况时发现:德国的报纸全成了纳粹政府宣传部的附属机关,新闻记者没有自己的意志,成了地地道道的"应声虫留声机",稍稍不合统治者的口味的新闻和评论,无论怎样重大,都不许泄露,德国人想找些准确的消息和公正的评论,只好求助外国报纸。韬奋同德国新闻学院院长讨论言论自由问题时,那位院长认为:言论自由在原则上他是赞成的,不过在革命过程中,此自由不得不有限制,等到革命成功之后,再可开放。韬奋当即一针见血指出:"这要看所谓'革命'是否真正革命,倘若自己在口头上叫着'革命',在实际上是反革命,反而要压迫真正革命言论——那便是自掘坟墓的行为了。"①一语道破了纳粹限制言论的本质。

第二种是在以英法为代表的资本主义国家,大规模的言论机关仍然掌握在少数特权阶层者手中,它与法西斯不同之处仅在于:少数特权者一小部分,在一定范围内替大多数人发表言论,表面上似乎宽容,但只是程度上的差别,其性质上无二。如果说法西斯德国在言论上和行动上都绝无自由可言,那么民治国家最大的特点是有发表言论的自由,韬奋称之为"纸上的自由"或"嘴巴上的自由",他们的言论可以抨击统治者、开罪当局,但这种自由仅仅限于"纸上"或"嘴巴上"而已。"尽管在行动上任你在文字上大发挥,尽管任你在嘴巴上大发挥,但在行动上,

① 邹韬奋:《萍踪寄语》(三集),《韬奋文集》(第 2 卷),第 199 页。

这资本主义的社会制度铜墙铁壁似的，都不许你越雷池一步。”[①]韬奋把资本主义国家的“纸上自由”与国民党法西斯统治下的中国作了鲜明对照，道出了国内人民完全没有言论自由的悲惨情形。他们连“纸上自由”的权利都没有，只有受压迫剥削的份儿，连呻吟呼冤都是“犯罪”行为。

第三种是在苏联社会主义国家中，言论自由为大多数人享受，只有少数人不能享有言论自由的权利。在法西斯统治下的旧中国，言论自由只是一个梦，社会主义制度的建立，才使言论自由有了实质性的飞跃。尽管如此，韬奋关于言论自由的主张至今仍有现实意义。

① 邹韬奋：《萍踪寄语》（三集），《韬奋文集》（第2卷），第199页。

马克思主义新闻观视野中的邹韬奋新闻思想研究①

张治中　夏秋涵
(西南政法大学)

一、邹韬奋新闻思想的马克思主义转向

(一) 转向前的邹韬奋新闻思想

邹韬奋是摆脱资产阶级思想影响并转向无产阶级立场的爱国知识分子的典型代表。他生在一个没落的地主官僚大家庭,早年求学于教会学校,接受的主要是实用主义教育,参加工作后面临的仍然是民主资产阶级的大环境,这使他早期的思想带有深刻的资本主义文化的烙印。他不仅对资本主义文明充满了憧憬,想建立一个资本主义的中国,而且在南京国民政府成立之初,一度寄希望于国民党政府,期待国民党政府可以在中国建立起欧美式的民主制度,并渴望得到言论、出版、集会、结社、游行等民主权利。

从 1926 年 10 月编辑《生活》周刊至 1931 年"九一八"事变的近五年时间里,邹韬奋对当时社会现象的评论和社会改革主张,基本上都是基于资产阶级改良主义观点。1927 年,邹韬奋

① 本文系国家社科基金一般项目"网络意识形态传播及治理研究"(项目批准号:20BKS202)阶段性成果。

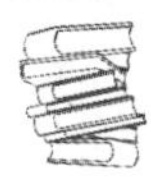

在谈到《生活》办刊动机时提倡“愉快的精神”，对于读者来信及其他文字，均提倡有价值与有趣味，“凡来稿之有价值有趣味而与此旨相合者，无论意见或有异同，无不公布以作公开的讨论”。[①] 同年，邹韬奋在《〈生活〉第一卷汇刊》弁言一中指出：“‘本刊期以生动的文字，有价值有兴趣的材料，建议改进生活途径的方法，同时注意提醒关于人生修养及安慰之种种要点，俾人人得到丰富而愉快的生活，由此养成健全的社会。’其注意之点不但在‘极有价值’，尤在‘极有趣味’。”[②]可以看出，对于《生活》周刊，邹韬奋特别强调“有趣味”及“有价值”的办刊方针，注重对“人生修养”的提醒，这些理念始终都是围绕着“个人”而展开的，即便是对“社会”的讨论也是从“个人”出发的，其进路是由个人的“丰富而愉快的生活”进到“健全的社会”。

总的来说，在“九一八”事变之前，邹韬奋在《生活》周刊中“所提出的政治主张还是属于软弱的中国民族资产阶级的政治纲领。他对中国的出路前途还认识不清，仍旧希望中国能走资本主义道路，对国民党政府还存在着一定程度的幻想”。[③]

(二) 转向的动因、过程及表现

1. 动因

邹韬奋新闻思想转向直接动因是“九一八”事变。1927 年的“四一二”反革命政变并没有使邹韬奋转变对国民党政府的态度，他与当时的多数知识分子一样，对国民党政府寄予希望。直到“九一八”事变之后，国民党政府的采取“不抵抗政策”才使他清醒过来。1931 年 9 月 26 日，邹韬奋在《生活》周刊报道了“九一八”事变，作为周刊，这已是最快的反应速度。随后，他在上海

① 穆欣:《韬奋新闻工作文集》，新华出版社 1985 年版，第 68 页。

② 邹韬奋:《韬奋全集》(第 1 卷)，上海人民出版社 1995 年版，第 839 页。

③ 穆欣:《邹韬奋》，湖北人民出版社 1981 年版，第 59 页。

全身心投入抗日救亡运动,与国民党政府的“不抵抗”“攘外必先安内”等政策理念渐行渐远。“随着民族危机的加深、中国共产党政治影响的扩大和广大人民群众的日益觉醒,韬奋才逐步地接受了马克思主义。”①

2. 过程

1933年6月18日,爱国民主人士杨杏佛被国民党特务暗杀,邹韬奋也在黑名单之中。当年7月14日,邹韬奋启程前往欧洲,开始了第一次流亡生活。在1933年7月到1935年8月两年多的流亡生涯中,他实地考察了英国、美国、法国、德国、意大利等资本主义国家和社会主义国家苏联。在英国考察期间,他“几乎把所有的时间都花在伦敦博物院图书馆里攻读马列主义书籍,并做了大量而详尽的笔记”②,他“对于马克思列宁主义的学习是极端热情、极端认真的,这有他的著作《读书偶译》为证”。③ 邹韬奋1937年在苏州监狱中写成的《读书偶译》,包含了《卡尔研究发凡》《卡尔的理论体系》《卡尔的历史解释》《恩格斯的生平和工作》等篇目。在《〈读书偶译〉开头的话》中,邹韬奋称马克思和列宁为“一流的思想家”,并认为“要了解卡尔怎样运用他的辩证法,必须在他对于革命运动的参加中,在他对实际问题的应付中,在他的经济理论唯物史观,以及关于国家和社会的哲学里面,才找得到;关于伊里奇也一样,他的一生奋斗的生活,便是唯物辩证法的‘化身’。我们也必须在他的实践中去了解他的思想”。④ 在苏联,他参谒了列宁墓,认为“列宁一生的政治活动,始终不是立于‘个人的领袖’地位,却

① 穆欣:《邹韬奋》,第55—56页。

② 沈谦芳:《邹韬奋传》,山东人民出版社1998年版,第200—201页。

③ 俞润生:《邹韬奋传》,天津教育出版社1994年版,第17页。

④ 邹韬奋:《青衣行酒》,华文出版社1998年版,第114页。

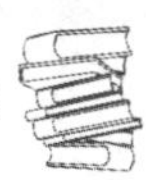

总是代表着比任何个人都更伟大的一个以勤劳大众为中坚的大'运动'"。[①] 1935 年回国后，他基本完成了从民主主义到共产主义的伟大转变，"确立了马克思主义世界观。从此，邹韬奋作为一个共产主义战士，坚定地站在了革命立场，开始走上了一条新的道路"。[②]

3. 表现

1931 年 9 月"九一八"事变至 1935 年 8 月邹韬奋回国是其思想转变的关键时间段，在此期间，他既考查了英、美、法等资本主义国家，也考察了社会主义国家苏联，两相对比，使他对社会主义制度有了更加深刻的认识，大众立场也更为明确。回国后 3 个月就创办了《大众生活》，其主张也由《生活》周刊时期的"暗示人生修养，唤起服务精神，力谋社会改造"[③]转变为"力求民族解放的实现、封建残余的铲除、个人主义的克服"[④]。他在《大众生活》周刊上猛烈抨击国民党政府的所作所为，揭露日本的侵华罪行，明确宣布《大众生活》周刊以抗日救国为中心内容，并要依靠人民大众的力量，"我深信只有大众有伟大的力量，只有始终忠实于大众的工作才有真正的远大效果，我个人无论如何始终保持这个信仰，决不投降于任何与大众势不两立的反动势力"。[⑤] 这表明经过"九一八"事变和"一·二八"事变的斗争洗礼，邹韬奋基本克服了"实业救国"等改良主义思潮的影响，开始认识到民众的威力，积极投身于抗日救亡的民主斗争，在思想上

---

① 戴望舒/邹韬奋：《烟水行程·萍踪寄语》，凤凰出版社 2009 年版，第 142 页。

② 陈挥：《简论邹韬奋马克思主义世界观的确立——兼与穆欣同志商榷》，《上海大学学报（社会科学版）》1987 年第 2 期，第 43 页。

③ 邹韬奋：《韬奋全集》（第 2 卷），第 446 页。

④ 邹韬奋：《韬奋新闻出版文选》，学林出版社 2000 年版，第 30 页。

⑤ 武志勇：《邹韬奋经营管理方略》，中央编译出版社 2000 年版，第 13 页。

转向了人民大众的立场。[①]

二、邹韬奋新闻思想的马克思主义成分和底色

在邹韬奋接受马克思主义之前，他的新闻思想与马克思主义新闻观就有很多契合之处，如人民大众立场、反对新闻审查、力谋社会改造等都有马克思主义的成分在内，这一时期，邹韬奋新闻思想与马克思主义新闻观的契合是自发形成的，主要源自其自身的大众立场与爱国主义情怀。在接受马克思主义之后，他的新闻思想与马克思主义新闻观的契合开始有了自觉的意味，这一时期，他的新闻思想更加表现出鲜明的马克思主义底色，明确提出了“教育大众、指导大众”“民众喉舌”等新闻主张。

(一) 坚定的人民报刊立场

邹韬奋将报刊定位为“人民的报纸”，实际践行了马克思主义的“人民报刊”思想。在《“莱比锡总汇报”在全普鲁士境内的查封》一文中，马克思第一次提出“人民报刊”思想，认为“真正的报刊即人民报刊”，“报刊只是而且只应该是‘人民(确实按人民的方式思想的人民)日常思想和感情的’公开的‘表达者’……它生活在人民当中，它真诚地同情人民的一切希望与忧患、热爱与憎恨、欢乐与痛苦，它把它在希望与忧患之中倾听来的东西公开地报道出来”。[②] 邹韬奋在办报期间同样始终站在人民大众的立场上，为人民的利益而奔走呼号，他主编的报刊都是真正的人

---

① 许良廷，李克芬：《邹韬奋思想转变与发展的轨迹》，《党史纵览》2002 年第 9 期，第 28 页。

②《马克思恩格斯全集》(第 1 卷)，人民出版社 1995 年版，第 352 页。

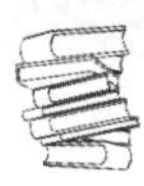

民的报纸。1927 年,他在为《生活》周刊所写的《本刊与民众——本刊动机的重要说明》一文中指明:“本刊的动机完全以民众的福利为前提,今后仍本此旨,努力进行。”[①]

邹韬奋在长期的新闻生涯中践行了马克思的人民报刊思想,把办一张“真正人民的报纸”作为他平生追求的最大夙愿。1927 年,他在《生活》周刊开宗明义地指出:“《生活》周刊是以读者的利益为中心,……不是为任何个人牟利,也不是为任何机关牟利。”[②]这一思想无疑与马克思主义关于人民报刊思想有共性,是邹韬奋新闻思想的精华,复旦大学陈建云教授将这一思想直接总结为“邹韬奋人民报刊理论”[③]。1936 年,他在《〈生活日报〉的创办经过和发展计划》一文中指出:“我们希望《生活日报》成为真正‘人民的报纸’。所谓‘人民的报纸’,当然不是倚靠大老板出钱的报纸,也不是有党派背景的报纸。我们要做到真正的民治民有民享。”[④]在《我们要怎样办〈生活日报〉?》中他也指出,《生活日报》的背景就是中国的“最大多数老百姓”[⑤]。到了 1940 年代,邹韬奋新闻思想更进一步,认识到报纸不仅要代表人民利益,也要“教育”“指导”大众。1941 年,他在为《新华日报》创刊三周年撰写了《领导与反映》一文中说:“舆论机关的重要任务一方面在领导社会,一方面在能反映社会大众的公意,这两方面要融会贯通,打成一片的。一个报纸对社会能引起领导的作用,绝对不是由于它要怎样便怎样,必须由于它能够灵敏地意识到社会大众的真正的要求,代表着社会大众的真正的利益,

① 穆欣:《韬奋新闻工作文集》,第 68 页。

② 穆欣:《韬奋新闻工作文集》,第 71 页。

③ 陈建云:《中国理论新闻学研究世纪回眸》,《当代传播》2001 年第 4 期,第 29 页。

④ 穆欣:《韬奋新闻工作文集》,第 120 页。

⑤ 穆欣:《韬奋新闻工作文集》,第 130 页。

在这个立场上,教育大众,指导大众。”①

邹韬奋提出“民众喉舌”思想,受到马克思主义“喉舌”思想影响。1849 年 2 月,在《新莱茵报》审判案发言中,马克思鲜明地指出:“报刊按其使命来说,是社会的捍卫者,是针对当权者的孜孜不倦的揭露者,是无处不在的耳目,是热情维护自己自由的人民精神的千呼万应的喉舌。”②同年 12 月,马克思又在《“新莱茵报·政治经济评论”出版启示》一文中指出:“报纸最大的好处,就是它每日都能干预运动,能够成为运动的喉舌,能够反映出当前的整个局势,能够使人民和人民的日刊发生不断的、生动活泼的联系。”③马克思的报刊“喉舌论”是对新闻活动本质的揭示,即“任何新闻活动都不是超然一切政党与阶级利益的,总是自觉不自觉地成为某个阶级、党派或集团的喉舌,无产阶级报刊无疑是无产阶级政党和人民群众的喉舌。”④同样,邹韬奋也明确提出了“喉舌论”。1936 年 6 月,他在《〈生活日报〉创刊词》中说:“普通社会一般人给与报人的头衔,叫作‘民众喉舌’。我们不必讳言尽有报人做豢养他的主子的喉舌,和民众恰恰立于敌视的地位;但就原则上讲,报人应该是‘民众喉舌’,那都是无可疑的。”⑤7 月,他在《〈生活日报〉的创办经过和发展计划》中再次提到“喉舌”,认为人民的报纸要做到民治民有民享,他认为“民治”就是“言论要完全作人民的喉舌,新闻要完全作人民的耳目”。⑥

---

① 穆欣:《韬奋新闻工作文集》,第 61 页。

② 《马克思恩格斯全集》(第 6 卷),第 275 页。

③ 《马克思恩格斯全集》(第 7 卷),第 3 页。

④ 张德琴、杨世宏:《新闻报刊“喉舌论”研究》,《山东理工大学学报(社会科学版)》2018 年第 4 期,第 84 页。

⑤ 穆欣:《韬奋新闻工作文集》,第 105 页。

⑥ 穆欣:《韬奋新闻工作文集》,第 121 页。

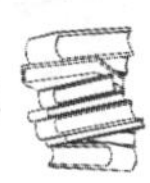

从言论的角度，邹韬奋将主办的报刊作为人民的喉舌，表示自己“不想做资本家，不想做大官，更不想做报界大王”，“只有一个理想，就是要创办一种为大众所爱读，为大众作喉舌的刊物”。[1] 为此，他要求办报使用群众的语言，“力避‘佶屈聱牙’的贵族式文字，采用‘明显畅快’的平民式的文字”[2]，“使一切初识字半通文的妇女们、孩子们、工友们、农夫们，都能看懂《生活日报》，才算达到了我们的目的”。[3] 从报人的角度，他又将自己作为人民的喉舌。在《新闻记者活动的正确动机》一文中，他在谈到自己的志愿时表示：“我十几年来所常以自勉的是要做个有益大众不为私图的新闻记者，我现在以及将来的志愿还是如此。”[4]

（二）不屈的出版自由追求

邹韬奋极力反对国民党新闻审查，与马克思的反书报检查实践如出一辙。马克思有着非常丰富的报刊实践经验，也是普鲁士书报检查制度的长期受害者。1842 年，他连续写了《评普鲁士最近的书报检查令》和《关于第六届莱茵省议会的辩论——关于出版自由和公布等级会议记录的辩论》两篇论文，反对普鲁士书报检查令，并揭露其虚伪本质。在前文中，他指出“追究倾向的法律取消了公民在法律面前的平等。这不是团结的法律，而是一种破坏团结的法律，一切破坏团结的法律都是反动的；这不是法律，而是特权”，“治疗书报检查制度的真正而根本的办法，就是废除书报检查制度”。在后文中，他又指出“自由的出版物是人民精神的慧眼，是人民自我信任的体现，是把个人同国家

---

① 穆欣：《韬奋新闻工作文集》，第 117 页。
② 穆欣：《韬奋新闻工作文集》，第 68 页。
③ 穆欣：《韬奋新闻工作文集》，第 121 页。
④ 穆欣：《韬奋新闻工作文集》，第 42 页。

和整个世界联系起来的有声的纽带","书报检查法是不能成立的,因为它要惩罚的不是过失而是意见"。[①]

邹韬奋同样深受国民党政府新闻审查制度的困扰,在《审查书报原稿的严重性》等多篇文章中,他对国民党政府的新闻审查制度予以强烈批判。1938 年 8 月,在《全民抗战》第九号和第十号,邹韬奋连发两篇反对新闻审查的文章,即《审查书报原稿的严重性》和《再论审查书报原稿的严重性》。在《审》一文中,邹韬奋希望新闻审查制度能够有一定标准并将标准公示全国,在标准范围内,宜"听任全国有稍稍自由反映舆论的机会,而不可有过于严苛的限制与束缚"。[②] 在《再论》一文中,他再次表示"若对书报实行审查原稿的办法,限制和束缚过于严苛,对于舆论的反映及文化的开展有莫大的妨碍"。[③] 对于言论自由的必要性,一方面,他运用"真理自我修正"理论加以论证,"政府应该准许人民有发表思想的自由,由此尽量发挥他们的创造性",有些言论,最初发表时可能不为社会所理解,但"经过相当时期的争论与辩驳,真理因论辩而愈显,渐渐成为众所悦服的主张";[④]另一方面,他从正反两方面论证言论自由的好处,"言论自由的保障,在积极方面可以反映人民的要求,在消极方面可以发生继续监督政府督促人民代表的作用"。[⑤]

邹韬奋强调新闻的社会责任,但与马克思对于社会责任内容的认知稍有差异。媒体社会责任形成于 20 世纪中叶的美国,美国新闻自由委员会于 1947 年提出"社会责任论",发出新闻

---

① 转引自郑保卫:《马克思主义新闻经典论著导读》,中国人民大学出版社 2007 年版,第 9—19 页。

② 穆欣:《韬奋新闻工作文集》,第 46 页。

③ 穆欣:《韬奋新闻工作文集》,第 48 页。

④ 穆欣:《韬奋新闻工作文集》,第 48 页。

⑤ 穆欣:《韬奋新闻工作文集》,第 54 页。

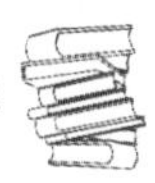

传播要对社会负责的呼吁。1956 年，美国传播学者西奥多·彼德森在《报刊的四种理论》中系统论述该理论，其核心观点是，享有一定权利的大众传播媒介，对社会和公众应该承担一定的责任义务、职能和使命。在马克思主义新闻观视野中，媒体的社会责任主要表现为监督社会，是“对当权者的孜孜不倦的揭露者”。

邹韬奋的媒体责任思想早于美国的“社会责任论”，与马克思主义的社会责任论思想也有一定的差异，他更加主张在行使新闻自由权利的同时，以国家大局为重。“九一八”事变以后，邹韬奋把《生活》周刊的重点转移到对抗日救亡的宣传上来，呼吁国内团结，反对挑拨离间。在《国难中的言论界责任》一文中，邹韬奋认为，抗战时期，报界的第一责任就是抗日。“我们的一切都应该以有助于抗日为唯一标准，言论界的责任也不能例外”，“国难中的言论界的责任要从积极方面加紧全国团结的愈益巩固，要从积极方面对于当前与抗战胜利有关的种种实际问题，下切实的研究功夫和善意的建议”。① 邹韬奋饱尝国民党反动当局新闻审查之苦，对于出版自由与社会责任的关系有深刻体悟，他一生追求自由与和平，诚如新华日报社给韬奋的挽联所概括的：“奋斗不懈，为的是团结抗战；救国有道，所求在民主自由。”②

(三) 持续的改造社会实践

邹韬奋“力谋改造社会”的新闻思想，遵循了马克思主义的实践哲学。习近平总书记在纪念马克思诞辰 200 周年大会的讲话指出：“实践的观点、生活的观点是马克思主义

① 穆欣：《韬奋新闻工作文集》，第 52 页。

② 沈谦芳：《邹韬奋传》，第 460 页。

认识论的基本观点,实践性是马克思主义理论区别于其他理论的显著特征。马克思主义不是书斋里的学问,而是为了改变人民历史命运而创立的,是在人民求解放的实践中形成的,也是在人民求解放的实践中丰富和发展的,为人民认识世界、改造世界提供了强大精神力量。"[①]1845 年,马克思在《关于费尔巴哈的提纲》中明确指出,"社会生活在本质上是实践的","哲学家们只是用不同的方式解释世界,而问题在于改变世界"。[②]

邹韬奋的新闻思想注重实践,特别强调通过新闻来改造社会。早期,邹韬奋比较关注职业教育和青年修养。"1929 年年初,邹韬奋将'暗示人生修养,唤起服务精神,力谋社会改造'确定为《生活》周刊的宗旨。从 1929 年 12 月 1 日《生活》五卷 1 期起,这个宗旨被印在了杂志的刊头上。"[③]从宗旨的表达顺序可以看出,改造社会被摆在较为靠后的位置,说明这一时期邹韬奋的关注点依然未能脱离"职业教育"的藩篱,改造社会的路径也从改造人来开启。后期,邹韬奋希望报刊直接介入社会改造。1937 年 4 月,邹韬奋在《经历》中谈到《生活》周刊的"转变",表示"《生活》周刊初期的内容偏重个人的修养问题",后来由于自己"个性的倾向和一般读者的要求,《生活》周刊渐渐转变为主持正义的舆论机关""应着时代的要求,渐渐注意于社会的问题和政治的问题,渐渐由个人出发点而转到集体的出发点了"。[④]

---

① 习近平:《习近平在纪念马克思诞辰 200 周年大会上的讲话》,http://cpc.people.com.cn/n1/2018/0505/c64094-29966415.html,2018-5-5。

② 《马克思恩格斯全集》(第 3 卷),第 5—6 页。

③ 赵文:《〈生活〉周刊(1925—1933)宗旨与刊物性质转变初探》,《党史文苑》2009 年第 14 期,第 13 页。

④ 邹韬奋:《我的出版主张》,广西教育出版社 1999 年版,第 9—10 页。

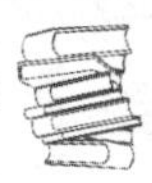

邹韬奋改造社会的目标，与马克思主义的理想社会高度一致。马克思主义的理想社会是共产主义社会，在《共产党宣言》中，马克思认为，“代替那存在着各种阶级以及阶级对立的资产阶级旧社会的，将是一个以各个人自由发展为一切人自由发展的条件的联合体”。[①] 在为理想社会奋斗的过程中，马克思积极投身新闻实践，他主编的《新莱茵报》始终致力于“工人阶级的解放”，并提出了该报的政治纲领，即“建立统一的、不可分割的、民主的德意志共和国和对俄国进行一场包括恢复波兰的战争”。[②] 可以看出，马克思的社会改造目标既有高远的理想，又有近期的纲领，近期纲领明确提出了对国家统一和对敌战争的要求。

邹韬奋也是寄望通过新闻实践来改造社会的，而且改造社会的目标也与马克思的追求高度一致。一方面，在理想社会追求上，邹韬奋受到马克思主义的影响，倾向“社会主义的社会制度”。1932 年上半年，韬奋和胡愈之等友人商讨后，接连在《生活》发表《我们最近的思想和态度》与《我们最近的趋向》两文，坚定地认为中国的出路在于社会主义制度。前文指出：“我们从此观察点，深刻认识剥削大多数民众以供少数特殊阶级享用的资本主义的社会制度终必崩溃（通常所谓资本主义当然指私人资本主义）；为大多数民众谋福利的社会主义的社会制度终必成立。”[③]后文指出：“（中国）只有社会主义的一条路走，而绝非行将没落的资本主义和西洋的虚伪民主政治的老把戏所能挽救。所以依客观的研讨，中国无出路则已，如有出路，必要走上社会

① 《马克思恩格斯全集》（第 4 卷），第 491 页。

② 《马克思恩格斯全集》（第 21 卷），第 25、21 页。

③ 穆欣：《韬奋新闻工作文集》，第 81—82 页。

主义的这条路。”[1]同年 11 月 1 日,《东方杂志》向全国各界知名人士发出 400 多封征稿信,发起“于 1933 年新年大家做一回好梦”,邹韬奋撰写了《梦想的中国》一文,他梦想的未来中国是一个“共劳共享的平等的社会”——共劳,不许有不劳而获的人;共享,不许有劳而不获的人。另一方面,在国家独立和统一的追求上,邹韬奋与马克思有着非常近似的目标。1936 年,在《关于〈生活日报〉问题的总答复》一文中,邹韬奋表达了对于新中国的希望与信念,表示“独立自由繁荣的新中国,必然有一天出现,这不仅是我们的希望,而且也是我们的信念”,而他心目中的新中国“是一个独立自由繁荣的中国”,“大家都有饭吃,大家都有工做。十岁以上的中国人个个都有目前大学生知识程度。中国只有国庆,却没有什么国耻。中国地图上更不会缺着一只角”。

2005 年,在邹韬奋诞辰 110 周年之际,新闻出版总署在写给上海韬奋纪念馆的文稿中这样评价:韬奋同志……经过不断的学习、探索、实践,促使他从民主主义者转变为伟大的共产主义者,韬奋同志是革命的宣传家,杰出的新闻战士,是知识分子在中国共产党教育下成长为共产主义战士的一个典范,是新闻出版界永远的旗帜与楷模。邹韬奋作为我国新闻传播史中有着突出贡献的新闻工作者,他早期的新闻思想与马克思主义新闻思想高度契合,后期又深受马克思主义新闻思想的影响。特别是在“九一八”事变后,他积极投身于抗日救亡运动和新闻传播实践,奠定了为人民办报刊的基本思想。在被迫流亡期间,通过大量的实地考察和马克思主义理论的系统学习,更加确立了人民立场、改造社会的新闻思想。

---

① 穆欣:《韬奋新闻工作文集》,第 84 页。

"韬奋精神"内涵再探[①]

穆鹏程　高福进
（上海交通大学）

邹韬奋(1895—1944)，原名恩润，祖籍江西余江，中国著名的新闻记者、政论家、出版家。作为20世纪上半叶我国现代著名的杰出的社会活动家及新闻记者，他也是中国近现代史上伟大的爱国主义者和共产主义战士。邹韬奋先生主编《生活》周刊、《生活日报》等六刊一报及创办生活书店，一生留下800多万字的文章著述。韬奋以犀利之笔，力主正义舆论，抨击专制势力，不畏权势、崇尚自由，勇于讲真话、办真事、做真人，将个人得失与安危置之度外，毅然为抗战救亡、追求真理不懈斗争；为争取民族独立、人民解放、社会进步鼓与呼，贡献出自己全部心血和毕生精力，"鞠躬尽瘁，死而后已"；"韬奋精神"宝贵的精神财富成为一代青年认识社会、思考人生、追求进步的灯塔。[②] 邹韬奋研究是学界长期关注的热点，对韬奋精神的领悟和把握，是促推新时代中国特色社会主义文化发展，坚定中国特色社会主义文化自信的重要资源。

---

① 本文系上海学校德育理论研究课题《高校思想政治工作中的文化自信研究》(2020—B—003)、"2021年度上海市艺术科学规划项目《上海红色文化基因百年传承研究》"(YB2021G03)的阶段性成果。

② 陈挥：《周恩来是韬奋最可敬佩的朋友》，《邹韬奋研究》(第9辑)，上海三联书店2021年版，第1页。

一、反对封建与专制,追求民主、进步和自由

韬奋精神是反封建反专制弃糟粕同时追求进步、民主和自由的为新一代青年树立标杆的精神,“韬奋精神”是坚持正义、爱国进步的精神体现,是他所处那一历史时期“时代精神”的集中呈现。[①]

邹韬奋的一生,是不畏强暴、追求民主的一生,是从民主主义者向共产主义者转变的一生,是为中华民族实现独立、自由、民主而不懈斗争的一生。邹韬奋从最初信仰民主主义向坚定的共产主义者转变,既是历史的偶然性因素所致,也是历史的必然性因素所致。一方面,言其偶然性,由于邹韬奋迫于国民党当局迫害,在1933年7月到1935年8月期间以考察之名被迫流亡海外,对“世界的大势如何”和“中华民族的出路何在”进行思考。邹韬奋先后考察意大利、瑞士、法国、英国、德国、苏联和美国,对有关国家的政治、经济、文化、教育、新闻事业等进行深入了解。譬如,在大英博物馆研读马克思著作,到莫斯科大学学习社会主义理论,赴美国南方了解黑人的悲惨生活。经过反复的学习、思考、研究,在资本主义与社会主义的比较中,邹韬奋逐步将个人的政治理想、立场及观点,转向代表无产阶级和广大人民群众利益的马克思主义学说。另一方,言其必然性,是由于马克思主义理论具有的科学性、真理性、革命性、实践性、人民性等特质,在彼时旧中国数百种主义流行、大浪淘沙的年代,唯有马克思主义能够真正实现民族独立、人民解放、国家富强、人民富裕的民主革命任务。运用马克思主义的立场观点和方法,邹韬奋考量抗

① 况建军:《论“韬奋精神”的内涵》,《邹韬奋研究》(第9辑),第196页。

战和中国的前途命运，勇于同国民党专制独裁统治作斗争，为中国实现真正的民主、独立而斗争。正如他在1941年5月到香港后复刊《大众生活》，呼吁“巩固团结统一、建立民主政治，由而使抗战坚持到底，以达到最后的胜利”①，始终将斗争的矛头指向国民党独裁统治，直到1944年7月生命的最后终结。恰如其所言，“我个人既是中华民族的一分子，共同努力救此垂危的民族，是每个分子所应负起的责任”。②

鸦片战争以来，中国备受西方列强欺侮，几乎任人宰割，在沦为半殖民地半封建社会的百余年历史中，中华民族深陷水深火热之中，帝国主义、封建主义、官僚资本主义的三座大山压在全体中国人民头上。正是在这个风雨飘摇、国难当头的特殊时期，邹韬奋以“天下兴亡，匹夫有责”为己任，对内不畏权贵势力，对外不畏帝国主义列强，通过自己主编或创办的刊物，开展救亡图存的思想斗争与理论思考。正如他在1943年10月《对国事的呼吁》一文中写的，“我个人的安危早置之度外，但我心怀祖国，眷恋同胞，苦思焦虑，中夜彷徨，心所谓危，不敢不告”③，他以自己的笔墨为枪炮，投向那个黑暗、专制的时代。对此，周恩来总理高度评价道：“在他（邹韬奋）的笔底，培育了中国人民的觉醒和团结，促成了现在中国人民的胜利。”④以笔为戎，揭露黑暗，公开向全社会反映下层百姓疾苦和艰辛，是邹韬奋新闻工作的目标和原则。回溯历史，邹韬奋的具体先进事例不胜枚举。比如，1930年10月间，国民党军阀、安徽省政府主席陈调元，用搜刮来的民脂民膏在上海为他母亲做寿，花费10多万元，极尽

① 邹韬奋：《韬奋全集》（第10卷），上海人民出版社1995年版，第48页。
② 穆欣：《韬奋新闻工作文集》，新华出版社1985年版，第119页。
③ 胡耐秋：《韬奋的流亡生活》，生活·读书·新知三联书店1979年版，第134页。
④ 邹韬奋：《韬奋经历》，生活·读书·新知三联书店1958年版，第406页。

奢侈。对此,邹韬奋秉笔直书,写了题为《民穷财尽的阔人做寿》一文,以犀利的笔锋斥责了陈调元,第一次从国民政府要员身上开刀,披露透彻,淋漓尽致。又如,1931 年 8 月,国民党交通部长兼大夏大学校长王伯群建造豪宅"金屋藏娇"却标榜节俭,为阻挠《生活》周刊调查派人送 10 万元企图封口,邹韬奋以刊物不受任何方面的津贴为由不为所动。再如,1939 年为消解生活书店在广大民众中的影响力,国民党当局提出将生活书店与国民党办的中正书店、独立出版社进行"联合"或"合并",或以投资入股的方式介入生活书店,欲作拉拢,均被邹韬奋否定。

二、抗战救亡的爱国主义精神

韬奋精神也是伟大抗战救亡的爱国主义精神的集中呈现。回顾邹韬奋先生的一生,他不畏强权、敢于抗争地追求民族独立、人民解放,这是伟大中国精神的体现。其中他以生活书店作为阵地,全力以赴开展爱国抗战斗争,是彼时旧中国思想舆论界的领航灯塔,其所付出,令人赞叹。

以抗战救亡为己任、以民族解放为使命担当的爱国主义精神,是韬奋精神的时代呈现。众所周知,邹韬奋以书报为枪炮、以"生活书店"为阵地,进行文化抗争,韬奋的爱国主义精神、民族大义秉性在此过程中得以充分彰明。"九一八"事变后,特别是全面抗战爆发以后,邹韬奋以极大的爱国热情加入到抗日救亡的行列中,以唤国人,救亡御侮。统观整个抗战时期,在邹韬奋的合理经营下,生活书店不仅没有倒闭停业,反而出现逆增长的态势,正如邹韬奋本人承认的:"全面抗战爆发以后,为适应抗战期间全国同胞对于抗战文化的迫切,本店特派高级干部数十人分往内地各重要地点创设分店,由于负责干部的艰苦奋斗,业务更一日千里,异常发达,不到一年,全国分店已达五十余处。"[①]抗战时期的艰苦环境下,为满足各层次读者的需要,邹韬奋为这一时期的生活书店确定了出版方针,这就是出版救亡理论读物、大众读物、战时读物。此外,邹韬奋还公开登报招募股款,支持抗战,同腐朽黑暗的社会势力作坚决斗争。在抗战的时代背景下,由邹韬奋创办的生活书店以推进大众文化,服务社会为己任,坚持抗战、坚持团结,争取民主、争取自由,并且在舆论宣传、信仰支撑、文化传播、国民启智等方面发挥了正面积极作用,生活书店成为时代精神的现实载体。

抗日救国、民族解放的爱国精神韬奋先生的一生追求,也是其撰文办刊、著书立说立身之本和处世之要。早在伟大的五四爱国运动爆发时期,时在上海南洋公学电机科学习的韬奋先生立即投身其间:参与作为沪上《学生联合会月刊》的编辑,积极撰文,积极呼吁,宣传"实业救国"之理念。这在当时具有极强的号召力。20 世纪 20 年代末 30 年代初,邹韬奋利用在《生活》周刊工作的机会,全力撰写政治文章,痛斥日本侵华行径,大声疾呼全民族联合起来,积极抗击日本帝国主义的侵略,大力宣扬爱国主义精神。譬如早在 1926 年 10 月他接手该周刊以来,韬奋先生那"实业救国"之理念和实践宣传,就得以淋漓尽致地发挥和弘扬。据统计,从 1926 年到 1931 年,他在《生活》周刊上发表近 300 篇文章[②],内容包括青年修养、婚姻家庭、科普卫生、健康与美等各个方面,其中就以资产阶级改良方式唤起民众为国家独立、自由而奋斗为目标的宣传内容。

当然,在所有文章和行动之中,韬奋发起救国图存、全民抗

---

① 邹韬奋:《患难余生记》,生活·读书·新知三联书店 1980 年版,第 221—222 页。

② 况建军:《论"韬奋精神"的内涵》,《邹韬奋研究》(第 9 辑),第 198 页。

战的运动影响极大。邹韬奋积极而充分地运用《生活》周刊这一有利阵地,全力宣传那些鼓舞各界人士为抗击日寇、实业救国的理念和信念。具体事例和榜样案例包括,他发起的捐款近13万元援助东北抗日武装力量——马占山将军,从而打响了全民族抗战的第一枪,也让该周刊声名鹊起,成为国内媒体抗日救国的旗帜。整个20世纪20年代,也就是从1922年主编《教育与职业》月刊(他作为中华职业教育社编辑部主任)开始,韬奋先生就积极宣传振兴实业以达到挽救民族危机于危亡之理念,他的各种著述包括《职业指导实验》丛书、职业调查报告、就业指导等,都是宣传"实业救国",这种投笔从戎的效果在当时是不言而喻的。他在1935、1936年间,先后成为上海文化界救国会、上海和全国各界救国联合会执委,并且在1936年7月与沈钧儒等联合发表《团结御侮的几个基本条件与最低要求》,号召蒋介石国民政府进行联共抗日,充分展现了作为当时文化界知名人士的担当和责任,其表率行为赢得了尊敬和赞扬。

不仅仅是进行舆论支持和文字宣传,韬奋先生也身体力行,在物质层面为抗日救亡运动贡献力量。20世纪30年代,日本侵华步步紧逼,民族危亡屡屡惊醒爱国人士,韬奋先生则是利用其《生活》杂志的巨大影响力及各种便利条件,在物质方面加以实质性的援助。譬如,"九一八"事变之后,他征募各种军需物品,还有诸多日常生活用品,在1932年的"一·二八"事变爆发后,直接支援英勇抗战的十九路军;与此同时他还在自己的《生活》周刊的工作地,直接建立伤兵医院。尤其值得关注的是,整个1936年,是韬奋先生爱国主义精神得以集中展现的年份:是年,绥远抗战爆发后他积极联合30多家期刊、杂志社,向全国读者呼吁,发起了"以一日贡献绥军抗战"抗战救亡之义举,此举影响甚巨,也是可歌可泣的爱国之行。

三、正义与真理、理性与信念：韬奋精神内涵的核心要素

追求正义、真理、美好理想与理念的精神，其勇于讲真话、办真事、做真人，为了追求真理而不懈斗争，是韬奋精神内涵的精髓。

邹韬奋为了中华民族的解放，为了中国人民的幸福，进行不懈的斗争，他追求正义、真理的求真务实的个性和精神，是其所处的半殖民地半封建社会的旧中国环境和时代，为了国家进步和民主而进行顽强抗争精神的生动写照。

20世纪30年代，作为抗战时期的有名的政论家和新闻记者，韬奋在他长期的笔耕生涯中形成了自己的独到的抗日救国以及系列的民主思想。首先，抗日救亡的宣传自然是出于他对祖国的热爱，当然也有源自他对马恩经典著作的学习和研读。具体而言，由于邹韬奋之前的勤奋学习和读书，他自然对中华文明以及我国数千年的传统文化加以宣传和弘扬，而对马克思主义世界观的认同也为其形成先进的民主思想和抗日救国思想提供坚实的理论基础和思想源泉。邹韬奋第一次流亡赴欧洲考察，这使得他的思想和认识又发生很大的变化和提升，后来他得出如此之结论：中国未来的前途就是社会主义，这是欧洲乃至全球的发展方向。当然，他指出，当前中华民族的主要任务是民族解放和国家独立，为了完成伟大的民族解放的任务，则必须依赖一个具有号召力的政党组织，他甚至早在西安事变之前就提出了“抗日民族统一战线”的观点，这些思想和主张与中国共产党人的抗日救国的主张和目标完全一致。

邹韬奋还提出了“真正的三民主义共和国”的民主思想，亦即他的民主政治观。他指出，抗战救国与民主建国可以同时进

行:中华民族在统一战线的引领下,在对日作战、最终赢得胜利的过程中,也可以同时为建设真正的三民主义共和国而努力筹划。作为我国现代史上知名记者、出版家和政治家,韬奋先生有其强烈的“人民至上”理念,他所创办生活周刊目标就是宣传先进思想,以唤醒广大民众,他以犀利笔锋为中华民族的独立和解放而疾呼,更为实现真正的全民的民主而奔走呼号。这种民主思想主要体现了他早年对大众百姓疾苦因亲眼所见而有的深刻了解。当他后来有机会加以宣传时,他写出了更多关于民生问题、关注民众问题的文论,从而奠定其丰富的民主和民生思想。另外,他对国民党反动派黑暗统治的批判也充分表述他的民主观点,而他 30 年代对欧洲的考察、对苏联民主的理解也具有自己个性化的分析和比较。于是,他在那个时代,赞颂了苏联的民主,强调要建立中华的民主政治,亦即孙中山式的三民主义的民主政治。当然,邹韬奋的民主政治观适应于时代环境和历史背景,亦即其民主观点确立的出发点和目标只有一个,那就是一切为了抗日战争和救亡图存,这是一种抗战、建国同时进行的民主进程。为此,他“以笔为兵”,在报纸和刊物上发文,宣传其民主思想,为广大人民群众的民主权利而大声疾呼,鞠躬尽瘁。邹韬奋被标识为“民主先锋”,被视为中国近现代史历程中民主政治思想史的一朵奇葩,他以自身的言行大大激励着那一时期的人们尤其是青年人的进步追求。

四、时代之标尺,精神之动力

韬奋精神为那一时代的年轻人和知识分子树立了榜样和标杆,对后世一代代年轻人产生了积极的影响。1944 年 7 月 24 日 7 时 20 分,伟大的爱国主义者、杰出的新闻记者、政治家和出版家邹韬奋与世长辞。同年11月,中共中央在延安举办追悼邹韬奋同志大会,会上毛泽东题词:热爱人民,真诚地为人民服务,鞠躬尽瘁,死而后已,这就是邹韬奋先生的精神,这就是他之所以感动人的地方。

韬奋精神是中国共产党人百年奋斗的历程所呈现的一种时代精神。虽然,韬奋精神本身并不属于"伟大建党精神"谱系中的一种,然而以"坚持真理、坚守理想,践行初心、担当使命,不怕牺牲、英勇斗争,对党忠诚、不负人民"①为核心内容的伟大建党精神,其元素和特质,也与我们所论的"韬奋精神"之内涵完全契合。

我们在此强调,精神之效能在实践中产生,也在实践历程中发挥和呈现。马克思指出:"意识必须从物质生活的矛盾中,从社会生产力和生产关系之间的现存冲突中去解释。"②伟大建党精神作为一种精神产品,同时也作为一种理论、思想和意识存在物的精髓和结晶,它是中国共产党人在这一伟大组织的创建历程——亦即在实践活动的集中体现和凝练概括,这种精神产品产生于实践,也必将在随后的实践中得到检验、发展和完善。而韬奋精神给我们遗留下来的丰富多彩、弥足珍贵的财富,恰恰是上述所言"精神产品"的精髓和结晶。

韬奋精神成为时代精神的标杆。回溯邹韬奋短暂却又光辉的一生,在思想言论上,他决不肯做仰人鼻息的传声筒,只会仗义执言地讲真话。求真务实是其一生品格的写照。而建党精神内涵在不同历史时期的延展和效能转化,恰恰与韬奋精神的这种精神元素相吻合。譬如"实事求是""坚持真理""不忘初心"等

---

① 习近平:《在庆祝中国共产党成立100周年大会上的讲话》,《人民日报》2021年7月2日,第2版。

② 《马克思恩格斯选集》(第2卷),人民出版社2012年版,第3页。

内涵及要素，也体现着党的信念和宗旨，传承着最初建党精神的初心和使命，是中国共产党精神谱系的共同元素，也为中国共产党百年精神谱系提供理论和实践注解。加强对韬奋精神的研究，既要从微观层面对具体精神的构成要素加以探讨，更要从宏观层面，以及从伟大建党精神与百年精神谱系的视角切入，如此方能深刻理解各个时期形成的诸多精神的内在一致性，从而立足时代主题，赓续红色命脉，为实现第二个百年奋斗目标持续努力。又譬如，在行为作风上，他决不会参与那些卖友求荣的勾当，而是宁肯牺牲生命去保护同一战垒中的战友；在文化创作上，他不会低三下四摇尾乞怜地检讨，而是始终昂首阔步地走在新闻舆论界；在政治理想上，他从找寻民主主义共和国的出路，为民族独立、人民解放、政治民主、国家富强而努力，到后来信仰马克思主义的科学真理，以历史唯物主义和辩证唯物主义作为自己的世界观和方法论，为维护无产阶级和广大人民群众利益，为实现共产主义理想而奋斗终身。正如他在生活书店工作时无数次场合中所大声疾呼的那样："巩固团结统一，建立民主政治，由而使抗战坚持到底，以达到最后的胜利。"①

韬奋精神是后世各个历史时期的年轻人为中华民族奋斗的精神动力。韬奋精神对其所处的时代的青年及知识分子的影响，无疑是巨大的；同时，这种精神也对如今新时代的青年一代具有全新的启示。这是因为，韬奋精神不仅是"民主、自由和正义"精神的集中呈现，更是中国人民抗战精神的一部分，是新时代爱国主义精神的集中体现。这种精神表现为：爱国主义精神：为了民族解放和国家解放努力奋斗，以文化宣传作为武器投向敌人的心脏；共产主义精神：为无产阶级和广大人民群众的解放

① 邹韬奋：《韬奋全集》(第10卷)，第48页。

不懈奋斗，始终是渴望真理、追寻真理、探求真理、捍卫真理、践行真理的代名词；人民至上精神：以人民大众的进步和民族的解放为伟大目标，以人民大众的立场作为伟大事业的出发点，以人民大众利益为最高利益和目的，等等。

中国特色社会主义进入新时代的历史方位，我们感受到的是韬奋精神在今天的不断传承和弘扬。例如，邹韬奋是我国现代进步新闻出版业的先驱，以他名字命名的“韬奋出版奖”也是我国新闻出版界个人成就最高奖。韬奋精神所内蕴的“民主、自由和正义”的精神内核，是武装历代中国新闻出版人、舆论宣传者以及理论工作者的强大思想武器，为新时代的我国新闻舆论工作、文化事业发展注入强大生命力。

五、余论

“韬奋精神”是一种时代精神的呈现，是基于抗战精神的心系救国、矢志报国的爱国精神，也是追求进步、探寻真理、不屈不挠的斗争精神的集中体现。从邹韬奋一开始就积极投身爱国运动、努力践行实业救国、力促抗战民族解放的历程中，韬奋及其生活书店皆完全以读者利益为中心、自觉担当大众“喉舌”这一理念为勤奋工作之使命。此外，反对封建糟粕，追求个性解放，坚持以拯救民族独立作为始终未变的理想信念，同时又坚持马列指导实践等各个方面，皆呈现了那一历史时期的“韬奋精神”，这些精神还包括从不受利诱不作妥协、不屈不挠抗争到底、不避生死、鞠躬尽瘁，等等。为此，本文所论韬奋精神进行一个简单的总结。

首先，正义与真理、理想与信念、爱国主义与反抗帝国主义、大众立场与人民情怀、时代精神与社会责任，是韬奋精神的内涵

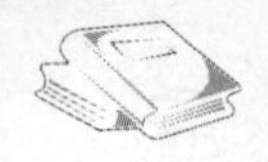

和特质。

其次,韬奋精神与抗战精神紧密契合且相辅相成。二者是时代环境和历史背景所致,是时代精神的体现,是全中国那一历史时期富有良知的知识分子的高度和自觉的社会责任之呈现——所谓"天下兴亡匹夫有责",那么必将产生"大敌当前,一致对外"之呼应和应战。

再次,韬奋精神是建党精神发展历程中另一种要素的呈现,它体现了一种抗战精神(建党精神的时代展现);韬奋精神本身不属于建党精神谱系的组成部分,但韬奋精神之内涵、特质及其要素,却与建党精神中的诸多要素相契合、相一致。

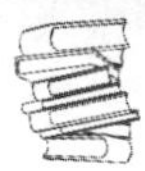

邹韬奋教育思想及当代价值刍议

周 晔 杨 迪
（复旦大学）

邹韬奋(1895—1944)，我国近代著名的记者、政论家，坚定的爱国主义者和共产主义者，同时还是杰出的教育家。在国家蒙辱、人民蒙难、文明蒙尘的时代背景下，邹韬奋坚持真理、追求正义，积极投身教育事业与新闻事业，操办“六刊一报”，为救国救民奔走呐喊，在中国近代新闻史上留下了浓墨重彩的一笔，也留下了宝贵的教育思想。新时代，习近平总书记对党的新闻舆论事业后继有人，特别是教育培养党的新闻工作者，提出了一系列新论断、新要求，归结起来就是坚持“四个向”。梳理邹韬奋的教育思想，其古今中外兼收并蓄，人民性、结构性、时代性、创造性、革命性齐备，[①]它对新时代理解和把握习近平总书记相关重要论述，培养造就一大批优秀新闻工作人才，实现“两个一百年”奋斗目标、实现中华民族伟大复兴的中国梦，具有重要的理论价值和实践价值。

一、邹韬奋的人生经历与教育思想形成

邹韬奋家境贫寒，故从 1917 年到 1921 年在上海求学期间，就开始利用课余担任家庭教师以补贴用度，这是他后来开展教

① 杨宇清:《邹韬奋教育思想初探》,《江西教育科研》1987 年第 3 期，第 23—29 页。

育相关工作的奠基石[①]。1921年,邹韬奋从上海圣约翰大学毕业,摘获文学学士学位。彼时刚毕业的他渴望投身新闻工作,然而造化弄人,最终不得不先到厚生纱厂和上海纱布交易所当了英文秘书。迫于生计,邹韬奋同时还在《申报》馆兼职处理英文函件、在上海青年会中学做了兼职英文教员。尽管如此,邹韬奋始终没有放弃自己的新闻理想。皇天不负有心人,1922年,在经历了严峻的考察后,邹韬奋被黄炎培聘为中华职业教育社编辑股主任,主要工作是编辑《教育与职业》月刊和编译"职业教育丛书"。自此,邹韬奋正式踏上了出版的道路,也与教育事业结下不解之缘。1926年是邹韬奋人生的分水岭,这一年他遂愿接手主办《生活》周刊。随后自1926至1944年的近20年间,邹韬奋以进步报刊为舆论阵地,凭一支犀利之笔,力主正义舆论,抨击黑暗势力,为推动救国运动、民主政治和文化事业的发展鞠躬尽瘁、死而后已,[②③]揭开了近代中国新闻史上闪耀的一幕,也在办报办刊的过程中孕育出了璀璨的教育思想。

纵观邹韬奋的一生,可以说他教育思想的形成与自身丰富的教育和新闻出版经历是紧密相关的。

他是倡导职业教育的先驱。倡导职业教育,邹韬奋一生身体力行。从大学读书期间在宜兴做家教开始,他就严格要求自己,用认真细致的教学态度和扎实过硬的教学能力赢得了学生与家长的高度认可。1922年进入中华职业教育社工作后,邹韬奋更是恪尽职守,短短4年间,编辑《教育与职业》月刊,先后编译出版了《职业教育研究》《职业指导》《职业知能测验法》等职业

① 邹韬奋:《前尘影事》,《生活》周刊1933年第8卷第29期。

② 毛泽东1944年11月15日题词。

③ 中共中央1944年9月28日唁电。

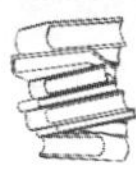

教育丛书。[①] 与此同时，邹韬奋也兼任中华职业教育社职业指导股副主任，在履职尽责的同时，参与发起职业指导运动，并亲自撰写《改良家庭教育丛谈》《西洋社会趋势与职业教育》《小学中的职业教育问题》等文章，介绍国内外职业教育情况，公开阐明了他对发展我国教育的想法和观点，其中不少观点已经较为成熟[②]。然而邹韬奋对教育理念的探索没有止步于此，此后的多年间，他又陆陆续续在当时的报纸杂志和《经历》等书上发表了数十篇文章，其中比较重要的如《职业教育范围之研究》《现有教育制度的罪恶》《平等机会的教育》等[③]，竭尽全力地将平等教育、平民教育、个性教育甚至终身教育等直接关乎人民利益的概念表达了出来。在这些谈论教育的文章中，邹韬奋多次提出培养职业道德和专业能力是教育的一个重要方面，他写道："一人而欲对任何一业有胜任之能力，则受其教之范围……除改进其物质方面之环境外，尤须注意其精神上之修养。"[④]意为一个人接受职业教育，不单是要学习一项技能，还应该要学习智识品行道德，同时注重体育教育，炼就强健体魄，这样一来人们就会热爱自己的事业。在此基础上，他进一步指出人如果能在职业方面发挥自己的特长，尽可能为社会做贡献，那就能真正体会到一个职业的快乐。[⑤] 邹韬奋精准、深刻地强调，职业不但是一种谋生的手段，更重要的是为大众服务，为社会的发展进步做出实实在在的贡献。

---

① 孟宪娟：《邹韬奋教育思想研究》，河北大学博士学位论文，2007 年。

② 马永春：《新闻记者的旗帜邹韬奋》，云南大学出版社 2012 年版。

③ 杨宇清：《邹韬奋教育思想初探》，《江西教育科研》1987 年第 3 期，第 23—29 页。

④ 邹韬奋：《韬奋全集》（第 1 卷），上海人民出版社 1995 年版，第 677 页。

⑤ 邹韬奋：《韬奋全集》（第 1 卷），第 304 页。

他是心怀家国、坚持真理的民主战士。[①] 自1926年接办《生活》周刊之后,邹韬奋继续以身作则,身体力行地展开了同黑暗势力的斗争。1931年,“九一八”事变之后,国家又一次被巨大的阴影笼罩。邹韬奋作为一个满怀家国情怀的青年,他抑制不住内心的悲愤,倾尽全力将《生活》周刊变成宣传抗日救国、民族解放的舆论阵地。与此同时,邹韬奋充分利用《生活》周刊的影响力组织捐款,支援前线抗日战士;针对抗战形势的变化发展,他痛批国民党的不抵抗政策;1933年上半年,邹韬奋发表大量文章,这些文章主题大多是宣传和解释马克思主义基本原理,从而引发国民党反动当局的恼恨,对邹韬奋及他的《生活》周刊加以迫害,[②]致使这位坚定的民主战士流亡海外。但是,心怀理想信念的邹韬奋并未因此沉沦,他用两年时间考察了英、美、法、德、意等资本主义国家和苏联。在英美等国,邹韬奋见识到了资本主义国家虚华表象下普罗大众凄凉的生活,他研读了马克思、列宁的著作等系列进步书刊,思想得到进一步升华。行至苏联时,邹韬奋还有一段值得研究的经历。据史料记载,他专门送了自己编译的《革命文豪高尔基》给高尔基,同时还附了一封信,表明中国革命是为了群众利益而开展的一次真正意义上的革命,并声明自己主办的《生活》周刊是在为中国的革命、为中国的社会主义运动而呼号呐喊。[③] 1935年,他回到祖国并再次投身爱国救亡运动中。6年间,他先后在上海、汉口、香港、重庆等地创办并编辑了《大众生活》周刊、《生活日报》《生活日报·星期增刊》《生活星期刊》《抗战》三日刊及《全民抗战》三日刊……辗转

---

① 毛泽东1949年纪念邹韬奋逝世五周年题词。

② 王卫明:《中外新闻事业史》,北京师范大学出版社2010年版。

③ 邹韬奋:《韬奋全集》(第7卷),第787页。

往复,只为积极宣传发动爱国救亡和民族解放运动。在《生活日报》的《发刊词》中,邹韬奋明确表示报刊要做民众喉舌,新闻要从人民群众的立场和利益出发,通俗讲就是要真实地反映以人民群众当前的需求,以人民群众的利益为新闻选择、记述、评判的中心标准。1941 年 12 月,香港沦陷,邹韬奋无奈之下再度流亡。但这一次,他得到了中国共产党的帮助,辗转奔赴东江、苏北两地的抗日根据地并细致考察了当地实际情况。不久后,邹韬奋恶疾缠身,就是在那样恶劣的情况下,他燃尽生命最后的火焰,写下了《对国事的呼吁》《患难余生记》,表达了自己在敌后抗日根据地看到的光明与希望。[①] 1944 年,邹韬奋与世长辞,周恩来专门为他题词,称颂他所经历的道路是中国知识分子走向进步、走向革命的道路。[②]

二、邹韬奋教育思想的基本内涵

邹韬奋所从事的教育相关工作和贯穿一生的新闻出版工作是其教育思想形成的实践基础。总体来看,邹韬奋教育思想的基本内涵可以归纳为三个方面。

一是教育目标论。“培养什么样的人”,这是办教育要解决的首要问题。邹韬奋一生在职业教育、民主教育、体育教育等诸多教育细分领域都有相应的研究,他以丰富的论述从各个角度对教育的目标问题给出了回应。比如,职业教育方面,他提出“养成青年自求知识之能力,巩固之意志,优美之感情……使成健全优良之分子”[③],强调要培养青年人的自学能力,塑造有着

---

① 孟宪娟:《邹韬奋教育思想研究》,河北大学博士学位论文,2007 年。

② 上海韬奋纪念馆编:《邹韬奋研究》(第 4 辑),上海三联书店 2016 年版。

③ 邹韬奋:《韬奋全集》(第 1 卷),第 275 页。

坚强意志和优秀审美情趣的青年人,这样的人不但能做好自己的本职工作,也能为国家为社会作出贡献;民主教育方面,他主张“国民程度不太整齐的国家,大多数对于国事淡如水……所以开通民智,普及教育,终是立国的大本”[①],简言之就是倡导要通过教育提高全民的政治素养与政治能力;体育教育方面,他指出:“我们每愤慨于武人政客祸国之可恨,而辄寄其无限希望于次代的有志青年……莫要于体力智力与团结力,此三力实为民族复兴与繁荣的骨髓,而体力尤为智力与团结力的基础……”[②]他提出一个民族要讲复兴,首先应该注重体育教育,强健的体魄是智力、凝聚力的前提和基础,没有好的身体,其他都无从谈起。将这些不同领域的教育思想凝练起来,概言之,邹韬奋关于教育目标的主张就是要培养品德高尚、专业过硬、体魄强健、意志坚定、心怀家国人民的高素质人才。

二是教育价值论。价值观表现在教育上,就是“为谁培养人”的问题。正确的价值取向能够保障教育工作在“国之大者”的正道上行稳致远,培养出实现人民解放、民族复兴真正需要的高水平人才。邹韬奋作为中国近代杰出的爱国主义者和民主战士,一生从始至终,都在推行“以人民为中心”的教育理念。在邹韬奋百余篇谈论教育的文章中,一些关于平等教育、平民教育的论述时常可见,譬如“教育是人人都得一样享受,人人都当一样的享受”,强调教育应当被普及,教育不是有钱人的专利品,每一个普通老百姓都有权利享受优质教育。[③] 与此同时,邹韬奋在经历了波折坎坷的办报办刊实践后,不但在伦敦撰写《萍踪寄语三集弁言》,形成了自己的马克思主义世界观,还在所办的报刊

① 邹韬奋:《韬奋全集》(第2卷),第364页。

② 邹韬奋:《小言论》,商务印书馆2012版,第153页。

③ 邹韬奋:《平等机会的教育》,《生活》1932年第7卷第40期。

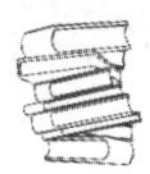

中发表了大量宣传和解释马克思主义原理的文章，从而进一步对新闻工作者提出了要为人民奔走呼号、发挥报刊积极的舆论导向作用、发动人民群众的力量、为社会服务等一系列要求。[①]

除此之外，他还尤其致力于批判"洋奴教育"，反对"全盘西化"。1930 年，邹韬奋发表了《现有教育制度的罪恶》[②]一文，反思了辛亥革命以来三次教育制度改革失败的原因，犀利地指出政府犯了"全盘西化"的错误，并在此基础上进一步提出但凡是能发挥实际效果的方法，必须是经过深入调研后，根据实际情况与需要，结合本国国情实事求是地制定的。绝对不是随随便便抄袭别国现成的方法就能获得好结果。[③] 他的这些关于教育的价值取向，与当代马克思主义教育观的许多论断不谋而合。

三是教育方法论。明确了要培养什么人、为谁培养人之后，重要的便是如何培养人。关于教育方法论，邹韬奋也在大量实践的基础上，形成了较为全面、成熟的观点。首先，根据中国社会的实际情况，邹韬奋提出要注重理论与实践相结合，主张应面向学生设置"职业陶冶"课程，养成学生善于思考、解决问题的习惯，提高学生解决问题的实际能力。他提出，"实践决定理论，真正的理论也有着领导实践的功用……所以我们需要一个正确的理论来做行动的基础，同时要使实践和理论融合起来"。[④] 第二，邹韬奋强调教师应该有细致负责的教学态度和善于引导的教学能力，教授学生学习方法，培养学生的主动学习精神与自主学习能力。他提出，"学术教育机关的中心不是教室而是大规模

① 李雨田：《邹韬奋大众新闻思想探究》，吉林大学博士学位论文，2020 年。

② 杨宇清：《邹韬奋教育思想初探》，《江西教育科研》1987 年第 3 期，第 23—29 页。

③ 邹韬奋：《韬奋全集》(第 11 卷)，第 173 页。

④ 邹韬奋：《理论和实践的统一》，《生活日报》星期增刊 1936 年第 1 卷第 2 号。

的图书馆及实验室,(学生)在专家指导下作自动的研究[①]”。第三,邹韬奋提倡注重家庭教育,“家庭教育是人生一世的基础,有了基础,学校教育就事半功倍,格外容易收效;否则基础既坏,就是学校极好,要分其精力之一部分去矫正恶习……而况有许多恶习已根深蒂固,就是在良好的学校,也难于更改!”[②]简言之,他认为学校与家长相互配合,有助于打牢学习基础。第四,邹韬奋主张实行终身教育,提出“修学与任事相辅并进”的命题,即在工作中不断总结经验教训,向专业的人学习,从而实现理论与实践相互促进、相互增益。[③]

不难发现,邹韬奋的教育思想与当下习近平总书记关于教育的相关重要论述是遥相呼应的。研究邹韬奋教育思想并提炼其中精髓,是一个“以史为鉴”的过程,它有助于我们看清楚教育和新闻人才培养工作在过去的百年里,我们党为什么能够成功、弄明白未来我们怎样才能继续成功,从而在新的征程上更好地为党育人、为国育才,开创未来、勇毅前行。

三、邹韬奋教育思想的当代价值

2016 年,习近平总书记明确指出:“做好党的新闻舆论工作,事关旗帜和道路,事关贯彻落实党的理论和路线方针政策,事关顺利推进党和国家各项事业,事关全国各族人民凝聚力和向心力,事关党和国家的前途命运。”[④]同年 11 月,总书记再次

---

① 邹韬奋:《平等机会的教育》,《生活》周刊 1932 年第 7 卷第 40 期。
② 邹恩润:《改良家庭教育丛谈》,《约翰声》1921 年第 32 卷。
③ 邹恩润:《教育群众的责任在哪里?》,《约翰声》1920 年第 31 卷。
④ 习近平总书记在党的新闻舆论工作座谈会上的重要讲话。

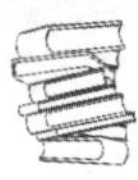

发表重要讲话，对广大新闻工作者提出了“四个向”的希望和要求。[①] 对标总书记重要论述和讲话精神，研究梳理邹韬奋的教育思想对新时代培养党的新闻舆论工作者具有重要的理论价值和实践价值。

一是要坚持正确政治方向。具体展开，就是要培养同党中央保持高度一致，坚持马克思主义新闻观，坚守党和人民立场，坚持中国特色社会主义，政治坚定的新闻工作者。[②] 新闻舆论工作是治国理政、安国定邦的大事，[③]只有树立了正确的指导思想，才能不断助力中国特色社会主义建设取得伟大胜利。邹韬奋一生为爱国救亡而奔走奋斗，他的新闻出版和教育思想在经历了实践的检验和理论的思辨过后，最终都转向了马克思主义。后来，正是在如此旗帜鲜明、立场坚定的思想指导下，邹韬奋的“六刊一报”真正成为具有巨大民族号召力的舆论阵地。当前，要培养党的新闻舆论工作者，就必须毫不动摇地坚持马克思主义新闻观作为指导思想和价值导向。不管时代怎样发展、媒体格局怎样变化，党管媒体的原则和制度都不会变也不能变，广大新闻舆论工作者必须始终坚持党性与人民性相统一的原则，成为党和人民的“喉舌”，服务于党和人民的事业发展。

二是要坚持正确舆论导向。具体说来，就是要培养能够深入宣传党的理论和路线方针政策，深入宣传全国各族人民为实现“两个一百年”奋斗目标、实现中华民族伟大复兴中国梦进行不懈奋斗的新闻工作者。邹韬奋在办报办刊经历中，逐步总结

---

① 习近平总书记在中华全国新闻工作者协会第九届理事会第一次会议上的重要讲话。

② 习近平总书记在中华全国新闻工作者协会第九届理事会第一次会议上的重要讲话。

③ 赵亮红:《创新国有企业新闻宣传工作机制研究》,《办公室业务》2016 年第 19 期，第 1 页。

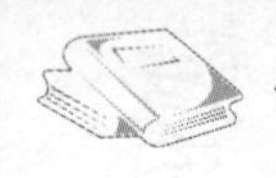

出“开通民智、普及教育,是立国之大本”的观点;总结出报社培养的记者,要承担起教育民众、普及大众文化知识、提高人民水平和国民素质重任的观点。这些教育思想对当今新闻教育亦有启发。结合当下中华民族伟大复兴战略全局和新冠肺炎疫情暴发后的全球百年未有之大变局,新时代新闻教育必须以马克思主义新闻观为统领,使广大新闻工作者始终在思想认识上与党中央保持高度一致,牢记社会责任,并在所从事的新闻舆论工作各个方面、各个环节都体现党的意志,反映党的主张,维护党中央权威,做到团结人民、鼓舞士气,成风化人、凝心聚力。

三是要坚持正确新闻志向。具体而言,就是要培养有扎实业务水平、勇于改进创新,不断自我提高、自我完善,业务精湛的新闻工作者。[①] 邹韬奋对人才,特别是新闻人才的定义有一套非常系统的逻辑。从大众教育角度,他主张培养有品德、有能力、有体魄、敢创新、会思考、能实践且有家国情怀的人;从新闻教育角度,他主张报社培养的新闻工作者应有言论上的独立精神、工作上的敬业精神、读者至上的服务精神。邹韬奋的上述教育思想,进一步坚定我们今天培养党的新闻舆论工作者,应该教授其符合时代要求的专业技能,锤炼其“脚力、眼力、脑力、笔力”;培养其熟练掌握新媒体技术,把握媒体融合发展的趋势与脉搏,进而使其能够准确把握新闻工作的时、效、度,在关键时刻运用专业知识,为党、为国家、为人民发声。

四是要坚持正确工作取向。具体来讲,就是要培养以人民为中心,心系人民、讴歌人民,发扬职业精神,恪守职业道德,勤奋工作、甘于奉献、作风优良的新闻工作者。邹韬奋在国家内忧

---

① 习近平总书记在中华全国新闻工作者协会第九届理事会第一次会议上的重要讲话。

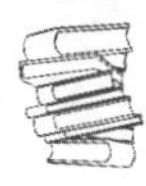

外患、艰苦卓绝的历史背景下,呕心沥血地探索救国救民的道路,始终主张“以人民为中心”的教育理念。在从事新闻出版工作的过程中,他立场鲜明地指出报刊要做人民的喉舌,不断强调新闻记者要以人民的利益为标准,以反映人民需求为工作的前进方向。这些启示我们新时代培养新闻舆论工作者,要不断在增强他们“政治家办报、办媒体”等意识方面着力;要培养他们善于找准目标定位,始终围绕中心、服务大局;要教育引导他们提高自身业务水平,努力成为全媒型、专家型人才,不断产出更多讴歌伟大时代、礼赞人民群众的优秀新闻作品。

邹韬奋家庭教育观念的形成及转向[①]

赵 莹 陈苗苗
(山西大学)

《中国大百科全书》对"家庭教育"的定义是"父母或其他年长者在家庭内自觉地、有意识地对子女进行的教育"。在中国古代,家庭教育被列入国家教育体系。近代以来,伴随着中国社会的急剧变革,"家庭教育"的观念被引入中国。1903 年,清政府为改革学制,通过了《蒙养院及家庭教育法》,家庭教育被纳入官方教育体系。差不多同时,随着西方教育理论的传入,尤其是在蒙台梭利、杜威等幼儿教育思想的影响下,我国家庭教育开始逐步走上科学化的道路。五四运动以后,家庭教育问题受到国人更广泛的关注,很多知识分子开始对相关问题进行阐释,如胡适、鲁迅、陈鹤琴、陶行知等人就家庭教育撰写过专门的文章或论著。在时代的感召下,在思想上锐意求新的邹韬奋也开始将注意力投向家庭教育相关问题。

学界对五四时期知识分子的家庭教育主张多有讨论,但其中尚未涉及韬奋的相关论述。韬奋的家庭教育观念是其世界观的重要组成部分。相较于胡适、鲁迅等众多社会名流,韬奋的家庭观念形成稍晚,却具有鲜明的个人特色,其间糅合了他对于人格自由、经济独立、妇女解放、中西文化关系等问题的思索和认

① 本文为 2022 年山西省高等学校教学改革创新项目"基于'四力'培养的新闻史课程思政建设研究"阶段性成果。

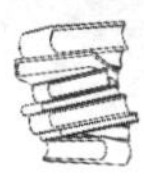

识，值得深入研究。

本文搜集邹韬奋学生时代至抗日战争时期公开发表的各类文章及译著中的相关文本，勾勒韬奋家庭教育观念的形成过程和发展变化的轨迹，追溯其生发源头和转变的动因，阐释其家庭教育观念的特点和意义。

一、邹韬奋家庭教育观念的形成

邹韬奋1895年生于一个书香世家，父母对他的言传身教构成了他对家庭教育最早的模糊体验。韬奋的家庭可说是标准的"严父慈母"的中国传统家庭。对父子关系的回忆文字，几乎都与读书相关。他六岁由父亲"发蒙"，读的是《三字经》，父亲"清算"他功课的时候，如他背不出来，就要被用竹板狠狠打手掌，他还要忍住哭，继续背。[①] 母亲虽然在邹韬奋十三岁那年早逝，但对与母亲朝夕相处的很多细节，韬奋却记忆深刻，他形容母亲身上有"活泼的欢愉的青春的美"，认为她可以成为"循循善诱的良师"。[②]

无论是"严厉"的父亲还是"慈爱"的母亲，都在韬奋的幼年成长中给予了他充分的关注，与他结成了密切的关系。韬奋忆及自己父母，总是充满依恋和感恩。如在自己离家求学之时，因离别父亲，"心至悒悒，大有无尽心事郁郁谁语之概，是晚终宵不能寐"。[③]

韬奋1916年在上海工业专门中学求学期间，发表在《学生

---

① 邹韬奋：《我的母亲》，《万家灯火》，春风文艺出版社2018年版，第123页。

② 邹韬奋：《我的母亲》，《文学经典鉴赏　现代散文名篇》，上海辞书出版社2021年版，第83页。

③ 邹恩润：《我小学时代之追求》，《学生杂志》1917年第4卷第9号。

杂志》上的文章《不求轩困勉录》中,用一节专论“父母”,这反映出韬奋早年对于子女学业与父母角色之间关系的认知。

> 天下至苦之心,莫父母。若天下至爱之心,亦莫父母。若闻子敦厚而能完其高尚之品格焉,而为之喜。闻子愚惰而不能完学校之功课焉,而为之忧。人子在校,父母身虽在家庭之中,而轸念之心,已随其子入校矣。呜呼!吾人无时无刻不在父母慈爱仁祥之天地中,而父母实无时无刻不在愁劳困顿之日月中也,此王褒所以每读“哀哀父母,生我劬劳”之诗,未尝不为之三复流涕也欤。学者若能时思父母以父母至苦之心自振,以父母自爱之心自爱,则精神爽奋,百废俱兴,蹈规持敬,庄敬日强,如含露之朝叶,如奋涌之源泉,庶可以慰堂上倚闾之思,减梦寐念子之痛。学子尽孝,莫是过矣。①

在接触西方近代“家庭教育”概念之前,韬奋对父母与子女教养关系的理解始终归于“孝”的范畴之下。严格来说,中学时期的韬奋尚未对近代所谓“家庭教育”形成科学认知。他认为父母对子女的贡献和职责在于“哀哀父母,生我劬劳”,即生养。他视学堂为子女教育的唯一场所,在教育中,家庭成员较之学堂中的先生,力量是微不足道的。身在家庭之中的父母,在子女到了入学年龄后,虽有“轸念之心”,但不再在子女的教育中承担实际职责。子女勤奋学习的最终目的是“尽孝”,报答父母的生养之恩,成就家族的荣耀,并非一种自我成就,也不具备社会责任。

在欧风美雨中,身处新式学校的韬奋已经尝试对“孝”之内

① 邹恩润:《不求轩因勉录》,《学生杂志》1916 年第 3 卷第 1 号。

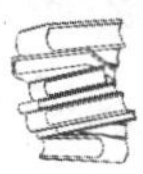

涵作出有别于传统的阐发。1917年，韬奋发表《原孝》，指出“晨昏定省，拘守礼节”“身体肤发，不敢毁伤”等“世俗之所谓孝”，是外在的“形”，而非内在的“神”。[①] 他所理解的“孝”是要从社会、国家的角度来衡量的，“必出而不为社会之蠹而有益于社会，上而不为国家之害而有利于国家，斯得全其为孝”。[②] 可见，韬奋开始超出传统的中国家族内部空间，转向将家庭成员关系置于近代国家、社会空间进行审视。这为他后来接受欧洲家庭教育观念，重新阐释父母子女在家庭教育中的职能与角色奠定了基础。

1920年前后，是邹韬奋家庭教育观念形成的重要时期。首先是1919年9月，他考入具有美国教会背景的圣约翰大学文科三年级，主修西洋文学。此后从他接连发表的多篇旗帜鲜明支持妇女解放、提倡改造旧式婚姻和家庭的文章中，可以看到邹韬奋思想的巨大转变。而这些问题实际上已经开始触及家庭教育的基本要素。1920年，邹韬奋接触到了著名美国教育学者杜威的《民本主义与教育》一书，并开始对该书进行系统的翻译。

上述经历直接促成了邹韬奋将“家庭教育”作为一个独立的问题进行思考和讨论。1921年，邹韬奋在《约翰声》杂志上发表《改良家庭教育丛谈》，第一次将“家庭教育”作为一个专门概念提出并进行阐释。在文章开篇，他改变了之前认为在教育这一领域中家长的作用弱于学校师长的认识，指出家庭教育是“人生一世”的基础，能够使学校教育“事半功倍”。[③] 在同期另一篇文章《改造家庭之两大观念》中，他提出“要做父母的人明白自己的责任是把子女的智育德育体育发达”，这一主张已明显区别于其

① 邹恩润：《原孝》，《南洋公学国文成绩》1917年二集卷一。

② 邹恩润：《原孝》，《南洋公学国文成绩》1917年二集卷一。

③ 邹恩润：《改良家庭教育丛谈》，《约翰声》1921年第32卷第1、2号。

中学时期对“父母生养之恩”的推崇备至。[①] 此外,他还引用杜威的观点,强调要注意儿童自身的本能及情境来进行家庭教育,开始反思父母教育的方式方法,而不再一味以父母的“恩”和子女的“孝”来诠释家庭教育中成员之间的责任和关系。

从对“家庭教育”的认识出发,韬奋进一步反思“孝”的内涵。在《非孝是什么意思?》一文中,他批判“我国恶俗之所谓孝,简直不把儿女当一个人看待”,儿女的所有事务“全权都在父母之手”“无子女参与余地”的情况,提出家庭中的子女同样有“人格”。[②]这意味着,家庭之中的子女,开始作为有独立价值的个体受到韬奋的重视。虽然在西方影响下,韬奋对传统“孝”的含义有了新的解读,但他并不赞同当时社会上许多自命“新文化运动者”以怨恨敌视父母为先进的思想,他指出:“对于父母当然也应有相当的自然情爱,其浓度尤当加甚,断然不当无论如何先存敌视态度,以为时髦。”[③]韬奋对于传统的“孝”趋于温和地反思和改造,某种程度上是受到儿时在家庭中的经历的影响的。

二、邹韬奋对家庭教育的早期认识

抗日战争爆发前,邹韬奋的家庭教育观念主要受欧美影响。在这一时期,他发表了二十余篇涉及家庭教育问题的文章,从家庭教育的范畴、目的宗旨、原则方法、外在条件等角度阐释了他对家庭教育的理解。

从家庭教育的基本范畴来看上,邹韬奋讨论的基本是从出

---

① 邹恩润:《改造家庭之两大观念》,《约翰声》1920 年第 31 卷第 9 号。

② 邹恩润:《非孝是什么意思?》,《约翰声》第 32 卷第 2 号。

③ 邹恩润:《非孝是什么意思?》,《约翰声》1921 年第 32 卷第 1、2 号。

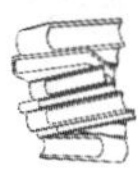

生到学龄前幼儿的教育问题。20 世纪二三十年代，中国知识分子对于家庭教育的基本范畴看法并不一致。一类是狭义上的，指“子女入学以前之教育”，“即谓子女入学以前时期之教育，应由家庭负责，子女既入学之后，似可将教育责任，完全委之于学校矣”。[①] 另一类是广义上的，“指家庭对于子女，一切直接或间接、有意无意之种种精神上身体上之教育也”。[②] 1940 年，国民政府教育部社会教育司发布《家庭教育》小册子中，选取了为多数人所接受的观点，从官方角度确定“现在所谓之家庭教育，应为广义之家庭教育”。[③] 由此可见，韬奋对家庭教育范畴的认定并非主流。

对于家庭教育的目的宗旨，韬奋与当时大多数接受西方思想的知识分子立场一致。他们认为中国传统家庭“以‘显亲扬名’‘光大门楣’为目标，以家族主义为出发点，但求子弟长大成人后，为家庭争气，为祖先生光，而没有一念及国家、民族和社会”，应该秉持门第宗族成见，将家庭教育与“养成国民”为目标，“希望子弟长大后为国家为社会为人类谋幸福”。[④] 基于这一宗旨，韬奋在《人人可以有儿子》一文中甚至激进地指出：“要认定生儿子是要为社会造成健全的分子，如无力做到这一层，不妨让有力的人去做，不一定要落在自己身上，要先把自己弄成有用的人，如有力做到这一层，就是自己没有生什么儿子，也不妨出其力量替社会上多教养几个人才，等于教育自己的子女。”[⑤]从人的国民性、社会性出发，提出家庭教育可以不局限于教育有血缘

---

① 王鸿俊：《家庭教育要义》，《家庭教育》，教育部社会教育司 1940 年版，第 6 页。

② 王鸿俊：《家庭教育要义》，《家庭教育》，第 7 页。

③ 王鸿俊：《家庭教育》，（国民政府）教育部社会教育司，1940 年 8 月，第 7 页。

④ 李景文、马小泉：《民国教育丛刊(1119)·绪论》，大象出版社 2015 年版，第 181—182 页。

⑤ 心水：《人人可以有儿子》，《生活周刊》1929 年第 4 卷第 11 期。

关系的子弟的设想。

相较于同时期知识分子有关家庭教育问题的论述,韬奋尤为强调外在的物质条件对家庭教育质量的影响。

首先是儿童的衣着过于呆笨,并且不够整洁。他从杜威的教育思想出发,提出不能把成人的风俗习惯拿来作为孩子的模范,并多次以中国儿童的穿衣习惯作为批判对象,“你看小孩子稍微有一点儿大,就把长袍自与他穿起来,把马褂与他穿起来,缚起腰带来,在冬天更穿得像老母鸡一样,把一个活泼泼的小孩子弄得上手铐脚镣一样”。针对这一问题,他提出的对策是“把中国的绸缎绫罗——或布——照西洋儿童衣服形式造成给与儿童,也甚为美观”。[①]

其次是儿童的住所大多狭小拥挤。“城市的房屋,尤其是像上海地方的房屋,凡是属于贫穷的人家,一幢一楼一底的屋子住十一家的‘非人’生活,那里面的小孩子生活固然是无异于‘小猪猡’! 就是普通一点的一家屋,往往上了楼梯便是一间小小卧室,下了楼梯便是一间小小客厅,出了客厅便是一个小得不堪的厨房,决不足供给小孩子活动的场所。”[②]他呼吁学习西人,靠城市的公共设施建设来解决这一问题:“所以适宜儿童游玩的公园,实在是热闹城市里最重要的一件事情。在上海的西人因为近来各公园开放给华人禁区,人数较多,他们在西报上大说西童缺少充分的每日可游玩的公园,提倡由私人集资二三百万,建立一个大规模的公园,专备西童游玩之用。我国社会有那一个想到为许多小孩子谋些幸福的计划?”[③]

---

① 云霄:《小孩子倒霉》,《韬奋全集(增补本)》(第 2 卷),上海人民出版社 2005 年版,第 260—261 页。

② 云霄:《小孩子倒霉》,《生活》周刊 1928 年第 3 卷第 43 期。

③ 云霄:《小孩子倒霉》,《生活》周刊 1928 年第 3 卷第 43 期。

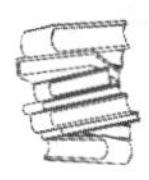

韬奋认为，儿童的衣食住行条件如果不能得到保证，就无法使儿童的天性得到发挥。呆笨的服饰限制了儿童活泼好动的天性，变得“老气横秋”，狭小的住所不能满足孩子活动的需求，使孩子变得烦躁。由此可见，他之所以格外关注家庭教育的外在条件，最终目的在于尊重和发挥儿童的天性。

韬奋认为，家庭教育应该遵循两个基本原则。其中第一条就是尊重儿童的天性，韬奋称之为“改良儿童的精神”。他结合杜威夫人以及世界著名心理学家的研究，发现“在五岁以内的小孩子，是人类一生最为活动的时代，如不加以合理的指导而强加无理的抑制，影响于后来身心的发育进展者极大”。[①] 他提出“五岁以内的小孩“无时无刻不在那里动！这是小孩子天然的趋势，并不是他的罪过”。[②] 他认为中国传统以“老成持重”为标准教养儿童，社会危害极大，写下《活泼》一文，大声疾呼：“吾国向来奖励缓滞，儿童无活泼气概，举止迂滞……吾无以名之，名曰奖励死气。只须死气之征候一到，即是难得之人才！行路以迂缓方步为贵，谈话以俯首侧目为恭，坐时仅坐椅沿，问时仅出蚊声，则取宠之道神乎最矣！养成死人安得不养成死社会。呜呼！活泼灵魂，盍归乎来！”[③]除了活泼好动，韬奋还指出哭闹也是儿童的一个天性：“小孩子的哭，本是运动的一种方式，所以初生出的小孩子，每天最好有半小时以内的号哭，藉以扩充他的肺部。”[④]而中国传统家庭往往用恐吓、哄骗等方式制止孩子的哭闹，这也有违儿童天性，往往适得其反。对于上述问题，韬奋指出无论是否接受过教育，父母都应该去了解儿童心理，作为履行

① 云霄：《小孩子倒霉》，《生活》周刊 1928 年第 3 卷第 43 期。

② 云霄：《小孩子倒霉》，《生活》周刊 1928 年第 3 卷第 43 期。

③ 邹恩润：《活泼》，《约翰声》1921 年第 32 卷第 5 号。

④ 云霄：《小孩子倒霉》，《生活》周刊 1928 年第 3 卷第 43 期。

家庭教育职责的必备功课。

邹韬奋家庭教育观念的第二个基本原则是保证子女的独立性。20 世纪 20 年代初,韬奋在讨论“非孝”问题时,提到“做子女的人要明白自己要报答父母的方法很多,不必把嫁娶的事归之父母,因为突然使父母增高家累反而受了种种痛苦”。[①]“照古礼,父母在,儿子不得有私财,此是把儿子的财产权利剥夺;把无违非孝,是非皆置之不顾,此是把儿子思想汩没。”[②]两段文字展现出韬奋在家庭教育关注子女的婚姻权利、财产权利和思想独立。1925 年,在了解美国职业教育的过程中,韬奋发现美国的职业教育包括“家事经济教育”一项,其中重要内容就是在家庭中训练儿童的“知能”,并且“发展其创造力、独立性,及其他良好家庭所需要之德性”。[③] 自此,他所强调的子女自主婚姻、经济自立和思想独立开始归于“独立性”这一概念之下。之后,韬奋对子女的独立性的具体内容又有所发展和补充,例如 1927 年他在《震动世界的一个小孩子》一文中写道:

> 小孩子自己的钱,分文不动……按照东方的伦理观念,儿子赚的钱,当然是老子的,那个人问的话,简直是多事,但是西方伦理挂念便大异,就是做父母的,也以独立为尚,再就另一方面看,中国做儿子的人,就是长大了,倘若懒惰无事,也可以坐在父母家里“白吃”……要自立。[④]

这段论述不仅提及父母不能剥夺子女的私有财产,还相对

---

① 邹恩润:《改造家庭之两大观念》,《约翰声》1920 年第 31 卷第 9 号。

② 邹恩润:《非孝是什么意思?》,《约翰声》1921 年第 32 卷第 1、2 号。

③ 心水:《一九二五年之美国职业教育》,《教育与职业》1926 年第 76 期。

④ 心水:《震动世界的一个小孩子》,《生活》周刊 1927 年第 2 卷第 44 期。

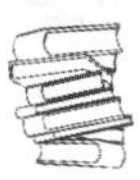

的指出孩子需要能够自己工作赚钱“自立”，而不是靠父母“养活”，对之前他所提出的家庭教育中子女的“独立性”进行了完善。

三、邹韬奋的困惑及其家庭教育观念的转向

20 世纪 20 年代开始，邹韬奋提出了其理想中的家庭模型，即挣脱中国传统的充满家族长辈的大家庭组织，组建夫妻为核心的小家庭。他理想中的小家庭状态是“男女主人皆有学问乐趣，则研究谈论，融成之气益为盎然”。①

邹韬奋的理想家庭是由夫妻共同主导的，但在家庭教育上，却从未提及父亲的职责，而将重担全然交于母亲。他写道：“家庭在人类生活中占有最大势力，家庭之入款有百分之八十五至九十出诸女子之手，而儿童在体语方面、道德方面，及与社会有关系各方面之发展，其责任亦全在女子之手。”②即女子在家庭财政上担任主管，在教育子女方面，更是负有全责。

邹韬奋的相关论述中，但凡子女教育的案例，无论成败，皆归因于母亲一方。他分析英国人纳尔逊之所以成功，认为是他“从来不知道有什么可畏的事情，所以勇毅精锐，百折不回，据说他母亲从小这样教他的”，从而赞叹“母教的力量真大！”③相反，他也举过“某君”的三岁小孩的例子，说孩子“半夜里梦中大哭，实在还没有醒”，结果“某君的夫人”在孩子臂上打了一顿，“小孩子给她打醒了，因感觉痛，再哭一顿！”究其原因，韬奋认为孩子

① 邹恩润：《学问与人生》，《约翰声》1920 年第 31 卷第 7 号。
② 心水：《一九二五年之美国职业教育》，《教育与职业》1926 年第 76 期。
③ 云霄：《小孩子倒霉》，《生活》周刊 1928 年第 3 卷第 43 期。

“被冤枉”错全在“某君夫人”一人而已。[①]

韬奋除了在压抑孩子天性这种原则性问题上追责中国母亲外,孩子的衣食环境、行为举止,也都溯源到母亲的教养方式方法问题上。就儿童衣着来说,韬奋认为“我国儿童无论人家贫富,都是脏得居多,因为他们的母亲不觉得这是一件要事,只把他们好像养猪猡的养大罢了!”儿童言行不当,也是因为平日“做母亲的因为贪图省事起见,往往喜欢惊吓小孩子,什么‘狗要来咬了!’‘猫来了’”。[②]“实际上目前不见得就有阿猫阿狗或外国人,所以小孩子久而久之,也知道他的母亲说谎,年龄稍为大些,便视为过耳东风,置之不理,突然养成欺诈的恶根性。”[③]

韬奋对于为母的不易之处固然也有所察觉,也在文章中承认:“母亲是最慈爱的,这是普遍的情形,因为没有知识,尤其是训育小孩子的常识,心里虽仍是慈爱,而在行为上使小孩子吃苦头,吃有影响于身心发展的苦头,是在不少。”[④]但是最终,他还是坚定地认为中国小孩子好动爱玩儿的天性得不到满足,都是由于我国做母亲的人一半因为不明白儿童心理,一半或者也因她自己的身体大半孱弱,不能耐劳去看护小孩子”,[⑤]并将对母亲的体谅抛之脑后,忿忿道“厌恶小孩子活动的母亲们,只配生几个‘憨大’的子女”。[⑥]

对母亲在家庭教育中负有全责的这种认识,逐渐给韬奋带来了困惑。就在他师法欧美,从观念、方法等多个角度对母亲教

① 云霄:《小孩子倒霉》,《生活》周刊1928年第3卷第43期。
② 王逢辛:《〈凭窗一望〉编者按语》,《生活周刊》1930年第5卷第13期。
③ 云霄:《小孩子倒霉》,《生活》周刊1928年第3卷第43期。
④ 云霄:《小孩子倒霉》,《生活》周刊1928年第3卷第43期。
⑤ 云霄:《小孩子倒霉》,《生活》周刊1928年第3卷第43期。
⑥ 云霄:《小孩子倒霉》,《生活》周刊1928年第3卷第43期。

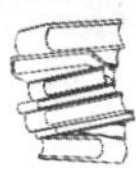

育子女给出范例或建议时，一个问题浮现出来：他理想状态中的母亲是全身心投入到对子女的教育之中的，同时，作为女性解放的支持者，韬奋又极力主张保证女性的工作权利。在此情况下，女性在工作和教养子女方面，就面临着时间和精力上的矛盾。意识到这一问题的韬奋开始尝试寻找解决途径。他在1929年发表《女教员》一文，指出在英国，一些女教员在外出工作期间，会聘请"女助手"在家看护儿童，似乎可以为中国的职业女性效仿。[①] 但他在文中给出的建议比较泛泛，语气也是试探性的，表明韬奋的困惑并未找到答案。

随着对苏联道路的靠拢和逐步了解，韬奋在家庭教育问题上的困惑找到了答案。他最初通过美国人怀德女士（Miss Margaret Bourke－White）了解到苏联的儿童教育情况。1932年，他发表《苏俄的儿童》一文，提到在苏联"工作的母亲，有国家特为设备的托儿所，内有充分的光线及设备，有受过训练的看护妇专心照料"。[②] 韬奋发现了同时解决育儿与妇女就业问题的可能，即苏联式的在家庭空间之外，由国家统一组织安排人员对儿童进行教育。

在亲赴莫斯科之后，韬奋写下了《英国教育的特点》一文：

> 在苏联，要使机会平等在事实上有效起见，社会方面已经有许多服务的设备，这些服务的事情，在别的国家里，要由妇女们自己做，作为她们经常的家庭责任。……但是除了烧饭之外，在资本主义制度下的主妇还要用无穷尽的时间照顾她的儿童，关于这方面，苏联也有种种解除妇女负担

① 秋月：《女教员》，《生活》周刊1929年第4卷第31期。

② 落霞：《苏俄的儿童》，《生活》周刊1932年第7卷第21期。

的设备,由于广大地设立了许多托儿所和幼稚园,由于在每一个公共方场或公园里替儿童设备了游戏场,由于在学校的房屋里替儿童设备可与作业,在各座住宅里为儿童设备游戏室,苏联的当局已大部分地减少了母亲们对于照顾儿童的担负。我最近从莫斯科回到伦敦,使我不胜感触的是看见若干龌龊的儿童在街头游荡,并看见儿童照顾若干婴孩,而这些儿童自己仅比所照顾的婴孩大几岁。这种现象是病症,英国社会对解决劳动阶级的母亲的问题完全失败。这种问题在苏联,在原则上是已经解除了。[①]

在文中,韬奋断言"英国社会对解决劳动阶级的母亲的问题完全失败。这种问题在苏联,在原则上是已经解除了"。这表明在英国和苏联迥异的儿童教养制度中,韬奋明确选择了后者。即由托儿所和幼稚园等国家开设的"公共方场"完成对儿童的保育和教育,而妇女则从"用无穷尽的时间照顾儿童"的窘境中脱离出来,与男性在工作上享有平等的机会。与 20 世纪 20 年代韬奋发表的言论相比较,他对于英美家庭教育观念的看法发生了翻天覆地的变化。

四、结语

韬奋幼年对父母的印象构成了他对家庭教育最初的感性认识。他对家庭观念的理性思考始于学生时代对"孝"与"非孝"内涵的反思,并在 1920 年前后,韬奋翻译美国教育家杜威《民本主义与教育》一书期间成形。除倡导尊重儿童"活泼"天性之外、保

① 邹韬奋:《英国教育的特点》,《韬奋全集(增补本)》(第 5 卷),第 779 页。

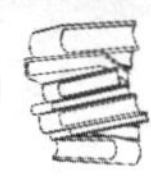

证儿童的独立性之外，韬奋还格外强调衣食住行等外在条件教养儿童的重要性。20年代末，他意识到母亲在家庭教育中的重要角色与女性就业权利的实现之间存在矛盾，从而产生迷思。20世纪30年代，随着韬奋对苏联社会以及马克思主义认同的加深，其家庭教育的理想模型也由欧美转向苏联，由强调母亲对子女在家庭空间内的教育，转向借助蒙养院、幼儿园等机构在社会公共空间进行。韬奋家庭教育观念形成与转向及其背后动因，是其世界观发展轨迹的一个缩影。

“青年自学丛书”的编辑与出版

王草倩
(上海韬奋纪念馆)

在中国近现代出版史上曾出现过几套“青年自学丛书”,分别在不同的历史时期为青年点亮知识,探寻人生道路提供了指引。最早的一套,是1936年6月起,由张仲实主编、生活书店出版的“青年自学丛书”。这套丛书深入浅出地介绍了有关政治、经济、历史、哲学、文学和国际问题等方面的基本知识,一经出版旋即受到青年读者的热烈欢迎。一直到抗战胜利后都不断被重印,风行全国,总印数超过100万册。[①] 它在编辑出版上独具特色,适合普通大众所需,直至今日仍有一定借鉴意义。

一、诞生于民族危亡之际

“青年自学丛书”诞生在民族危机严重的时期,中国沦为半殖民地半封建社会后,民族解放的道路不是一帆风顺的。中国处于怎样的世界环境之中?怎样理解纷繁复杂的政治经济形势?有诸多困惑和疑问在大众心中悬而未解,在这样的历史背景下,社会科学书籍开始悄然盛行。主打哲学社会科学书籍的“青年自学丛书”正是诞生在这一时期。

① 《生活书店史稿》编辑委员会编:《生活书店史稿》,生活书店出版有限公司2013年版,第53页。

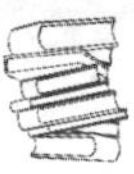

这套丛书选择青年为受众的原因，也许从张仲实友人的回忆中可以找出端倪。有一次张仲实和友人去观看苏联电影《夏伯阳》，由于观念差异，观众中对红军白军持不同态度的人发生了对抗，参与起哄打架的，大多数是年轻人。当时张仲实意识到，如果不对他们加以正确引导，青年们看不清出路，反而会加深各方矛盾，因而青年的教育非常重要。①

生活书店的“青年自学丛书”共出版过两种，第一种由张仲实主编，从初版时间来看自 1936 年至 1938 年。这一时期共出版了三辑 30 本，有平心（李平心）的《社会科学研究法》、沈志远的《现代哲学的基本问题》、沈起予的《怎样阅读文艺作品》、汉夫（章汉夫）的《政治常识讲话》、吴清友的《民族问题讲话》《资本主义发展的不平衡律》、思慕（刘思慕）的《世界经济地理讲话》《中国边疆问题讲话》、胡风的《文学与生活》、钱俊瑞的《怎样研究中国经济》、张弼（张明养）的《现代外交基本知识》、艾思奇的《思想方法论》、钱亦石的《中国怎样降到半殖民地》《产业革命讲话》、茅盾的《创作的准备》、徐懋庸的《文艺思潮小史》、贝叶（冯定）的《青年应当怎样修养》、何干之的《中国社会性质问题论战》《中国社会史问题论战》、胡绳的《新哲学的人生观》、童振华的《中国文字的演变》、柳湜的《怎样研究政治经济学》、胡仲持的《关于报纸的基本知识》、王纪元的《日本政治研究》、潘梓年的《逻辑学与逻辑术》、张健甫的《近六十年来的中日关系》、王任叔的《读书的方法与经验》、周钢铭的《怎样写报告文学》、孟起（孙起孟）的《写作方法论》、穆木天的《怎样学习诗歌》。第二种为抗战胜利后的新编版，本文暂不论述。

---

① 石锋：《怀念无产阶级革命家张仲实同志》，《马克思主义理论翻译家张仲实》，陕西人民教育出版社 1991 年版，第 171 页。

二、贴合实际　通俗易懂

"青年自学丛书"的编辑,注重介绍各学科基本知识,内容贴近日常生活,文字晓畅易懂,饶有趣味,这从它自身的广告语中可见一斑:

> 本丛书以介绍各科基本知识和研究方法,辅助青年自助学习为宗旨。态度注重客观而公正。内容包含社会科学、哲学和国际问题的基本知识;文艺阅读、写作修养与文学艺术的基本理论;自然科学的最新而有价值的发明知识,以及其他切要问题的单独研究等。文字力求通俗明畅;取材务求适合大众的兴味和当前的需要,对各项问题的解释,尤重实例,凡讲述基本知识或基本问题的书,每节每章末尾,更列举练习题和参考书目,以便读者作进一步练习自习之用。撰稿者均系各科专家。用三十六开本厚报纸印,每月发行二册,五日及二十日出版,每十二册为一辑,每册约自三万至五万字,必要时加铜锌板插图。本丛书最适宜于中等以上学校采作教本,或参考书之用,有志自修深造者,更不可不一读此书。①

正如广告语所述,这套丛书的编辑在通俗易懂上可谓不遗余力。比如平心的《社会科学研究法》中,有不少现象与本质、根据与条件、偶然与必然这些抽象的哲学概念,但作者却从能够穿越时空的时间机器引入,向读者宣告有了社会科学的研究法,就

---

①《生活书店图书目录》,生活书店 1937 年版,第 1 页。

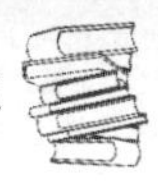

能看透几千年的历史发展，预测未来社会发展方向。

钱俊瑞的《怎样研究中国经济》创造性地运用了故事的叙事方式，用不同人物的对白来描写不同阶层碰到的实际问题和所思所想，从茅盾的《子夜》入手来分析金融活动、民族工业、劳资纠纷、农村状况。全书有不少章节采用小说的白描手法，轻松易读又引人入胜。

柳湜的《怎样研究政治经济学》，则采用了他与一位亲戚半年内讨论政治经济学的十几封通信。由于其中谈到的不少问题，在事后的一年多里一直被问起，而且作者认为“一个由自学中的人提出的问题，比你替他想象出来的问题要实际”①，这种人与人之间讨论的形式也更亲切，于是将书信整理后结集出版。

此外，钱亦石的《产业革命讲话》采用了一问一答，互动对话的方式；张健甫《近六十年来的中日关系》后还附有大事记，细数了日本侵略罪状，号召青年团结御侮；孟起的《写作方法论》最后部分列举了各种写作实例，手把手传授写作方法；钱亦石的《中国怎样降到半殖民地》中既有对话，又有问答，既有集体研究，又有公开讨论，既有工作报告，又有会议记录，读来如听故事，饶有趣味。

不少书在章节后附有配套问题，帮助读者进一步思考。有的书还配有参考书目，方便扩展阅读。各书的撰稿者都是各学科的专家，但在前言和后记中都表示，努力摆脱艰涩的学术语言，用日常生活的例子来方便理解，用朴实通俗的话语吸引读者。这样一套用青年熟悉的话语写给青年的丛书，在今天读来，依然是引人入胜的。

---

① 柳湜：《怎样研究政治经济学》，生活书店 1937 年版，第 2 页。

三、装帧美观　定价低廉

要做出一套让青年喜爱的书,除了内容的吸引,形式也是十分重要的。"青年自学丛书"每一册都是薄薄的,36 开,方便携带。封面设计采用了红黑套印,红色凸显书名和作者,黑色选取一幅木刻版画置于右下角,大方美观。整套丛书均采用这一形式,非常具有辨识度。

"青年自学丛书"的出版很有策略,虽然是书,但采用定期发行的方式,每月 5 日和 20 日出版,六个月出版一辑,很快形成品牌效应。这套丛书采用少量印制、多次重印的方式。第一个印次仅 2000—3000 册,这样市场的反馈非常敏感,热门书立即脱销,方便快速重印。重印只需花费一周时间,每一版印个十次八次,不断再版,在抗战爆发后仍持续热销到大后方及南洋,不断更新。①

此外,"青年自学丛书"的定价也非常具有亲和力,第一辑十二册每本定价大多为 3 角,等于同期一册《文季月刊》的定价。可见这套丛书出版后,尽可能想让每一位青年都能买得起。

这套丛书的发行还采用了提前打广告,先期预订的模式。预订方式为一整辑一订,预售价三元②,这样能在发售前就吸收存款为流动资金。寄发书籍后,冲减订金。期满继续征订,又增加订金。这样先预付,少印量、多印次的好处是减少库存,形成良性的资金周转。

---

①《生活书店史稿》编辑委员会编:《生活书店史稿》,第 69 页。

②《生活书店图书目录》,第 3 页。

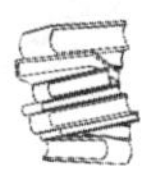

四、润物细无声的进步宣传

“青年自学丛书”是一套学科知识的普及读本，但在后人定义它时，往往称之为马列主义的通俗读物。这与主编张仲实的经历，以及丛书作者队伍的构成是息息相关的。

张仲实(1903—1987)，陕西陇县人，求学期间积极参加学生运动，1925 年入党，次年赴莫斯科东方大学留学，1930 年回国后首先从事工人运动。1935 年经胡愈之介绍进入生活书店，主编《世界知识》杂志，后任生活书店的总编辑、临时委员会主席。

这套丛书的 27 位作者中，大多为中共党员。他们有的和张仲实一样，有赴苏联留学的经历，如沈志远、章汉夫、刘思慕、钱亦石、冯定。有的是党领导下的左联或社联成员。其中潘梓年后任《新华日报》主编，吴清友曾翻译列宁的《帝国主义论》，艾思奇曾写下马克思主义哲学的通俗读本《大众哲学》。

值得一提的是，不少作者在新中国成立后是党的思想理论战线的骨干，如艾思奇在新中国成立后任中央党校副校长，胡绳任中国社科院院长，钱俊瑞任《世界经济导报》社长，张明养任中国国际问题研究所副所长等，他们从解放前就开始从事的思想理论工作一直持续着。

由于这些著者的学养和立场，他们在写作时自然而然就会用马列主义的社会科学观立论，在介绍知识的同时，巧妙地宣传了马克思主义。

如吴清友的《民族问题讲话》分析了从资本主义初期到帝国主义的问题，指出俄国十月革命对中国的借鉴意义；艾思奇的《思想方法论》推介了辩证唯物主义；徐懋庸的《文艺思潮小史》从文艺作品的角度揭示资本主义的内部矛盾；童振华的《中国文

字的演变》探讨了汉字的简化和拉丁化;何干之的《中国社会史问题论战》号召社会底层人民奋起反抗。

张仲实在自己的回忆文章中曾说:“30 年代在白色恐怖、高压禁锢下的上海,马列著作的翻译、评介工作,既缺乏参考书籍,又不能公开讨论,基本处于一种地下工作状态。而出版它们更是困难重重,处处危险。不少名著往往只能改头换面,节译发表。”①

在 20 世纪 30 年代的生活书店,张仲实通过联络一批志同道合的专家学者,披荆斩棘,用各种隐蔽的方法传播马列主义,形成一条文化战线。

五、广受读者喜爱

据现今手头能找到的资料,“青年自学丛书”的第三辑只出版了 6 册,没有全部完成。可能的原因有几种,一是抗战爆发后,对战时读物的需求激增,生活书店转而开始出版“黑白丛书”“战时读本”等;二是主编张仲实 1938 年底离开重庆赴新疆,丛书的出版由此中断了;三是“青年自学丛书”的影响与日俱增,受到审查部门的留难。

个中缘由现今已难考证。但可以确定的是,“青年自学丛书”其中有好几种书先后被禁止发行,如汉夫的《政治常识读本》、钱亦石的《中国怎样降到半殖民地》、平心的《社会科学研究法》、刘思慕的《中国边疆问题讲话》等。在当时进步读者的心目中,越是被查禁的书越是有价值。生活书店总经理徐伯昕心生

---

① 张仲实:《为翻译、研究、出版马列著作而奋斗终身》,《马列著作研究通讯》1984 年第 4 期。

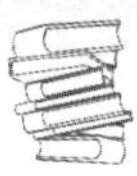

对策，在刊登这一套丛书的广告时，把禁书照样列入丛书的目录中，只是在禁书名下加"禁售"二字。聪明的读者不难通过邮购、门市或其他渠道而得到，一传十、十传百地不胫而走。由此自然地形成了公开发行和地下发行相结合的局面。①

"青年自学丛书"在抗战前即为广大青年所爱读，生活书店发行网深入内地后，更是成为最受当地读者欢迎的书。② 不同于《世界文库》等书在各大报刊上大肆宣传刊登广告，这套丛书的宣传是低调的，只在同期的《大众生活》上找到一处广告，此外就是书后空白页上刊登同一丛书的介绍。但即便如此，那些引领时代的思想自有它的传播方式，"青年自学丛书"很快突破了一百万册的销量，不断被重印、再版，被查禁后通过生活书店的二三线书店继续被翻印，一直流传到香港、南洋。

《红旗》杂志原主编熊复在回忆文章中曾提及，在抗战爆发的前夕，有一位同学回乡结婚，他就特意买了一套"青年自学丛书"作为礼物赠送。③ 历史学家魏宏运回忆自己抗战期间常去西安的生活书店门市部阅读并购买"青年自学丛书"④；毛主席在读了艾思奇的《思想方法论》后还写下批注⑤并曾去信与艾思奇探讨其中的哲学问题。

六、结语

生活书店所出版的"青年自学丛书"，在民族危机严重的时

① 《生活书店史稿》编辑委员会编：《生活书店史稿》，第 62 页。

② 《生活书店史稿》编辑委员会编：《生活书店史稿》，第 111 页。

③ 熊复：《我的马克思主义启蒙导师：马克思主义理论翻译家张仲实》，陕西人民教育出版社 1991 年版，第 159 页。

④ 南开大学历史学院：《魏宏运年谱》，天津人民出版社 2018 年版，第 15 页。

⑤ 何平主编：《毛泽东大辞典》，中国国际广播出版社 1992 年版，第 551 页。

期，响应了广大青年对知识的渴求，是生活书店最畅销的丛书之一，其编辑、出版、发行独具特色。从编辑上，它秉承了生活书店为大众服务的一贯理念，贴合读者需求，深入浅出地传授各科知识。从出版和发行上，它采取了密集、定期出版的策略，定价亲民，少量印刷迅速加印，压低库存，再加上预售的发行模式，降低了现金流压力。同时它又是一套马列主义的通俗读物，用青年容易接受的语言、青年能购买的价格、青年喜爱的形式传播马列主义的基本知识，成功地对广大青年读者起到了启蒙和教育作用。

这套丛书出版，秉承了韬奋先生“以读者的利益为中心，以社会的改进为鹄的”①的宗旨，既传播了青年所需的知识，又以润物细无声的方式宣传了马列主义，同时获得了巨大的经济利益。这对当今意识形态的宣传，以及青年读物的编写、发行，仍有着启迪作用。

① 编者：《〈生活〉周刊究竟是谁的?》，《生活》1928 年第 4 卷第 1 期。

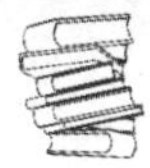

韬奋逝世纪念报道的话语研究(1944—1946)

陈媛媛
(复旦大学)

一、引言

太平洋战争爆发后，生活书店总经理邹韬奋为躲避国民党迫害，在中国共产党帮助下从香港撤退至广西桂林，撤退途中身患耳疾，后为躲避国民党逮捕辗转至苏北根据地，因耳疾加重不堪折磨，由中共地下组织掩护返沪秘密治疗。1944 年 7 月 24 日早晨 7 点 20 分，邹韬奋因医治无效在上海逝世，享年 49 岁。临终前，留下遗嘱，申请加入中国共产党。

简要回顾韬奋一生，1926 年邹韬奋参加《生活》周刊工作后，紧锣密鼓开展一系列业务改革，秉持大众立场，变内容，增言论，开设读者信箱，增强编读互动，社会影响力与日俱增。因个性倾向和读者需求，其刊物重心从青年职业教育转向社会政治现实批判，抗战后与沈钧儒等人组织成立上海文化界救国会，呼吁团结抗战、民主建国，遭到国民党忌恨，为避免迫害多次流亡异国。其领导的生活书店致力于进步文化宣传，业务扩至全国，鼎盛时期成立分店五十六所，获数十百万读者拥护，成为众多青年心目中的导师。

韬奋之死引起中国共产党的郑重对待，在消息到达国统区后，周恩来于9月2日立即向中共中央提议：1.在延安开追悼会，先组筹委会；2.《解放日报》发表追悼文章；3.中央致挽电。[①]此提议得到毛泽东认可。这项提议甚至早于重庆生活书店对韬奋的内部公祭(9月10日)，也早于救国会同人于9月12日公开发布的《邹韬奋先生逝世讣告》。足见以周恩来为首的中共中央领导层对韬奋其人的重视。

在救国会召开完声势浩大的韬奋追悼大会不久，周恩来召集吴玉章、博古、周扬等人，讨论商定韬奋先生的纪念和追悼办法，正式“提议以韬奋为出版事业模范”。该办法拟定了针对各地纪念韬奋的具体方案，其中包括书店冠名、设立奖金、建立纪念碑、刊行纪念册、筹建图书馆、出版纪念专刊、制作追悼歌等举措。以上纪念和追悼方法在全面抗战时期几无任何一位知识分子可以匹敌，中国共产党欲由隆重的悼念活动向全国宣传这位“出版事业模范”。

树立典型与模范是共产党取法苏联并结合自身实践摸索出的宣传传统。在韬奋之前，中国共产党已经积累较为丰富的模范塑造经验，挖掘塑造了一系列英雄模范人物，比如吴满友、赵占魁、白求恩等。在角色模范塑造的过程中，报刊媒介地位尤重，成为建构人物形象最主要的力量。韬奋逝世，以《新华日报》《解放日报》为中坚的中共党报对邹韬奋逝世进行了持续性的纪念报道，尤以后者而言。“在延安解放日报的传播历史上，在高度评价、热烈褒扬和规模盛大的纪念方面，只有鲁迅先生可以与邹韬奋相比照。”[②]

---

① 中共中央文献研究室：《周恩来年谱(1898—1949)》，人民出版社2007年版，第581页。

② 李晓灵：《延安〈解放日报〉中的韬奋写作及其传播》，《邹韬奋研究》(第5辑)，上海三联书店2017年版，第77页。

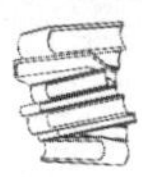

长期以来,学界对韬奋的研究长期受革命阶级史观的影响,强调他本人思想的演变,论证其转向中共的行为合理性,却甚少提及的是韬奋去世后中共究竟如何言说和定位这一知识分子及其背后的价值逻辑。因此,本文并不打算对韬奋角色模范塑造的各项举措进行全方位的透视,仅选取新中国成立前中国共产党领导下的报刊纪念文本进行分析,试图探究在韬奋去世至新中国成立的这段时期内,共产党报刊是如何纪念韬奋,讲述韬奋故事以建构关于韬奋的集体记忆的。

二、研究方法

承接引言思路,本文选取中共党报《新华日报》《解放日报》在韬奋去世后至中华人民共和国中央政府成立前相关的韬奋纪念报道为样本,通过采取质性研究路径,运用文本分析和话语分析的方法对搜集到的文本进行反复细读,检视这些文本如何言说邹韬奋,如何呈现邹韬奋逝世后的媒介形象以及在建构邹韬奋形象时采取的话语策略。笔者使用社会学家威廉·甘姆森提出的"建构性话语分析"①的方法,将文本划分成若干意识形态包裹,然后分析这些意识形态包裹所采用的结构框架、隐喻、警句、口号、描述、诉求对象等,其目的在于分析:1. 建构韬奋形象的话语框架,从而研究纪念话语在报刊宣传中"选择"与"凸显"了什么,"排除"和"压抑"了什么;2. 话语背后的权力结构,探究不同主体的意志如何通过韬奋纪念话语显现与互动;3. 话语的功能诉求,即话语期待满足或实现的社会政治或文化功能。

① Gamson, W. A, Croteau, D, Hoynes, W. & Sasson, T. (1992), Media Images and the Social Construction of Reality. *Annual Review of Sociology*(18), p. 373 – 393.

三、研究发现

(一) 中华人民共和国成立前《新华日报》《解放日报》关于韬奋逝世与纪念的报道图景

因重庆《新华日报》与延安《解放日报》均于1947年年初被国民党勒令停刊,故本文聚焦于1944—1946三年间两份中共党报有关韬奋逝世与纪念的报道文本。首先,结合1944年7月24日至1946年12月31日之间两份报刊的目录索引与手动翻查,获得155篇纪念报道。统计结果见表1。

表1 《新华日报》《解放日报》韬奋纪念报道的数目统计(1944—1946)

来源	1944年	1945年	1946年	总计
《新华日报》	38	11	5	54
《解放日报》	62	7	32	101
总计	100	18	37	155

第二,研究者逐条记录每篇报道文本信息,并根据作者群体类别、版面位置、纪念文本类型制成统计表2。

表2 韬奋纪念报道文本分析(N=155)

作者类别	N(%)	版面位置	N(%)	纪念文本类型	N(%)
通讯社	39(25.16)	头版	32(20.65)	通讯	12(7.74)
中共党政军高层	13(8.39)	二版	16(10.32)	消息	21(13.55)
中共高级知识分子	24(15.48)	三版	3(1.94)	社论	4(2.58)
民主派人士	14(9.03)	四版	72(46.45)	悼文	63(40.65)

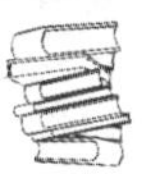

（续表）

作者类别	N(%)	版面位置	N(%)	纪念文本类型	N(%)
出版界同人	10(6.45)	特刊	32(20.65)	题词	8(5.16)
亲属	1(0.65)			诗歌	4(2.58)
读者	22(14.19)			遗作	32(20.65)
邹韬奋	32(20.65)			启事	10(6.45)

受《新华日报》《解放日报》自身的版面安排逻辑的直接影响，韬奋的纪念文本主要刊发于头版、二版及第四版副刊。作为最早报道韬奋逝世消息的中共官方媒体，重庆《新华日报》自1944年9月17日以后的两年内，共计发表54篇以邹韬奋为主题的文本。因1944年韬奋逝世，故主要文本集中于该年9月至12月期间，总计38篇。9月17日至10月1日之间以一般新闻稿件和启事为主，10月1日后纪念文稿增多，尤以10月1日、10月14日以及12月25日文稿数量最多。1945年7月24日第二版发表社论《追念邹韬奋、杜重远两先生》，第四版改为《邹韬奋杜重远先生逝世周年纪念特刊》，发表张澜、茅盾、傅彬然、萨空了、柳亚子、胡绳等民主派人士的题词、悼文与诗歌。1946年除在诞辰日发表社论《追忆伟大的爱国主义者——邹韬奋先生》之外，另刊发读者悼文2篇与韬奋灵柩安葬的一般新闻消息。

延安《解放日报》对韬奋逝世的报道更为密集、频繁，姿态隆重。在1944年10月至1946年8月近两年时间内，共计发表有关邹韬奋的稿件101篇。其中，1944年与1946年发表稿件数量相对较多，分别是62篇和32篇。原因是1944年11月22日《解放日报》专门开辟共计4版的“邹韬奋先生逝世纪念特刊”，一共刊登了32篇相关纪念稿件。这份纪念特刊的开辟在延安

《解放日报》的人物纪念报道上是绝无仅有的创举。另外,1945年《解放日报》也发布“邹韬奋先生逝世一周年纪念”专刊,以整版内容刊登纪念稿件。1946年韬奋逝世两周年之际连续月余刊载共计30版的邹韬奋遗作《患难余生记》(1946.4.27—1946.5.31),以上极具规模的宣传报道,表达了延安《解放日报》作为中共中央机关报对邹韬奋的重视与彰显。

在以上纪念文本中,纪念主体主要分布于新闻媒体、中共党政军高层、中共高级知识分子、以民主政团同盟为核心的民主派人士、生活书店同人以及青年读者群体。他们同时也构成了生产韬奋声望重要的“声誉企业家”。社会学家费恩(Fine)以“声誉企业家”(reputational entrepreneurs)这一概念指代那些根据各自立场或利益塑造特定人物声誉记忆的行动者。他们就像企业家经营企业一样基于自己的资源并运用各种方式塑造或推广他们所希望出现的某种特定荣誉。这些行动者可以是声誉对象的家人、朋友、共同利益者等,通过动机、叙事设施和制度安排来控制历史人物的记忆。[①] 首先来自于中共高层如毛泽东、高岗、朱德、王明的题词彰显了邹韬奋的卓越地位,党内高级知识分子和民主派人士的悼文在各类文本中占据核心主体,尤其以沈钧儒、张仲实、胡绳、艾思奇、茅盾、柳湜、黄炎培为代表,因身兼生活书店事业、政治组织、社会团体等多重身份,与韬奋关系相对更为密切,故在两报上发表有2篇以上纪念文本。其次,韬奋本人也成为塑造其后世记忆的重要力量,他的《抗战以来》《患难余生记》等遗作成为党报直接宣传纪念的重要文本。值得注意的是,来自革命根据地的青年读者构成韬奋纪念话语的重要诉说

① Fine, G. A. (1996). Reputational Entrepreneurs and the Memory of Incompetence: Melting Supporters, Partisan Warriors, and Images of President Harding. *American journal of sociology*, 101(5), 1159-1193.

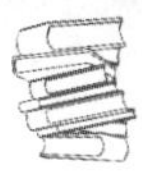

主体,作为民间声音的典型代表与其他群体一道共同参与到韬奋形象与记忆的建构过程之中。

(二)话语框架:符号化的韬奋形象

透过对韬奋逝世报刊纪念话语的分析,表3总结了四个意识形态包裹:忠于大众的文化出版事业权威、优秀的中国人、反法西斯的爱国民主战士、知识分子的旗帜与方向。其与不同纪念主体的立场与诉求相呼应,并且奠定了韬奋在后世的媒介形象。

表3　中共党报中邹韬奋纪念报道的话语分析

意识形态包裹	忠于大众的文化出版事业的权威	优秀的中国人	爱国民主战士	知识分子的旗帜与方向
主题	韬奋事业成就及精神理念	韬奋的人格魅力	抗战救亡的贡献	韬奋思想的转变
结构框架	立足大众的文化立场,追求创新的新闻出版家	怀念韬奋天真、热情、真诚、专一的美好品格	反抗压迫、致力救亡运动的爱国民主行径	韬奋由新民主主义走向共产主义道路
情感	褒扬、崇拜与致敬	褒扬、致敬	悲愤、批判、激励	振奋、反思
隐喻	文化界的巨星;新文化的旗手;中国新文化的好工程师	中华民族最忠实优秀的儿子;天真的孩子;巨人;火炬;	寡头专制的黑暗地域;野兽;遍地亮丽的阳光;自由之火把;太阳的儿子;种子	道路;旗帜
警句	热爱人民,真诚地为人民服务,鞠躬尽瘁,死而后已	贫贱不移,威武不屈	爱国志士,民主先锋	韬奋所经历的道路是知识分子走向进步走向革命的道路

（续表）

意识形态包裹	忠于大众的文化出版事业的权威	优秀的中国人	爱国民主战士	知识分子的旗帜与方向
描述	在这些琐屑的无兴趣的事务工作中，他十分尽职，因而养成细针密缕的工作作风、惊人的实际精神，民国十八年他办《生活》周刊，读者来信一年到两万多封至多，都予以适当回答	他并不像有些人一样，拿着抗日救国作为升官之道，当着统治阶级给予他一官半职时，他就把民族解放事业及其过去一同奋斗的朋友丢在一边，他不为官爵所动，不为威武所屈	你依靠着这支笔，为人民的解放，为反法西斯的胜利战斗过来；我们也应该仗着这支笔，为人民的解放，为反法西斯的胜利战斗过去	他以一个民主主义者走入战场，伟大的革命实践推动他向前迈步，直至与共产主义相结合，最后以为他的国家为民族为人民服务的品质和事业说，置诸共产主义者前列
诉求	继承韬奋遗志，广泛展开大众文化运动	学习韬奋正直不屈的人格	加紧铲除现行的法西斯制度，成立联合政府，改造统帅部都是今天必要的措施。	学习韬奋先生的一生中不断学习、追求进步的精神；放下知识分子的臭架子，面向群众
诉求对象	文化界	一般大众	国民党当局；中间派人士	知识分子
作者	救国会人士；生活同人	生活同仁；救国会人士；中共高级知识分子	中共高层领导；中共高级知识分子	中共高层领导；中共高级知识分子；救国会人士(后期)

1. 忠于大众的文化出版事业的权威

在“忠于大众的文化出版事业的权威”的话语框架里，韬奋被赋予“鲁迅第二”“新文化的旗手”“新文化的巨星”“文化界的

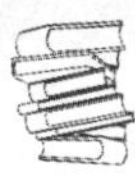

劳动英雄"等称谓。该称谓已经超越新闻出版界而辐射至文化界整体,足堪证明韬奋在文化领域的社会影响力。为呈现韬奋文化出版事业的权威形象,复述邹韬奋的职业经历和功绩成为记忆书写的焦点,意在凸显韬奋卓越的业务能力。救国会元老沈钧儒坦言《生活》周刊"因先生负责改编,而壁垒为之一新"。① 胡愈之亦道:"《生活》周刊和《大众生活》创造了中国期刊销行的新纪录。"②"生活"同人薛迪畅强调生活书店由简单的代办部发展到庞大的组织,离不开韬奋"倡导实行民主集中制"。③ 邹韬奋同时作为新闻记者、编辑和媒体领导者的角色得以呈现,重视为读者服务的办报理念、实际主义的工作作风,构成"文化出版事业权威"话语框架中最核心的两点内容。

首先,邹韬奋立足大众、服务读者的理念。这一理念得到所有纪念主体的认可与推崇,尤其受到中共高层的肯定,如毛泽东所认为的"韬奋精神"是"热爱人民,真诚地为人民服务,鞠躬尽瘁,死而后已",④吴玉章强调读者信箱"接近群众、深入群众"的功效,⑤徐特立认为韬奋的工作创新均"从群众中学习来,在用到群众中去"⑥。

其次,韬奋在工作中的实际主义精神与作风。"实际主义精神"的强调与彼时延安整风运动十分合拍。自 1941 年 5 月 19 日,毛泽东在延安干部会议上作《改造我们的学习》的讲演以来,反对主观主义、教条主义和经验主义,强调从实际出发、实事求

① 沈钧儒:《邹韬奋先生事略》,《新华日报》1944 年 10 月 1 日。

② 邹嘉骊编:《忆韬奋》,生活·读书·新知三联书店 2015 年版,第 151 页。

③ 邹嘉骊编:《忆韬奋》,第 35 页。

④《新华日报》1944 年 12 月 25 日。

⑤ 吴玉章:《哀悼为新民主主义奋斗的战士邹韬奋同志》,《解放日报》1944 年 11 月 22 日。

⑥ 徐特立:《韬奋的事业与精神》,《解放日报》1944 年 11 月 22 日。

是日渐成为全党的思想路线。这一思想路线得到知识分子的积极响应,反映在日常宣传教育活动中。徐特立将韬奋注重事业分工、创新组织管理方法视为其实际精神的表现,艾思奇与胡绳则均将韬奋的“实事求是”阐释为根据现实教训转变思想的举动,韬奋的职业理念与工作作风在此话语框架内成为共产党文化事业的成功注脚。

2. 优秀的中国人

卓越的个人特质是成为角色模范的必要条件,诚如马克思·韦伯所言的“克里斯玛式权威”一般具有吸引大众的理想型人格。在“优秀的中国人”话语框架下,韬奋被表述为“中华民族最忠实优秀的儿子”“天真的孩子”,以“儿子”的“忠诚”和“孩子”的“天真”比附韬奋,重点刻画其“天真率直”“老实诚朴”的人物形象,与韬奋的“不为官爵所动,不为威武所屈”相对应,“投机钻营”的政客则是潜在的批评对象:“他为民族解放及人民解放事业是忠心耿耿的,别无企图的。他并不像有些人一样,拿着抗日救国作为升官之道,当着统治阶级给予他一官半职时,他就把民族解放事业及过去一同奋斗的朋友丢在一边。”[①]韬奋质朴天真、正直不屈的品质是所有大众都需要学习的内容,同时对于许多左摇右摆、意志不坚、虚与委蛇的人来说则具有警示、敲打的意涵:“他经过认真的思考,根据实际而判别是非,当他发现了他所应该站的立场和值得为之献身的理想时,他就百折不回,坚持无他了。”[②]

3. 反法西斯的爱国民主战士

“反法西斯的爱国民主战士”是纪念话语着重凸显的另一重

---

① 凯丰:《纪念韬奋同志》,《解放日报》1944 年 11 月 22 日。

② 胡绳:《韬奋先生的道路》,《新华日报》1944 年 10 月 1 日。

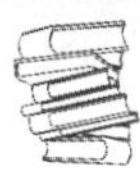

媒介形象。在“民主战士”的角色里,韬奋多次流亡、一次入狱的经历成为“爱国—迫害”框架下的民主实践被反复提及。爱国救国、呼吁团结、民主抗战是该角色框架突出的核心。值得注意的是,在反法西斯爱国民主战士的话语表述中,韬奋的媒介形象被呈现为两个层次,正如朱德题词所言:“爱国志士、民主先锋”。前者对应的是抗战背景下民族救亡的贡献,突出“爱国”意涵;后者则以国民党专制统治为靶子,强调争取自由民主的反抗与搏击,彰显“民主”精神。在具体话语呈现上,“死—活”“公—私”“黑暗—光明”“专制—民主”“同志—敌人”等二元对立表达屡次出现,比如国民党统治的区域被视为“寡头专制的黑暗地域”,与之对应的是“遍地亮丽的光明之地”——延安。

在民主抗战纪念主题下,不同纪念主体的言说各有侧重,彼此有异。第一类叙事主体以沈钧儒、宋庆龄等民主人士为代表,他们对韬奋作为独立文人的爱国情怀和无私作风有更深的体认。通过对韬奋不畏权贵、抨击黑暗势力的表现,突出韬奋文化活动中的抵抗精神以及争取自由民主的爱国精神。在沈钧儒看来,韬奋“一直并永远立在中国人民大众的立场,面对着现实,有知识便求,有阻碍便解决,有黑暗便揭发,只问人民大众的需要和公益,不知自己一身的利害”。[①] 第二类叙事主体以中共高级知识分子为代表,几无例外地采取悲情叙事将韬奋之死归因于法西斯独裁的压迫,唤起民众对中华民族的认同和投身抗战的激情,借此契机重申建立联合政府的政治主张。譬如续范亭直言:“中国新文化旗手邹韬奋先生,实死于中国的法西斯。”[②]作家萧三哀叹道:“他是国民党寡头专制者摧残逼害死的!”[③]不同

① 沈钧儒:《邹韬奋先生事略》,《新华日报》1944 年 10 月 1 日。

② 续范亭:《追悼邹韬奋先生之死想到一切人之死》,《解放日报》1944 年 11 月 22 日。

③ 萧三:《韬奋同志——文化界的劳动英雄》,《解放日报》1944 年 11 月 22 日。

于战场牺牲和暗杀的死亡方式,患疾身死的方式本身原本难以调动政治对立及仇恨的情感,可是,在韬奋之死事件中,韬奋早逝的根本原因被描述为政治压迫的结果,一个“专事摧残文化、压迫人民”的“反动”的国民党当局形象一以贯之得到强化。

4. 知识分子的旗帜

作为进步知识分子角色的邹韬奋是中共所凸显的形象,诸多事实证明这一角色被深深嵌入此后关于韬奋的相关研究和纪念话语体系。在刻画韬奋知识分子旗帜的形象过程中,作为一个出生于晚清,成长于五四,深受西方自由主义职业理念影响的新闻出版人,其早期自由主义独立报人的精神气质被淡化,而韬奋思想和立场转化的合理性与必然性成为论证的核心。

在具体论证过程中,《生活》周刊立场的转变常被用以证明邹韬奋立场的转变。在这里我们可以清晰看到文本的互文性。韬奋生前关于《生活》周刊转变的自我陈述成为诸多纪念文本论证其思想转变的主要资源:“也许是由于我的个性的倾向和一般读者的要求,《生活》周刊渐渐转变为主持正义的舆论机关,对于黑暗势力不免要迎面痛击……不但如此,《生活》周刊既一天天和社会的现实发生着密切的联系,社会的改造到了现阶段又绝不能从个人主义做出发点;如何整个社会的改造脱离关系而斤斤较量个人的问题,这条路是走不通的。于是《生活》周刊应着时代的要求,渐渐注意于社会的问题和政治的问题,渐渐由个人出发点而转到集体的出发点了。”[①]诸多纪念文本通过嵌入韬奋生前自述,将作者之口转化为“韬奋之口”,借助韬奋本人的同时“在场”来增强话语论述的合理性。

生活书店总管理处编审委员会委员张仲实即采取此种策

① 邹韬奋:《韬奋全集(增补本)》(第7卷),上海人民出版社2015年版,第202页。

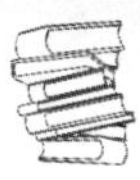

略:“先生生前常自谓‘无党无派’,其实先生的精神、先生的意志老早就和中国共产党结合在一起。”而后以韬奋生前自述的政党观为论据:“有害尽苍生的党,有确能为大众谋幸福的党;前者的帽子是怪可耻的,后者的帽子确是很光荣的……我自己向来没有加入任何党派,因为我这样的看法:我的立场既是大众的立场,不管任何党派,只要它真能站在大众的立场努力,真能实行有益大众的改革,那就无异于我已加入了这个党了。”①最后总结道:“他为人民大众谋利益的热忱与实事求是的作风,结合在一起,遂使他一步一步走上了共产主义的道路,这道路正是中国知识分子应走的道路。”②

秉持相同话语逻辑的还有曾与韬奋共事的胡绳。胡绳时任《新华日报》编委、中共南方局文委委员,他同样以“道路”隐喻知识分子的选择与归宿命题,将韬奋的“不断进步”归因于“向群众学习的态度”,“因此在他周围的群众向前进的时候,他也就跟着一道前进了”。③ 艾思奇的“大众哲学”呼应了韬奋的自我剖白:“知识分子走向大众,是有一定过程的,他必须首先清算了自己思想中的各种个人主义的因素,然后用集体的思想来武装自己的头脑。”④艾思奇与胡绳的评价明显受到 40 年代整风运动的时代语境影响,具有鲜明的指向性。

与张仲实、艾思奇含蓄的政治指涉不同的是,陈毅对韬奋的政治定位更为直接果断。他将韬奋的道路概括为“彻底的革命民主主义者与共产主义最终结合的道路”,他最可为示范之处在

---

① 邹韬奋:《生活与我》,上海交通大学出版社 2017 年版,第 94 页。

② 张仲实:《一个优秀的中国人——邹韬奋先生的生平、思想及事业》,《解放日报》1944 年 11 月 22 日。

③ 胡绳:《韬奋先生的道路》,《新华日报》1944 年 10 月 1 日。

④ 艾思奇:《中国大众的立场》,《解放日报》1944 年 11 月 22 日。

于"以一个中国最优秀的知识分子的代表而坚决走向为工农兵大众服务的道路",其一生的历史实践证明了"彻底革命的民主主义者与共产主义者的一致性"。如果说胡绳、张仲实、艾思奇强调的是韬奋思想转变的过程与缘由,那么陈毅则对韬奋的道路作出了超越性的阐释与升华:"韬奋先生一生的奋斗,其伟大成功便是继孙、鲁两公之后,再度指出中国革命的总规律。"①

(三)话语背后的权力结构:共同发声的关系主体

纪念文本的属性注定其必然以褒奖、遗憾、惋惜等为情感立场,另外,被报刊公开发表的纪念文本受到新闻生产机制的影响,表面上看,决定纪念文本的是作者本人,然而正如胡春阳所言:"作者只不过是一个发声筒,一个话语结构的傀儡。"②韬奋纪念文本成为社会结构内政党力量、职业力量、私人情感、文本性质等诸多因素共同影响的产物。

具体而言,首先,政党力量作为主导始终在场。韬奋的周年纪念话语实践呈现出组织行为特征,不少文章其立场、情感难以完全忽视政党意图而随意发挥、坦露。与韬奋生前合作友好的中共高级知识分子是政党力量中的主要撰写主体,其中以柳湜、张仲实、艾思奇为典型。他们一方面因参与生活书店编辑出版事业为读者所熟悉,一方面又担任共产党文化部门的干部职务。作为连接政党权力与普通读者的中间桥梁,其纪念话语具有更强的说服力、宣传性与鼓动性。

其次,民主派人士、"生活"同人、民间读者及韬奋亲属参与建构韬奋形象的话语体系与纪念实践中。宋庆龄、柳亚子、张

---

① 陈毅:《纪念邹韬奋先生》,《解放日报》1944年11月22日。

② 胡春阳:《话语分析:传播研究的新路径》,上海人民出版社2007年版,第136页。

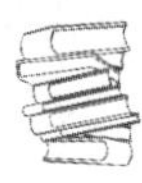

澜、黄炎培、沈钧儒、陶行知等均受邀撰写韬奋追悼短文。[①] 以《新华日报》及左翼刊物为阵地,救国会及民盟成员、生活书店总管理处编审委员会成员担当核心纪念主体,形成与中共高层及高级知识分子相互配合之势,极大增强了韬奋逝世的新闻效应。他们的话语重点在于突出韬奋的人格魅力、文化贡献及爱国热忱。至于民间读者,主要指向根据地地区曾经深受韬奋影响的进步青年,相较于政党声音,读者纪念文的政治色彩相对弱化,主要结合自身阅读回忆,重在缅怀韬奋为民请命、大公无私、富有正义的"新闻记者立言的美德"以及"韬奋的苦学和为事业而奋斗的精神"。[②] 以邹恩洵为代表的韬奋亲属的纪念声音尽管在中共党报话语体系里处于边缘位置,但他补充的家庭传统思想对韬奋潜移默化的作用则热情回应了政治性纪念话语的逻辑与主张。由此,围绕韬奋纪念形成一个政党力量主导、社会团体力量、家庭和社会个体相辅助的层次分明的合作式权力结构,韬奋的形象也被建构为集上述四个框架内涵于一体的多元形象。

(四) 话语的功能诉求:动员、规训与认同

在韬奋之死事件中,关于韬奋规模宏大且持久的纪念话语不仅实现了对韬奋个人历史功绩的褒扬,表达了在世者对年轻生命逝去的惋惜与悲痛,它们同时还与当下社会现实状况相联结,承担起社会动员、政治认同与价值规训的多重现实诉求。

1. 社会动员

据考证,"动员"一词最早出现在军事领域,指"国家发生战

---

① 中共中央文献研究室:《周恩来年谱(1898—1949)》,人民出版社 2007 年版,第598页。

② 晓林:《我所认识的韬奋先生》,《新华日报》1944 年 10 月 1 日。

争或其他紧急的状态下,组织部队采取军事行动”。而后,动员概念随着现代化进程的推进日渐延伸到政治、经济、社会各个领域。[①] 有学者指出,“社会动员是指国家、政党或社会团体为实现一定的社会目标,采取多种方式影响或改变社会成员价值取向、态度和期望,使社会成员达成一定的价值认同与思想共识,引导和组织社会成员积极参与社会实践活动的过程”。[②] 因韬奋生前享有极高社会威望,韬奋之死亦成为共产党及民盟开展社会动员的契机,动员内容包含两个层次:

其一为团结抗战的战争动员。如上文所言,在“反法西斯爱国民主战士”的话语框架下,韬奋被刻画成深受国难及国民党压迫不幸早逝的受害者形象,目的是为再次激起大众对法西斯的仇恨,“号召效法革命文化运动先锋和民族解放运动的英勇战士邹韬奋先生的斗争精神”,[③]使其共同凝聚在抗日民族统一战线的旗帜之下,明白团结抗战的必要性与正确性。因此,宣扬爱国主义,促进社会整合,构建民族命运共同体是抗战动员的最终目标与归宿。

其二是呼吁民主建国的政治动员。正如中共中央唁电所言:“韬奋先生长逝了,愿中国人民齐颂先生最后呼吁,为坚持团结抗战,实行真正民主,建设独立、自由、繁荣、和平的新中国而共同奋斗到底。”[④]结合韬奋的逝世时机,1944 年 7 月正是国际战争局势节节胜利、抗战前途曙光初亮之际,共产党正全副心思寻求避免内战,与国民党建立联合政府的可能性。韬奋生前的

---

① 转引自张骞文、杨琳:《社会动员的理论内涵和实践路径》,《学术论坛》2015 年第 8 期,第 47—51 页。

② 甘泉、骆郁廷:《社会动员的本质探析》,《学术探索》2011 年第 12 期。

③《苏北解放区各界追悼韬奋先生》,《新华日报》1944 年 10 月 16 日。

④《中共中央唁电》,《解放日报》1944 年 10 月 7 日。

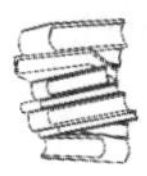

政治民主观恰好为共产党呼吁改组政府、民主建国提供了宣传资源。

2. 政治认同

政治认同是人们在政治生活中产生的一种感情和意识上的归属,本质上是指社会成员对政治权力的认可和同意。政治认同是政治体系激励追求的重要目标,是政治体系维系政治统治的前提。① 邹韬奋思想的转变及其入党遗愿揭示出其最终的政治归属,代表其对共产党的政治认同,彰显出共产党对爱国知识分子的感召力。在共产党看来,韬奋的政治认同既是全民抗战时期统一战线工作的重大成果,也为接下来贯彻统战方针争取社会支持打开了局面。总体而言,通过韬奋纪念,将其树立为"知识分子的旗帜",释放出共产党巩固党内群体认同,争取党外分子认同的功能诉求。

巩固党内认同必须要让党内群体相信并坚持现有的政治制度是社会最适宜的制度。因此,论证共产党政策的合理性与正确性成为重要的内容。在韬奋纪念话语中,揭露韬奋生前的民主理念与团结抗战主张与中共政策的一致性即具备此种效果:"他生前不是我党党员,但他极赞同我党抗战必须实行民主政治才能动员全国人民得到最后胜利的主张,尤其深信我党提出的新民主主义,他早就认为现在的民主政治不是一般的、抽象的,而是'适应激变时代以促进国家的进步'的民主政治"。② 巩固党内认同还需要从情感上唤起与确认身为共同体一分子的荣誉感与自豪感,作为优秀党外人士的入党遗愿无疑具有极强的激励效应:"中华民族有韬奋先生这样一个优秀的人物,是我们民

① 方旭光:《政治认同的基础理论研究》,复旦大学博士学位论文,2006 年,第 3 页。

② 吴玉章:《哀悼为新民主主义奋斗的战士邹韬奋同志》,《解放日报》1944 年 11 月 22 日。

族的光荣。中国共产党有韬奋先生这样一个朋友(指他生时)是我们党的光荣。中国共产党有韬奋先生这样一个死后追认的党员,更是我们党的光荣。"①

争取党外分子的认同与抗战时期中共"发展进步势力,争取中间力量,孤立顽固势力"的方针政策相吻合。全民族统一战线建立后,韬奋作为共产党"同路人"的身份基本确立,临终志愿入党的行径则完成了自我身份由"同路人"向"党内人"的转变。共产党隆重的纪念宣传不仅意味着对韬奋本人的重视与认可,对于中间势力而言则释放出极为友善的政治信号,为消弭偏见、达成共识提供了良机。

3. 价值规训

福柯认为,话语的本质就是权力。中共着力将韬奋塑造为新闻出版界模范之举亦有面向新闻出版界乃至整个文化界的规训意味。新闻出版界长期囿于政党和商业资本双重力量的制约,或为政党喉舌,或受利益驱动,难以有效同时兼顾职业追求与营业目标。韬奋被树立为"新闻出版界模范"不仅因为其领导的生活书店对发展进步文化事业的巨大贡献,也在于其自成一格的新闻事业观。自韬奋逝世后,韬奋的《事业管理与职业修养》一书成为进步书业员工的入门培训手册,传承韬奋新闻出版理念与工作经验。因为其新闻事业观符合共产党新闻事业的发展要求,为共产党新闻事业的发展提供了丰富的实践经验与理论资源。对党的新闻事业而言,民众立场不仅是韬奋新闻事业观的核心,也与中国共产党"群众路线"旨趣相近。因此,报刊纪念话语消弭了韬奋取法儒家民本传统与孙中山"三民主义"思想的民众立场与马克思主义群众观之间的差别,直接对标共产党

① 凯丰:《纪念韬奋同志》,《解放日报》1944 年 11 月 22 日。

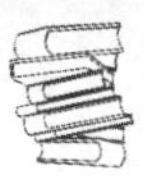

“为人民服务”的宗旨，响应延安文艺座谈会上毛泽东关于文艺作品“必须是真正站在人民的立场上，用保护人民、教育人民的满腔热情来说话”的主张，从而实现了面向党内文化事业的价值规训。另外，韬奋的业务创新精神、务实认真的工作作风等因为与延安整风背景下文化界反对主观主义、经验主义的风潮相合拍，同样成为被重点突出的记忆点嵌入对解放区知识分子宣传话语中，发挥其价值规训的功能。

四、结语

“新闻话语也是意识形态的话语，因为它必然表达和确认其制作者的社会和政治态度。”[①]对新闻话语的分析需要了解文本与语境之间的互动关系，从而明了被意识形态包裹新闻话语试图传递和释放的主体意图和诉求。根据以上分析，我们发现在韬奋逝世后的三年时间内，纪念报道的话语框架并非孤立存在，以《新华日报》《解放日报》为代表的中共党报在多元主体的合作与配合下共同建构出四种并存的话语框架，传递出社会动员、政治认同、价值规训等多重诉求。这四种话语框架也成为邹韬奋在近现代中国的记忆图示，成为有关邹韬奋集体记忆的基础脚本。

① 梵·迪克:《作为话语的新闻》，华夏出版社 2003 年版，第 2 页。

邹韬奋健康观及其媒介实践[①]

李晓灵　张兵杰

(兰州大学)

在中国传统文化中,健康往往与精神层面的"修身养性"紧密相关,这是儒家和道家传统长期浸润的结果。[②] "重静轻动"的传统主流健康观,使国人在追求精神、修养、礼法和天人合一的过程中,忽视了对身体的塑造。如果说地理大发现之前,在以自我为中心的封闭世界中,这种传统健康观代表着以伦理道德为中心的本土文明,[③]那在世界各国密切接触,尤其是纷争不断、暴力争夺的时期,旧的健康观则凸显出固有的弊端,使国家在现代文明转型过程中陷入"东亚病夫"的泥淖中。正是在传统健康观日益受到挑战,而新的、符合国家现实需要的健康观尚未形成的转折期,许多受过现代文明洗礼的有识之士开始了自己的探索,邹韬奋便是其中之一。

在主流话语中,邹韬奋往往以出版家、新闻记者和爱国斗士等身份出现,相关学术研究也主要集中在这些方面。视野的极度聚焦使韬奋研究在特定领域不断深化,但也容易陷入创新不

---

① 本文系兰州大学新闻与传播学院2018年科研培育项目"邹韬奋新闻传播思想的系统性研究"(18PY1012)阶段性成果、国家社科基金项目"延安时期中国共产党新闻传播话语建构及其当代价值研究"(项目号19BXW009)延伸性成果。

② 梁秋语、张宗明、张其成:《从个人养生到大众健身——近代体育事业的发展、身体观之变迁及其当代反思》,《中华中医药杂志》2020年第4期,第1646—1650页。

③ 葛兆光:《中国思想史》(第2卷),复旦大学出版社2000年版,第594—595页。

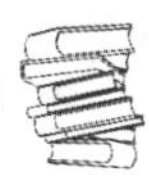

足的境地，李金铨教授所言的“内卷化”困境在韬奋研究中同样存在。近几年，学界开始有意识地打破韬奋研究的内卷困境，关注邹韬奋的媒介正义观①、新闻伦理观②等以往被忽视的议题。在此理念的指导下，本文聚焦学界较少涉及的邹韬奋健康观议题，从健康传播角度梳理、呈现邹韬奋的启蒙思想，以期发掘一些被传统韬奋研究所忽视的片面，力争呈现出韬奋精神的潜在纬度。

一、从个体强身到健己健国：邹韬奋健康观的转变

邹韬奋的健康观并不是一成不变的，而是有着一个发展成长的过程。从《韬奋全集（增补本）》中收录的健康类文章来看，以 1919 年为界限，韬奋的健康观大致可以分为个体强身和健己健国两个阶段。

（一）1919 年以前：立足个体，强身健己

早在学生时期，邹韬奋就关注到了国人的健康问题，并专门撰文表达卫生健康的重要性。1915 年，邹韬奋先后在《学生杂志》发表《医学博士俞凤宾氏学生卫生宗旨谈》及其续文，论述注重卫生对抵御疾病、减轻疲劳和尽享天年的意义，并将注重卫生与追求奢华进行区分，为讲卫生寻求合理性及道德传统的支撑。1916 年，邹韬奋又在《学生杂志》发表《学生卫生丛谈》一文，关注学生群体的卫生问题，并从早起、早寝、清洁等六个方面呼吁学生关注卫生健康。青年时期的邹韬奋，对健康的理解多停留

① 阳海洪：《论邹韬奋的媒介正义思想》，《南昌大学学报（人文社会科学版）》2020 年第 1 期，第 98—105 页。

② 张文明：《邹韬奋的新闻伦理观及其价值》，《当代传播》2017 年第 6 期，第 104—105 页。

在个体强身,即健己的层面,主要强调注重卫生对个人强身及健康生活的价值和意义。这是一种微观个体的健康解读,构成了邹韬奋健康观的雏形。

(二) 1919 年及以后:放眼世界,健己健国

1919 年,邹韬奋进入圣约翰大学读书,受到更多西式教育,对健康的理解也带有了更多西方色彩。1919 年 1 月,邹韬奋在《申报·自由谈》发表了两篇与健康相关的文章,其中《欧战中之妇女》一文介绍美国女青年协会如何通过饮食、休息和体操让欧战妇女保持身体健康,《糖与筋力工作》则是一篇医学健康知识的普及推广文,邹韬奋还在其中举了法、德、意等西方国家的医学案例。对比 1919 年以前的文章,可以很明显地发现,此时的邹韬奋对健康的关注已经开始慢慢脱离国内视野和健己观的束缚,有了进一步的深化趋势。1919 年 11 月 25 日,邹韬奋在《约翰声》发表《吾国国民体育怎样可以增进》一文,是其健康观迅速成长的标志。在文章中,邹韬奋指出:"吾国里头因体育不发达而死的总是不少,尤可惨的就是把国家所靠做中坚的青年之生命抢去……岂不是极可痛心的事吗?"①这表明邹韬奋开始认识到国民体质在国际竞争中的重要性,并强调体育是增强国人体质的重要手段,其对健康的理解也从卫生进一步扩展到体育和运动。

1926 年,担任《生活》周刊主编后,有价值、有趣味、服务大众、改造社会,成为《生活》的新追求,邹韬奋也有了表达健康观念的思想园地。在此后的五年里,通过撰文、设置专栏、聘请医学专家等多种形式,邹韬奋试图唤起国民对健康的关注。也是在担任《生活》周刊主编期间,邹韬奋的健康观日益成熟,并于

① 邹韬奋:《韬奋全集(增补本)》(第 2 卷),上海人民出版社 2015 年版,第 174 页。

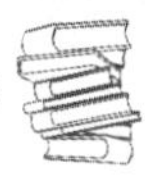

1931 年在《健身操练的准备》一文中将自己对健康的解读概括为"全国同胞健己健国所应该实行的一件很重要的事情"①。至此,邹韬奋对健康的理解真正实现了从个体强身到民族强健的转变。之后,邹韬奋的健康传播实践也多是在健己健国的核心观念指导下进行的。

二、邹韬奋健康观的内涵及价值

对健康的关注是邹韬奋早期现代化思想的重要组成部分,经历了从个体强身到健己健国的转变,在此过程中,形成了韬奋健康观的主要内涵,产生了现实价值与意义。

(一) 强身健体,提倡国民体育

作为有目的有计划地通过身体运动进行的身心教育,现代体育是西方现代化的代表性符号之一。② 而在中国古代,却没有形成通过体育运动进行身体教育的传统。唐朝以后,在士人的眼中,肉体的锻炼往往属于"末学"③,从宋代开始,"静坐"作为养生之法在上层社会流行,重精神、轻身体的传统在明清时期日益增强。受此影响,西式体育刚刚传入中国时,对上不受政府重视,对下不被国人接受,很难推广开来。地理大发现之后,在日益激烈的国际竞争中,尤其是处于劣势的条件下,体育的性质发生转变,体育从身心教育成为一种国家生存手段的认同。④

① 邹韬奋:《韬奋全集(增补本)》(第 3 卷),第 403 页。

② 梁秋语、张宗明、张其成:《从个人养生到大众健身——近代体育事业的发展、身体观之变迁及其当代反思》,《中华中医药杂志》2020 年第 4 期,第 1646—1650 页。

③ 梁秋语、张宗明、张其成:《从个人养生到大众健身——近代体育事业的发展、身体观之变迁及其当代反思》,《中华中医药杂志》2020 年第 4 期,第 1646—1650 页。

④ 程卫波、孙波、张志勇:《中国近代体育发展阶段的历史审视——一种身体社会学视角》,《体育科学》2011 年第 3 期,第 93—97 页。

正是在这种背景下,邹韬奋设想通过国民体育增强国民体质,尤其是青年群体的体质,从而提高我国的国际竞争力。1919年,邹韬奋在《吾国国民体育怎样可以增进》一文中,提出了提高国民体育的两个具体措施:一是依靠英俊有为青年使喜欢运动和卫生的好风气成为一般国民的第二天性,二是积极改良儿童体育,[①]设想通过普及国家体育推动国家进步。鉴于1922年北洋政府将体育课纳入教育体系,[②]邹韬奋的观点不可谓不具前瞻性。

(二)解放女性,改良女子美育

现代化的发展史,往往也是一部受压迫群体的解放史,女性便是其中之一。邹韬奋向来注重讨论女性议题,这不仅体现在他对女性教育和女性职业的关注中,也体现在女性健康方面。在中国传统文化中,女性往往作为男性的附属而存在,在家从父、出嫁从夫的传统观念将女性牢牢捆绑。除了没有婚姻、没有教育等个人选择的自由外,种种压迫还体现在女性身体上,如不能轻易抛头露面、裹脚束胸、保持与异性的距离等。大家闺秀与小家碧玉的审美标准更是将女性与温柔、体贴,甚至是羸弱画上等号,致使"弱不禁风"成为很多古代女子的通病。

邹韬奋极力排斥这种病态的女性审美观和美育观,于1928年在《生活》周刊发表《这是现在的女子啊!》一文时指出:"张近芬女士说得好,'西洋女子,以体格强健,发育平均,精神活泼,为美观的重要条件',我以为我国女子此后也应该向这条路走。"[③]随后又多次发文论述,在《最近世界运动会中的女运动家》《男的

① 邹韬奋:《韬奋全集(增补本)》(第2卷),第174页。

② 杨宇菲、张小军:《文化共融:中国近代冰雪大众文化与社会转型》,《清华大学学报(哲学社会科学版)》2021年第6期,第12—24页。

③ 邹韬奋:《韬奋全集(增补本)》(第2卷),第143页。

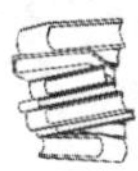

身体和女的身体》《获得全世界网球锦标的妙龄女士》等文章中以直接或间接的方式呼吁社会抛弃传统腐朽的女性美育观，让中国女子跟西方女性一样，多运动，注重体育，从而拥有健康的体格。邹韬奋呼吁解放女性，尤其重视对女性身体的解放，这虽然挑战了很多人的传统观念，但在一定程度上为女性赢得了不少话语权。

(三) 学习西方，弘扬现代健康观念

国人对卫生、体育和运动等现代健康手段的排斥，往往与传统礼教塑造的意识形态密切相关，邹韬奋对西方健康方式的引介虽然得到了很多读者的赞同和呼应，但文章配图中健硕、裸露的身体也招来了不少读者的批评。邹韬奋意识到了传统观念对国民的束缚，因此在传播新式健康观的过程中，也在不断致力于改造旧的、落后的健康观念，帮助国民树立新式现代健康观念。

在1928年至1929年间，邹韬奋发表过《健康的美》《男性之美》《审美观念》等多篇兼有议论性质的文章，向国民传达“由健康体格发生的美，才是真美”的现代健康观念。对于不愿转变传统观念甚至发言讽刺的国民，邹韬奋也毫不留情，在《生活》周刊的《免得误购后悔》一文中指出，“如有人看惯了新年家中悬挂的穿着凤冠霞帔或箭衣外套垂襟危坐的祖宗遗像(俗称喜神或喜容)，看了这种影片觉得不惯，甚至觉得难过，那只得请他们千万不要再勉强看”①，言语十分犀利。在传播现代健康观念的过程中，邹韬奋不愿一味迎合，而是有着自己的坚持和主张，这种坚持在其独特的健康传播手段中可见一斑。

① 邹韬奋:《韬奋全集(增补本)》(第2卷)，第778—779页。

三、邹韬奋传播健康的方法技巧

作为一个研究领域,健康传播虽于20世纪70年代后才逐渐兴起,但健康传播——即美国传播学者罗杰斯所言的"一切涉及健康内容的传播"[①]——的相关实践行为,却几乎伴随着整个人类传播活动。邹韬奋的健康观不仅仅停留在理论层面,他还以新闻人的身份参与到传播健康的媒介实践之中,并形成了个人风格明显的传播特征。换言之,邹韬奋的健康观正是在理论和实践相互建构的过程中共同铸就的。

(一)设置专栏,聘请专家

邹韬奋对现代健康观念的传播主要依托于《生活》周刊,但这种传播不是杂乱无章、任意为之,而是有着鲜明的专栏、连载和互动意识。1927年,《生活》周刊从第2卷第36期开始连载日本东京帝国大学医学专家殷木强先生的《从医学上观察日本人的现代生活》一文,且每期都配有邹韬奋的编者附言。如果说殷先生的文章是对日本人现代生活的简单介绍,那邹韬奋的编者附言则通过生动的案例,致力于说服国人向现代日本看齐,抛弃衣食住行等方面的传统陋习。1928年,《生活》周刊从第3卷第35期开始特辟"本刊健康顾问部"专栏,指示"健康"和"防病"的途径,虽然不是每期都有,却极富实用价值。1929年,从第4卷第13期开始,《生活》周刊设置"健而美的体格"专栏,模仿西方各国体育杂志的编排方式,向国人介绍健美的体格,持续了一年多的时间,可见邹韬奋对其的重视。

---

① 田维钢、温莫寒:《价值认同与情感归属:主流媒体疫情报道的短视频生产》,《现代传播:中国传媒大学学报》2020年第12期,第9—14页。

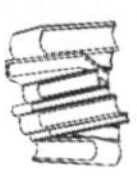

除了邹韬奋亲自采写的健康类文章之外，《生活》周刊还刊载了很多读者或医学领域专家的文章，如《极便宜的可以尽人享用的滋补品》《打破医药买卖制的主张》等，使《生活》周刊成为大众交流健康思想的平台。为了保证健康类文章的科学性和专业性，邹韬奋还聘请陈水星博士、俞凤宾博士等人担任编辑部医学健康顾问，且十分重视与医学专家的关系维护。在俞凤宾先生去世时，邹韬奋专门发文志悼，就俞凤宾先生对《生活》周刊的赞助表示感谢。

(二) 图文并茂，方法实用

邹韬奋十分注重健康议题的视觉化传播，当时受制于技术手段，主要表现为对摄影照片、漫画等图片的使用，其中最具代表性的当属《生活》周刊的“健而美的体格”专栏。该专栏模仿了西方体育杂志的编排形式，图文并茂，且以图片为主，体现健美体格的泳装或运动照片占据大半版面，主角多为西方青年男女。这些图片的配文虽短，但能恰到好处地对图片进行说明，并潜移默化地告知国人健美体格是现代性和身心健康的重要表征。该专栏在当时可谓十分大胆，别具一格，现在看来，依然让人耳目一新。

除了强调版面编排外，邹韬奋还十分注重健康方法的普及，文章的实操性和指导性非常强。如 1931 年，从第 6 卷第 31 期起，《生活》周刊连续发表“全身各部平均操练”系列文章，分别从上肢、下肢、胸背、腰腹、颈和内脏诸器官等身体主要部位出发，提供切实可行的运动方法和保健方式。以《关于上肢的运动》为例，邹韬奋提供了一套完整的锻炼方法，整个运动被拆解为两臂向左右平阖、两臂向前平阖、两臂向上伸降、两臂向上屈等四部分。其中，每个部分又进一步细分出预备和动作两步，配有注意事项，并适时加入图片进行指导，正如邹韬奋自己所言，“所述各

种运动皆取其最简易切实而易于实行者”[①]。《关于下肢和颈部的运动》《关于胸背和腰腹的运动》等其他系列文章均保持这种简单易操作的风格，现在读来依然实用。当然，在健康传播方面，邹韬奋对实用方法的推荐也有一些需要商榷的地方，如在《大块头有了法子》这篇文章中，邹韬奋介绍了美国女士蜜泽尔的减肥方式——饿着肚子，只饮橘子及柠檬汁，饿了63天，居然从201磅减到了157磅[②]。这给我们的启示是，健康的内涵及手段是不断发展完善的，虽然我们无法脱离时代及发展阶段的限制，但在健康信息推荐方面，还是需要多方求证，尤为谨慎。

(三) 选取典型，注重效果

为了巧妙地转变国人根深蒂固的传统健康观念，邹韬奋采取了树立典型和讲故事的说服方法，以轻松幽默的方式传递现代健康观念。在邹韬奋的健康类文章中，西方体育女星或健美女性是其中的正向主角，德国运动女健将达拉克女士、获得全世界网球锦标的妙龄女士威尔斯赫伦、全美美背比赛冠军赫胥蕊女士、美国最健康而美丽的女士之一赛丽等均是韬奋赞赏和希望国人学习的对象。

除了树立正面典型，邹韬奋还注重以讲故事的方式强调体育、运动和健康给生活带来的积极转变，以理服人，以情动人。在《保留美丽的母亲》中，美国许露德夫人因适当运动，二胎后依然保持美丽；在《二十老而三十美》中，美国福孟女士因加入健身馆摆脱被丈夫抛弃的阴霾，重新找到人生的乐趣。在这些文章中，普通人的故事可以拉近与国人的距离，注重健康后的生活和人生转变则极富教化意味，表现了邹韬奋对受众和健康传播效

① 邹韬奋:《韬奋全集(增补本)》(第3卷),第412页。
② 邹韬奋:《韬奋全集(增补本)》(第3卷),第23—24页。

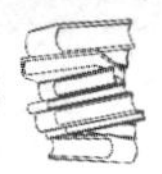

果的重视。

四、结语

救亡与启蒙是近代中国的主旋律，前期的邹韬奋及《生活》周刊无意于社会革命，主要发挥了一种思想启蒙的作用①，而健康观念正是这种思想启蒙的重要组成部分。纵观邹韬奋的思想发展史，健康观在其中占取的比例并不大，主要集中在1931年抗日战争之前。抗日战争之后，面对着民族危亡，邹韬奋的关注重心逐渐从思想启蒙转变为救亡图存，国民健康作为次要议题渐渐脱离邹韬奋的核心视线。但不可忽视的是，关注健康是邹韬奋早期启蒙思想的重要组成部分，不仅如此，从观念到实践还形成了较为完整的体系，韬奋在传播健康方面的实务创新手段，在今天看来依然具有借鉴意义。探讨邹韬奋的健康观，不仅可以适当弥补邹奋研究的视野盲点，还对当下大热的健康传播研究具有史料和方法论上的指导意义，是一个比较有趣也比较有现实价值的议题。

① 上海韬奋纪念馆编：《邹韬奋研究》(第2辑)，学林出版社2005年版，第261页。

韬奋:新闻战线上抗日救国的一面旗帜

——韬奋创办《抗战》三日刊和复刊《大众生活》期间对日不屈斗争

朱敏彦
(中国近现代史史料学会)

邹韬奋是中国近现代伟大的爱国者、卓越的文化战士、杰出的新闻出版家、著名的政论家。2014 年,我国决定设立烈士纪念日,在国家公布的首个烈士纪念日公祭的三百位著名抗日英烈名录里,邹韬奋的英名赫然在列,而且是唯一一位新闻出版界人士。"(邹韬奋是)我国新闻出版界抗日救国最早的呼吁者之一,是我国新闻出版界始终坚持团结抗日的主将之一。他旗帜鲜明,从未在抗日救国的主张上有过些微的动摇。他嫉恶如仇,绝不容忍外敌对自己的祖国有丝毫的侮辱和损害。他一往无前,不曾因为分裂投降势力的迫害和摧残而停下抗日救国的步伐。他用自己的一支笔和众多的出版物,指引无数青年奔赴抗日救国的战场,鼓舞亿万抗日军民战斗到底,他是抗日救国一面永远不倒的旗帜。"①

1937 年"七七"卢沟桥事变后,全国团结抗战局面形成。由于邹韬奋等人坚强不屈的斗争,全国各界人士的积极营救和广大人民群众的大力声援,国民党政府只得将"七君子"交保释放。邹韬奋出狱后不到半个月,"八一三"淞沪抗战爆发,邹韬奋旋即

① 聂震宁:《韬奋精神六讲》,生活·读书·新知三联书店 2015 年 11 月版,第 55 页。

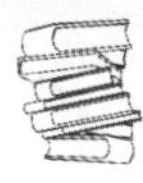

投入筹办出版《抗战》三日刊。1937 年 11 月 8 日,上海沦陷。同年 12 月,邹韬奋辗转来到当时抗战的政治、文化中心武汉,继续抓紧《抗战》三日刊在武汉编辑出版。翌年 7 月 7 日,《抗战》三日刊和《全民》周刊合并为《全民抗战》在武汉出版,后来移到重庆出版。其间,邹韬奋先后在武汉、重庆继续编辑出版他主编的刊物外,还积极推进生活书店在全国的发行,在全民抗战的氛围下,生活书店的图书出版发行曾有过短暂的飞跃。1941 年 2 月,邹韬奋在重庆主编的《全民抗战》周刊遭到查封,韬奋忍无可忍,辞去国民参议员,离开重庆前往香港,继续从事进步文化活动,全力复刊被扼杀多年的《大众生活》。从 1937 年 8 月创办《抗战》三日刊,到 1941 年 12 月《大众生活》停刊。邹韬奋全身心地投入中国人民全面抗战的第一线,用他的笔和众多的出版物作为投枪和匕首,不屈不挠地进行着抗击日本帝国主义的斗争。

一

1937 年 7 月 31 日,邹韬奋等"七君子"结束了 243 天的牢狱生活,旋即赶回上海。8 月 19 日,"在'八一三'沪战爆发后,只花了 5 天时间,筹备出版了《抗战》三日刊,充分显示了他的热情和干劲"。在"八一三"淞沪战役烽火中诞生的众多抗日救亡报刊中,影响最大、办得最出色的要数著名救亡运动领袖邹韬奋主办的《抗战》三日刊和上海文化界救亡协会的机关报《救亡日报》。这两份报刊是上海新闻界、文化界抗日民族统一战线的主力军。

1937 年 8 月 19 日创办的《抗战》三日刊每逢三、六、九日出版。由于受到上海租界当局的干扰,从 9 月 9 日第七号起曾一

度改名为《抵抗》三日刊,12 月 23 日起恢复原名。邹韬奋是《抗战》三日刊的主编,负责该刊的全部编务工作,同时又以“韬奋”“韬”“编者”“记者”署名亲自撰写了大量的社论、时评、随笔和答读者问等。上海新闻文化界的知名人士金仲华、潘汉年、胡愈之、钱俊瑞、张仲实、张志让、章乃器、杜重远、张宗麟等都是该刊的主要撰稿人;宋庆龄、冯玉祥、郭沫若、沈雁冰,沈钧儒、沙千里、李公朴等也都在该刊发表过不少文章和诗作。

《抗战》是在“民族抗战的紧急时期”问世的,其任务,一方面是“要对直接间接和抗战有关的国内和国际的形势,作有系统的分析和报道,呈现其重要意义和相互间的关系”;另一方面是“要反映大众在抗战期间的迫切要求,并贡献我们观察讨论所得的结果,以供国人的参考”。该刊正是遵循了这一宗旨,在每一号上,都登载金仲华撰写的“战局一览”,迅速报道战局的进展情况,并附有各地抗战形势图。该刊把动员广大民众投入救亡运动作为全民抗战的基础。为此,先后刊载过邹韬奋的《政治准备的补救》、钱俊瑞的《军事胜利的基础在政治》、王任叔的《军政与民众》、潘汉年的《全面抗战中政治动员的基点》《群众动员的基本问题》《全面抗战释》、沙千里的《民众组织的前提》、李公朴的《全国动员告国人书》等一系列文章,认为要保障军事胜利,必须对“政治准备太落后于军事的行动”的状况,“实有迅速补救的必要”,强调要取得抗日战争的全面胜利,单纯依靠政府与军队的抗战是远远不够的,必须广泛地动员起全体民众,投入全民族抗战的洪流,才能弥补中国军事、经济等方面的不足,击破日本侵略军“速战速决”的战争迷梦。《抗战》三日刊在阐明动员民众重要性的同时,还十分注重发动各界民众,如胡绳的《抗战时期的文化界》、张仲实的《知识分子当前的责任》、恽逸群的《组织农民的主要问题》、胡子婴的《怎样动员全中国的妇女》、章乃器的《怎

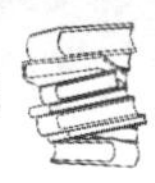

样开展弄堂组织》等文章,就抗战的全民性以及知识界、文化界、农民界、妇女界、市民界等各界民众在全国民族抗战中所处的地位和责任作了充分的阐述,反映各界民众在抗战期间的迫切要求和愿望。

《抗战》三日刊高举反对日本帝国主义侵略的旗帜,从整个国家和人民的利益出发,积极拥护共产党的全面抗战路线,一再抨击国民党的片面抗战政策,主张彻底开放民众运动和言论自由,实行真正的全面抗战。邹韬奋在《坚持抗战和积极办法》一文中指出:目前抗战的不能好转,最大的症结还是在仅有军事上动员,而实在没有做到全民族的整个抗战,也就是说,对于民众运动仍然是未有彻底的解放。因此,他在《抗战》上反复地写文章告诉读者,真正能够领导中国人民走向胜利的是中国共产党和八路军,并接连报道、赞扬中国共产党人和八路军在华北敌后组织人民群众、开展游击战争的业绩。9 月 22 日,国民党中央通讯社发表了延搁两个多月的《中共中央为公布国共合作宣言》。9 月 26 日,该刊就及时刊载了宋庆龄的重要文章《国共统一运动感言》,对以国共两党合作为主体的抗日民族统一战线的正式形成"异常地兴奋""异常地感动"。同一号,邹韬奋在《全国团结的重要表现》这篇时评中,以满腔的热情赞扬了中国共产党的这一宣言,认为中共的宣言所表示的宗旨是要"挽救祖国的危亡",是要巩固"和平统一团结御侮的基础",是要"决心共赴国难",是要造成"民族内部团结"来"战胜日本帝国主义的侵略",是"要把这个民族的光辉前途变为现实的独立自由幸福的新中国"。并指出这个"光明磊落大公无私"的宣言,无疑是全国爱国同胞们"所热烈欢迎的","所一致拥护的"。该刊还刊登过朱德、彭德怀等共产党将领的抗战通电;报道过八路军在华北歼敌的捷报,如先后报道过八路军在晋东北首战平型关,伏击日军精锐

部队坂垣师团1000多人,取得了八路军出师后第一个大胜利的喜讯和八路军在晋西北雁门关附近连续伏击日军,先后歼敌数百人,切断日军的后方交通,有力地配合国民党军队进行忻口会战的战况。此外,为了满足进步青年向往奔赴陕北的愿望,该刊还先后刊登了八路军驻(南)京办事处关于延安抗日军政大学的来信、陕北公学校长成仿吾签发的《陕北公学招生简章》和《延安抗日大学的教育方法》,以及设在三原安吴堡的《战时青年短期训练班招生简章》等。八路军驻(南)京办事处关于陕北公学的来信及致"有志于投考陕北公学的朋友们"的信件,告诉青年学生前往抗战青年的熔炉延安的办法。邹韬奋为此还专门写了时评,鼓励青年。

和坚持抗战的中国人民和中国共产党相反,国民党政府是被迫抗日的,尤其是国民党内亲日的汪精卫集团,对于抗日战争一没有坚决的信念,二散布失败主义的情绪。全面抗战爆发后,汪精卫利用他在国民党内的官职地位,不时发表似是而非的"和平"谬论,传播向敌屈膝求降的信息。对此,《抗战》三日刊自始对亲日派的活动就很警惕,注意他们的动向,痛击民族失败主义。《抗战》在创刊号上就发表了邹韬奋写的随笔《战的反面》,针对汪精卫的"和平"论调尖锐地指出:"'和平'的本身,谁也不反对,但是丧权辱国甚至灭国亡种的'和平',却是我们极端反对的。""余下的唯一有希望的途径是整个民族的坚决抗战!"此后,该刊还接连发表了张天翼的《真假汉奸》、孙冶方的《从汉奸之多谈到乡村工作》、胡子婴的《防止汉奸与组织民众》、范长江的《严重的汉奸问题》、邹韬奋的《防家贼与民众运动》、梁士纯的《辟妥协心理》、李侠公的《肃清汉奸的根治办法》等文章,剖析了民族投降主义的种种表现,揭露了国民党汪伪集团妥协投降的阴谋活动。10月26日,驻守上海的中国军队退出江湾闸北,撤退到

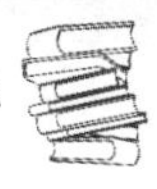

第二道防线继续抗击日军。第二天,上海市民一度表示恐慌,亲日派、汉奸乘机捣乱,一时停战妥协的谣言甚嚣尘上。对此,10月29日出版的该刊第二十二号,封面上用大字刊登"主张妥协和平者就是汉奸"的标语,结果却引起了国民党特务的不满,以为这个口号是故意诽谤政府。11月3日该刊发表了潘汉年的《加强我们的团结》一文,巧妙地引用了蒋介石在庐山讲的"中途妥协,就是灭亡"和陈诚说过的"中途言和者……是亡国灭种的罪人"等一些话,"用子之矛,攻子之盾"。直到11月12日上海沦陷后,该刊出版的第二十七号上还发表了胡愈之的《(寻求与国与团结民众)质疑》一文,对汪精卫的投降谬论予以痛击。

《抗战》特别注意运用刊物同各阶层民众保持声应气求的密切联系,"信箱"专栏最能反映这种关系。当时,怀着满腔革命热情的工人、学生,在前线浴血作战的战士,被囚禁在国民党监狱里的"政治犯"共产党人和爱国志士,以及爱国的民族资本家,都纷纷向《抗战》倾吐自己的心声。在许多读者因"救国有心,报效无门"感到苦闷而写的信件后面,义愤填膺的邹韬奋往往加上有力的按语,热情支持他们的爱国呼声。

《抗战》三日刊无疑是一份主题严肃的政治性刊物,但仍能注意将抗日救亡内容与通俗活泼的形式有机地结合起来,以适合战时广大读者的需要。该刊对于国内外的主要问题,每期都及时加以议论。文章大都言简意赅、通俗流畅。像"时评",每期总有两三篇,每篇不过五六百字,却都能抓住当前民众最关心的问题,进行深刻的分析,提出切实解决问题的方法。该刊还刊登了爱国将领冯玉祥的《吴淞口大战》《阎烈士海文》《八百好同胞》等十余篇诗作。此外,还针对民众喜爱生动形象的文艺作品这一特点,每期都注意配以漫画、木刻、歌曲等各种体裁的文艺作

品。11月12日上海沦陷,《抗战》三日刊在险恶的环境中仍然顽强搏斗了十余天,11月23日在上海出版了第29号后,迁往武汉出版。

二

韬奋一到武汉,就投入支援抗战的繁忙的新闻出版工作。他紧紧抓住《抗战》三日刊在武汉的编辑出版,为抗战大局编辑并撰写更多富有新意的内容,深受读者的欢迎。翌年7月7日,在全面抗战爆发一周年之际,韬奋主编的《抗战》三日刊与柳湜主编的《全民》周刊合并为《全民抗战》三日刊在武汉出版。编委会由沈钧儒、韬奋、柳湜、张仲实、艾寒松、胡绳等组成,韬奋、柳湜任主编。

韬奋在《全民抗战》的发刊词《全民抗战的使命》中陈述了两刊的合并是"为了配合新的抗战形势","集中双方的力量,发挥双方的特点,补足双方过去的不够","以统一的意志,从事更大的努力",力求"今后对于全民动员的号召与教育上更多的尽力"。当前,创办《全民抗战》的主要任务有两个:"一是巩固全国团结,提高民族意识,灌输抗战知识,传达、解释政府的国策,剖析国内政治、军事、经济、文化以及国际之情势,为教育宣传的任务。另一是以使政府经常听到人民的声音、民间的疾苦、动员的状况、行政的优劣,使政府在领导抗战,实施庶政上得到一种参考,为我们政治的任务。"①

自1938年6月15日,日本大本营在御前会议上再次研究攻占武汉、广州的作战计划,认为只要占领武汉,控制黄河、长江

① 邹韬奋:《韬奋全集(增补本)》(第8卷),上海人民出版社2015年版,第32—33页。

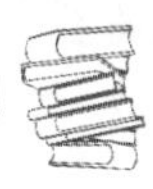

之间的中原地区,并进占广东,切断国际上援华的补给线,就可以支配中国,遂作出攻占武汉、广州的决定。到了8月,武汉的抗战形势日趋严峻。为了激励广大军民的抗战士气,8月19日,《全民抗战》增出了《保卫大武汉特刊》,受到广大官兵的热烈欢迎。由于该刊真正代表了全国人民的公意,发行后每期的销量很快就达到了30万份,是当时最受读者欢迎的刊物。此时,武汉的抗战形势越来越紧张,印刷、邮寄条件也越来越困难,《全民抗战》从10月15日第30号起改为5日刊。10月25日在汉口出版第32号。同日,武汉沦陷。韬奋和柳湜只得随身携带大批稿件离开武汉前往重庆。10月30日,《全民抗战》在重庆按时出版,实现从武汉到重庆的顺利交接,一天时间都没有耽误。

1938年10月,日军先后占领广州、武汉,抗日战争进入战略相持阶段。日本侵略者在继续坚持灭亡中国的总方针下,对其侵华的战略和策略作了调整。政治上把以"军事进攻为主、政治诱降为辅"的方针,转变为以"政治诱降为主,军事打击为辅"的方针,企图诱使国民党政府妥协投降。在日本对国民党政府的分化、诱降下,以国民党副总裁汪精卫为首的国民党亲日派公开投降,在日本的扶持下,建立了汪伪国民政府。

尽管抗战局势发生了重大变化,但韬奋对中国军民的抗战仍然充满信心。在广州、武汉相继失守后,韬奋在《全民抗战》上发表专文《广州武汉失陷以后怎么样?》,明确指出"我们的抗战既是民族生死存亡之争,既是因为不愿做奴隶而拼命,无论如何艰苦,除到了民族可以独立解放、同胞不致被敌人逼迫屈膝做奴隶的时候,我们除了继续坚持抗战之外,没有第二条生路可走"。"中国能以整个民族的力量对暴敌日本帝国主义作殊死战,必能

转败为胜，转危为安。”[①]此外，韬奋还在《当前的任务》的专文中指出：“我国的抗战到了现今的阶段，有正确认识的人们看到国际的大势，日本自身的矛盾，及中国民族解放的光明前途，并不因为目前所受到的挫折而动摇他们对于抗战必获得最后胜利的信心。”因此，“我们必须坚持民族自信心，认定我国只须在军器及技术上得到友邦的帮助，我们的军队再得到政治上及民众力量的配合，是可能独立挡得住敌军，再进一步打得倒日本帝国主义”。[②]

抗日战争进入战略相持阶段，尤其是汪精卫叛国投敌后，国内弥漫着一股妥协的论调。为了驳斥和制止妥协的言行，树立起中华民族不可战胜的信心，韬奋从政治、经济、军事、外交等方面对日本进行了认真的分析，以大量的事实阐明中国光明灿烂的抗战前途，艰苦曲折的抗战过程。韬奋在《光明的前途与艰苦的过程》一文中指出：“我们首先要认识的是我们的敌人日本帝国主义者不是在帝国主义的强盛时代，却是在帝国主义的没落时代，……只要我们能积极利用以空间争取的时间，迅速增强和敌人的力量的疲惫成反比例，我们民族解放战争的前途是断然光明的。”[③]

随着广大军民对抗战局势的日趋关注，1939 年 3 月 5 日，《全民抗战》增出战地版，全部免费，专供战地军民阅读，深受前线广大官兵的欢迎。韬奋在《全民抗战》战地版第一号的《本刊的使命与希望》中指出：“我们知道在前方为国努力的朋友们，有许多原是本刊的老朋友，有许多地方也还能继续看到本刊，但是本刊战地版却有它的特殊的使命，因为它要运用很简省的篇幅，供给前方朋友以渴欲听到的种种情报，以及对于重要问题的扼

---

① 邹韬奋：《韬奋全集(增补本)》(第 8 卷)，第 270 页。
② 邹韬奋：《韬奋全集(增补本)》(第 8 卷)，第 364 页。
③ 邹韬奋：《韬奋全集(增补本)》(第 8 卷)，第 452 页。

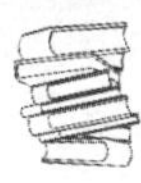

要的意见。战地的朋友们仍苦于'精神食粮'太少,本刊的战地版想在这方面增加一些贡献。"[①]《全民抗战》战地版面世后,不但深受前线军民的欢迎,还得到广大读者的青睐。一位远在泰国的侨胞为了表达对战地版的支持,在其工作的"缝衣工场"募集了23元,寄给韬奋,并表示"我们的生活低微……这样小的数目,只不过略表我们的一片衷心"。韬奋对这笔"侨胞的血汗钱"特别重视,在战地版上作了答复,他写道:"你那样对祖国的热烈情绪,赞助本刊战地版的热烈情绪,都使我们受到深深的感动,所以我们必须写几句话答复你,表示我们的敬意和感谢。"[②]

1939年5月3日至4日,日军飞机对重庆进行狂轰滥炸,各类战时物资供应更为紧张,印刷纸张极为困难。为此,自5月13日起,《全民抗战》再次从五日刊改为周刊。12月9日,《全民抗战》出版第100期。韬奋撰写专文,根据战时局势,再次重申办刊宗旨:"第一是坚持抗战,拥护政府的抗战国策,反对妥协投降。第二是巩固团结,反对党派摩擦,反对任何挑拨离间分散整个民族一致对外的力量。第三是推进民主政治,借此加强民众动员,参加抗战建国工作,加强国民对参加政治改善政治的兴趣与责任,反对任何损害民权违反法治的行为。简单说来,坚持抗战,巩固团结,推进民主,是我们在抗战建国时代中目前最重要的任务,是我们愿与全国同胞共同勉励积极努力的任务。"[③]

抗日战争进入相持阶段后,以蒋介石为代表的国民党亲英美派也表现出很大的妥协倒退倾向,尤其是反共倾向明显增长,行动上反映为加剧反共摩擦活动。除了在1941年1月制造震惊中外的"皖南事变"之外,加紧对进步文化事业的摧残,抗战报

① 邹韬奋:《韬奋全集(增补本)》(第9卷),第54—55页。
② 邹韬奋:《韬奋全集(增补本)》(第9卷),第132—133页。
③ 邹韬奋:《韬奋全集(增补本)》(第9卷),第298页。

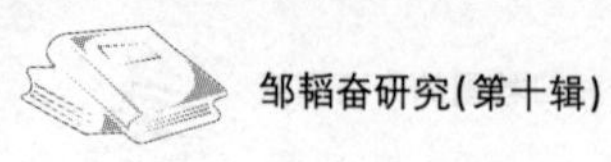

刊的编辑出版也越来越困难,同年2月22日,《全民抗战》出版第157期后,最终被国民党当局查禁停刊。

三

1937年12月,韬奋从上海辗转来到当时抗战的政治、文化中心武汉后,除了集中精力投入《抗战》三日刊编辑出版之外,同时,韬奋还将较多的精力投入生活书店的出版发行工作。

上海沦陷后,生活书店总店迁到武汉,韬奋继续把出好各种期刊作为生活书店的重要任务。除了原有的《抗战》《世界知识》《妇女生活》《战时教育》《新学识》《读书与出版》之外,还增出《文艺阵地》《国民公论》,生活书店出版的刊物达到8种,内容包括时事、政治、国际、文艺、教育、妇女、学术理论、读书指导等方面。从武汉撤退前,《新学识》和《读书与出版》停刊。总处迁往重庆后,增出《读书月报》和《理论与现实》,并接受委托,总经销《文艺战线》。[①] 全面抗战初期,生活书店除了出好各种期刊之外,为了满足各地各层次读者急需进步读物的需求,出版物分有高级、中级、时事、通俗读物、工具书等五类,品种也不断增加。1937年出版150种,比1936年增加二分之一;1938年新版200种,重版近200种;1939年冲破了国民党政府对进步出版事业的压制,克服重重困难,仍然出版200种。1937年至1939年,是生活书店出版图书最多的三年。[②]

在当时的抗战形势下,有些刊物难以连续出版,韬奋根据形势需要,除了对出版物作了调整之外,将生活书店的出版发行工

---

① 《生活书店史稿》编辑委员会编:《生活书店史稿》,生活·读书·新知三联书店1995年版,第119—120页。

② 陈挥:《中国出版家邹韬奋》,人民出版社2017年版,第117—118页。

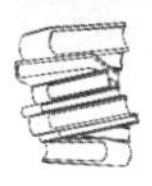

作的重点转移到图书出版和分店建设上。1937 年底,生活书店只在汉口和广州开设了分店。1938 年至 1939 年的两年内,生活书店在全国迅速建立起 52 个分支店及办事处、3 个临时营业处、9 个流动供应所,除了新疆、西藏、青海、宁夏等四省外,后方 14 个省都有生活书店的发行网点,分布之广,超过其他同业。[①]在战争年代交通十分恶劣的环境下,在战时资金极为困难的条件下,生活书店能够迅速建立起遍布全国的发行网络,确实是当时出版界的一个奇迹。

正当韬奋全力带领生活书店同仁为积极出版发行抗战书刊并得到迅猛发展,引起了国民党当局的极大不安,强行推出"图书杂志原稿审查制度",蛮横规定生活书店出版的图书杂志在出版前需送国民党当局审查,以至于韬奋主编的刊物给国民党当局审查的文章,不止一次被批上"免登""扣留"等字样。开始的时候,审查官对送审的文章,认为有不妥的句子应该修改的,只是在句子旁边用红笔画上红条,让编辑修改。后来就不客气地提笔直接修改,将原文用墨浓浓地涂得丝毫看不见原稿。对于通不过的文稿,开始的时候除批示外,将原稿一起发还,后来通不过的文稿不但批示"应予免登",而且原稿一概扣留。对此,韬奋曾经为了无故被判上"应予免登"的文章,专门到审查机构当面交涉,将审查人员辩驳得无话可说,把原来要被送入棺材的文章救出多次。后来审查官蛮横无理,摆出十足的官腔,根本不讲道理。在此无理可讲的情况下,韬奋也就"实行了战略上的自动撤退"。[②]

国民党当局加大对生活书店的打压,除了无理扣压稿件外,还对生活书店的各处分店加紧摧残,甚至直接封店捕人。1939

① 《生活书店史稿》编辑委员会编:《生活书店史稿》,第 135—136 页。

② 邹韬奋:《韬奋全集(增补本)》(第 10 卷),第 226 页。

年3月,生活书店浙江天目山临时营业处首当其冲,店被封闭,职员被强迫押送出境,店内所有公私财产都被封存。紧接着生活书店西安分店遭到封店,经理被逮捕,员工被驱逐,财产被抢劫。此后,陕西南郑、甘肃天水、湖南沅陵、浙江金华、江西吉安、江西赣州、湖北宜昌、浙江丽水、安徽屯溪、广东曲江、福建南平、陕西临川、湖南衡阳、安徽立煌等生活书店的分支店都遭到同样的迫害。到1940年6月,前后短短的一年零三个月,生活书店经过16年的艰苦经营所建立的布满全国各地的55个分支店,除5处系因战局关系调整撤销外,其余被摧残封店的达44处之多。[①] 生活书店陷入最危难之际。其间,为了保全16年来无数作家和全体同仁费了大量血汗建起的生活书店各分支店,韬奋"奔走呼吁,尽忠竭智,不敢片刻松懈"。但是,抗议也好,奔走也罢,都未能阻止国民党当局对生活书店的摧残。于是,韬奋只得以国民参政员的名义直接写信给蒋介石。蒋介石知晓"生活书店在社会上有着它的信誉,不可弄得太厉害,免引起社会的反感",这才暂停对生活书店封店捕人的行动,但却加紧用文化封锁的方式间接摧残生活书店。查禁已经审查通过的书籍;由各地驻邮局的检查员、三青团、宪兵团等,随意扣压生活书店的邮包和书刊;密令各地学校乃至国民党当局控制的其他机关,禁止阅读生活书店出版的已被审查通过的书刊。

1941年1月,皖南事变前后,生活书店成都、昆明、桂林三个分支店又接连被封,贵阳分店也被封,全体职工无故被捕。韬奋主编的《全民抗战》周刊先是遭到查禁,后又被迫停刊。韬奋在此忍无可忍的情况下,辞去国民参议员一职,离开重庆前往香港从事进步文化活动。韬奋明确表示:"在这种地狱似的凄惨惨

① 陈挥:《中国出版家邹韬奋》,第126—127页。

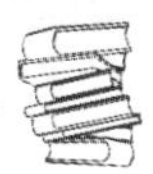

环境中,再粉饰场面实在是莫大的罪恶!”“我的动机绝对不是出于泄愤的观念。我十分痛心于违法背理的现象,愿以光明磊落的辞职行动,唤起国人对于政治改革的深刻注意与推进。就这一点说,我的辞职和出走,不是消极而仍是积极的。”①

四

韬奋愤然辞职出走,离开重庆辗转桂林来到香港,对于国民党当局打压抗战进步文化,尤其是对于制造皖南事变反共分裂逆流的反动势力是个强有力的反击。韬奋为抗战救国从事进步文化活动的举止没有丝毫改变。

韬奋此次在生活上毫无准备的情况下离开重庆到香港,全家到香港后生活十分窘迫。韬奋既不愿意接受友人的援助,更不愿意动用生活书店存放在香港的钱款。于是,夜以继日给香港的进步刊物《华商报》撰稿,靠稿费维持全家在香港的生活。真可谓“穷且益坚,不坠青云之志”。韬奋的近 20 万字的重要著作《抗战以来》就是在那段艰苦时期,为《华商报》专写连载后汇总而来的,出版单行本后短短两三个月印刷三次,销量达到 15000 册。

韬奋在香港生活稍稍安定后,旋即着手准备之前被扼杀的《大众生活》复刊事宜。港英当局规定,在香港出版刊物,其发行人必须是港绅,显然,韬奋是不符合这一规定的。经过韬奋和朋友们的多方努力,终于找到一位符合港英当局规定的发行人曹克安。曹克安是港绅的儿子,此前已注册举办一个周刊,只是一时找不到合适的主编。而曹克安是《生活》周刊的老读者,对韬

① 邹韬奋:《韬奋全集(增补本)》(第 10 卷),第 371—372 页。

奋十分敬佩,当他得知韬奋准备复刊《大众生活》时,立即表示愿意合作。经过半个月的努力,5月17日,《大众生活》新1号在香港出版,仍由韬奋任主编。韬奋在《复刊词》中指出:"摆在全国人民面前的紧迫问题是如何促成停止内战,团结统一的局面以进一步达到对外的全面抗战,那么现在,摆在全国人民面前的紧急问题,就是如何使分裂的危机根本消灭,巩固团结统一,建立民主政治,由而使抗战坚持到底,以达到最后的胜利。……我们要为国家民族的光明前途,为世界人类的光明前途,携手迈进,共同努力。"韬奋强调,作为"为了大众也是属于大众的一个刊物","对于进步的,有利于民族前途的现象,我们也不能默而无言。纵使因此而受到误会与攻讦,但我们对民族前途的信心与为这信心而不惜一切牺牲的决意是必能为读者诸友们共鉴的"。[①]

《大众生活》在香港复刊后共出版30期,一直到太平洋战争爆发后被迫停刊。该刊在香港创造了两个纪录:一是未脱一期,这在香港是从未有过的;二是刊物销量很快就达到每期10万册,这也是创香港周刊的发行纪录。由于《大众生活》在香港受到广大读者的热烈欢迎,因此也引起国民党顽固派和港英当局的嫉恨,利用书报检查制度,借口战时特殊情况,对《大众生活》百般刁难,大砍大删《大众生活》的稿件,甚至使《大众生活》被迫时而开天窗。为此,对国民党顽固派和港英当局对民主的破坏,韬奋先后撰写了《批评与民主》《自由的前哨》《民主、团结与胜利》《反民主的几种烟幕》《揭穿妨害民主的几种论调》《言论自由与民主政治》《一党专政与以党治国》等一系列文章,驳斥了那些"借口'国家至上'来剥夺人民的一切自由,把'散漫无政府状态'加罪于民主政治,或公开宣称中国已'成为真正民主政治之国

① 邹韬奋:《韬奋全集(增补本)》(第10卷),第45—46页。

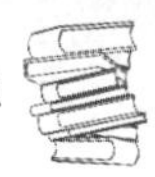

家’，已有了‘充分的彻底的民主精神’”等“骨子里都是在反民主”的谬论。[①] 明确指出，中国不适合也不需要一党专政，孙中山提出的“‘以党治国’不是‘一党专政’，而是‘以党义治国’；不是一党包办，而是由全国各党派（当然是抗日的）依民主方式来共同努力，使中国成为三民主义的民主国家”。[②]

韬奋在香港除了花费大量时间和精力编辑出版《大众生活》周刊和给《华商报》撰写文章外，还为《保卫中国大同盟》英文半月刊撰写英文论文，进行国际宣传；同时也时常在救国会同仁办的《救国丛刊》上发表抗战救国的主张。韬奋在香港通过笔一直进行着对日抗战的不屈的战斗。

1941 年 12 月 8 日，太平洋战争爆发。12 月 25 日，香港沦陷。韬奋和一批文化界人士，在周恩来的关心和八路军驻粤港办事处的帮助下，经过周密策划，离开香港。此后，韬奋只身辗转千里，来到华中抗日根据地。由于韬奋长年累月超负荷工作，积劳成疾，身患重疾，不得不秘密转至上海治疗。韬奋从此一病不起，1944 年 7 月 24 日在上海病逝，年仅 49 岁。在病榻上，韬奋得知国民党方面调集大军进攻陕甘宁边区，韬奋愤怒写下《对国事的呼吁》一文，予以严词谴责：“我个人的安危早置之度外，但我心怀祖国，眷念同胞，苦思焦虑，中夜彷徨，心所谓危，不敢不告。故强支病体，以最沉痛迫切的心情，提出几个当前最严重的问题，对海内外同胞作最诚挚恳切的呼吁，希望共同奋起，各尽所能，挽此危机，保卫祖国。”[③]生命不息，战斗不止！韬奋在生命的最后一刻还发出爱国知识分子忧国忧民、抗战救国的最强音！

---

① 邹韬奋：《韬奋全集（增补本）》（第 10 卷），第 679 页。

② 邹韬奋：《韬奋全集（增补本）》（第 10 卷），第 708 页。

③ 邹韬奋：《韬奋全集（增补本）》（第 10 卷），第 815—817 页。

邹韬奋体育思想探究
——基于《生活》周刊体育传播文本为主的分析

贺　蕾
(上海体育学院)

一、前言

邹韬奋是我国杰出的新闻工作者、社会活动家、编辑出版家,我国新闻出版奖项韬奋奖就是以他的名字命名的,说明了邹韬奋在新闻出版事业中的成就及其重大影响。基于此,学界关于邹韬奋的研究多聚焦于其新闻思想和出版思想,并取得了丰硕的成果。

不同于以往学界以邹韬奋的新闻思想和出版思想为重点的研究,本研究聚焦于邹韬奋的体育思想。邹韬奋不仅在新闻出版界有重大成就和影响,其体育传播也取得了良好的社会效果。邹韬奋在其生活工作中都表现出了对于体育的兴趣和重视,生活中,邹韬奋身体力行,坚持体育健身,即使身陷囹圄也未放弃健身运动。1936 年 11 月 22 日深夜,邹韬奋与沈钧儒等七名著名抗日民主人士在上海被国民党政府逮捕,时称“七君子事件”。在监狱里,邹韬奋等也不忘运动,“上午七点半起身后,同在客厅里早操。有的打太极拳,有的做柔软体操,各干各的”。[①] 后邹韬奋等被押到苏州,在苏州吴县横街看守所仍旧坚持运动。“我们早晨七八点钟起床以后,洗完了脸,就都到这个天井里去运动。我们沿着天井的四周跑步。跑得最多的是公朴,可跑五十圈;其次是乃器,可跑二十五圈;其次是造时和我,可跑二十圈……跑步以后,大家分道扬镳,再去实行自己所喜欢的运动。沈先生打他的太极拳,乃器打他的形意拳,千里也从乃器学到了形意拳,其余的都做柔软体操。”[②]工作中,作为《生活》周刊主编,邹韬奋不仅开辟了图片专栏“健而美的体格”,同时编写相关文章,大力进行体育传播。

邹韬奋何以会重视体育传播?《生活》周刊如何进行体育传播?《生活》周刊的体育传播反映出邹韬奋怎样的体育思想?针对这些问题,本研究运用文献研究法,以《生活》周刊体育传播文本为主探究邹韬奋体育思想,以期丰富邹韬奋思想研究并兼益于中国体育思想史研究。

二、《生活》周刊体育传播文本特点

选择以《生活》周刊体育传播文本为主进行文献研究是因为“邹韬奋先生对体育的倡导、宣传和推广,主要在他主编《生活》周刊(1926 年 10 月—1933 年 7 月)这段时间里”。[③] 不仅如此,“当时一则因为文化界的帮忙的朋友很少很少,二则因为稿费几等于零”[④],故而当时的《生活》周刊几乎是邹韬奋一人唱独角

① 邹韬奋著,文明国编:《邹韬奋自述》,安徽文艺出版社 2013 年版,第 112 页。

② 邹韬奋著,文明国编:《邹韬奋自述》,第 117—118 页。

③ 谭方富:《邹韬奋与体育》,《体育文史》1994 年第 5 期。

④ 邹韬奋:《邹韬奋精品文集》,团结出版社 2018 年版,第 124 页。

戏。邹韬奋替自己取了六七个笔名，把某类的文字“派”给某个笔名去担任，每个笔名都养成一个特殊的性格。对此，邹韬奋撰文解释说:“这倒不是我的万能，因为我只能努力于收集合于各个性格的材料，有许多是由各种英文刊物里搜得的。搜求的时候，却须有相当的判断力，要真能切合于读者需要的材料。把材料搜得之后，要用很畅达、简洁而隽永的文笔译述出来。所刊出的材料往往不是整篇有原文可据的译文，只是把各种相关联的材料，经过一番的消化和组织而造成的。”[①]由此可见，当时《生活》周刊所刊出的文章，要么反映了邹韬奋的思想，要么就出自邹韬奋之手，体育传播文本同样如此。

《生活》周刊创办之初，“只是要传播传播职业教育的消息”[②]，后因人事变动，1926 年由邹韬奋接任主编。邹韬奋“接办之后，变换内容，注重短小精悍的评论和‘有趣味、有价值’的材料，并在信箱一栏讨论读者所提出的种种问题。对于编排方式的新颖和相片插图的动目，也很注意”。[③] 与邹韬奋的编辑思想相对应，《生活》周刊体育传播文本表现出两大特点，一是内容丰富形式多样，二是材料有趣味有价值。

内容上有进行具体体育健身方法指导的，有展示体育健身成果的，有报道体育比赛成绩的，有介绍体育研究最新成果的，不一而足;形式上有消息、通讯、言论、图片、专栏、专版等，当时平面媒体所有的编辑手段几乎都能在《生活》周刊上看到。

材料上注意有趣味有价值。以《生活》周刊第 4 卷先后刊发的一系列推广女性体育的文章为例，这些文章并没有板着面孔说教，而是从一个个的配图故事讲起，进而由事及理，导入体育

---

① 邹韬奋:《邹韬奋精品文集》，第 124 页。

② 邹韬奋:《邹韬奋精品文集》，第 124 页。

③ 邹韬奋:《邹韬奋精品文集》，第 124 页。

健身的重要性，介绍有效的运动健身方式。每一篇都生动有趣，易读宜读，寓教于乐。

第 4 卷第 12 期《六十三岁不像老太婆》刊发了 63 岁贺珀夫人的照片，形容“她虽然到了六十三岁，却有十八岁的苗条身材，二十岁的妩媚妖容”[①]，关于她的保养秘诀，除了心理和饮食，贺珀夫人特别强调了运动，“不常加油的机器是要生锈的；我们的筋肉倘然不用，也有相类的弊病。所以我极力主张我们天天要有系统地和用力气地运动”[②]。

第 4 卷第 18 期《由体育中得来》报道了当时著名的影星——电影《红发女郎》的女主角，文章不仅配发了她的运动照片，而且强调“她的那样健康美丽的体格和轻盈活泼的精神，是由于她讲究体育注意运动而得来的”[③]。

第 4 卷第 21 期《保留美丽的母亲》关注“无论怎样美而且健的女子，生了子女都很容易老的，她们往往因此而体格愈弄愈弱，体态呆板，精神萎靡”这一“普通的现象”，报道了美国许露德夫人虽做母亲仍可以保留美丽的简单方法，“只须每天肯用十分钟或二十分钟时间，有恒而实行相当的运动”[④]。

第 4 卷第 24 期《看看她的肚皮》刊发了 12 个星期前后的戈敦夫人的体格对比照片，介绍了她减去肚皮由虚肥而达到健全体格的主要经验，除了注意饮食，特别强调了运动，并详细说明了她如何在体育专家的指导下调整饮食、进行运动的具体经验。[⑤]

---

① 孤峰：《六十三岁不像老太婆》，《生活》周刊第 4 卷第 12 期。
② 孤峰：《六十三岁不像老太婆》，《生活》周刊第 4 卷第 12 期。
③ 秋月：《由体育中得来》，《生活》周刊第 4 卷第 18 期。
④ 秋月：《保留美丽的母亲》，《生活》周刊第 4 卷第 21 期。
⑤ 孤峰：《看看她的肚皮》，《生活》周刊第 4 卷第 24 期。

第4卷第25期《二十老而三十美》刊发了22岁和32岁时的福孟女士的对比照片，介绍福孟女士二十老而三十美是缘于她开始在健康学专家指导下坚持练柔软体操的缘故。①

第4卷第26期《春风和暖中的女游泳家》通过女游泳家的故事传递了“健康即吾人的生命”以及“运动不是艰难的事情”这样的观念。②

第4卷第27期《抢回了丈夫》通过讲述一名女士因婚后对于体育“懒于讲究”导致“身体呆滞，形容衰老，头及全身骨节常常作痛，她丈夫对她渐觉讨厌”，后通过运动“不但抢回了健康，而且抢回了丈夫”的故事，文章看似家长里短，实则旨在介绍推广她所得意的两种有效的运动方式。③

《生活》周刊丰富多彩、生动有趣的体育传播文本收到了良好的传播效果。一位女性读者在读了《生活》周刊上的文章后对体育产生了兴趣并且坚持健身，练成了《生活》周刊所倡导的“健而美的体格”，后写成体会文章《健身健国的途径》发表于《生活》周刊，形成了广泛的社会影响。

三、邹韬奋体育思想核心内容

基于《生活》周刊体育传播文本为主的文献研究显示，邹韬奋体育思想的核心内容主要有提倡运动的生活、重视女子体育、追求“健己健国”的体育目标等。

(一) 提倡运动的生活

邹韬奋接办《生活》周刊之初便集中刊发了一系列文章传达

① 孤峰:《二十老而三十美》,《生活》周刊第4卷第25期。

② 徐玉文:《春风和暖中的女游泳家》,《生活》周刊第4卷第26期。

③ 孤峰:《抢回了丈夫》,《生活》周刊第4卷第27期。

了提倡运动的生活这一体育思想。邹韬奋所提倡的运动的生活是与其办刊思想相一致的，关心的是大众及青年人的生活，这样的生活是健康的、正当的、身心一统的，而运动正是达成这一追求的有效方式。

《生活》周刊第 2 卷第 1 期头版《正当的娱乐方法》提出了六种“有兴趣的正当的娱乐方法”，运动位居其二。文章提出：“我国人对于运动一项，素来是不注意的，所以身体衰弱的人居多数，外国人甚至讥笑我国为病夫国。欲洗此奇辱，非极力提倡运动，创立公共运动场，组织拳术研究所等不可。每天早晨起身时，可往空气新鲜的地方，吸些新鲜空气，把全身运动一下，照这样做下去，既得着正当的娱乐方法，又可使身体日就强健，一雪奇辱，真所谓一举两得了。”[①]可知正当的娱乐方式不仅仅关系到生活还关系到民族国家。

《生活》周刊第 2 卷第 1 期 2 版《如何改良学生生活》提出改良青年学生生活的途径，一是人格的生活，二是工作的生活，三是运动的生活。“要运动以休息脑筋，要运动以活泼血液”，并指出这样的运动，不是为出风头的运动，而是“谋体格的健全的”运动。[②] 这种运动正如邹韬奋在《怕是教育上的问题》的编者按中所言：第一可锻炼身心的健康，第二可训练尊重纪律的习惯，第三可养成公正理解的态度，第四可增加互助的精神。

《生活》周刊第 2 卷第 10 期刊登《英国一般工人与学徒之运动生活》和《美人之注重体育》，介绍英、美两国对体育的重视及其日常运动的生活。“平时一般商店与工厂，及其他实业界中之工人与学徒，每到星期六下午与星期日，咸集队成群，携带运动

---

① 王志逸：《正当的娱乐方法》，《生活》周刊第 2 卷第 1 期。
② 朱秉国：《如何改良学生生活》，《生活》周刊第 2 卷第 1 期。

器具,赴郊外空地,从事练习,或举行比赛;其运动种类,在冬季则以足球,夏季则以网球为最多。”[①]“此等运动,非独可得游戏竞争之一种快乐,且恢复工作时精神上之疲劳;并可从此锻炼其身心,强固其意志,养成其服从心共同心责任心之美德,而避免不道德不经济无谓之娱乐。其于修养身心,培养道德,节省经济,均可得无上利益。我国青年盖起而仿效之。”[②]“夫有健全之身体,然后有健全之精神,吾人徒羡欧美人学问之进步,工商业之发达,不知彼等之体质何等强壮,何等结实,岂吾人所能及其什一者乎。如果体力强,精神好,做事自尔精进,反是畏首畏尾,绝无活泼之扬名,做事何能进步。”[③]《生活》周刊第7卷第31期刊登《德意志举国若狂的运动公园》,对德国运动公园中所见进行了介绍并配以照片,分析了运动公园对于德国青年体格训练的重要意义。[④]

正是在这一思想指导下,邹韬奋在《生活》周刊第4卷编辑刊发了一系列具体的指导日常运动健身的文章,都非常注重简便易行,讲究因地制宜,融入日常生活之中,无须大费周章。第4卷第28期《日常动作的健美机会》开宗明义,介绍了日常动作的健美作用。接下来第32期《活泼的腰部》,第33期《免曲》,第34期《腹部》,分别针对腰部、背部和腹部的特点介绍了可以增进身体健而美的简单易行的日常运动。

这一思想也是邹韬奋特别推崇柔软体操并坚持柔软体操锻炼的主要原因。《生活》周刊第6卷第31期《全身平均发育的操练》、第32期《健身操练的准备》、第33期《关于上肢的运动》、第34期《关于下肢和颈部的运动》、第35期《关于胸背和腰部的运

---

① 顾荫亭:《英国一般工人与学徒之运动生活》,《生活》周刊第2卷第10期。

② 顾荫亭:《英国一般工人与学徒之运动生活》,《生活》周刊第2卷第10期。

③ 范源廉:《美人之注重体育》,《生活》周刊第2卷第10期。

④ 落霞:《德意志举国若狂的运动公园》,《生活》周刊第7卷第31期。

动》介绍了可使全身各部平均发育的切实可行的具体办法，即邹韬奋称之为“人人应该做而又为人人所易于实行的”“健己健国的基本操练”①的柔软体操。

(二) 重视女子体育

邹韬奋接办《生活》周刊之后开辟的体育专栏“健而美的体格”均以妙龄女子“健而美的体格”图片配以适当的文字说明的图配文形式出现。《生活》周刊第3卷第30期及31期先后刊登了慰劳北伐运动会女学组个人锦标50米赛跑第一名崇德女学李遂银女士身着运动服的单人半身照、慰劳北伐运动会民立女中排球队的合影、慰劳北伐运动会女校跳远第一东亚体专孙仿伦女士在运动场上跳远的英姿，以及华北运动会女子部全体合影。关于华北运动会，邹韬奋特别作了“编者志”，强调此照片“为华北初次有女子参加运动会之纪念”。这些专栏、照片和“编者志”反映出邹韬奋对女子体育的重视。

《生活》周刊第3卷第30期头版“小言论”《这是现在的女子啊》可以说集中反映了邹韬奋的女子体育观。女子参加运动大会，女子生得活泼健壮，在邹韬奋看来这是极好的事情，中国女子的审美也应该朝“西洋女子，以体格强健，发育平均，精神活泼，为美观的重要条件”这条路上走。“这件事不但关系女子一生幸福，家庭的美满姻缘，而且关系未来的国民体格。小学校里走出来的许多鹤颈露骨的小孩子，多是那些孱弱鸭步的母亲所生的！”“由体格强健，发育平均，精神活泼出来的美，才是真美。”“希望全国的女同胞，此后对于运动，对于体格的强健，发育的平均，精神的活泼，要十二分的注意”，因为这是关系民族前途的

---

① 落霞：《健身操练的准备》，《生活》周刊第6卷第32期。

事。[①] 可见,邹韬奋对于女子体育的重视并非仅仅因为体育可培育女子"健而美的体格",更是因为女子体育发达与否关系到民族国家的前途和未来。

《生活》周刊第 3 卷第 47 期《最近世界运动会中的女运动家》报道了在荷兰阿姆斯特丹举行的第九届奥运会中的女子参赛的情况并配发了照片[②];第 3 卷第 48 期《人见绢枝娘子》介绍了参加第九届奥运会的日本女运动员的文章,配发了照片,并特别强调"从前所谓运动会,都是男子参加,近来妇女也崭然露头角,大势所趋,男女愈益平等了"[③]。《生活》周刊第 4 卷第 2 期《健康的美》强调"美不是专讲面貌就算数的,全身平均发达,由健康体格发生的美,才是真美,这不但女子如此,就是男子也如此"[④]。这些内容反映出邹韬奋重视女子体育不仅仅局限于体育层面,亦在其所反映出的男女平等的社会观念层面。

(三) 追求"健己健国"的体育目标

无论是提倡运动的生活之强健体格、一雪奇辱的"一举两得",还是重视女子体育之关系"国民体格、民族前途",其根本目的都不约而同地从根本上指向了民族国家的未来,这也正是邹韬奋体育思想的核心,强调体育"健己"是"健国"的基础,追求"健己健国"的体育目标。

《生活》周刊第 2 卷第 7 期刊发《服务之价值》,提出:"须知服务之价值,非尽为生活也,为荣誉也,唯尽我为人之天职而已。服务之真义,唯以尽忠事业,福利人群为鹄的。"[⑤]接下来几期

---

① 韬奋:《这是现在的女子啊》,《生活》周刊第 3 卷第 30 期。
② 孤峰:《最近世界运动会中的女运动家》,《生活》周刊第 3 卷第 47 期。
③ 清风:《人见绢枝娘子》,《生活》周刊第 3 卷第 48 期。
④ 孤峰:《健康的美》,《生活》周刊第 4 卷第 2 期。
⑤ 仰莽:《服务之价值》,《生活》周刊第 2 卷第 7 期。

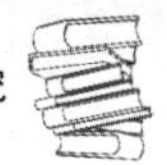

里,《生活》周刊陆续刊发了服务的条件,一才干,二德性,三学问,四识见,五气度,六体魄。体魄篇指出了“健己”与“健国”的关系,“今日服务界之青年,每以体魄不强,不能胜任繁重之精力”,“实为中国民族前途这隐忧”,呼吁青年“宜于平日注意身体之锻炼,与卫生之研究”。①

第 2 卷第 31 期《德国人御侮的准备》,通过报道分析德国提倡“运动会”的意义与价值,再次强调体育“健己”是“健国”的基础,“立国于现在的世界,非有强健奋勇、护国能力的国民,终归淘汰”。②

第 4 卷第 10 期“小言论”《同德国的跷脚老太婆赛走》中借友人之口表达了“在体育方面,相比之下,中国人实在很惭愧,实在有积极提倡增进国民体育之必要”。“就是像走路这一件小事,也大有改良的必要,这不仅有关于一般国民的健康体格,于国民的新精神,以及对外的体面,也都有关系的。”③

第 4 卷第 50 期《健康的美》传达的观点是:“国民体格的强弱果然与国家的盛衰有密切的关系。大凡亡国和弱国的人民,体格不兴的居其多数。”“事业是从人的能力来的,能力又从强健的体格而来。民族所谓青年与衰老,只有体格强弱的分别。青年民族进取有为,富于反抗冒险和奋斗的勇气,遇着压迫,他总不辞千辛万苦地挣扎,将自己解放出来。衰老民族遇了压迫,也想反抗,也想奋斗,但苦于能力不足,虽然有时发愤一回,不久又冷冰冰消沉下去,吞声忍气,当人家的牛马,受人家的宰割。”④文章形象地将民族国家拟人化,指出“健己”与“健国”在本质上

① 仰莽:《体魄——服务之第六条件》,《生活》周刊第 2 卷第 15 期。
② 秋月:《德国人御侮的准备》,《生活》周刊第 3 卷第 31 期。
③ 韬奋:《同德国的跷脚老太婆赛走》,《生活》周刊第 4 卷第 10 期。
④ 孤峰:《健康的美》,《生活》周刊第 4 卷第 50 期。

的一致。

第4卷第52期《工女运动会》通过讲述作者在日本参加工女运动会的感受，明确提出“运动不特有关系于身体的健康，在国际的竞技上，又与国家的荣誉有关”①。

第5卷第20期《全国最注目的两健儿》在报道了“在盛极一时的全国运动大会里面”最引人注目的孙桂云和刘长春两人的小史之后祝他们在即将于东京举行的第九届远东运动会上为国争光。② 第5卷第26期《司徒光之一跳》特别报道了在远东运动会田径赛中为中国争得一分的司徒光。③ 这些反映出体育“健国”在邹韬奋思想中的重要地位。

四、结语

杰出的新闻工作者、社会活动家、编辑出版家邹韬奋不仅在新闻出版界有重大成就和影响，其体育传播也取得了良好的社会效果。邹韬奋在其生活工作中都表现出了对于体育的兴趣和重视，生活中，邹韬奋身体力行，坚持体育健身，即使身陷囹圄也未放弃健身运动；工作中，作为《生活》周刊主编，邹韬奋开辟专栏，撰写编辑相关文章，大力进行体育传播。之所以如此与邹韬奋的体育思想密不可分，他认为，现代体育的重要目的，第一在锻炼身心的健康，第二在训练尊重纪律的习惯，第三在养成公正理解的态度，第四在增加互助的精神。我们提倡运动之能普遍化，无非希望以上目的之能普及于一般国民，因此邹韬奋提倡运动的生活，重视女子体育。无论是提倡运动的生活还是重视女

① 徐玉文:《工女运动会》,《生活》周刊第4卷第52期。

② 编者:《全国最注目的两健儿》,《生活》周刊第5卷第20期。

③ 编者:《司徒光之一跳》,《生活》周刊第5卷第26期。

子体育都不约而同地从根本上指向了民族国家的未来，这也正是邹韬奋体育思想的核心，强调体育“健己”是“健国”的基础，追求“健己健国”的体育目标。结合邹韬奋爱国爱民的一生也就理解了邹韬奋重视体育传播的根本原因。

生活书店:共产党人和红色出版物

黄　勇

(文汇出版社)

共产党人是以怎样方式领导生活书店的?这是令人关注的课题。生活书店不同于商务印书馆、开明书店,有别于亚东图书馆、群益书社,它不是家族企业、股份公司,没有大股东、董事会,而是集体所有的出版机构,它有着一个不同寻常的名称——生活出版合作社。在战火纷飞的抗战岁月,在胡愈之、张仲实、沈志远、柳湜、张友渔、胡绳等共产党人的谋划主持下,出版了一大批以马列主义经典著作为中心的红色出版物,传播了马克思主义和"革命的道理",对推动广大青年走上革命道路,生活书店是起了巨大作用的。

一、生活书店:新型的出版机构

邹韬奋、徐伯昕、胡愈之,他们都是生活书店的创办人,但三人在生活书店创办的作用方面是有差别的:邹韬奋 1932 年创办生活书店;徐伯昕 1932 年和邹韬奋一起创办生活书店;胡愈之 1932 年推动创办生活书店,起草生活书店合作新章程。

胡愈之是如何"推动创办生活书店"的呢?胡愈之晚年在《我的回忆》中说:"经过大家商讨,为不使黄炎培为难,《生活》周刊决定与中华职业教育社割断从属关系,成为一个独立刊物。

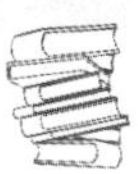

同时我又建议邹韬奋创办生活书店,有了生活书店就可以出版书籍和其他刊物,可以扩大我们的宣传阵地,而且《生活》周刊已引起国民党政府的注意,随时有被封禁的可能。有了书店,刊物即使被封,阵地仍然存在,可以换个名字继续出版刊物。这样我协助韬奋,起草了生活书店的章程,做了许多具体筹划工作,在一九三二年七月,正式办起了生活书店。"[①]这就是说,生活书店源于《生活》周刊,但它又是一个新型的出版机构。

1933年,邹韬奋向胡愈之询问发展之计。胡愈之说:"我向他建议,把《生活》周刊改组为生活书店,除出版刊物外,还可以出书。内部办成生产合作社,即把全部财产作为职工共有,以职工过去所得工资数额多少为比例,作为股份,分给全体职工。以后新进职工,则于一定时间,以月薪十分之一投入书店作为资金,分配股息时,有股份二千元以上者,其超过二千元之数不分股息。这个计划是我起草的,经过全体职工讨论修改通过。"[②]

按原有的构想,生活出版合作社不仅包括生活书店,而且要创办图书馆、学校、印刷厂等一系列实体。1933年7月8日,生活出版合作社举行第一次社员大会,列席者有邹韬奋、胡愈之、徐伯昕、毕云程等33人。本次大会通过由胡愈之起草的经修改的《生活出版合作社章程修正草案(1933年)》,全文共八章四十三条。第一条明确了名称:"本社定名'生活出版合作社',对外简称'生活书店'。"第二条明确了生活出版合作社的宗旨:"以社员共同投资、工作,经营出版事业,促进文化生产为宗旨。"第四条明确生活出版合作社业务范围:"(一)出版图书及定期刊物;(二)贩卖本版及外版图书、定期刊物;(三)其他有利于社会文化

① 胡愈之:《胡愈之文集》(第6卷),生活·读书·新知三联书店1996年版,第341页。
② 胡愈之:《胡愈之文集》(第6卷),第25页。

之事业。”第五条明确生活出版合作社的信条:“(一)服务社会;(二)赢利归全体;(三)以共同努力增进社员福利;(四)社务管理民主集权化。”①

1933 年 8 月,生活书店向国民政府实业部注册,取得设字第 8760 号营业许可证,额定资金国币 5 万元,后增资为 10 万元,徐伯昕为法人代表。生活出版合作社设想创办实体未能实施,与生活书店合二为一。

生活书店的创立表明邹韬奋、徐伯昕、胡愈之作为发起人而非出资人;生活书店区别于 1897 年创立的商务印书馆、1908 年创建的神州国光社、1912 年创办的中华书局,即生活书店不是合伙企业;生活书店虽然用股份公司名义向国民政府实业部营业注册,但有别于 1905 年改为股份公司的商务印书馆、1924 年改为股份公司的大东书局、1928 年改为股份公司的开明书店,即生活书店不是股份公司;生活书店迥异于 1901 年陈子美创办的群益书社、1913 年汪孟邹创办的亚东图书馆,即生活书店不是家族企业。生活书店不是家族企业,不是合伙企业,不是股份公司,那么它是什么性质的书店呢?它采用了当时新书业少有的企业形态——集体所有制性质的企业。这也为今后的转型,即为共产党的领导打下了体制基础。因此,胡愈之直截了当地说:“一九三三年我还协助韬奋进一步把生活书店改组成为出版合作社,规定了经营集体化、管理民主化、赢利归全体的原则,使生活书店的组织形式更适合于革命文化出版事业的需要,它不是私人牟利的企业,而是集体经营的文化阵地。”②

作为新型的出版机构,生活书店在组织结构上有四个会:理

① 俞子林主编:《百年书业》,上海书店出版社 2008 年版,第 173 页。

② 胡愈之:《胡愈之文集》(第 6 卷),第 341 页。

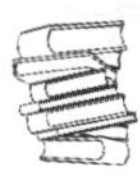

事会、人事委员会、监督委员会、同人自治会，在四个会之上是社员大会。“社员”是生活书店独有的一个名称，章程第七条规定：“合于以下各项资格之一者，为本社社员：(一)除短期或特约雇员外，现在本社之职工任职满六个月者；(二)本社职工任职十年以上，年老而退休者；(三)虽未在社内任职，但对于本社曾有特殊劳绩，并仍经理事会向社员大会提出通过者。”[①]按照《生活出版合作社章程》的规定，生活书店每年都要举行社员大会，改选新的领导机构，并讨论其他重大事务。

1941年1月，邹韬奋在《抗战以来》一书中总结生活书店的发展历程时说：“‘生活’所以能够‘空手起家’，所以能在十二三年里由两个半人的工作者增加到数百人的坚强而勇敢的工作干部，所以能在十二三年中由上海一隅的一家小小店铺增加到有布满全国的五十五个分支店，这不是偶然的，是由于全体同事在这十几年中流血汗、绞脑汁、劳瘁心力、忍饥耐寒，对于国内外读者竭诚服务的一片丹心赤忱，凝结而成的！”邹韬奋认为贯穿生活书店十六年的是一种苦干精神：“生活书店是有着苦干的精神——为文化事业而艰苦奋斗的精神，这种精神是全体三百左右的工作干部所同具的，是十六年来始终一贯的。由这集团的苦干精神和长时期的苦干，才产生了中国文化界一支伟大的生力军。”[②]由苦干而成为“全国文化事业最积极、最努力的一个坚强的堡垒”引起了国民党党部的怀疑。他们说从来没有看见过“区区”两个人可以办起一个书店，这一定是共产党的作风！国民党中央党部及各地党部认为生活书店以那样少的资本而办成这样大规模的事业，肯定受了共产党的津贴，指认生活书店有共

① 俞子林主编：《百年书业》，第174页。
② 韬奋：《经历》，生活·读书·新知三联书店1958年版，第288页。

产党的背景。

邹韬奋在病床上愤然地写下:"我在这里所要特别指出的,就是生活就组织上说,它是四五百工作同志在十六年长时期中血汗乃至血泪的结晶品,一步一步由极小规模而扩充起来,将所有收入尽用于事业的扩充与改进,而不是由任何政党或政团出资创办的;就这一点说,我可以毅然决然地说,生活书店是没有党派关系的民办的文化事业。"①"我和数百工作同志所艰苦支持的这一部分的进步文化事业——中国整个进步文化事业的一部分——虽是与党派没有关系的民办的文化事业,因为他的事业在本质上是进步文化事业,已足招顽固派的嫉视,必欲置之死地而后甘心。"②

遍查《生活书店会议纪录》,未见创办时有外来资金的投入,亦未见快速发展时期有外来资金的注入,从这一点上说生活书店"不是由任何政党或政团出资创办的",它和救国会没有经济关系,和共产党也没有经济关系,而是靠苦干壮大起来的。"不管怎么说,邹韬奋所主编的《生活》周刊及其他报刊、他创办的生活书店都是独立的民营文化事业,并无党派背景,他在国民党一党专政时代独立的言论出版事业的追求有着永恒的意义,'生活'精神也早已成为新闻史上值得珍视的传统。"③那么,生活书店真的是"无党派背景",或者说生活书店和共产党到底是一种什么样的关系呢?

我们可以从中国共产党的决议、当事人或亲历者的回忆录中找到两者之间的脉络:

《中共中央关于三联书店今后工作方针的指示》,1949 年 7

① 韬奋:《患难余生记》,三联书店 1958 年版,第 215—216 页。

② 邹韬奋:《韬奋全集(增补本)》(第 10 卷),上海人民出版社 2015 年版,第 882 页。

③ 傅国涌:《追寻失去的传统》,湖南文艺出版社 2004 年版,第 252 页。

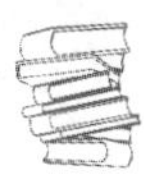

月 18 日:“(一)三联书店(生活、新知、读书出版社),过去在国民党统治区及香港起过巨大的革命出版事业主要负责者的作用,在党的领导之下,该书店向国民党统治区域及香港的读者,宣传了马列主义、毛泽东思想和党在各个时期的主张,这个书店的工作人员,如邹韬奋同志(已故)等,做了很宝贵的工作。”①

《关于确定党的秘密外围组织、进步团体及三联书店成员参加革命工作时间的通知》,1983 年 5 月 26 日:“三、生活书店、读书出版社、新知书店及其联会后的三联书店,在建国前实际上起到了我党在国民党统治区的出版发行机关的作用。其性质与新华书店一样,其工作是在我党领导下进行的,其经营目的是宣传马克思列宁主义和我党的方针政策,在扩大革命影响、唤起广大青年投身革命、冲破国民党反动政府的文化围剿等方面做了大量工作。”②

生活书店总经理毕云程:“韬奋主持的生活书店是革命书店,是许多爱国的革命知识分子和广大人民群众的共同事业,在党的正确领导下,完成了一个时期的历史任务。”③

生活书店创办人、总经理徐伯昕:“生活书店一九三二年七月一日成立后不久就开始接受马列主义思想、接受中国共产党方针政策的领导。”“由于生活书店本身发展的历史,以及所受的政治压迫,并且为了革命事业更为有利,它接受和实行党的领导的方式,是靠书店负责人和党的南方局的领导同志进行个人联系,并通过在书店工作的地下党员在内部发挥作用来实现的。”④

---

① 《生活·读书·新知三联书店文献史料集》(上),生活·读书·新知三联书店 2004 年版,第 41 页。

② 《生活·读书·新知三联书店文献史料集》(上),第 44—45 页。

③ 邹嘉骊编:《忆韬奋》,生活·读书·新知三联书店 2015 年版,第 288 页。

④ 邹嘉骊编:《忆韬奋》,第 550 页。

生活书店创办人、编审委员会主席胡愈之:“生活书店的建立和发展,开始并没有得到党的关怀与支持。”“在一九三一年回国后,我找到党,努力为党工作,终于参加了党的队伍。这一时期,我积极宣传抗日救国,团结了文化界一大批进步人士,把生活书店发展成为革命的文化堡垒,从而为推动抗日救国运动发展尽了一份力量。”①

生活书店总编辑、临时委员会主席张仲实:“他于一九三五年八月底回国后,关于救国的道路问题,便选定了中国共产党。这时他虽然不是共产党员,但这以后他的政治态度跟党的主张从没有分歧,他总是诚恳地听取党的主张,并且努力使党的主张变成自己的实践。”“他创办和主持的生活书店,当然是按照这种精神办事的。它所出版的书籍杂志都是宣传党的主张、宣传抗日救亡、反映广大人民群众的愿望和要求的。因而,它们都受到广大读者的欢迎,风行一时。”②

生活书店作为新型的出版机构是党领导下的进步的文化事业。

二、独特的编审机制

生活书店和共产党人的关系在《中国共产党的七十年》一书中有概述:“‘九一八’事变,邹韬奋受到强烈的刺激。他在共产党胡愈之等人的帮助下,很快走上抗日救亡的道路,靠近了党。《生活》周刊从此办得有声有色,发行量达到10多万份。邹韬奋的言论在青年中产生了巨大影响。1932年7月,他又创办生活

① 胡愈之:《胡愈之文集》(第6卷),第341页、第349—350页。

② 王世襄等:《我与三联》,生活·读书·新知三联书店2008年版,第324页。

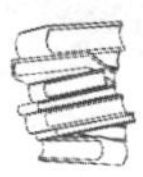

书店,出版大量进步的社会科学和文学艺术书籍,成为国民党统治区内重要的进步文化阵地,许多共产党员为这个书店工作。”①

对“许多共产党员”,已有人进行了专门研究②,我在这里探讨的是许多共产党员“如何”为这个书店工作。“一个书店是否进步,能否为党的主张作宣传,决定于它的出版物。而出版物的内容,除正确的出版方针外,又取决于有什么样的编辑和撰稿人。”③

一个书店出什么样的书、不出什么样的书,取舍权在总编辑,总编辑影响着书店的出版走向和编辑风格。我们先考察生活书店十七年间的历任总编辑。

生活书店成立之初,规模很小,邹韬奋主持编辑工作,唯一的助手是艾寒松。1933 年 7 月,邹韬奋被迫出国考察,行前将《生活》周刊编务、生活书店店务托付给胡愈之、艾寒松、徐伯昕。1933 年 8 月至 1935 年 8 月,胡愈之成为生活书店无名有实的“总编辑”。

胡愈之回忆说:“一九三三年九月,张庆孚同志正式告诉我说:经他介绍,中央组织部已通过吸收我入党。他还告诉我:我属中央特科直接领导,特科是党的秘密机关,你作为特别党员,不参加党的基层组织生活,只与他发生单线联系。他要我公开活动中不要以共产党党员的面目出现,也不要参加群众性革命团体,主要任务还是为党做情报工作。”④在共产党员胡愈之的

---

① 胡绳主编:《中国共产党的七十年》,中共党史出版社 1991 年版,第 118—119 页。

② 梁德学:《邹韬奋与中国共产党人的交往》,《邹韬奋研究》(第 7 辑),上海三联书店 2019 年版,第 169—186 页。

③《生活书店史稿》编辑委员会:《生活书店史稿》,生活书店出版有限公司 2013 年版,第 192 页。

④ 胡愈之:《胡愈之文集》(第 6 卷),第 347 页。

策划统筹下,生活书店开辟两条路径:出刊与出书。出刊方面:相继创办《文学》《世界知识》《太白》《译文》,合称为生活书店的“四大杂志”。一批有名望、有创作力的作家、学者成为杂志的主编、编委、撰稿人。出书方面:以推出丛刊丛书为主,“时事问题丛刊”第一辑 18 种,“创作文库”23 种,“世界文库”12 种,“文学丛书”5 种,众多丛书的陆续快速出版,让生活书店创办初期就有了出版风格和社会影响力。1935 年 8 月,邹韬奋从美国回到上海,审察生活书店的发展状况,大加赞誉:“本店在我出国后,由于诸位同事的努力,在我出国后的第二年间,不但不衰落,而且有着长足的发展。伯昕先生的辛勤支撑,劳怨不辞,诸同事的同心协力,积极工作,愈之先生的热心赞助,策划周详,以及云程仲实诸先生的加入共同努力,为本店发展史上造成最灿烂的一页。”①

“策划周详”的胡愈之把编审权传给张仲实。张仲实 1903 年出生于陕西陇县,1924 年加入青年团,1925 年 1 月转为中共党员;1926 年考入上海大学社会科学系,10 月,受中国共产党派遣去苏联东方劳动者共产主义大学学习;1928 年转入莫斯科中山大学,在张闻天领导的翻译班从事马列主义教材的翻译工作。1930 年 8 月奉命回国,1931 年到上海寻找党组织。翻译《给初学写作者的一封信》发表后,引起胡愈之的注意。“张仲实由苏联回国,我即介绍他到生活书店,由他专门负责编译马克思主义经典著作和其他理论著作,使得《反杜林论》等一大批马列主义著作得以出版。”②

1935 年 11 月,邹韬奋请 32 岁的共产党人张仲实担任生活

① 邹韬奋:《事业管理与职业修养》,学林出版社 2004 年版,第 142 页。
② 胡愈之:《胡愈之文集》(第 6 卷),第 347 页。

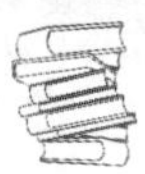

书店总编辑。张仲实担任总编辑后，组织多方力量加快丛书套书的推进，如“青年自学丛书”“救亡丛书”“世界名著译丛”“百科小译丛”，成规模出书，产生巨大影响。曾任生活书店总经理的毕云程回忆说：“仲实到店后，生活书店又添了一支巨大的生力军，联系许多进步人士为生活书店写稿，在生活书店计划出版各种进步书刊上起了很大作用。生活书店有许多宣传马克思列宁主义的新书，大半是在仲实主持之下出版的。”①

1938 年 1 月，生活书店决定加强编辑出版工作，成立 11 人的编审委员会，下设编辑部由张仲实主持。编审委员会成员有邹韬奋、胡愈之(1933 年入党)、钱俊瑞(1935 年入党)、金仲华、范长江(1939 年入党)、柳湜(1928 年入党)、张仲实(1925 年入党)、沈兹九(1939 年入党)、杜重远、钱亦石(1924 年入党)、王纪元(1926 年入团)。1938 年 12 月，胡愈之应邹韬奋之邀到重庆商洽生活书店发展大计，经商定改组和充实新的编审委员会，由生活书店总管理处聘请胡愈之、沈志远(1925 年入党)、金仲华、邹韬奋、柳湜、张仲实、艾寒松(1938 年入党)、史枚(1931 年入团)、刘思慕、沈兹九、戈宝权(1938 年入党)、茅盾(1921 年入党)、戴白桃(入党年月不详)、胡绳(1938 年入党)、曹靖华(1924 年入团)、廖庶谦为编审委员会会员，胡愈之任主席，沈志远、金仲华为副主席。

1939 年 1 月，沈志远接替远赴新疆的张仲实，主持编辑工作。沈志远 1902 年出生于浙江萧山，1925 年加入中国共产党，1926 年 2 月受中共上海组织派遣赴莫斯科中山劳动大学学习，1929 年考取莫斯科中国问题研究所研究生。1931 年 12 月回国，担任社联常委，先后在北平大学等高校任教授，同时从事马

① 邹嘉骊编：《忆韬奋》，第 296 页。

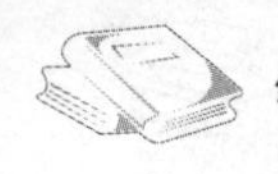

克思主义政治经济学和哲学的著述和翻译。1939 年 1 月确定生活书店当年出版业务方针为“促进大众文化、供应抗战需要”，推动以抗战为主题的图书大量出版。“沈先生虽然在去年一月才参加本店的工作，但早为同人所熟悉和景仰了，因为沈先生的雄厚的译著是大家都读到过的。他抱了牺牲精神，辞掉了月入较丰两倍的大学教授职位来加入我们这一伙，更是值得称崇。沈先生现任编委会副主席，去年一年中创造了光辉的成绩。”①

1940 年 7 月，胡愈之奉命去南洋工作，10 月，沈志远与一些文化界进步人士被疏散到香港，生活书店编审委主席改由柳湜担任，并主持生活书店编辑工作。柳湜 1903 年出生于湖南长沙，1916 年考入长沙县立师范，1921 年在湖南自修大学附设补习学校教书，结识了毛泽东、李维汉等湖南党组织的负责人，思想更加倾向革命，1928 年加入中国共产党，1937 年在汉口创办《全民周刊》并任主编，后《全民周刊》与《抗战》三日刊合并为《全民抗战》，他与邹韬奋同任主编。柳湜 1940 年担任生活书店总编辑时，生活书店已备受摧残，只剩下六个分支店，当年出书量降为前一年的三分之一。“全民抗战编者、编审委员、政论家、通俗文家……柳先生的文章是大家所爱读，大家所推崇的。并且他对本社事业极抱热望，虽然编辑一份周刊是一件极苦的工作，但是他却乐此不倦。”②

1940 年冬，柳湜奉命从重庆去延安。柳湜任职时间极短，接替他的是年轻的共产党人胡绳。生活书店只剩一家分店即重庆生活书店，坚持开门营业，用生活书店名义出版的是重版书，并积极组织新稿件。

---

① 北京印刷学院、韬奋纪念馆：《〈店务通讯〉排印本》(下)，学林出版社 2007 年版，第 1136 页。

② 北京印刷学院、韬奋纪念馆：《〈店务通讯〉排印本》(下)，第 1138 页。

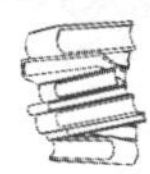

1943年,45岁的张友渔担任生活书店总编辑。张友渔1898年出生于山西灵石,1918年考入山西省立第一师范学校,1923年考入北京法政大学,1927年加入中国共产党。受学派遣,1930、1932、1934年三次东渡日本求学和从事革命活动。1939年春到重庆,1943年任中共南方局文委秘书长、《新华日报》代总编辑、生活书店总编辑。1943—1945年,张友渔任生活书店总编辑期间,重庆生活书店的编辑出版出现了新面貌。“两年内,共出版了60多种新书,特别是出了这么多针对国民党时弊而写的时事政策读物,仅就数量而言,在当时重庆新出版业中也是居于首位的。”①

1945年10月,生活书店在上海、香港恢复出版业务。1946年至1948年胡绳担任上海、香港生活书店总编辑,“抗战胜利后又是胡绳”。胡绳1918年出生于江苏苏州,1934年入北京大学哲学系学习,1938年加入中国共产党,1941年在香港任《大众生活》编辑,1946年任中共上海市工委委员、香港生活书店总编辑。出版方面有新编的“青年自学丛书”,有以翻译马克思主义为主的“汉译世界名著”,适合于青年自修的“生活丛书”“百科小丛书”等。

胡愈之、张仲实、沈志远、柳湜、张友渔、胡绳,他们都是共产党员,是生活书店的“总编辑”,他们一脉相承地把握住生活书店的出版方针和编审权。他们在掌管编辑出版工作的同时,还对生活书店党组织进行管理,张友渔在《革命文化运动的堡垒》中自述:“我担任生活书店总编辑这个职务,直到抗战胜利,我公开了党员身份,参加中共代表团的工作为止。在书店时,我还代表南方局文委,直接领导书店党组织的工作。当时书店党组织的

① 《生活书店史稿》编辑委员会:《生活书店史稿》,第238页。

负责人是方学武,我通过方学武进行领导工作,不直接参加书店内部组织生活。”[①]这种状况也为生活书店总经理徐伯昕所证实,他说:“胡绳、张友渔与党的领导机构关系密切,他们无异于党派在书店的代表,除了编审工作,还过问书店的人事以及干部教育等方面的问题,这就使得党对书店的领导加强了。”

生活书店外的进步人士和共产党人不断进入生活书店,成为生活书店的骨干力量。“以《世界知识》和《文学》两个大型期刊为中心的一批编委和特约撰稿人中,中共党员和进步的文人学者成为生活书店在编辑出版方面的有力支柱。”“一些党的领导骨干和进步文化人进入书店工作。钱亦石、张仲实、金仲华、钱俊瑞、柳湜、艾寒松等党与非党在文化工作方面的领导骨干力量,先后担任生活书店编辑部和期刊编辑的主要负责人。他们在工作中有意识地宣传马列主义,体现和贯彻党的方针政策,使生活书店成为三十年代国统区文化战线上反文化‘围剿’的重要阵地。”[②]

徐伯昕晚年撰写《生活书店是怎样接受党的南方局领导的》一文,他从另一个层面讲述生活书店和共产党人的关系,这就是向生活书店提供已出版的样书和稿件。“从汉口到重庆,中央办事处对书店的编辑出版工作是大力支持的。支持的办法:一是向书店提供延安出版的中国出版社和解放社的样书,由书店发往上海(已沦陷)重版,运到新加坡等地销售;二是向书店提供推荐稿件,提供推荐的稿件,由书店编辑工作的主持人秘密经手,难有一个确切的统计或书目。”[③]

① 生活·读书·新知三联书店:《生活·读书·新知三联书店成立三十周年纪念集》,生活·读书·新知三联书店香港分店1978年版,第99—100页。

② 邹嘉骊编:《忆韬奋》,第551页。

③ 邹嘉骊编:《忆韬奋》,第555页。

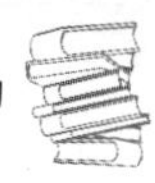

共产党人就这样从多层面牢牢地把握住生活书店的出版方针和编审权。

三、众多的红色出版物

生活书店十七年到底出了多少种图书？大致有三种说法：一千多种、一千二百多种、一千三百多种。我依据《韬奋与出版》一书所附的"生活书店出版的图书目录"、《生活书店史稿》一书所附的"生活书店图书目录"、《生活读书新知三联书店图书总目(1932—1994)》和《〈店务通讯〉排印本》(上中下),不计换了书名重出的书,不计没有批号的宣传手册,不计二、三线出版机构出版的图书,列出每年出版书目和数量,可以确定:1932—1948年,生活书店出版的正规图书为1000余种。[①] 这里要探讨的问题一是一千余种图书中红色出版物占有多大分量？这些红色出版物的作者是哪些人？

我们可以将这一千多种图书分为三个类别：

第一类是进步的文艺读物。生活书店直接进入文艺领域,以《文学》《太白》《译文》《光明》所团结和联系的作家为队伍,这一支长长的队伍自1933年起带给生活书店的是源源不断的文学作品:知名的丛书主要有"创作文库""文学丛书""文学新丛书""工作与学习丛刊""世界文库";一大批有影响力的文学艺术作品,如茅盾的《泡沫》、巴金的《沉默》、臧克家的《罪恶的黑手》、张天翼的《反攻》、老舍的《牺牲》、王统照的《青纱帐》、夏衍的《自由魂》、叶圣陶等的《三种船》、夏丏尊等的《幽默的叫卖声》、丁玲的《一颗未出镗的枪弹》、陈白尘的《魔窟》、萧红的《生死场》、端

① 黄勇:《生活书店:台柱子和畅销书》,《中国出版史研究》2021年第4期。

木蕻良的《大地的海》、杨朔的《帕米尔高原的流脉》等。在抗日救亡的浪潮中,生活书店在抗战的头三年,出版了一批优秀的报告文学、诗歌、剧本、小说和大量通俗的文艺读物,其出版量占生活书店三年多总出版量的40%,约200余种。在整个出版界名列首位。

第二类是激昂的抗战读物。生活书店的出版物和当时的国内外形势分不开的,1937、1938、1939年,这三年是生活书店出书最多的年份,在近600种出版物中,抗战成为主旋律:丛书主要有"救亡文丛"(14种)、"黑白丛书战时特刊"(21种)、"战时大众知识丛书"(40余种)、"战时读本初级""战时读本高级"(1—4册)、"抗战中的中国丛刊"(8种)等。一大批有感染力的抗战读本,如《中国不亡论》《全面抗战论》《怎样清除汉奸》《怎样争取最后的胜利》《大众防毒知识》《大众兵器知识》《村庄连环堡垒自卫战》《淞沪火线上》《抗战中的西北》等。大量出版通俗文艺作品,是生活书店在抗战后三年中出版文艺作品的一大特色。这是一种图文并茂的32开本连环画,红色封面上的大幅插图,记述的都是前线后方军民英勇抗战的小故事。《大战东林寺》《小白龙大战台儿庄》《十三条好汉》《赵母买枪打游击》等,这些书名读起来就让人痛快淋漓。不论前线或后方的人,只要稍识文字,即可读懂,还可口口相传。由于发行面广,每种初版量都在万册以上,且不断再版。

第三类是红色的社科读物。生活书店从1937年开始从三个层面加大加快出版进度和规模,第一个层面是马列主义经典著作中译本,第二个层面是结合中国国情的理论读物,第三个层面是马克思主义中国化的启蒙读物。有影响力的丛书有"世界名著译丛""中国文化丛书""新中国学术丛书""百科小译丛""青年自学丛书"等;广受欢迎的著作有恩格斯的《反杜林论》,马克

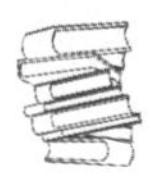

思、恩格斯的《共产党宣言》,何干之《中国社会史问题论战》,沈志远的《新经济学大纲》,邓初民的《新政治学大纲》,王右铭的《大众资本论》,胡绳的《新哲学人生观》,思慕的《中国边疆问题讲话》,艾思奇《思想方法论》等。很多青年从中了解中国社会和中国发展趋势,从而走上革命道路。很多书一版再版,发行了100多万册,这在当时识字率只有30%的民国时期是很少见的。①

三个类别的划分为我们界定进步书刊、禁书、红色出版物提供的可参考的标尺。

“当时‘生活’这两个字和‘进步’两个字有着同等的意义。它发行的报刊,连偏僻的小城镇也可以读到。”②可以说生活书店出版的一千多种图书和数十种期刊具有先进性,属于进步文化、进步书刊。

生活书店最早的禁书是1933年12月萧参(即瞿秋白)译《高尔基代表作》和邹韬奋《韬奋漫笔》,1934年生活书店的禁书有4种,全部为文学作品:茅盾《残冬》、丰子恺等《劳者自歌》、郁达夫等《迟暮》、萧参译《高尔基创作选集》。“1937—1940年生活书店出版的书籍,被国民党中央或地方的图书杂志审查委员会明查暗禁的书籍,有目录可稽的达203种(未入目的,无法统计),占这个时期生活书店出版物总数的40%。”生活书店的热销书被列入禁封之列的有:《战时读本》《国际现势读本》《中国不亡论》《新政治学大纲》《青年应当怎样修养》《社会主义讲话》《新哲学的人生观》《思想方法论》《萍踪忆语》等。“在203种禁书中,马列主义著作13种,哲学社会科学类著作53种,抗战救亡

① 黄勇:《韬奋出版思想研究》,文汇出版社2019年版,第173—197页。

② 王世襄等:《我与三联》,第378页。

读物55种,国际问题20种,文艺作品31种,通俗文艺读物13种,韬奋著作12种。"[①]国民党党部查禁的图书包括红色出版物但不是全部,有关生活书店的禁书这里不作深入讨论。禁书的品种数量多,也从一个侧面表明生活书店的红色出版物之多,那么,生活书店究竟有多少红色出版物?

我们先需要对红色出版物进行界定。根据生活书店出书类别,结合生活书店被查禁书目,我们认为生活书店红色出版物大致有以下五个层面:

第一层面是马列主义经典著作的中译本。生活书店一开始以"世界名著译丛"系列丛书形式推出8种(1937—1940),后又以"世界学术名著译丛"系列丛书形式推出14种(1939—1949),排除两套丛书重合著作、1940年后出版的著作,以及以读书生活出版社之名出版的2种,生活书店出版的马克思主义经典著作中译本有22种:

马克思的著作有《雇佣劳动与资本》《政治经济学论丛》《拿破仑第三政变记》;恩格斯的著作有《费尔巴哈论》《反杜林论》《德国农民战争》《家族私有财产及国家之起源》《德国革命与反革命》《社会主义从空想到科学的发展》;马恩合著的有《马恩论中国》《共产党宣言》。列宁的著作有《列宁家书集》《国家与革命》《左派幼稚病》《二月革命到十月革命》《帝国主义——资本主义的最高阶段》《列宁选集》《战争论笔记》《列宁读战争论的笔记》。斯大林的著作有《列宁主义问题(上下卷)》《辩证唯物论与历史唯物论》《论民族问题》。

第二层面是苏联马克思主义者的著作和作品。马克思主义和社会主义在俄国的胜利,极大地激励了中国当时的一大批知

---

① 《生活书店史稿》编辑委员会:《生活书店史稿》,第167页。

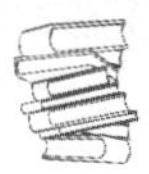

识分子，他们将目光锁定苏联，引进翻译了众多有关苏联的政治经济文化思想的作品。生活书店出版苏联相关题材的作品主要有：《社会科学的基本问题》《艺术与社会生活》（普列汉诺夫著）、《苏联妇女的地位》（谢烈布林尼柯夫著）、《给青年作家》《和列宁相处的日子》（高尔基著）、《唯物恋爱观》（伏尔佛逊著）、《苏联青年生活的斗争》（科萨列夫著）、《新哲学概论》（阿多拉茨基著）、《辩证法唯物论》（朱丁著）、《联共（布）党史教程》[联共（布）中共党史委员会编]。

第三层面是中国马列主义学者和理论家的著作。中国马列主义学者和理论家结合国情，对马克思主义进行深入研究，撰写出一批有水平、有深度、有现实指导意义的著作。这些著作一部分属于“中国文化丛书”系列，一部分是以“新中国学术丛书”出版的，还有一部分是以单本著作出版的，撰写者多为从苏联留学归来的大学教授或有成就的学者，其中有影响的著作有：沈志远的《近代经济学说史纲》、邓初民的《新政治学大纲》、向林冰的《中国哲学史纲要》、葛名中的《科学的哲学》、王右铭的《大众资本论》、胡绳的《帝国主义与中国政治》等。

第四层面是中国共产党领导人和高级干部的著作。从1937年开始，中共领导人和高级干部的名字和著作陆续在生活书店书单上出现：毛泽东的《论持久战》《论新阶》《抗日游击战争的一般问题》、朱德的《抗日游击战争》、王明的《新中国论》《论反帝统一战线》、洛甫（张闻天）的《中国革命史》、廉臣（陈云）的《随军西征记》、叶剑英的《武汉广州沦陷后的抗战》、李富春的《抗战与军队政治工作》、罗瑞卿的《抗日军队中的政治工作》、艾思奇的《民主主义与法西斯主义》《思想方法论》《中国化的辩证法》、陈伯达的《三民主义概论》、何干之的《中国的社会经济结构》、陈昌浩的《近代世界革命史》（第1—2卷）。

第五层面是马克思主义的启蒙读物。为了帮助读者学习马列主义原理,生活书店从苏联大百科全书选译出版了一套“百科小译丛”,1937 年 12 月至 1940 年 10 月出版,每种数万字介绍一个专题,出版了 13 种:《哲学》《小说》《社会经济形态》《形式逻辑》《封建主义》《辩证认识论》《资本主义》《货币》《军队》《农业》《国家信贷》《文学》。最有影响力的具有启蒙性质的丛书是张仲实主编的“青年自学丛书”。1936 年 5 月陆续出版第一、二、三集,主要作品有《社会科学研究法》《现代哲学的基本问题》《民族问题讲话》《政治常识讲话》《世界经济地理讲话》《现代外交的基本知识》《怎样研究中国经济》《思想方法论》《中国怎样降到半殖民地》《中国社会性质问题论战》《新哲学人生观》《怎样研究政治经济学》《资本主义发展的不平衡律》《研习资本论入门》。

这些具有先进性和革命性的红色出版物难以精确统计,在一千多种图书中大致占到三分之一。接下来的问题是这些红色出版物是由哪些人撰写和翻译的?

生活书店的作者很多,有一长串名单,17 年间有 500 多人在生活书店出书。细细分析分解生活书店 1932—1948 年的图书书目,就能从中找出出版线路和作者脉络,可以将 500 多位作者依来源大致划分为若干个作者群。

第一个作者群:邹韬奋的朋友们。生活书店成立后,他邀约中华职教社的元老黄炎培、江恒源到生活书店出书。1932 年邹韬奋参加“中国民权保障同盟”,宋庆龄、鲁迅、胡愈之、林语堂成为生活书店的作者。1937 年邹韬奋等七人出狱后,李公朴、章乃器、沙千里、沈钧儒在生活书店相继出书。邹韬奋鼓励身边的人如毕云程、艾寒松、杜重远写文章、写书。杜重远、冯玉祥也是受邹韬奋的鼓励、催促、指导走上写作出书之路的。杜重远 1936 年出版《狱中杂感》,1938 年出版《盛世才与新新疆》和《沦

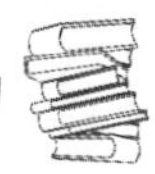

陷七周年的东北》(和胡愈之合著)。

第二个作者群:《文学》《太白》《译文》《光明》《文艺阵地》所团结和联系的作家。他们在生活书店出书的有:郑振铎、茅盾、鲁迅、朱自清、黎烈文、洪深、沈起予、郁达夫、徐调孚、徐懋庸、叶圣陶、巴金、老舍、沈从文、张天翼、吴祖缃、靳以、王统照、丰子恺、夏征农、夏丏尊、艾芜、田汉、王任叔、欧阳山、关露、夏衍、陈白尘、郭沫若、冯雪峰、曹靖华、胡兰畦、冼星海、吴祖光、楼适夷、艾青……他们大多是"左联""剧联""美联""影联""音联"的作家、评论家、翻译家、剧作家、音乐家;他们既是刊物的主编、撰稿人,也是生活书店丛书的主编、作者。他们有的在生活书店出版多部作品,也有的在生活书店仅出单部作品。

第三个作者群:《世界知识》《中华公论》《读书与出版》所团结和联系的专家学者社。"苏联之友"社的胡愈之、金仲华、钱亦石、钱俊瑞、张仲实、沈志远、毕云程、张明养、王纪元、章乃器,"社联"的朱镜我、柯柏年、王学文、许涤新、吴亮平、杨贤江、李一氓、艾思奇、邓初民、杜国庠、邓拓、何干之、彭康、张定夫、熊得山、钱铣如、胡乔木、刘苏华,汇集于生活书店,出版了一大批社会科学理论书籍,尤其是有关马克思主义的理论书籍,这也是生活书店明显区别于其他书店的特征。

第四个作者群:中共领导人和学者。从1938年开始,中共领导人和高级干部的名字相继在生活书店书单上出现:毛泽东、朱德、王明、洛甫(张闻天)、叶剑英、李富春、罗瑞卿、廉臣(陈云)、郭沫若、艾思奇、陈伯达、何干之、陈昌浩、凯丰等。

我们将生活书店的红色出版物和生活书店的作者群进行比对,可以发现在这个人数众多的作者群中,胡愈之是一个特殊的人物。胡愈之不仅自己在生活书店出书,而且为生活书店引进一大批有名望的、有影响力的进步作者:他们是生活书店的撰稿人、作者、主编、总编辑。陈原说:"'胡愈之'可能是一个真实的,也可能意味着一群,这一群人是先进的思想者。"①

我们可以感知作为共产党人的总编辑和作为共产党人的撰稿人紧密携手、同心协力,推出众多有影响力的红色出版物;作为共产党人的生活书店"干部"深入战区及游击区为读者送上精神食粮,催发人们保家卫国、奋起杀敌的激情和勇气。在烽火连天的抗战中,生活书店传播了马克思主义、"革命的道理"和中国共产党的抗战主张,从而成为坚强的文化堡垒和革命堡垒。

① 陈原:《总编辑断想》,辽宁教育出版社 2001 年版,第 24 页。

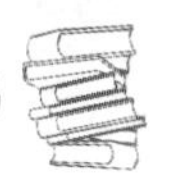

邹韬奋与潘序伦的思想共鸣
——以《生活》周刊中三篇文献为视角

彭秋龙
(立信会计出版社有限公司)

一、引言

许嘉璐认为,19 世纪末 20 世纪初,我国各个学术领域涌现了许多大师级人物。那些在中国学术史上闪耀着光辉的大师们的作品和自述,让我们得以复原他们所处环境和那种环境下的心理路径。如今虽然这些大师都已离世,但其独立思考的品性、求知的真诚、困厄穷愁中对节操的坚守,一直影响到现在,并将永远保存下去。[①]

潘序伦是我国杰出的会计学家和教育家。他学贯中西,对中国传统文化和西方会计都有深入的研究。潘序伦的作品蕴含了较高的史料价值、学术价值和社会价值。研究发现,邹韬奋与潘序伦肝胆相照,有着深厚的友谊,从《生活日报股份两合公司章程》的拟订到共同致力于支持抗日事业,再到 1941 年潘序伦与邹韬奋主持的生活书店集资创办了立信会计图书用品社,潘序伦与邹韬奋在探索中不断前行。邹韬奋与潘序伦的思想共鸣

① 许嘉璐:《披沙沥金:以为镜鉴》,萧乾:《书评研究》,山西人民出版社 2014 年版,第 1—4 页。

同样见诸《生活》周刊刊发的诸多文献。这些文献既是两位大师人格魅力的生动体现,也勾勒了其思想发展的轮廓。

二、潘序伦与《生活》周刊

(一)《生活》周刊简介

《生活》周刊创刊于1925年,原为黄炎培创办的中华职业教育社社刊。自1926年10月起,由邹韬奋任主编。1929年生活周刊社改由邹韬奋独立经营。抱一在该刊创刊词中提出,世界一切问题的中心,是人类;人类一切问题的中心,是生活。[①] 该刊力图通过揭示当时社会的生活实际状况,加以批评和建议,并帮助读者了解各种职业的性质及解决学习和生活中遇到的难题,从而达到帮助读者更好地生活的目的。该刊设有"论坛""社会写真""职业界名人箴言""成功人传记""服务与修养"等栏目。

(二)《生活》周刊中涉及潘序伦的三篇文献

作为学成归国的青年教授,同时也是邹韬奋的同窗(邹韬奋与潘序伦于1921年从圣约翰大学毕业),潘序伦在《生活》周刊上发表了数篇作品。尽管潘序伦早年的思想具有一定的局限性,但是正如费孝通所言,"现在把它作为一件反映解放前夕一些年轻人在知识领域里猛闯猛攻的标本,拿出来再看看,倒另有一番新的意义"。[②] 潘序伦在《生活》周刊上发表的作品包括《会计师秘诀》《求学与任职合而为一》等。邹韬奋在《生活》周刊上发表的关于潘序伦及立信会计事业的作品包括《一个可靠的会计函授学校》等。本文从《会计师秘诀》《求学与任职合而为一》

---

① 抱一:《创刊词》,《生活》1925年第1卷第1期。

② 费孝通:《重刊序言》,《乡土中国》,北京大学出版社2012年版,第1—6页。

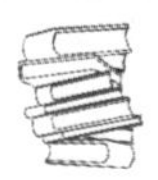

《一个可靠的会计函授学校》三篇文献出发，在探寻两位名家的“历史足迹”的同时，为当代学人深入研究两位名家提供史料参考，为当代青年弘扬韬奋精神和“立信”精神提供重要指引。

三、刊文主要内容及思想

（一）刊文内容概述

从《生活》周刊的办刊宗旨可以看出，《生活》周刊关心的是与民众生活息息相关的现实问题，目的是让读者更好地生活。《生活》周刊刊发的涉及潘序伦的文章鲜明地反映了邹韬奋的办刊宗旨，是邹韬奋办刊思想的生动体现。这些文章不仅勾勒出了近代中国社会变迁的轨迹，而且为洞悉近代知识分子在历史中的角色和作用提供了路径。其内容概要如下。

《会计师秘诀》一文首先分析了会计师职业的发展现状，提出了“会计师成功秘诀，应反求诸已，无待求诸人也”，其次从学识、经验、才能和道德四方面阐述“求己之道”。在学识方面，由于会计师执业范围宽广，因此会计师不仅需要具备良好的会计簿记知识和各种商业常识，而且需要熟悉本国的各项实业法令。潘序伦认为，当时的《会计师暂行章程》对于“在国内外大学或专门学校之商科或经济科肄业三年得有卒业文凭者”的资格限制过于宽松，会导致根本不具备簿记会计知识的人也能成为会计师。在经验方面，潘序伦分享了入行之初因缺乏经验而数次出错的经历，建议有志于该行业者宜在著名的会计师事务所中实习两三年，这有助于积累各种经验。在才能方面，会计师应具备敏锐迅速的观察能力和公平公正的判断能力，同时要养成机警、温和、忠勇、诚实的性格及勤奋、缜密而有规则的习惯。在道德方面，潘序伦认为，外部环境千变万化，会计师如果没有强固的

道德观念,则容易产生代人舞弊和为己舞弊的现象。潘序伦进一步指出,会计师一是要有不受威逼利诱的勇气与信念,根据自身学识、经验和才能加以深入分析,坚持实事求是,毫不隐瞒;二是除了对检查结果非常有把握,否则决不为人出具证明书或鉴定书;三是保持超然独立的地位,不握政权,不营商业,不在与己身有利害关系之事上行使其职业上应有之职权;四是绝不泄露职务上所得悉的他人商业上的秘密。在道德方面尤其应该重视诚信,因为诚信是会计师成功秘诀的最关键要素。潘序伦认为自己能以此项职业自立,"实赖始终抱持诚信之旨,不肯苟且耳"。①

《求学与任职合而为一》一文的第一部分是转引潘序伦写给邹韬奋的信。信中提到,立信会计夜校受到邹韬奋的热忱赞助,所设会计函授学校更是在邹韬奋的建议、督促和提倡下产生的,因此潘序伦介绍了立信会计的办学状况,并提出了通过考勤、习题和考试来锻炼学生的实际业务能力。潘序伦认为,只有实现"求学与任职合而为一",学生的训练和经验才能切合实用。该文的第二部分是邹韬奋撰写的编者按。首先,邹韬奋对于潘序伦利用从业经验培养进修人才表示敬佩,并说明这与邹韬奋所主张的"服务与进修应兼程并进"的理念一致。其次,邹韬奋提出了两个观点:一是他无意劝人都进这所学校,但有志于此学的人可以将其视作一个有益的参考。二是夜校和函授学校应尽量减轻进修者经济上的负担。②

《一个可靠的会计函授学校》是邹韬奋撰写的关于倡导建立会计函授学校的文章。首先,该文介绍了事件缘由——《生活》

① 潘序伦:《会计师秘诀》,《生活》1928 年第 3 卷第 21 期。

② 潘序伦:《求学与任职合而为一》,《生活》1931 年第 6 卷第 8 期。

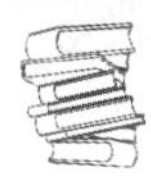

周刊经常接到读者来信询问上海有无可靠的会计函授学校，邹韬奋苦无良校可以介绍，因而倡议潘序伦在立信会计夜校中添设函授部，为有志此学的人提供就学机会。潘序伦在复信中表示自己也有创办会计函授学校的想法，近期他编纂的《商业簿记》一书也适合于函授教学。其次，邹韬奋极力主张服务与修学须兼程并进，并认为基础薄弱者除了自修，还应该有可靠的夜校或可靠的函授学校提供指导。邹韬奋指出，"可靠的"有两层意思：一是指正规的学校，不以骗钱为宗旨，二是主持者应是该学术领域内的专家，有丰富的学识和经验。邹韬奋倡议潘序伦创办会计函授学校就是认为其是"可靠的"。该文的动机虽然是介绍这个"可靠的"会计函授学校，但邹韬奋更想到要"提倡像夜校和函授学校一类的辅助有志研究各门知识学问的机关"，为有志求学者提供深造的机会。①

（二）刊文思想及价值

第一，不负时代重托，解决现实问题。《会计师秘诀》探讨的是会计师的职业素养问题；《求学与任职合而为一》的主题是交流办学经验，帮助有志青年解决进修问题；《一个可靠的会计函授学校》是从解决会计进修问题进而联想到为各个领域的有志求学者提供自我提升的路径。"文章合为时而著"由唐代诗人白居易提出，是历代知识分子历史责任感的集中概括。《生活》周刊刊发的这些文章具有很强的现实指导意义，促进了教育的发展和社会的进步，同时也反映了邹韬奋与潘序伦具有高度的历史使命感和社会责任感。

第二，关心民众利益，关注国计民生。中国近代知识分子以其独特的学识、视野和品格，主动承担了时代赋予的重任。他们

① 韬奋：《一个可靠的会计函授学校》，《生活》1930 年第 5 卷第 36 期。

或潜心钻研学问,或实业兴国,或教育救国……凡此种种,都是其爱国的具体表现。邹韬奋与潘序伦作为近代知识分子,有着诸多共同点,而关注民众的切身利益是其中重要的一项。《生活》周刊刊发的涉及潘序伦的文章中,大部分也是聚焦这一主题。在当时的社会背景下,潘序伦主张通过发展职业教育来提升个人技能和能力。潘序伦将这些稿件投至《生活》周刊,是因为黄炎培和邹韬奋都重视职业教育,关注国计民生。邹韬奋向来主张刊物要永远立于大众立场,为大众服务,这也是其办刊的核心理念之一。《读者信箱》栏目是邹韬奋为了给读者答疑解惑而专门设立的;《小言论》栏目是邹韬奋用通俗易懂的语言和短小精悍的篇幅,对与民众生活密切相关的事件进行评论。这两个栏目是邹韬奋心系民众的生动见证。

第三,重视职业教育,培养应用人才。职业教育的目的是让受教育者获得从业所需的知识、技能和职业道德。首先,无论是潘序伦提出的"求学与任职合而为一",还是邹韬奋主张的"服务与进修应兼程并进",都体现了他们重视职业教育的态度,并且认识到职业教育的重大社会价值。其次,他们都认识到职业教育的应用性和实践性,即所学要切合实用,要从自身实际出发。再次,他们都认为要尽量减轻学生负担。该观点由邹韬奋在信中提出,而潘序伦深以为然,这在潘序伦日后的办学实践中可以得到验证,如潘序伦在学校设立奖学金、减免贫困生学费等。最后,他们意识到职业教育的主持者应该是该学术领域内的专家,具有丰富的学识和经验。潘序伦一直致力于会计学术研究,并于 1934 年参与发起成立了中国会计学社。为了沟通会计学术,潘序伦组织创办了《立信会计季刊》等多种刊物,还组织编写了"立信会计丛书""立信会计译丛"等多种书籍。可以说,邹韬奋在《生活》周刊上提出的关于职业教育的观点或思想,也恰好是

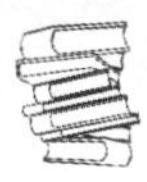

潘序伦为之不懈努力的方向。

第四，倡导诚信理念，助推社会发展。潘序伦在《会计师秘诀》一文中将诚信视为会计师成功秘诀的最大要素。诚信也是潘序伦创办的“三位一体”立信会计事业的核心准则。1928 年，潘序伦取“民无信不立”之意，将事务所更名为立信会计师事务所。此后，潘序伦又提出“信以立志，信以守身，信以处世，信以待人，毋忘立信，当必有成”的训言。1941 年潘序伦与邹韬奋主持的生活书店集资创办了立信会计图书用品社。潘序伦的诚信思想也得到了社会的广泛认同。潘序伦逐步在社会上树立起诚信的口碑，并在一场风波中帮助《生活》周刊澄清了相关事实。邹韬奋在《社会的信用》《少不了的会计师》《旧事重提》《〈萍踪寄语〉附言》等文章中多次提及此事。事情经过大致如下：“九一八”事变后，有感于东北义勇军奋力抗战，经朱子桥、汪慕慈等人的倡议，《生活》周刊发起募捐。而后有谣言说邹韬奋侵吞捐款，潘序伦查账后，在报上公布了查账过程及结果，邹韬奋的清白得以证实。邹韬奋也因此认识到会计师的重要，后来建立了“关于经济往来的事情都必须请会计师查账，出证明书”的流程。同时，邹韬奋也非常认同诚信文化，他在《社会的信用》一文中提出，“我们只要自己脚跟立得稳，毁谤污蔑，是不足畏的”。当人们坚持诚信做人做事时，所有的谣言最终都会不攻自破。

第五，传承韬奋精神，培育时代新人。邹韬奋和潘序伦具有高度的社会责任感和使命感，他们在各自领域内深耕细作，偶然的交集促使其碰撞出思想的火花。潘序伦提出的机警、温和、忠勇、诚实、勤奋、缜密等品格，在本质上与韬奋精神是一致的。每一代人都有其独特的历史使命。为了完成时代赋予的使命，“求己之道”不可或缺。对于新闻出版人而言，传承韬奋精神应做好

以下方面:一是要有爱国精神,二是要坚持服务大众,三是坚持正确的出版导向,树立精品意识,四是践行社会主义核心价值观,五是坚持独立客观思考。尽管各个行业对从业人员的素质要求不尽相同,但通过研究这些文章可以发现邹韬奋与潘序伦的心理路径,他们具有很多相似的品格和观点。这也是近代知识分子相互支持,一路披荆斩棘,铺就无数小路供人们行走的动力源泉。他们的历史应该被铭记,他们的精神应该永远传承下去。对于中国近现代史的发掘,永远没有终点,只有新的起点。

第六,积淀文化底蕴,丰富史学研究。文中涉及的邹韬奋与潘序伦往来的书信较多,为从不同领域和视角研究近代名人提供了珍贵素材,其中包括近代会计教育史、会计思想史和编辑出版史研究。从近代会计教育史角度而言,文中既包含会计师从业经验的分享,又有会计教学方式方法的探讨,同时还从教学质量控制、减轻学生负担等方面提出了科学建议。从会计思想史角度而言,潘序伦结合自身从业经验,提出了遵守会计职业道德、保持会计师的超然独立、坚持实事求是的思想,这对于研究近代会计思想史、促进会计学科的发展具有重大意义。从编辑出版史角度来看,首先,这些文章具有较高的文献价值,对于研究近代编辑出版史是一个补充;其次,邹韬奋和潘序伦都是近代著名的出版人物,他们集编辑、作者和出版人多重身份于一身,对近代编辑出版事业有重大贡献。这些文章既是两位大师思想共鸣的见证,也是编辑出版史的瑰宝。

四、结语

“云山苍苍,江水泱泱,先生之风,山高水长!”在中国近代出版史的长河中,上海作为中国近现代新闻和出版业的重镇,涌现

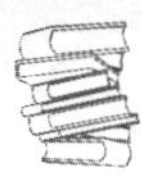

了众多的名家,积累了大量富有价值的史料。保护和传承历史文化是提升城市内涵的需要,是满足人民群众文化需求的重要手段,也是中国文化自信的根基所在。本文仅梳理了潘序伦与《生活》周刊的相关文献,进一步的挖掘和整理工作亟待开展,也希望社会各界人士能够参与其中。笔者不揣冒昧,试作初探,以求抛砖引玉。

患难之交
——邹韬奋笔谈与章乃器之间的交往

孙红华　赵君皓
(青田县章乃器研究会)

章乃器与邹韬奋同为救国会"七君子"成员,两人为抗日救亡共同努力,又一起被捕,同受牢狱之灾,且同住一间牢房,可谓是难兄难弟。邹韬奋在《经历》一书中有一篇文章专门是写章乃器的,题目就是《"难兄难弟"的一个》[①]。邹韬奋在《经历》中还写到了与章乃器认识交往的过程及对章乃器的评价,是我们了解邹韬奋与章乃器之间关系的珍贵资料。

一、同城打拼

邹韬奋原名恩润,祖籍江西省余江县,清光绪二十一年(1895年)出生于福建永安。宣统元年(1909年)春,考取了福州工业学校,开始接受新式教育。1912年,又遵父命考入上海南洋公学外院(附属小学堂),学习一年升入中院(中学堂),中院四年毕业后,1917年升入上院(大学堂)。1919年9月,破格考入上海圣约翰大学文科三年级学习,1921年7月毕业,获得文学学士学位。邹韬奋的第一份工作是在上海厚生纱布交易所担任英文秘书,同时又在上海职业教育机关兼职,做些写作、翻译之

① 邹韬奋:《经历》,中国工人出版社2007年版,第137页。

类的事情。1922年,经黄炎培介绍,担任中华职业教育社任编辑股主任,负责主编《教育与职业》月刊及《职业教育丛书》。1926年10月,主编《生活》周刊,得以从事其梦寐以求的新闻出版工作。邹韬奋决定根据社会和读者需要,从内容到形式,对《生活》周刊进行一次大幅度的革新。确定该刊的宗旨为"暗示人生修养,唤起服务精神,力谋社会改造"。韬奋是他主编《生活》周刊时所用的笔名。除主编《生活》周刊,邹韬奋还创办生活书店和著名的三联书店,在20世纪三四十年代的中国影响很大。邹韬奋在办刊物的过程中,注重联系群众。7年里,《生活》周刊从一份不起眼的小刊物,一跃发展成为"风行海内外,深入穷乡僻壤的有着很大影响的刊物";发行量最高达到15.5万份,"创造了当时期刊发行的新纪录"。生活书店也逐步发展,在全国拥有分支店及办事处达五六十处之多,事业蒸蒸日上。

章乃器原名章埏,后因读《老子》有"埏埴以为器",遂改名为"乃器"。光绪二十三年(1897年)生于浙江省青田县。1913年秋,考入浙江省立甲种商业学校,1918年毕业,由校长周季伦先生介绍,当了浙江银行的练习生,起初在杭州,后又调到上海。① 1919年至1921年间,曾经到通州、北京做事。1921年秋,又回上海在浙江地方实业银行(后浙江实业银行)工作。章乃器工作勤奋,刻苦钻研,精于业务,由于能力与业绩突出,从一位普通科员一路升到银行的副经理。1932年中国人自己的第一家信用调查机构中国征信所成立,任浙江实业银行副经理的章乃器出任董事长,用4个月的时间,业务就扩大了三倍,使原来外商资信调查机构全部倒闭。在章乃器的力倡下,上海银行业联合准备委员会于1933年成立了上海银行票据交换所及票据承兑所,

---

① 章乃器:《七十自述》,《章乃器文集》(下卷),华夏出版社1997年版,第608页。

专事公司股票、债票的承接发行,“这样银行的资产就不易冻结,而工商业也可以得着期限较长利息较低的资金”,使得银行业与工商业能够良性互动发展。1933 年至 1936 年,章乃器先后发表了《资本主义国际与中国》《章乃器论文选》《中国货币制度往哪里去》(合著)、《中国货币金融问题》等专著和论文。其中《中国货币金融问题》被译成英文、日文,属于当时研究中国经济的扛鼎之作。1935 年秋,不到 40 岁的章乃器就被上海两所大学聘为教授,主讲经济,听者塞窗。

邹韬奋与章乃器年龄相仿,只相差两岁。作为外乡人,都在当时中国最繁华的大都市上海打拼奋斗,而且都在各自所从事的行业崭露头角,取得成绩,成为在上海有经济基础、有社会地位、有个人名望的成功人士。

二、初次见面

关于与章乃器的第一次见面,邹韬奋在《经历》中有这样的记载:“我记得第一次看见乃器的时候还在十年前。当时他已在浙江实业银行做营业部主任,因为想办《新评论》半月刊,由一位朋友介绍他到时事新报馆来看我。我们所谈的全是关于出版刊物的情形,我一点不知道乃器是怎样的一个人。”[①]邹韬奋写《经历》一书是在 1937 年,十年前就是 1927 年。当时邹韬奋已经在主编《生活》周刊,而且名声已起,在业界享有很高的知名度。章乃器作为一个外行想办刊物,找邹韬奋这位业界专家,听取建议是很必要的事情。

那么,作为银行的营业部主任,章乃器为什么要办刊物?章

---

① 邹韬奋:《经历》,第 137 页。

乃器在《七十自述》中有记述："健康的体格加上政治的责任感，产生了超出于想象的充沛的精力。当时正在'四·一二'事变过去不久，各地白色恐怖仍在残酷进行。我激于义愤，独力创办《新评论》半月刊，从写稿、编辑、校对到发行，主要地由我一人负担；每期几万字的稿子，大部分是我自己写的。"[①]可能是文章的篇幅问题，章乃器在《七十自述》中没有写为办刊物去请教邹韬奋的事情，但从时隔不久章乃器又去找邹韬奋帮忙一事(下个章节再写)来看，邹韬奋应该是热情地接待了章乃器，并且给予了很好的专业指导。

顺带说一下，章乃器对自办刊物之事非常重视，除上门找邹韬奋当面咨询讨教之外，他还写信给当时也住在上海的大名人胡适说明情况请求帮忙："一个人要举办一种事业，一时寻不着合作的人，实在是一件痛苦的事情。我现在就遇到这种情形。我是一个银行里的职员，我因为晚上有点空，我的精神又极好，我不愿意把它消磨在无聊的地方。而我的进款，又稍微有一点敷余，所以我想利用这一点空闲的光阴和敷余的进款，去办理一种合适'个性'，而有益于人类、国家和社会的事业。我经过长时间的考虑，我决计去办一个小规模的言论机关，就是《新评论》半月刊。钱是没有问题的，我已经很精密地计算过了，所难的是稿子。但是我所交往的人，都专门'较锱铢计毫厘'的，会做文章的实在很少。我想来想去，只能想出三个人，而这三个人能够帮我到什么程度，还是疑问！我想你是当代有名的学者，你左右的健将不计其数，你肯给我介绍介绍么?"[②]据李玉刚所著的《章乃器》一书介绍，胡适没有答应章乃器的过多要求，但还是为《新评

① 章乃器:《七十自述》,《章乃器文集》(下卷),第610页。

② 章乃器:《致胡适》,《章乃器文集》(下卷),第1页。

论》题写了刊名与题词。

三、临时“拉夫”

在为创办《新评论》去请教邹韬奋后不久,章乃器又为了自己的私事去找邹韬奋帮忙。这件事情还是被邹韬奋记录在《经历》一书当中:“不久他(章乃器)在华安保险公司楼上结婚,特约我去观礼,并临时‘拉夫’,要我起来说几句话,这是我第二次和他见面。”

章乃器一生有过多次婚姻。第一次结婚是 1920 年在老家青田,受父母之命,娶了大路村王则臣之女王镜娥为妻。婚后王镜娥随章乃器到上海生活,两人育有子女。王镜娥的文化程度不高(据其亲属回忆读过书),性情温和内敛,属于传统式的妇女,可能与章乃器在思想观念、知识修养等方面有不小的差距,后来两人解除了婚姻关系。王镜娥带着孩子到浙江遂昌随章乃器的父亲章炯生活,当时章炯在遂昌任警察所(局)长,而且后来就在遂昌定居。

1928 年章乃器是与胡子婴结婚,这是章乃器的第二次婚姻。其实,胡子婴也是二婚,她的原配丈夫徐梅坤在上海任中华全国印刷工人总会委员长,从事革命工作。蒋介石发动“四·一二”政变,大革命失败,徐梅坤被捕,后被判死刑。当时,章乃器的三弟章秋阳是中共秘密党员,曾积极营救徐梅坤,胡子婴由此结识了章乃器。胡子婴也被当局列入黑名单。

虽然章乃器与胡子婴都属于二婚,但是,章乃器对于两人的婚礼举办是非常重视的,而且场面时尚隆重。据说,请了胡愈之做证婚人。胡愈之和胡子婴同为浙江省上虞县丰惠镇人,是族亲。胡愈之因为在白色恐怖的威胁下,1928 年 3 月被迫去法国留学三年。所以，如果胡愈之确实为章乃器与胡子婴结婚做过证婚人，那么，这场婚礼就应该是在 1928 年胡愈之离开上海出国之前举行的。

邹韬奋记录的这场婚礼的举办地是“华安保险公司楼上”，这条信息非常重要。华安保险公司是中国人自办、自管、自营的保险公司，于 1912 年 7 月 1 日，正式在上海外滩开业，成为当时中国人自办的最大的人寿保险公司。由于经营有方，财力雄厚，公司决定自建大楼。“大楼由美商哈沙德洋行设计，江裕记营造厂承建，1924 年底破土动工，1926 年 5 月落成，公司迁此营业，美其名曰‘华安大楼’，大楼建筑占地 1973 平方米，建筑面积 17677 平方米，九层钢架结构，属新古典主义与近现代主义相结合的商业建筑。塔楼尖尖高耸，彰显意大利式的古典风尚，远远就能看到楼顶金灿灿的圆球。”比著名的国际饭店建成要早，可以说是当时上海最豪华时尚的标志性建筑之一，即现在上海南京西路 108 号的“金门大酒店”。

章乃器当年选择在“华安大楼”与胡子婴举行婚礼，足见其对婚礼的重视。通常来讲，举行婚礼都会邀请亲朋好友，同事熟人参加。章乃器邀请此前只有“一面之交”的邹韬奋参加婚礼，而且还临时“拉夫”让邹韬奋起来即席讲话，说明虽然只是“一面之交”，但章乃器对邹韬奋的印象一定很好，没有把他当外人。邹韬奋能够受邀前来，说明他做人比较仗义，对章乃器的印象也不会差。

四、爱国救亡

从为办刊物请教开始，章乃器与邹韬奋有了接触私交，但真正使两人了解增加、友谊加深的是共同参加救国运动。可以说

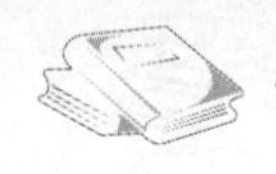

是共同的爱国情怀、社会责任感和历史使命感让他们成为“难兄难弟”。

邹韬奋在《经历》中说:“此后我们很少遇着,直到在上海文化界救国会成立以后,我们晤谈的机会才渐渐地多起来。我们的友谊的加深,唯一的媒介可以说是救国运动。尤其使我肃然起敬的,是他为着参加救国运动,虽牺牲二十年辛苦所获得的行长位置而毫不顾惜。”①

1931 年,“九一八”事件发生后,日本加紧对华侵略,中华民族面临亡国灭种的危险,很多爱国知识分子开始思考挽救民族危亡的方式和道路。“九一八”事变八天后,邹韬奋在《生活》周刊上报道这一事变,并开始用手中的笔和刊物宣传抗日。同时,他还利用《生活》周刊在读者中的影响力,组织为前线抗日将士捐款。他针对抗战的形势,屡屡批评国民党政府的妥协行为。章乃器在 1933 年发表《现阶段的对日问题》等抗日文章,向国民党当局提出“移剿共之师以抗日”的建议。但是,国民党当时的国策还是不符合民心大势的、所谓的“攘外必先安内”。邹韬奋、章乃器等爱国知识分子感觉到光凭个人发声根本无济于事,需要团结组织力量来切实推动联合抗日。

章乃器在《我和救国会》中写道:“文章尽管一篇一篇地发表,国土还是一片一片地丧失,内战也还是一次一次地打下去!于是我就想到单是发表文章决不够,而有联合一班有志之士共同奋斗的必要。这就是我发起救国会的动机。”章乃器还提到:“救国会是从一个十人小组开始的,现在记得起名字的大概是沈钧儒、邹韬奋、李公朴、周新民和我。小组的推动者大概是周新民,而公开召集的是沈老。当时所用的是叙餐会形式,每一二星

① 邹韬奋:《经历》,第 137 页。

期叙会一次,上次决定下次会的日期和地点。”[①]邹韬奋和章乃器都是这个叙餐会的主要成员,通过叙餐会,邹韬奋和章乃器等爱国知识分子交换对时局的看法,凝聚共识。在众人的共同努力下,1935 年 12 月 27 日,上海文化界救国会成立,邹韬奋与章乃器都当选为执行委员。1936 年 1 月 28 日,上海各界救国联合会宣告成立。1936 年 5 月 31 日,全国各界救国联合会(简称救国会)成立,邹韬奋当选执行委员,章乃器为常务委员,两人同为核心成员,勠力同心。

1936 年 7 月 15 日,题为《团结御侮的基本条件与最低要求》的告全国同胞书发表,文件全面阐述了救国会的立场,表示赞同中国共产党提出的停止内战、一致抗日的主张,要求国民党改变“先安内后攘外”的方针,联合红军,共同抗日,产生良好的效果。救国会的号召产生了很大的影响。这份救国会最重要的文件之一,由救国会四位成员联名发表,邹韬奋、章乃器就位列其中,另两位是沈钧儒和陶行知。在爱国救亡运动中,邹韬奋和章乃器有了更多的时间机会接触互动,增进了彼此的了解。诚如邹韬奋所说,“我们的友谊的加深,唯一的媒介可以说是救国运动”。[②]

五、难兄难弟

1936 年 11 月 23 日,章乃器、邹韬奋和沈钧儒、李公朴、史良、沙千里、王造时七人被逮捕,爆发了震惊中外的“七君子事件”。邹韬奋在《经历》一书中对“七君子”被逮捕关押有较为详

① 章乃器:《我和救国会》,章立凡《君子之交如水》,作家出版社 2007 年版,第 250 页。
② 邹韬奋:《经历》,第 137 页。

细的描述。巧的是,“七君子”从初始被租界当局临时收押到后来被国民党当局关押在苏州监狱,邹韬奋与章乃器都是同住一间牢房,睡过上下铺,而且还曾经同“享”过一副镣铐,两人有大量的时间待在一起,真正是患难与共,在这特定的时间环境里,他们两人的生活交流应该可以用“亲密无间”来形容。以下是《经历》中的相关记录。

(指1936年11月23日在卢家湾巡捕房)并且看见章乃器先生也来了,看看他的身上,西装领上的扣子也没有了,皮鞋上的带子也没有了,他身上也罩着一件呢大衣,脚上也拖着一双皮鞋式的拖鞋!我们遇见时都不许谈话,只能点头微笑,打个静默的招呼而已。①

二十三日那天从黎明到下午三点钟……我又由囚室里被提了出来,和章先生史女士同被几个巡捕和法院的法警押到高三分院去。将押出门的时候,史女士先走,我和章先生随在后面,有个法国人用手铐把我的右手臂和章先生的左手臂套在一起,把锁锁上,所以我们两个人不得不并排走。套手铐也是我平生第一次的经验。②

我和章先生在那个深夜里被带到一个小囚室的前面,从铁格子门望进去,就看见里面的小铁床的下层已睡着一个囚犯。他姓周,是一个政治犯,是一个很可敬爱的青年!他当夜听见章先生无意中在谈话里叫了我的名字,引起他

① 邹韬奋:《经历》,第105页。
② 邹韬奋:《经历》,第108页。

的注意，知道是我，表示十分的愉快；他原来也是我的一个读者，我们在精神上已是好友，所以一说穿了，便感到很深的友谊。当我铺床睡的时候，他看我们两人里面有一个要睡地板，再三要把他的那一层床让给我们，他自己情愿睡地板，经我们再三婉谢，他才勉强照旧睡下去……我们到的第二天，原在我们的囚室里的周君自动地搬到隔壁一间去，所以原来的这一间囚室便只有我和章先生两人同住了……两层的小铁床上面铺的是木板。床架不是铁杆做的，只是较厚的铁皮做的，在上层睡的人转个身的时候，全部的床架都有摇摆的姿态。章先生的身体比我高大，我怕他梦中转身，"牵动全局"，也许要把铁床翻倒，所以让他睡在下层，我睡在上层。我夜里在床上转身的时候，仍要很谨慎地慢慢地转，免得床身震得过响，以致惊动他的好梦。[①]

我们所住的病房（由病房临时改为牢房）是一排六间……第一号和第六号的房间是看守和工役住的；第二号用为我们的餐室和看书写字的地方；第三号是沈王两先生的卧室；第四号是李沙两先生的卧室；第五号是章先生和我的卧室。[②]

自从他（章乃器）和我一同被捕以后，从捕房的监狱起，中间经过上海特区第二监狱，上海地方法院看守所，上海公安局，以及苏州高等法院看守分所，我们总是羁押在一起。[③]

---

① 邹韬奋：《经历》，第 114—116 页。
② 邹韬奋：《经历》，第 127 页。
③ 邹韬奋：《经历》，第 137 页。

六、知根知底

“七君子”从1936年11月23日被捕到1937年7月31日释放，历时8个月之久，邹韬奋与章乃器在这一段特殊的时间、特殊的地点(看守所、监狱)朝夕相处，共同生活，彼此一定会有充分的交流，更容易增进了解认识。邹韬奋对章乃器的爱国精神，格局胸怀，思想性格等在《经历》中都有叙述。

> 他(章乃器)所念念不忘的只是民族解放的前途，救国运动的开展；至于他自身的遭遇，我从未听见过他有一言一语的自怨自怼。我对于他的纯洁爱国的精神，得到了更深刻的认识。①

> 乃器的性格是偏于刚强的方面，但却不是无理的执拗；他和朋友讨论问题，每喜作激烈的争辩，只要你辩得过他，他也肯容纳你的意见，否则他便始终不肯让步。有些朋友觉得他在争辩的时候有时未免过于严厉些，但是知道他的性格的人，便知道他的心里是很纯洁的，是很热烈的，一点没有什么恶意。②

> 从乃器的经历里，很显然地可以看到他办事的勇于负责，更可以看到他的正直的性格是在随处流露着。我尤其

---

① 邹韬奋：《经历》，第137页。

② 邹韬奋：《经历》，第137—138页。

感触的是常人在职业上的位置愈高，往往颓唐，暮气愈深，学识也愈退步；乃器便完全两样。我们每读他的文章——尤其是两三年来有关救国问题的文章——没有不感觉到他从实践中得来的学识是时刻在那里前进的[①]。

应该说邹韬奋对章乃器的认识和评价是精准到位的。章乃器的个性非常强，特立独行，傲骨铮铮，善于思考，只认真理，不服权势，似好争辩。这样的性格很多人不能接受，同时也给章乃器自己带来极大的"麻烦"。都说性格决定命运，此话不虚。1957年，他被打成全国头号"右派"，就是因为既敢直言，又不肯违心认错。即使是已经被定性为右派分子而被迫作检讨时，章乃器依然坚称："我经过深刻检查，我同那些在政治上反党、反社会主义的右派分子，是没有任何共同之点的。"[②]一文中说："章乃器始终也没有在所谓右派结论上签字。"[③]故毛泽东称之为"带着花岗岩头脑去见上帝的人"[④]。

1957年，胡子婴发文《我所认识的章乃器》"揭发"章乃器是"刚愎自用"，"只能听悦耳之言，不能接受合理的批评"，"善于原谅自己的错误，善于巧辩、诡辩"。[⑤] 胡子婴的这些话，公开发表出来或许是违心的，但内心未必无此想法。其实，章乃器未必真的是"死顽固"，1945年在筹备成立民主建国会时，章乃器为了贯彻要走"中间路线"的主张，提出凡是中国国民党员和中国共产党员都不得加入民主建国会。当时林涤非表示反对，两人就

① 邹韬奋：《经历》，第139页。

② 章乃器：《我的检讨》，《人民日报》1957年7月18日。

③ 李玉刚：《章乃器》，群言出版社2013年版，第494页。

④ 李玉刚：《章乃器》，第484页。

⑤ 胡子婴：《我所认识的章乃器》，《人民日报》1957年7月17日。

发生了争论。林涤非说:“真正吃国民党饭的人,都是‘党官’,他们也瞧不起我们这个组织,自然不来参加。至于共产党人,都是一些思想先进分子,您就是请他也请不来!”结果这场争论是林涤非取得胜利。林涤非回忆说“至此章乃器无话可说……他是一个非常高傲、自以为是的人,而我也是一个个性倔强,并在理论方面从不让人的人,对他所提的理由加以分析后都不能成立。最后,他才表示同意我的意见,不仅不见怪于我,反而表示好感起来,真是俗话说得好:‘不打不成交’啊!”[①]这正好印证了邹韬奋对章乃器的评价:“只要你辩得过他,他也肯容纳你的意见。”看来世上只有邹韬奋最了解章乃器了。

七、结语

1937 年 7 月 31 日,七君子高唱《义勇军进行曲》走出国民党监狱,重获自由。邹韬奋、章乃器这对“难兄难弟”此后各奔东西,少有聚会。当然,他们在不同的地方、不同的领域,以不同的方式继续为民族独立、社会进步、国家富强贡献着自己的力量。

---

① 林涤非:《一个昂首挺胸向前看的人》,《青田县政协文史资料》第四辑,第 67—68 页。

学生运动的时代强音
——《大众生活》与"一二·九"运动

李　雨　刘大明
（西南政法大学）

在中国人民反抗外来侵略的斗争史上，"一二·九"运动写下了光辉的篇章。其时，我国著名新闻记者邹韬奋先生所主办的《大众生活》周刊，以"力求民族解放的实现，封建残余的铲除，个人主义的克服"为创刊宗旨，对"一二·九"运动予以了热情的支持并进行了大量的新闻报道。《大众生活》周刊对"一二·九"运动的报道在社会各界形成了舆论动员，不仅唤醒了广大民众的抗日救国热情，更掀起了抗日救亡运动的新高潮，推动了抗日民族统一战线的形成。

一、《大众生活》在时代召唤下创刊

（一）《新生》夭折，杜重远入狱

1933年7月，邹韬奋在国民党迫害下被迫离开上海流亡海外，而《生活》周刊由胡愈之主持到年底后也被国民党查禁关停。幸而有杜重远接过重任开设了《新生》周刊，继承和发扬《生活》周刊的传统，坚决抵抗日本帝国主义的侵略。韬奋曾言"这好像我手上撑着的火炬被迫放下，同时即有一位好友不畏环境的艰

苦而抢前一步,重新把这火炬撑着,继续在黑暗中燃着向前迈进。”①但好景不长,1935 年 5 月 4 日《新生》周刊在第 2 卷第 15 期上刊载了一篇泛论中外君主制度的文章——《闲话皇帝》,其中提到日本天皇没有实权时写道:“就我们所知道的,日本的天皇是一个生物学家,对于做皇帝,因为世袭制的关系,他不得不做,一切的事虽也奉天皇之命而行,其实早做不得主,接见外宾的时候用得着天皇,阅兵的时候用得着天皇,举行什么大典礼时用得着天皇,此外天皇便被人民所忘记了……”②这篇文章发表后,日本方面故意借此挑衅,以“妨碍邦交、侮辱元首”为由,蛮横要求处罚《新生》作者、编者等向日谢罪。一向对日本帝国主义卑躬屈膝的国民党政府吓得立即关停了《新生》周刊,杜重远更因此入狱。

同年 7 月,邹韬奋于美国芝加哥《论坛报》上偶然得知《新生》周刊被禁和杜重远被捕入狱的始末,这令他痛心疾首。杜重远的爱国文字狱加速了邹韬奋的归程,他深知国内不能没有替大众说话的刊物,于是在当年八月回到上海,并在短期筹备后创办了《大众生活》。邹韬奋在《患难余生记》中也提到了这一事件对《大众生活》创刊的影响:“杜先生身在狱里,他所创办的《新生》也夭折了,我于是筹划创办《大众生活》周刊。当时是‘九一八’事变后的第五周年,……,而来日大难,方兴未已,救国运动和妥协阴谋两方面的斗争日趋尖锐;另一说法,也就是停止内战以团结抗战的主张和宁愿妥协不愿停止内战的成见,这两方面的斗争也日趋尖锐。爱国的热火在每一角落里每一个爱国同胞的心坎里燃烧着,当局虽尽力压抑,亦有难于禁止之势。《大众

① 邹韬奋:《患难余生记》,生活・读书・新知三联书店 1980 年版,第 9 页。

② 《闲话皇帝》,《新生》1935 年第二卷第 15 期。

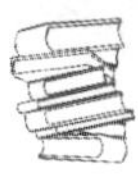

生活》便在这样形势之下，接着《新生》而撑起光芒万丈的火炬，作为爱国者的代言人和计划者。它的产生正在震动寰宇的一二·九学生救国运动和全国澎湃，沛然莫之能御的如火如荼的救亡运动的前夕。"①

(二) 民族存亡危急时刻及中国共产党的呼唤

"九一八"事变后，日本帝国主义妄想将中国变为其独占的殖民地。为了实现这一野心，日本加紧了对中国的侵略。在经济上，日本法西斯以巨量资本及强迫手段渗透和兼并我国民族企业，不断掠夺中国市场；还以"经济提携"为幌子，加紧对华北的经济掠夺。政治军事上，日本持续加增兵力驻守长城各口，不断挑起事端制造分裂，企图吞并华北。日本一边加强对中国的侵略，致使局部侵华逐步演变成了全面侵华，另一边不断策动"华北五省自治运动"，企图变河北、山东、山西、察哈尔、绥远（今内蒙古自治区西部）五省为第二"东北"，成立"华北国"，妄想将华北地区从中国领土上分割出去。而此时国民党政府依旧坚持内战，奉行"攘外必先安内"的政策，对日本帝国主义策划的"华北五省自治运动"采取敷衍妥协政策和"不作为"方针，甚至签订了丧权辱国的"何梅协定"和"秦土协定"，蒋介石政府的卖国策略使得中华民族陷入空前存亡危机。在此情形下，国人急需一本能够点燃人们抗日热情、指明斗争道路的刊物。

与此同时，在红军长征途中，中共驻共产国际代表团王明等人，根据共产国际第七次代表会议上有关在各国建立反法西斯统一战线的精神要求，以中华苏维埃中央政府、中共中央的名义在莫斯科发表《为抗日救国告全体同胞书》，即"八一宣言"，号召

① 三联书店编：《韬奋画传·经历·患难余生记》，生活·读书·新知三联书店 2004 年版，第 309 页。

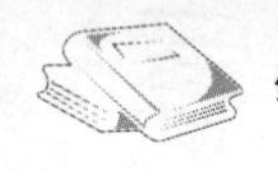

全体国民在国家危急存亡之秋,无论从前和现在有何政见或利害上不同,都应当团结一致,共同抗日。宣言号召停止内战,以一切国力参加神圣的抗日救亡运动事业。同年11月13日,党中央又发表宣言,指出日本帝国主义企图把全中国变为它的殖民地和蒋介石出卖中国的危险,因此,抗日反蒋是全中国人民救亡图存的唯一出路。整个宣言着重指出抗日反蒋的斗争是中国共产党所领导的,号召全国人民动员起来、组织起来,这更加鼓舞了中国人民的抗日热情,同时也呼唤着立场鲜明、能够宣传抗日救亡和全民族统一战线的刊物的出现。

1935年邹韬奋回国之时,上海社会各界的抗日救亡运动正如火如荼地开展着,受到共产党人胡愈之的影响,韬奋投入了上海救国会,他说"带着小小军队参加救国会的运动"。《大众生活》这一刊物,就是在中国共产党所领导的抗日救亡运动波澜壮阔地开展的时候,以坚强的姿态出现的,它鲜明地提出了"团结抗日,民主自由"的主张,正如发刊词《我们的灯塔》中所写"力求民族解放的实现、封建残余的铲除、个人主义的克服,我们愿竭诚尽力,排除万难,从文化方面推动这个大运动的前进"①,《大众生活》举起了抗日救亡的鲜明旗帜,迎接了民族解放运动的新一轮高潮。

(三) 韬奋个人的思想转变

1933年,邹韬奋参加了由蔡元培、宋庆龄等带头发起的中国民权保障同盟,并积极参与同盟活动,但也因此被国民党特务盯上。在该同盟总干事杨杏佛被暗杀后,韬奋也被列入其黑名单,于是这场风波后,邹韬奋在多方帮助下开始了出国流亡的生涯。在两年的海外流亡生活中,邹韬奋先后考察了意大利、瑞

---

① 《我们的灯塔》,《大众生活》1935年创刊号。

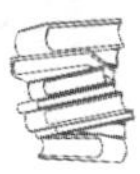

士、法国、英国等国家，对这些资本主义国家的社会制度和经济发展变化有了更深刻的认识。在对社会主义社会和资本主义社会都进行实地考察后，韬奋接受了辩证唯物主义和历史唯物主义的观点，这使得他的思想有了飞跃，在返回祖国时已经坚定地持革命立场。

1935年他在苏联受到马克思主义思想的熏陶，阶级斗争的观点日渐明确，在这一阶段，他对中国革命出路的认识、对人民群众的认识逐渐达到了历史唯物主义的高度，至此对中国的时局有了更深刻的认识，得出了“最伟大的莫过于大众的意志的力量”这一结论。在第一次流亡生活以后，韬奋已经可以用阶级斗争的观点去分析社会上的一切人和一切事。他充分认识到当时的社会存在着严重的阶级对立，深刻揭露了“资本主义制度下的不平等观象”。他深知抗日救亡运动离不开宣传工作，而《大众生活》的创办，就是为了引导大众认清并扫除障碍物，寻求生活的出路。正如韬奋自己所言：“现在是整个民族生死存亡万分急迫的时候，除少数汉奸外，大多数的中国人都在挣扎着避免沦入亡国奴的惨劫。在这个时候，我们要积极提倡民族统一阵线来抢救我们的国家，要全国团结御侮，一致对外，我更无须加入任何党派，只须尽我的全力促进民族统一阵线的实现，因为这是抗敌救亡的唯一有效的途径。”①这说明了出国游学归来的韬奋在民族解放思想认识上的深化和办刊觉悟的提高。

二、《大众生活》与“一二·九”运动

1935年，日本帝国主义在侵占了中国东北之后继续向华北

① 邹韬奋著，徐行、章镇选编：《韬奋散文》，中国广播电视出版社1997年版，第248页。

进犯,企图以所谓“自治”的名头将华北地区从我国分离出去。12 月 9 日,北平六千余名大中学校的爱国学生涌上街头,掀起了抗日救国示威游行。愤怒的学生们大声疾呼:“打倒日本帝国主义!”“反对华北五省自治!”要求立即停止内战,保全国土完整,揭开了抗日救亡的新篇章,史称“一二·九”运动。在此期间,《大众生活》不畏国民政府当局的压制,对“一二·九”运动全程刊登了大规模的运动报告和数量众多的深度报道,将民众的呼声传递到全国范围内,推动了抗日救亡运动的进一步发展。

(一) 对学生运动的大量报道

“一二·九”运动爆发以后,《大众生活》引起了高度重视并立即发布了多篇社论和报道,报刊第 6 期封面便是有“中国贞德”之名的陆璀手持大喇叭在人群中进行即兴宣讲的照片,并刊有“大众起来”几个大字,直接表明了《大众生活》对学生运动的支持和响应。同时,邹韬奋还在当期“星期评坛”栏目最醒眼的位置发表了社论《学生救亡运动》,高度赞扬“一二·九”运动是民族解放运动的序幕,“使全世界知道中国大众并不是甘心做奴隶,至少使全世界知道投降屈辱毫不知耻,并不是出于中国大众的意思”[①],并刊载漫画“学生救亡运动的一幕”,揭露了当局警察用高压水枪喷射赤手空拳的学生、企图打压学生运动热情的残暴嘴脸。

在接下来的几个月里,《大众生活》对“一二·九”运动继续积极进行了大量报道(见表 1),从第 6 期到第 15 期刊载了共计 45 篇通讯报告、社论和读者来信,力求将学生运动的现状和发展态势真实记录下来,并以此动员读者参与到抗日救亡运动中去。如第 7 期的《北平学生二次示威记》不仅对第二次学生运动进行了详细的描写,还在文中写道“我们不愿做亡国奴,所以我

① 《学生救亡运动》,《大众生活》1935 年第 6 期。

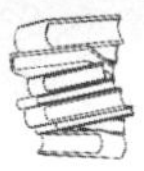

们不能让汉奸出卖国土，我们应当起来唤醒民众，共同来保卫疆土，争取中华民族的自由，我们要以我们的赤血来保卫中国领土与主权的完整”[①]，直接阐明了北平学生游行示威的动机与目的。同期另一篇文章《再接再厉的救亡运动》中也指出“学生救亡运动的对象是全民族的解放，但这并不是说只是学生就可以单独负得起这全部的使命，所以在学生救亡运动发动以后，最重要的是各方面彻底明白共同起来救亡的急迫和重要，结成民族解放斗争的联合战线，由此广大救亡运动，督促民族解放斗争的实现……同时也要注意和社会上其他力量发生联系，极力促成民族斗争‘联合战线’的实现”[②]，号召社会大众联合抗日。再如第12期《北平学生联会的继续努力》一文中，对某些报纸宣传北平学生寒假后将复课回到课堂读死书并将救亡任务置之脑后的言论进行了反驳：“至于寒假后一律到校上课，这原是寒假后的向例，无所谓复课……寒假后的重新聚集，正是可以用集体的力量要求实行国难教育方案（和读死书绝对不同），同时计划规定救亡工作的继续进行。‘埋头卖国’的汉奸们不要太乐观了。”[③]诸如此类的详细报道还有《朔风吹荡中的呐喊》《新兴的学生运动和“五四运动”的区别》《民族解放运动的呼声》《华北学生的联合战线》等。

除了北平的学生运动，《大众生活》还对全国各地的学生运动进行了普遍的报道。比如第7期刊登的《上海八千余学生救亡运动速写》一文就记录了上海学生是如何联合复旦大学、光华大学、暨南大学、交通大学等上海各大高校的学生们，共同突破防线到汉奸门外高喊“打倒卖国贼”“杀死汉奸”“人民组织起来”

① 《北平学生二次示威记》，《大众生活》1935年第7期。

② 《再接再厉的学生运动》，《大众生活》1935年第7期。

③ 《北平学生联会的继续努力》，《大众生活》1936年第12期。

的情景,并最终得到上海市市长承诺,保证全上海市的爱国运动、言论和集会自由。第 8 期的《武昌学生大示威纪实》记录下了武汉高校的学联会是如何骗过学校的眼线秘密组织集合游行示威,给努力"睦邻"的当局以出乎意料的大忌,谱写了武汉学生运动的光荣历史。第 12 期《转弯抹角的新花样》报道了国民党当局面对广州学生越演越烈的救亡运动,以所谓"学生救国义勇队"的名头拐弯抹角地弹压学生的救国运动。《大众生活》针对全国各地的学生运动进行的报道还有很多,最终目的都是希望通过对学生运动的报道向社会传递学生们抗日救亡的决心,并以此促进抗日民族统一战线的联合和形成。

表 1 《大众生活》对"一二·九"运动的报道

发行日期	通讯	社论	大众信箱	漫画
第 6 期	《朔风吹荡中的呐喊》	《学生救亡运动》	《关于学生救亡运动的报告(四则)》	《学生救亡运动的一幕》
第 7 期	《北平学生二次示威记》 《中国人起来救中国》 《上海八千余学生救亡运动速写》	《再接再厉的学生运动》 《新兴的学生运动和"五四"运动的区别》	《北平第二次大示威运动》 《警棍打靶和联手臂》 《文化城里所见》 《中国人打中国人的狠毒》	
第 8 期	《复活》 《由请愿而不请愿记详》	《学生救亡运动与民族解放战线》	《民族的真正态度》	《上海救亡运动素描》

（续表）

发行日期	通讯	社论	大众信箱	漫画
	《武昌学生大示威纪实》 《雨中十小时》			
第9期		《伟大的一二九》 《在爱国运动中学生的组成、教育、行动诸问题》	《写给上海学生请愿团的一封公开信》 《更广大的意义和目标》 《有附带修正的必要》	
第10期		《非常时期的寒假》 《学生救亡运动的意义和任务》 《救亡运动中的组成问题》 《十二月运动与五四运动》	《热血汇流着》	
第11期	《华北学生的联合战线》	《致北平全体学生的一封信》	《平津学生联合扩大宣传》	
第12期	《北平学生的工作检讨》 《转弯抹角的新花样》	《北平学联会的继续努力》	《更清楚的认识》 《北平学运的扩大》 《深入民间》	《平津学生深入民间宣传路程略图》
第13期	《华北学生联合战线的结成》		《上海学生的民间宣传》	

(续表)

发行日期	通讯	社论	大众信箱	漫画
第14期			《我们的热血在沸腾着》	
第15期			《变相的示威运动》《南下通讯》	

(二)与胡适关于学生运动的论战

在"一二·九"运动如火如荼地开展之时,也有一批教育界的精英反对学生运动,认为学生就应该在校读书,两耳不闻窗外事。其中就有在青年学生中极具影响力的北大校长胡适,他在天津《大公报》写道:青年学生的基本责任到底还在平时努力发展自己的知识和能力,只有拼命培养个人的知识与能力才是报国的真正准备工夫。大力宣传反对学生运动的种种谬论,针对此种言论,《大众生活》发表了多篇社论一一驳斥,就学生运动的合理性与胡适展开论战。

"一二·九"运动爆发不久后,胡适先后在《独立评论》中发表了多篇反对学生运动的文章。在《为学生运动进一言》一文中,胡适否定了学生的罢课行为,"罢课久已成了滥用的武器,不但不能引起同情,还可以招致社会的轻视与厌恶……不但不能丝毫感动抗议的对象,并且绝不能得着绝大多数好学青年的同情",[①]表示在政治腐败的动荡社会下,学生要认清自己的力量,一声抗议至多也不过是临时补漏救弊而已,还是应将心思放在学业上。对此,邹韬奋在《大众生活》第6期特意发表了《为胡先

① 胡适:《为学生运动进一言》,《独立评论》1935年第182号。

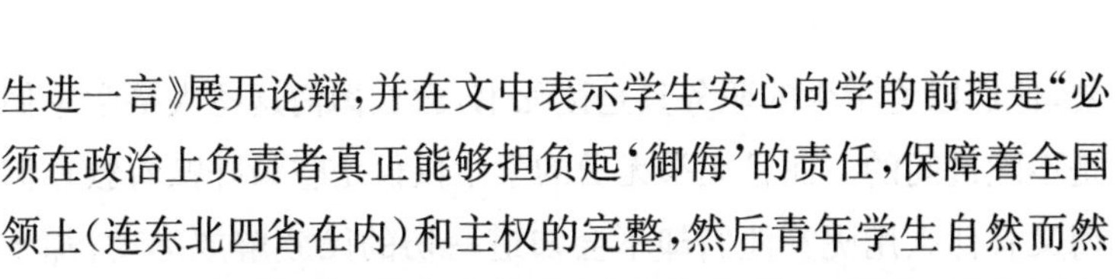

生进一言》展开论辩，并在文中表示学生安心向学的前提是“必须在政治上负责者真正能够担负起‘御侮’的责任，保障着全国领土（连东北四省在内）和主权的完整，然后青年学生自然而然地可以安心向学”[①]，鲜明地指出罢课并非学生所愿，只有国家安宁了学生才能安心学习。

之后胡适又发表了《再论学生运动》一文，声称学生的罢课行为是最无益的举动，奉劝学生们即日复课并希望他们请求学校当局取消寒假以作补课之用。紧接着还写了《告北平各大学同学书》，言罢课实则是青年人放弃自身责任，破坏国家之将来；又说报国之事任重而道远，切勿为一时冲动所误而忽略了将来的准备，言论之间满是对学生运动的否定。《大众生活》于是又刊发了《再为胡先生进一言》，驳斥胡适的相关言论，邹韬奋认为胡适劝返学生复课的忠告似是而非，在家国大义面前没有鲜明的立场，“不顾现实的客观环境是怎样，却在敌人飞机大炮威胁之下，一味硬劝学生复课，这种劝法等于在大火烧的场上，硬劝消防队员抛却水龙不要救火而回到家里去看小说”[②]。仍在狱中的杜重远在《青年的爱国义愤》中更直言劝学生复课就是一套旧把戏，“在这种敌机轧轧敌炮轰轰之下，姑无论学生们无从安心也无法安心，就是依了当局的宏愿，学生们像绵羊似的服从指导了，上课读书了，而外患日逼一日，所读的书籍逐步的离开了祖国，都是所谓‘特种教育’，就是教好了一千个一万个博士出来，还不是替人家养成了郑孝胥赵欣伯殷汝耕……”[③]此外，乐山还在《学生救国运动的意义和任务》一文中论证了学生救亡运动的重要意义：“只有一些汉奸们才会不了解学生运动意义的重

① 《为胡先生进一言》，《大众生活》1935 年第 6 期。

② 《再为胡先生进一言》，《大众生活》1936 年第 9 期。

③ 《青年的爱国义愤》，《大众生活》1936 年第 8 期。

要,他们以为学生的职务只是读死书,救亡御侮这些大事学生们是不配过问的。而且无拳无勇的学生仅仅是空口呼喊着救亡御侮又有什么用呢?他们却不会知道一切的民族解放运动,却十有八九是由学生来充急先锋的"①,有力地批驳了社会上的反对意见,为学生运动的正义性和重要性正名。

(三)引导学生爱国运动的正确方向

"一二·九"之后北平学生的抗日救亡运动席卷了大江南北,全国多个城市都爆发了爱国学生的集会和游行示威活动,但《大众生活》清醒地认识到仅靠学生个人的力量想要完成抗日救亡是绝无可能的。也正因此,《大众生活》一边大力宣传学生的爱国救亡运动,一边呼吁学生们扩大战线联合其他社会群体共同抗日,动员广大人民群众,将民族解放的思想传递到更深远的地方去,在全国范围内筑起一条更坚固的抗敌联合战线。

在《救亡运动的认识与路线》一文中,他明确提出"倘使学生运动不能跟其他大众的救亡运动结合起来,中国的民族解放斗争是很难推向一个更高的阶段的"②,清醒地认识到了学生力量的薄弱,告诫学生们如果要发展成为最大规模的民族斗争,不能仅靠一腔热血,将学生运动延伸成为救亡图存问题的关键,就必须要把参与群体更进一步扩大到非学生的群众当中去。在《学生救国运动的意义和任务》中更是直接指出学生们在了解了民族解放运动中的基本任务后,应该进一步研究怎样执行这些任务,并给出了三点建议:"第一,在消极方面随时随地向民众揭破一切汉奸和准汉奸们的欺骗理论……第二,在积极方面,应该把现阶段救亡御侮的基本原则简单明了地向民众提出。现阶段救

① 《学生救亡运动的意义和任务》,《大众生活》1936 年第 10 期。
② 《救亡运动的认识与路线》,《大众生活》1935 年第 7 期。

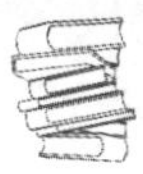

亡御侮的基本原则很明白的只有两个：抵抗外敌和惩办汉奸……第三，随时随地用不同的方式扩大民族解放的联合战线”[①]，指出学生运动应当理智分析如何运用一切能力和机会将民族解放联合战线广大坚强地建立起来。

此外，第 11 期的《致北平全体学生的一封信》中还对北平学生提出了五点希望，希望他们在接下来的学生运动中能够和南方的战士联系得更紧密；加倍努力去宣传，鼓动并组织大众联合抗日；从救亡斗争中学习民族解放的理论与战术；与全国各地的战士互通声气，以便建立一列全国规模的抗敌救亡堡垒。诸如此类的指导性文章还有第 8 期的《学生救亡运动与民族解放联合战线》、第 9 期的《在爱国救亡运动中学生的组织、教育、行动诸问题》和第 10 期的《救亡运动中的组织问题》等。主要都是针对怎样迅速地完成民族解放战的总动员这一中心问题进行解答，期望学生们能够向民众纠正汉奸的卖国言论，指出救亡的正确途径，扩大学生运动和民族解放的联合战线，将救亡御侮的行动深入到农民和士兵中去。

三、“大众信箱”唤醒沉默的大多数

新闻作为一种社会机制存在，反映出人们在公共舆论生活中对于新闻不同的现代性想象。换句话说，由于新闻是具有公共属性的，不同的族群、利益集团从理论上有同等使用新闻的权力，他们赋予新闻不同的内涵与价值期许[②]。《大众生活》在新

---

① 《学生救亡运动的意义和任务》，《大众生活》1936 年第 10 期。

② 方晨：《大卫・诺德的“新闻机制史”书写路径及其知识贡献——以〈新闻的共同体：美国报纸和它们读者的历史〉为中心》，《国际新闻界》2020 年第 42 期，第 134—155 页。

闻刊发过程中尤其注意与读者的互动,特意开辟了“大众信箱”栏目接收读者来信。“一二·九”运动期间,《大众生活》的读者来信多为运动亲历者的感性言论和社会民众对学生运动的看法,如果说学生运动亲历者的信件可以引起大众情感上的共鸣,那么普通读者的来信则象征着一般大众爱国意识的觉醒。

(一) 一手素材引起情感共鸣

柯文曾言“如果把经历视为‘文本’,把亲历者视为‘读者’,那么不同的读者会以不同的方式阅读或者‘建构’文本,赋予文本不同的价值观、信仰和神话”①,也就是说,亲历者会在讲述那段经历时注入自己的情感和政治倾向。“一二·九”运动的亲历者在寄给《大众生活》的信也是如此,这些亲历了运动的学生通过信件将“一二·九”运动现场还原,描述了国民党当局对学生的残忍迫害,表达了学生们难以磨灭的爱国热情和抗日救亡的勇气。大量的一手素材不仅披露了事件细节,缓解了当时信息不对称的矛盾,还使得新闻报道更具真实性,具体生动的语言让人身临其境产生情绪互动,更容易让读者产生情感上的共鸣,从而推动学生运动的纵深发展。我们不妨试看几例运动亲历者的来信:

> 各大男女学校事前虽然也有许多武装警察把持了各学校的门口阻止我们,但都被我们的勇气用力冲破,一般民众对于我们的游行喊叫很能表同情,而且有许多参加到我们的队伍里来……中国的武装警察用水来击打我们,皮条鞭我们,枪打我们,刺刀刺我们,结果师大有两女生被刺伤颇

① 柯文著,杜继东译:《历史三调:作为事件、经历和神话的义和团》,江苏人民出版社2000年版,第50页。

重……

彭楚石谨上　十二月十日在北平[1]

本市除了学生请愿游行的响应行动以外,还有过一次妇女游行示威的救亡运动……当我们这汹涌难当的队伍如怒潮般地涌过南京路时,沿途的市民都被骂醒了,他们有的抢拾着我们散发的传单,有的加入我们的队伍呐喊……游行示威运动没有用吗? 不! 至少能唤起民众! 能引起全国各界的注意!

王德谦谨上,一九三五,十二,廿四,上海[2]

悲壮震天的口号潮水似的涌到街头,火山终于爆发了! 几年来被压在火山下的"打倒××帝国主义"在空中飞射,射向每个市民的心……大队开始快跑,直冲开他们的横队,这时他们也开始皮鞭大刀的毒打了,队伍冲过大半的时候,有一位同学被打倒了,于是接踵倒了许多人,在这时警察的皮鞭、大刀、皮鞋一齐在人堆上抡,于是有八位同学做了他们的俘虏了……

王汝娟上,一九三六,一,一夜于北平东大[3]

同时有北平代表报告当日城里学生游行被警察打伤,用水龙冲击,用皮鞭抽打的详细情形,当时有许多同学都痛苦失声了……我们要求立刻动员全国去对付侵略我们的敌人,我们否认这次运动能有一个是盲从的学生,我们每个人

① 《关于学生救亡运动的报告》,《大众生活》1935 年第 6 期。
② 《妇女大众的救亡运动》,《大众生活》1936 年第 8 期。
③ 《热血汇流着》,《大众生活》1936 年第 10 期。

都抱着死的决心来奋斗的!

玉贞上,一二十六上午北平[①]

上述几篇都是当事学生的来信,当学生运动的现场通过文字被还原之后,其他读者会不自觉地代入想象,从而产生情感共鸣。正如亚当·斯密所说“通过想象,我们设身处地地想到自己忍受着所有同样的痛苦,我们似乎与他融为一体,在一定程度上同他像是一个人,因而形成关于他的感受的某些想法”[②],当读者心声成为报道内容,信件强大的感召力就会引起更强烈的情感共鸣和舆论讨论。

(二) 读者言论实现舆论动员

马克思和恩格斯将报刊视为舆论的主要载体,认为“报纸是作为社会舆论的纸币流通的”[③],但除了编者言论,读者言论也是报纸舆论的主要来源。事实上,近代以来设立“读者信箱”栏目的报刊并不是个例,但真正做到通过读者在报刊上对重大事件的发言和讨论在进而社会上形成舆论的,《大众生活》算是首屈一指。“一二·九”运动期间,《大众生活》刊载了目睹学生运动的普通民众的心声,将读者来信公开实际是从读者的角度来解读当时的时事政治,并在简复中拉近与读者的距离,以此引导社会大众,为全民族参与抗日救亡的舆论动员打下基础。信箱和简复的设置其实就是编者与读者的对话,编者的思想主张在这一过程中会潜移默化地影响到读者,将读者来信公开刊载不仅能反映国人爱国思想的觉醒,还能以感同身受的言论唤醒沉

① 《民族的真正态度》,《大众生活》1936 年第 8 期。

② 宋希仁主编:《西方伦理学思想史》,湖南教育出版社 2006 年版,第 327 页。

③ 马克思、恩格斯:《马克思恩格斯全集》(第 7 卷),北京人民出版社 1959 年版,第 523 页。

默的大多数：

我是目击这情形的一个人，我看见你们身上受着创伤，我能体会你们心里有很深的创伤！然而诸位同学，北平的学生爱国运动引起了你们的同情与热忱，你们的爱国运动引起了全无锡同学和大众的同情。假定言论自由真能放开的话，全中国的学生，全世界的学生会向你们表同情、起尊敬的！……诸位同学，放出你们的理智、判断和实力来，永远站在大众利益的立场上，来从事救国的伟业。

二十四年，十二月二十八日灯光下，无锡①

警察们人数很多，拿着带有明晃晃刺刀的枪，往前攻击这些赤手空拳的群众，他们也在高呼"打呀！""打呀！"随着水龙带扫射的地方去和群众搏斗。那些群众真英勇！冒着狂水冒着枪阵来和警察冲锋，他们的脸都气绿了，心里好像蕴藏着火药库，火药都爆发了，他们要消灭这当前的一切。

朱氓，十二月九日午夜北平②

韬奋先生：我们每次读到贵刊所刊载的各地同学的爱国宣传运动，我们是深深的感动，十二万分的同情的。当我们看见这些同学们被军警无故的干涉和摧残的时候，我们是非常痛恨的……我们每个人的心中燃烧了万丈的火焰，我们的血已沸腾到了极点……

鹤龄于南京中央军校③

---

①《写给上海学生请愿团的一封公开的信》，《大众生活》1936 年第 9 期。

②《文化城里所见》，《大众生活》1935 年第 7 期。

③《变相的示威运动》，《大众生活》1936 年第 15 期。

杜威曾言:“很多私人行为是社会性的,其结果有助于共同体的福利或影响共同体的地位和前途。从广义来讲,任何两人或多人之间刻意进行的相互行动都同样是社会性的,这是一种有关联的行为,其结果可能会影响更多关联。”[①]对于“大众信箱”栏目而言,其实就是充当着这样“影响更多关联”的作用,“大众信箱”收到敢于大胆发言的读者来信并将其刊登出来,其实就是用读者言论拉近与其他读者的距离,从而实现读者间的相互联系和舆论动员。比如中央陆军军官学校的杨全同学给《大众生活》去信,信中提及军校学生对此次学生救亡运动的支持,虽然迫于身份无法参与,但校内积极施行国难教育改革,军校学生都时刻准备着克敌制胜甚至为国牺牲。《大众生活》编者立即在信后回复道“我们很诚恳地希望杨先生和他的同学都能成为‘大众的军人’,和大众立在一条战线上,共同救此垂亡的中国。”编者回复的过程中也在继续影响读者,就在读者与编者这样的往复之中其他普通读者开始反观自身,从而构成来信读者与普通读者之间的“关联行为”,最终从私人话语完成向公共话语的转变。表面看来《大众生活》编者是对来信的读者提出救亡图存的期望,但实际上也是在呼唤更多的读者共同站起来救中国,报刊强大的“议程设置”作用使得全社会形成了激烈讨论的氛围,最终实现抗日救亡的舆论动员。

四、小结

《大众生活》周刊是在民族存亡的危急时刻中创刊的,虽然

① 约翰・杜威著,本书翻译组译:《公众及其问题》,复旦大学出版社 2015 年版,第 156 页。

仅仅只出版了16期，但它在《新生》被关停后毅然接过了国内宣传抗日救亡的旗帜，以爱国救国为己任，在“一二·九”运动期间作为时代强音与学生运动同频共振。它不仅对“一二·九”运动进行了大量报道，让抗日救亡的理念在华夏大地蔓延，还在“一二·九”运动被批判时挺身而出，为学生运动正名，更为重要的是，《大众生活》开创了用读者言论来动员人民大众的先例，让“读者信箱”成为了社会舆论的重要来源。作为邹韬奋先生“生活”系列的出版物之一，《大众生活》延续了其一贯重视人民大众权益的风格，坚持为群众服务，以人民大众的进步和民族的解放为目的，成为了当时抗日救国的重要舆论阵地。

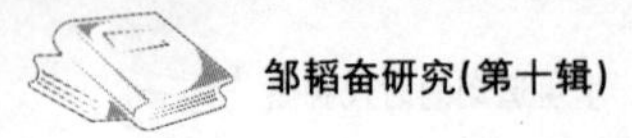

抗战时期生活书店的出版物研究

胡　洋

(西南政法大学)

邹韬奋先生,我国著名的政论家、出版家和新闻记者,原名恩润,笔名韬奋,生于福建永安。1926 年,他受命主持中华职业教育机关刊物《生活》,由此拉开了 28 年的新闻出版事业的序幕。1932 年,生活书店在上海成立,它是在《生活》周刊的基础上发展起来的,是邹韬奋与胡愈之决定在内部组织的一个生活出版合作社,在其办报活动中,邹韬奋"时时立在时代的前线",鲜明地提出了"团结抗日、民主自由"的主张,由于其出版的书籍政治立场鲜明,生活书店屡次遭到了国民党的查禁。1936 年,邹韬奋被国民党逮捕入狱。抗日战争全面爆发后,邹韬奋被地下党营救出狱,从此,中共南方局加强了对生活书店的领导。在这时期,生活书店作为战时文化先导的出版机构,积极响应中国共产党提出的抗日民族统一战线,编辑出版了大量的有关于宣传爱国主义、进步革命思想以及反对投降的书刊,比如期刊《全民抗战》《新学识》,还有"救亡文丛""抗战社会科学丛书"等 10 余种新丛书。这些期刊以及书籍对团结进步人士、启迪人民大众、引领社会改造思潮起到了非常重要的作用。1944 年,邹韬奋病逝于上海,后来毛泽东为他题词:"热爱人民,真诚地为人民服务,鞠躬尽瘁,死而后已,这就是邹韬奋先生的精神,这就是他之所以感动人的地方。"

经过整理发现,过往对于生活书店的研究大都聚焦组织经

营、科学管理等方面，在涉及出版问题时，也往往聚焦于具体的某一书刊的出版和发行问题。比如《编辑学刊》在2019年9月出版的《生活书店〈战时读本〉的出版发行始末》，针对《战时读本》的出版问题进行了研究。因此，本文试图以抗战时期为时间线，对这一时期的生活书店的出版物的主题类型进行回顾和梳理，由此更好地了解生活书店对民众动员和进步思想传播作出的巨大贡献。

一、抗战时期生活书店出版物主题类型概述

从"九一八"事变开始，中国开始了全面抗日战争。生活书店作为传播进步思想的重要出版机构，它的经营空间也随着抗战战局的不同开始不断迁移。生活书店从1932年成立，到1937年抗日战争全面爆发这一个时间段，是设在上海。在当时大的抗日历史背景下，生活书店出版了很多进步书刊。比如1935年出版了《光明》半月刊、《读书与出版》月刊等刊物，还有介绍国内外时事、哲学社会科学知识的读物等。1937年，因为受到国内战局的影响，生活书店总店从上海迁移到了武汉，并且开始向中西部城市发展，同时在中西部的中小城市成立分支店。从1938年到1945年，生活书店总店迁往重庆。在这一时期，除了要面临日本侵略战争带来的危害，还要面对来自国民党政府的政治迫害。在这种双重的挤压和迫害之下，生活书店仍然以极强的生命力谋求自身的生存和发展。这个时期出版的书刊也是极为丰富的，有介绍马列主义的，比如《政治经济学论丛》《法兰西内战》；抗战与救亡的战时读物，比如李公朴的《民众动员论》、童振华的《怎样清除汉奸》等图书。

根据对抗战时期生活书店出版的书籍进行整理，本文将其

分为六种主题类型。

表1　抗战时期生活书店出版书籍的各种主题类型

主题	书名
介绍马克思主义理论	《德国农民战争》《列宁家书集》等
剖析外交与国际关系	《中日问题讲话》《欧局与远东》等
抗战与救亡的战时读本	《抗战与乡村工作》《论抗战中的文化运动》等
哲学与社会科学	《中国社会性质问题论战》《封建主义》等
通俗文艺读物	《一颗未出膛的枪弹》《赵老太太》等
介绍苏联经验	《苏联的民主》《苏联的工人生活》等

(一) 介绍马克思主义理论

抗战时期,在生活书店和翻译家以及作者们的努力下,出版了大量的马克思主义的理论著作,为进步的知识分子以及普通大众了解和学习马克思主义理论提供了文本支持,推动了马克思主义理论在我国的传播。

生活书店出版了许多马克思主义原著,比如《反杜林论》《列宁主义问题》《辩证唯物论和历史唯物论》《国家与革命》等书籍。除此之外,出版了马克思主义中国化理论著作,比如毛泽东著名的《论持久战》和《论新阶段》、朱德的《抗日游击战争》。毛泽东的《论持久战》批驳了"亡国论"和"速胜论"的错误思想,思想上武装了全党、全军和全国人民,在艰苦岁月里,极大地鼓舞和坚定了广大军民争取抗战胜利的信心和决心。

(二) 剖析外交与国际关系

中国作为反法西斯战争的东方主战场,在抗战过程中也要积极了解国际关系与当下的国际形势,尤其是要了解作为战争

的另一方——日本。因此在这一时期,生活书店出版了许多这类书籍。1937年出版了张健甫的《中日关系简史》,同年又出版了他的《近六十年来的中日关系》。该书从1871年《中日友好通商条约》签订写起,至1936年中日两国南京谈判结束,叙述了中日之间侵略与被侵略的关系。

1938年,生活书店出版了张仲实的《国际现势读本》,这本书介绍了资本主义的相关知识,比如资本主义国家以及资本主义的危机,同时又介绍了当时帝国主义之间的矛盾以及弱小民族的解放运动,不仅为大众了解当时的国际形势提供了途径,同时也明确只有联合世界上被压迫民族与被压迫阶级共同奋斗才是最终的出路。

(三)抗战与救亡的战时读物

抗战时期,生活书店出版了很多战时读物,对战时的文化、政策、作战技巧等方面都进行了介绍。比如,当时我国对日的作战技巧以及策略成为人们所关注的焦点,尤其是八路军、新四军深入敌后,发动群众,武装群众,广泛开展敌后游击战,形成了开阔的敌后战场。所以,生活书店出版了很多介绍游击战的读物,如1938年,生活书店出版了张昔方编写的《游击战术的实际应用》一书,该书"总结了游击战的组织和训练问题、武装与供给问题,介绍了作战的方法以及战斗中的政治教育工作问题"。同年还出版了冯玉祥的《抗日游击战术问答》,该书以提问题的方式,对游击战术的101个相关问题进行了回答,比如使用游击战的原因、怎样发动游击战等。1939年,出版了毛泽东的《抗日游击战争的一般问题》一书,也对当时游击战争作了详细的介绍和说明。

除此之外,抗战期间,生活书店为了让广大群众了解宣传抗战政策,出版了大量的相关著作。1938年,出版了凯丰的《抗日

民族统一战线教程》,介绍了抗日民族统一战线的产生与发展,统一战线的意义、内容和前途等;出版了陈绍禹的《抗日救国政策》,其中收录了三篇阐发抗日救国政策的论文,分别为《新形势与新政策》《日寇侵略新阶段与中国人民斗争新时期》《挽救时局的关键》;出版介绍了孙中山的"联俄、联共、扶助农工"三大政策的著作《三民主义概论》,出版了有利于全民族统一抗战的书籍《抗战中的中国国民党》。

(四) 哲学社会科学

在抗日战争期间,生活书店除了出版分析国际形势的书籍,还出版了哲学社会科学的书籍。

1937 年,钱俊瑞在他的《中国国防经济建设》一书中立足中国半殖民地半封建社会经济的特点,阐发了中国国防经济建设的任务与实现的途径,揭示了中国国防经济的发展规律。1944 年出版的沈志远的《中国经济的现状与对策》一书,就工业经济建设、农业经济建设、商业资本、黄金、通货、物价等问题作了具体分析,并就中国经济的发展和特殊性提出适宜的对策。1937 年,生活书店出版了潘梓年的《逻辑与逻辑学》,这本哲学书为我国科学理解辩证法奠定了坚实基础。

(五) 通俗文艺作品

在军事压倒一切的抗战时期,文艺作品配合战争进程,爱国的文学家、艺术家情不自禁地运用文字、音乐作为感情交流的工具,揭露和控诉国民党反动派屈膝妥协政策以及日本侵略者的暴行,歌颂了许多英雄人物和英雄事迹,抒发同仇敌忾的爱国情怀,增强了大众的斗争信心。

1938 年,生活书店出版了丁玲的小说《一颗未出膛的枪弹》,这本书描述了一个落伍的小红军被国民党东北军抓获,他置自己的性命不顾而表达出联合抗日的理想感动了国民党官

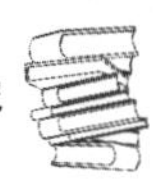

兵。这部作品表现了丁玲作为一名作家希望通过文字的方式呼吁国民党能够和共产党联合抗日的愿望。

除了小说外，在这一时期还出版了许多剧本与歌曲，比如王莹的剧本《血战台儿庄》、歌曲《黄河大合唱》。《黄河大合唱》出版时，正值重庆的首演，歌词的作者光未然在现场亲自朗诵，作者、演唱者及出版者密切配合，盛况空前。生活书店还对国外的文学作品进行了翻译，比如托尔斯泰的《安娜·卡列尼娜》、高尔基的《海燕》。

（六）介绍苏联经验

作为世界反法西斯战争的一个重要盟友，抗战时期，苏联一直都是中国学习的对象。因此关于苏联的概况、革命等都一度成为我国关注的问题。

比如在苏联革命 20 周年时，生活书店出版了胡愈之主编的《苏联革命与中国抗战》，该书收录了宋庆龄、陈望道、邹韬奋等名家发表的 30 多篇言论。生活书店还出版了沈志远和张仲实编著的《二十年的苏联》，介绍了苏联的战时共产主义政策、新经济政策、两个“五年计划”等方面的情况。1939 年出版了由邹韬奋翻译的《苏联的民主》，该书以民主精神为中心，全面介绍了苏联的各个方面，并将其与英国的有关制度作了比较。同年还出版了黄文杰和吴敏翻译的《苏联工人的生活》。

二、邹韬奋的新闻出版思想

（一）办报目的：服务社会和人民

邹韬奋一直认为报刊要始终站在时代的前列，要以改进社会为目的。他曾指出自己办刊无私于任何人，无私于任何机关，不是任何个人培植的势力，也不是替任何机关去培植势力。所

以生活书店作为他出版生涯中的一个代表,体现了他始终以改进社会为目的办报宗旨。一方面生活书店出版的书籍和刊物及时报道、分析全国各地抗战形势、国民党的抗战政策和国际形势,另一方面还宣传了中国共产党的抗日政策,以及通过游击战开辟敌后战场,鼓舞和动员了广大民众踊跃加入到抗日战争中来。更为重要的是,在当时的大环境之下,生活书店出版的一系列马克思主义的相关书籍,为我国知识分子以及民众认识和接受马克思主义作出了非常大的贡献,为日后我国高举马克思主义旗帜,选择社会主义的道路作了铺垫。

除了服务社会外,邹韬奋在创办《生活日报》时就曾说:"我只有一个理想,就是要创办一种为大众所爱读,为大众作喉舌的刊物。"①他在办报的过程中,十分重视受众的需求和感受。在1926年邹韬奋接手《生活》周刊开始,他就表明要在办刊的过程中积极接收读者的意见,他不但设置专门的读者来信专栏,而且还亲自给读者回信。他认为,新闻工作者要时时刻刻想着读者,而大众办刊更是要顾及一般读者的感受。因此,在办刊的过程中,如何更好地满足大众的需求就成了他考虑的一个非常重要的问题。

(二) 办报风格:大众化和精简化

大众化一直都是邹韬奋所强调的,他一直都认为报刊的文风要适应大众,所以特别重视报刊文字的通俗性。早在他接办《生活》周刊之初,就提出文字要"力求浅显",利用"明显畅快"的平民式文字。他认为"要注意最落后的大众,就要让初识字半通文的孩子们、农夫们、工友们和妇女们都能看得懂"②。因此,为

---

① 邹韬奋:《〈生活日报〉的创办经过和发展计划》,《韬奋全集》(第6卷),上海人民出版社1995年版,第679页。

② 邹韬奋:《〈生活日报〉的创办经过和发展计划》,《韬奋全集》(第6卷),第683页。

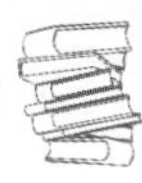

了实现其办刊的大众化，在内容的表达方面，邹韬奋就提出了精简化，不刊载无聊闲话，不刊载荒谬文字。让读者可以用非常少的时间明白中外大势。所以很多出版的文章篇幅都非常短小，用语也是浅显易懂，口语化倾向很明显。

（三）办报人员：专业性和服务精神

办报期间，邹韬奋一直都强调新闻工作者自身应有的素质和修养。他认为，报刊的工作人员在任何时候都不应该受到他人的指使，面对他人的威逼和利诱，都应该保持自身的独立性。所以创办生活书店过程中，即使遭受国民党的威胁和诱惑，他都保有了自身的独立性。同时，专业性除了体现在保持自身独立外，还应该体现在作为一名专业从业者应有的素质。他认为，记者的专业素质就是能够迅速下笔，能够在嘈杂的环境中保持自己的思绪，还能够记述问答式的文字。

邹韬奋一直坚持为大众服务，他始终认为报刊必须以读者的利益为中心，能够有读者至上的服务精神，就像前文提到的，他在报纸上设立“读者来信”栏目，亲自处理读者的来信。生活书店出版的很多书籍和刊物都起到了开化民风、启迪民智的作用，在那个时代，满足了普通民众的文化需求。

三、邹韬奋的新闻出版思想的现实意义

第一，习近平总书记曾经强调，广大的新闻舆论工作者要做党的政策主张的传播者、时代风云的记录者、社会进步的推动者和公平正义的守望者。作为党和人民群众的耳目喉舌，新闻工作者更要继承前人的优良传统和思想，始终牢记社会责任，争取有所作为，为实现好人民群众的利益和推动社会向前发展做出不懈的努力。

第二,为人民大众服务,为读者服务,一直都是我国新闻业的优良传统。哪怕是在互联网时代,作为大众获取信息的重要渠道,大众媒体及其新闻从业者更应该保证信息的大众化和精简化,既能满足不同文化水平获取信息的需求,同时能够让大众在较短时间内获取更多有效的信息。

第三,随着市场经济的不断发展,媒介商业化成了当下新闻领域发展的一个重要趋势,在经济利益的驱使和媒体竞争日渐激烈的大环境下,有偿新闻、新闻敲诈等新闻从业者道德失范的现象屡有发生,他们为了迎合受众需求,满足自身利益,罔顾职业道德。因此,新闻从业者更应该继承和学习邹韬奋的出版思想,时刻保持自身的专业性和职业操守,完成自己的职业使命。

邹韬奋先生在抗战时期主持下的生活书店对当时的社会和民众产生了非常积极的影响,他展现出来的出版思想和经验在今天仍然闪烁着光芒,他仍是当下新闻从业者学习的榜样,他对新闻事业的热爱精神将永远激励新闻从业者。

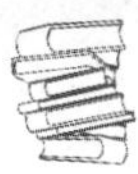

国际共产主义运动对邹韬奋社会主义思想的影响

王华君　常志刚

（山西吕梁学院）

邹韬奋是我国著名新闻人、坚定的共产主义者。1944 年 7 月 24 日，邹韬奋病逝于上海。此前，6 月 2 日他曾口述遗嘱："关于临终处理……火葬骨灰，尽可能设法带往延安，请组织审查追认，以示我坚决奋斗之决心。"[①]同年 9 月，中共中央在唁电中予以回应，追认邹韬奋为共产党员，并称其为"吾党的光荣"[②]。

邹韬奋早期是一位立场较为温和的进步民主人士，为求大众福利，他时常批评社会问题，"意在为社会造福，或为社会除害，其最终目的是在此福之得以造成，或此害得以除去"[③]。但此时的邹韬奋并不热心于社会革命，在他看来，社会革命过于"惨酷"[④]，面对困苦民生，邹韬奋认为"其根本解决乃在于勿于病人之躯体上再动干戈，速谋元气之复元而避免病入膏肓，甚至疾终正寝"。相比暴力革命，邹韬奋更认可通过发展国家资本的方式来"顾到全国民众的衣食住行"，以此解决民生问题，"民生

① 邹嘉骊：《徐伯昕记〈遗言记要〉是韬奋遗嘱的原始版》，《忆韬奋》，生活·读书·新知三联书店 2015 年版，第 560 页。

② 《中共中央电唁邹韬奋先生家属》，1944 年 9 月 28 日，见《韬奋全集》第 1 卷卷首。

③ 邹韬奋：《韬奋全集（增补本）》（第 3 卷），上海人民出版社 2015 年版，第 302 页。

④ 邹韬奋：《韬奋全集（增补本）》（第 3 卷），第 189 页。

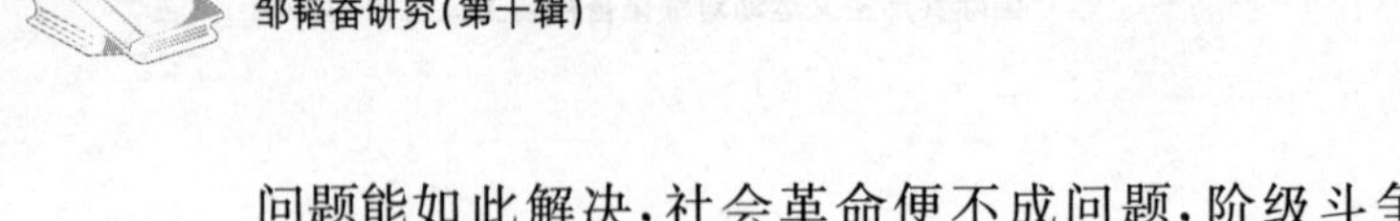

问题能如此解决，社会革命便不成问题，阶级斗争更无由发生”。[①] 这种观点，在“九一八”事变前，在邹韬奋不同时期的稿件里均有所体现。

一、邹韬奋社会主义观念的萌芽

国家危机常常促成知识分子思想的跃迁，“九一八”事变是邹韬奋思想演进的转折点。正如五四运动促进了马克思主义在中国的传播，“九一八”事变后，日渐加深的民族危机使邹韬奋的思想日趋前进，邹韬奋在《生活》《新生》等报刊中广泛宣传抗日斗争，并在这一过程中逐渐接触马克思主义。

“九一八”事变后，邹韬奋关注国际动态，在各刊物上大量刊载国外通讯消息，向国人宣传世界最新的变动信息与进步思想。此时苏联凭借其建设成就以较为正面的形象出现在了邹韬奋的眼中。

1931 年 9 月 26 日，邹韬奋在《生活》上发表了《读〈莫斯科印象记〉》，对苏联的社会主义建设高度评价。《莫斯科印象记》是胡愈之在游历苏联后所写，也是邹韬奋较为全面地接触介绍苏联的客观材料的开始。一周后，邹韬奋又在《生活》刊登了《读〈苏俄观察记〉》，倡导对苏联的光明方面予以学习。1932 年，《生活》刊登了《苏俄的儿童》《苏俄的妇女》等一系列有关苏联的文章。正是在大量接触、阅读乃至介绍宣传苏联有关情况的过程中，邹韬奋对社会主义运动有了较为科学的认识，并在不自觉

① 邹韬奋:《韬奋全集(增补本)》(第 3 卷)，上海人民出版社 2015 年版，第 190 页。

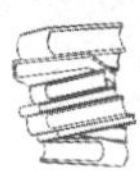

中部分地吸纳了社会主义的观念。①

1932 年时，邹韬奋已经开始用社会主义的阶级分析方法来考察中国阶级问题，“我们所信守的正义，是反对少数特殊阶层剥削大多数劳苦民众的不平行为，换言之，即无论何种政策与行为，必须顾到大多数民众的福利，而不得为少数人假借作享用的工具”，并站在大多数民众的立场上，认为“剥削大多数民众以供少数特殊阶级享用的资本主义的社会制度必将崩溃，为大多数民众谋福利的社会主义的社会制度必将成立”。值得注意的是，此时邹韬奋虽然认为资本主义必将崩溃、社会主义必将胜利，但此时，邹韬奋口中的“必将崩溃”的“资本主义的社会制度”更多地指的是私人资本主义或自由资本主义，他口中的社会主义也并非马克思主义学说中的科学社会主义，很大程度上依然只是孙中山民生主义的另一种称谓，他声称：“孙中山先生的种种救国计划……主张用和平的政治方法来实现社会主义，不主张用惨酷的方法，这个原则实值得我们的信从。”②随着时局进一步恶化，邹韬奋思想的社会主义倾向愈加明显。当年 7 月，“生活出版合作社”成立前后，他更是提出“我们认为中国乃至世界的乱源，都可归结于有榨取的阶级和被榨取的阶级，有压迫的阶级和被压迫的阶级，要消灭这种不幸的现象，只有社会主义的一条路走……中国无出路则已，若有出路，必要走上社会主义这条路。”邹韬奋此时对阶级社会的认识已完全是社会主义性质的，并对暴力革命的合理性有了更加充分的认识，在他看来，如果压迫阶级不到黄河心不死，那么“不得不为长时期而牺牲短时期，

---

① 岳国芳：《抗战时期邹韬奋对中国共产党的认识过程》，《学理论》2013 年第 3 期，第 88—89 页。

② 邹韬奋：《韬奋全集（增补本）》（第 4 卷），第 4 页。

为多数人而牺牲少数人，虽欲避免而无法避免，只得放手去做”。[①] 邹韬奋对暴力革命的态度从反对到认可，这是资本主义的腐朽本质随时局发展得以进一步暴露的结果，也是邹韬奋对科学社会主义认识进一步深化的体现。

二、邹韬奋社会主义观念的发展

邹韬奋因宣传抗日救国、支持爱国运动而受到国民政府的威胁，但他凛然不惧。1933 年 1 月，邹韬奋加入宋庆龄、蔡元培、鲁迅等发起、组织的中国民权保障同盟，并当选为执行委员。此后邹韬奋遭遇的迫害接踵而至。最终于同年 7 月 14 日，被迫流亡海外，前往欧洲。

邹韬奋流亡海外之时主要思考两个问题：世界的大势怎样？中华民族的出路怎样？带着这样的问题，邹韬奋考察了英、法、德、意、美等发达的资本主义国家和社会主义国家苏联。当时资本主义世界刚刚为经济危机重创，陷入严重的社会危机，而苏联的社会主义建设正如火如荼，欣欣向荣。两种社会制度的强烈反差，在邹韬奋眼中清晰地展现出来。邹韬奋通过考察各国实际情况，为裨益中国搜集了大量材料，并就关于欧美见闻写下了大量的笔记，编成三集《萍踪寄语》和《萍踪忆语》，供国人参考。在欧美两年的实地考察与学习，使得邹韬奋的思想更加开阔、趋向进步，而亲眼见证了不同国家发展情况的对比、区别，也使得邹韬奋思想、观点和立场越发接近并最终走向马克思主义。

到达欧洲之后，邹韬奋重点关注英国——这个“‘民治国家’的老大哥”“资本在帝国主义国家的最后堡垒”，其次便是法国，

① 邹韬奋:《韬奋全集(增补本)》(第 4 卷)，第 413 页。

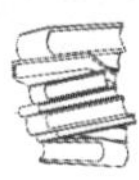

此外，邹韬奋对德意法西斯国家也投注了一定的关注。

在英法，邹韬奋发现许多资本主义的先进之处，也发现资本主义制度随处可见的问题。诸如伦敦、巴黎这样的资本主义大都市，表面上仍然繁华，但劳动人民却生活在贫穷与饥饿当中：伦敦的贫民窟，遍布包括“皇家区”在内的伦敦全域，贫民窟房屋拥挤潮湿，贫民衣衫褴褛，与疾病为伍，甚至病死饿死也得不到有效救济。伦敦失业女性时常要“陪人过夜得些收入”，街道上随处可见乞讨者，其中甚至有一位大学教授。而此时的英国议会正在“代议制度的民主政治”下进行“绅士式的战争”[①]，作出一副关注人民的虚伪面貌却拿不出任何可行办法，他们对工人的救济方法甚至“以极力减少人数和极力减少救济费为原则”[②]，以各种名目尽可能削减救济经费，还不顾工人贫穷的事实，要拆除贫民窟，让贫民租住价格昂贵的新屋。而巴黎也好不过伦敦，表面上“繁华作乐的世界”紧贴着衣衫褴褛蓬头垢面的穷人，街道上常见“野鸡”（卖淫女）。对于资本主义世界中极富与极贫的并立、富人对穷人的漠不关心，邹韬奋痛斥为人间地狱。[③]

邹韬奋站在社会大众的立场上批评资本主义国家“伪民主政治”的虚伪，指出在资本主义社会中的“自由”不过是剥削阶级借以欺骗被剥削阶级的幌子，如卖淫女，看似拥有人身自由，但“在经济压迫下的‘自由’，其真义如何也可想见，在表面上似乎没什么人迫她们卖淫，尽可以强说她们‘自由’卖淫，实际还不是受着压迫——经济压迫——才干的”。邹韬奋看来，这可以看出“资本主义化的社会里面‘事事商品化’的极致”，而看似自由而

① 邹韬奋：《韬奋全集（增补本）》（第5卷），第759页。
② 邹韬奋：《韬奋全集（增补本）》（第5卷），第763页。
③ 邹韬奋：《韬奋全集（增补本）》（第5卷），第764页。

实则受到剥削阶级压迫的又是否仅此一例？不然，“变相的‘公娼’和‘野鸡’正多着哩!”[1]

作为一名报人，邹韬奋还热心考察英法的报业发展，希望能够对中国的报业有所促进。随着考察的进行，邹韬奋发现英法报业实际上普遍受资本集团的操纵，技术方面固有其先进之处，但政治立场不值得效仿。邹韬奋旅居英国伦敦时注意到，“失业工人绝望投河”与“军官小姐意外落水”这两个发生在同一时间的事件，除了《每日工人》(英国共产党机关报)外，几乎所有报纸都选择了报道后者，“资本主义的报纸多把这新闻大载而特载……而那位失业投河的工人，在新闻纸上的‘惊人消息’，却远比不上这位跳舞晚归乘着汽车驶入泰晤士河的小姐!”[2]而法国报纸，“除左派如社会党及共产党的机关报对中国不说坏话外，其余报纸对中国的态度没有不是坏的”。[3] 可以看出，英法两国共产党报纸的仗义执言使得邹韬奋对共产党人的认识更加正面、友善。

三、邹韬奋社会主义观念的确立

1934 年 7 月至 9 月，邹韬奋赴苏联考察，此前他已游览欧洲英、法、德、意等资本主义国家。在邹韬奋对两个月的旅苏经历的笔记中，能够很明显地看出邹韬奋思想已经彻底转变到社会主义一方。

在考察苏联之后，邹韬奋对自己曾提出的“世界的大势怎样?”“中华民族的出路怎样?”两个问题给出了回答:“用更严酷

---

① 邹韬奋:《韬奋全集(增补本)》(第 5 卷)，第 692 页。
② 邹韬奋:《韬奋全集(增补本)》(第 5 卷)，第 730 页。
③ 邹韬奋:《韬奋全集(增补本)》(第 5 卷)，第 701 页。

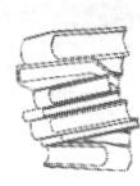

的手段，替旧制度做最后的挣扎；根本改造束缚着生产力的社会组织，代以为大众福利尽量利用进步生产力的社会组织……世界便在这两条路的斗争中”“最重要的当然在努力于民族解放的斗争……中心力量须在和帝国主义的利益根本不两立的中国的勤劳大众的组织”。[①]

邹韬奋在前往苏联途中应邀加入“美国全国学生同盟”访苏团队，与其一起受到苏联方面的接待。他考察苏联两个月，有过半时间逗留在莫斯科，他称莫斯科为新社会的中心“实验室”和“苏联努力建设的指南针”。在此，邹韬奋对苏联的社会概要有了一定的认识。

在莫斯科，邹韬奋参观了学校、公园、托儿所、堕胎院、幼稚园、治疗院、博物馆、政府机关、工厂、工人居住区、民事注册局、公社、集体农庄等单位，涉及苏联社会的各个方面。邹韬奋欣喜地发现，苏联的政治、经济、教育、娱乐、儿童、妇女、家庭等诸多方面都与此前所见的欧洲资本主义国家完全不同，苏联这一社会主义新世界使邹韬奋大感振奋。

邹韬奋发现社会主义苏联中充满了建设热情与活力，物质文明的建设最是直观。

资本主义一向以丰富的物质财富生产被视为先进，可贫民窟却是资本主义世界繁华都市的伴生物，如邹韬奋此前所见的伦敦和巴黎，“世界上各著名的‘文明’首都都免不了贫民窟的点缀”，而独苏联与之不同。邹韬奋看到的莫斯科，“最使我们注目的，是随处都可看见仍在继续建造中的道路，仍在继续建筑中的房屋，仍在继续布置中的公园和草地”。“一座一座的钢骨水泥新建四五层高的新式住宅——劳动者的住宅——有许多玻璃帘

① 邹韬奋:《韬奋全集(增补本)》(第6卷),第10—13页。

引进充足的阳光和空气,阳台上摆着花草,玻璃帘上挂着帘帷。”不独住房,莫斯科的居民们——“这些在别国都是贫民窟的人物”——看到他们一行人“都欣欣然笑容可掬地举手欢呼”,这让邹韬奋感慨:“这里真是别有天地。”[①]邹韬奋了解到,在革命前莫斯科的与其他帝国主义国家并无不同。“贫民窟的破屋,每屋有四五间用破板隔着的狭隘黑暗龌龊潮湿的‘斗室’里面堆塞着贫民三十四万人!每个‘斗室’里塞满着已娶的和单身的,儿童和成人,未病的和已病的,堆塞在一起有无床铺当然顾不到,箱子上地上随处都睡,把破烂的衣服蒙在身上当被窝。”[②]是十月革命、苏联共产党的社会主义建设改变了这一切。

物质建设只是苏联先进性的一部分,除了丰富的物质财富,苏联的民生社会建设也让邹韬奋耳目一新。

如妓女问题,这一是从未被真正解决过的问题,尤其是在资本主义国家,贫穷与妓女从来都是理所当然。在妓女问题的处理方法上,邹韬奋发现苏联意识到妓女制度之根本的社会的原因是“妇女没有工作,没有人照顾她”,而他们解决妓女问题的方法“就广义上说,新式的婚姻制度,广播的宣传和教育的工作”,“就狭义或更直接的方面说,专为收容妓女而设的治疗院,收到了很好的功效……除为妓女医治花柳病外,同时还授以相当的教育和工作的技能,使她们能成为自立的有用的公民”。[③] 在莫斯科的一座治疗院中,邹韬奋得知,该所治疗所十年中已有3205 名妇女经过学习重新步入苏联社会,她们有做工程师的,有做医师的,有做音乐师的,做了工厂女工,有的还入了党,全都有了正经营生。使妓女获得足以谋生的一技之长,这是苏联找

---

① 邹韬奋:《韬奋全集(增补本)》(第 6 卷),第 49—50 页。
② 邹韬奋:《韬奋全集(增补本)》(第 6 卷),第 48 页。
③ 邹韬奋:《韬奋全集(增补本)》(第 6 卷),第 98—99 页。

到的根治妓女问题的方法。

而相比之下，在西欧的“文明”国家里，对付妓女问题的“唯一方法是依靠宗教和警察。牧师们把贞操道德的空话、天堂地狱的鬼话来骗人，实效如何，无须追问。警察的办法，例如柏林，他们把游街的妓女赶到咖啡馆里去。在伦敦，他们只许妓女游街，不许久立在一处，否则便要拉到警署去罚款。警察走过了，游街的还是游街站班的还是站班！”[①]资本主义与社会主义两种社会制度高下立判。

社会主义以无产阶级人民大众为根本，苏联在劳动人民的休养待遇方面，开放克里米亚给工农大众。克里米亚是被认为是苏联最美的区域，在俄罗斯帝国时期，克里米亚被贵族和富有的资产阶级独占，他们在克里米亚南方沿海修建了宏丽的别墅和官邸，而革命之后，这些别墅和宫殿成了苏联开放给大众的修养胜地，每季由苏联各地到此疗养或者度假中到此修养游玩的大众，在二十万人以上。“从前为少数剥削者所占有的无数别墅和官邸，现在都成为勤劳大众的疗养院和休养院了！”尼古拉二世在雅尔塔遗留下来的“最美丽的别墅，现在却成为工农大众的一个最好的疗养院了！”不过二十年时间，工农大众的地位有了如此的提高，邹韬奋无比欣喜，他直感叹：“这是多么痛快的一件事啊！”[②]克里米亚的疗养院是苏联最好的，却不是苏联唯一的。苏联的疗养院，劳动者和他们的子女都有免费疗养的机会。相比之下占着资本主义老大哥地位的英国伦敦，有“失业的工人的妻子已生了肺炎，因没有钱请医生而延误送命”这样的悲惨事件。[③]

---

① 邹韬奋：《韬奋全集（增补本）》（第6卷），第97页。
② 邹韬奋：《韬奋全集（增补本）》（第6卷），第192页。
③ 邹韬奋：《韬奋全集（增补本）》（第6卷），第69页。

在精神文明建设上。苏联采取了许多资本主义国家不曾用过的新方式:每年青年日举行的鼓舞大众的振作精神和前进的勇气,号召大众“为工作和防卫而准备”的“运动大检阅”,而英国,一边举行着“休战纪念日”一边准备战争;苏联大量修建博物馆,将博物馆大众化,苏联的博物馆多和他们的现代生活联络起来,是为劳苦大众而设立的,如妇孺卫护博物馆、革命博物馆、反宗教博物馆等,而帝国主义的博物馆要么是“古文化的坟墓”,要么装饰着帝国主义和宗教势力的“丰功伟绩”,无论如何,总之是供贵族和布尔乔亚这样的有闲阶级来鉴赏;苏联的教育实现大众化,实行免费的教育,在高校就学的学生按月还有津贴,学习中注重培养学生的艺术感,英法等资本主义国家的教育名目各异,总归是实行以家世财力为区别的“双轨制”教育制度,优雅只属于富人……

社会主义苏联与资本主义西欧之间,诸如此类的强烈反差比比皆是,孰优孰劣,一目了然。

邹韬奋看出,苏联的建设成就如此之大,归根结底是列宁及其后继者的领导的布尔什维克站在大众一边。苏联的共产党员不多,但“这少数分子是具有阶级使命的意识和自我牺牲决心的人们……于大众有益的最艰难最吃苦的事情,便由党员去干”。苏联的党员承担着比一般工作者更艰巨的责任和义务,不拥有超过一般人的特权。与资产阶级的政党成员借党员的身份来获得特权相比,功能作用完全不同。因此有着远超资产阶级政党的领导和组织能力。[①] 正是由于有这样的先进性,韬奋对苏联的列宁式政党无比钦佩。

---

① 邹韬奋:《韬奋全集(增补本)》(第6卷),第280页。

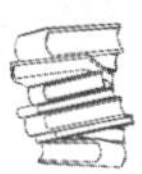

四、邹韬奋对资本主义与社会主义的比较

随着对世界各主要国家考察的推进，邹韬奋愈发清晰地意识到“时代的巨轮一天天更猛烈地向前推进着，只有革命和反革命的两条路线，没有什么中立的余地了”[①]。离开苏联本欲回国的邹韬奋应美国学生同盟之邀来到美国，他发现美国是一个资本势力最为强大，而革命的运动也蓬勃发展的国家。

当邹韬奋来到纽约这一“资本主义世界最富有的城市”时，他首先看到的是这样的场景：“当你乘着悬空电车‘巡阅’这好像‘一片汪洋的’贫民窟的时候同时可以望得见第五路和公园路的富豪的高耸云霄的宏丽大厦，和贫民窟的破烂房屋相对照，可作为资本主义社会的代表型的写真。”“一是天堂，一是地狱。这两方面的人，一方面是靠着剥削他人血汗所获得的利润；一方面是靠着出卖苦力来勉强过活。”[②]资本主义最为发达的美国也如英法一样，都是靠着残酷的剥削来维持富人阶层的生活。

而美国毕竟是资本主义最发达国家，是经典马克思主义理论中最可能实现社会主义胜利的国家，美国不仅有繁荣的资本世纪和残酷的压迫剥削，还有正发展迅猛的进步运动。

在纽约，邹韬奋看到了许多类似苏联社会主义国家的事物。他多次目睹革命青年（实为美国共产党）组织的示威运动，其规模往往能够达到数万人甚至数十万人。美国共产党及革命青年在革命运动的各种事务上同样具备邹韬奋在莫斯科看到的那种列宁式政党的服务精神，他们同样的为革命事业尽着高于一般

① 邹韬奋：《韬奋全集（增补本）》（第7卷），第303页。

② 邹韬奋：《韬奋全集（增补本）》（第7卷），第332页。

群众的义务，邹韬奋感慨于美国革命运动“团结的奋发的精神”，并称“最被这种精神所感动”[①]。在那些领导社会运动的革命青年中，邹韬奋发现许多是与他同往苏联的美国学生(其中不少是大资本家的子女)，在苏联的经历使他们觉醒，如今已加入了共产党，领导美国的青年运动，对内积极努力于解放劳苦大众的工作，无孔不入地从各方面扩大革新的势力，对外反对侵略和压迫弱小民族，立志实现社会主义。[②]

美国旧金山码头工人的劳动运动尤其受邹韬奋关注，这里的工人运动取得了巨大胜利，旧金山码头工人工会有了自己的雇用事务所——一家真正属于码头工人的事务所，他发现，这里的劳工团结乐观，又具有国际主义精神，“这种情形，以前只在苏联看见过”[③]。在美国南方，全美最为保守与顽固的地区，邹韬奋应邀参加了美国共产党的秘密干部会议，了解到了青年革命者们克服险阻领导劳工运动——尤其是黑人劳工运动的事迹，邹韬奋如此评价：“这是未来的光明灿烂的世界所放出的一线曙光！”“我要馨香膜拜迎接这一线的曙光！”[④]邹韬奋此时已经完全融入了解放劳苦大众的运动。

1935 年 7 月，尚在美国的邹韬奋与留美的中国共产党人徐永瑛谈话时说：“社会主义与资本主义不是可任意选择的两条路。中华民族的彻底解放，只有在社会主义的无产阶级政党的共产党领导下，才能获救。而且也必定朝着社会主义的方向走去。”[⑤]这番谈话标志着邹韬奋已经完全由一位民主进步人士转

① 邹韬奋:《韬奋全集(增补本)》(第 7 卷)，第 337—338 页。
② 邹韬奋:《韬奋全集(增补本)》(第 7 卷)，第 496—497 页。
③ 邹韬奋:《韬奋全集(增补本)》(第 7 卷)，第 544—545 页。
④ 邹韬奋:《韬奋全集(增补本)》(第 7 卷)，第 477 页。
⑤ 沈谦芳:《邹韬奋与中国共产党》，《学术月刊》1995 年第 12 期，第 66—71 页。

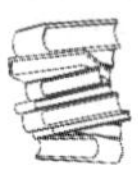

变为坚定的共产主义战士。

五、结语

1935年8月，邹韬奋由美国返回中国。归国后的邹韬奋积极响应中国共产党的号召，并与中国共产党相互配合。1936年7月15日，邹韬奋、沈钧儒、宋庆龄等人联名发表了由共产党人胡愈之起草的《团结御侮的几个基本条件与最低要求》，阐述联合救亡的立场，赞同中国共产党的《八一宣言》及其团结抗战政策。后代表上海文化界救国会与中国共产党进行接触，并与周恩来建立起深厚的友谊。全面抗战时期，邹韬奋多次向周恩来、刘季平等提出加入中国共产党的请求。“皖南事变”后，邹韬奋配合中国共产党转移重庆、桂林等地的大批民主人士和文化界人士到香港，建立新的文化阵地[①]……虽未正式加入中国共产党外，但此时的邹韬奋已与一位真正的共产党人无异。

归国后的邹韬奋站在中华民族的立场上倡导团结一致抗日救国，中国共产党的团结抗战策略使得他越发与之贴近，在精神上信仰共产主义，并最终选择加入中国共产党。邹韬奋对共产主义和中国共产党由误解、排斥到逐渐理解、信奉，这是国内与国际的大环境、内在人格素养与外在环境共同促成的结果，而邹韬奋的这一转变不仅是他个人选择的体现，也是革命战争时代进步民主人士对共产党心向往之的一个剪影。

① 张守参、王文欣：《民主战士邹韬奋入党纪事》，《党史纵览》2001年第5期，第45—47页。

《生活》周刊的科学传播研究(1926—1933)

——将民众启蒙与生活启蒙相结合

卢　迪
(青岛大学)

鸦片战争后,为了抵抗外来侵略摆脱挨打的局面,近代科学成为中国富国强兵的武器,在中国得到了广泛传播。新文化运动之前,“科学”一直被当作为政治服务的“婢女”,其独立地位没有被认识到,直到新文化运动举起“赛先生”的旗帜,才使科学观念得到了空前发扬,中国进入了一个崇尚科学的“新时代”。但是,“科学”及其实践在此后(主要指新文化运动结束后的20世纪二三十年代)又是如何演变和发展的?本文以新文化运动后产生较大影响力的《生活》周刊为对象,试图探讨其科学传播活动以及与新文化运动的关系。通过梳理《生活》周刊的科学传播内容,文章试图解决三个问题:1.一份带有都市生活色彩的综合性杂志为什么选择传播科学;2.《生活》周刊是否能够实现对普通民众进行科学普及的愿望;3.《生活》周刊的科学传播活动与新文化运动之间的联系。

一、《生活》周刊为何选择“科学”

(一)《生活》周刊科学传播的社会环境

从文化环境、媒介环境和科学发展环境等多维度探讨《生

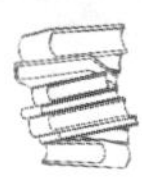

活》周刊所处的时代背景,有利于梳理《生活》周刊的科学实践活动与当时文化、媒介和科学事业之间错综复杂的内在关系。

新文化运动时期对"科学"的倡导,使"科学"的优势逐渐形成,这种优势对社会各领域起着重要的影响。在"启民智,开风气"观念的影响下,20 世纪二三十年代"出现了以国民政府为主体的民众科学教育运动和以知识分子为主体的'科学下嫁运动'等民众教育实践"。[①] 这些科学普及实践开始打破科学的神秘性,将科学知识、科学精神和科学进展以一种通俗有趣的方式介绍给民众,使科学更贴近生活,达到启蒙民智,解放思想,科学救国的目的。正是有了政府和知识界对社会公众科学化的倡导,才使得科学走向大众的途径更为顺畅。

报刊业的繁荣发展也为推动科学广泛有效传播、促进科学走向社会提供了重要渠道。据中国科学社在 1933 年 8 月统计:"单就刊物而论,除本社出版最早(也可算在本国最早)之科学外,有科学月刊、自然界、自然科学、学艺、科学世界、科学的中国等定期刊物,不亚数十种。"[②]

即便是政论、文艺类期刊、新闻类的报纸也都刊登科学知识或设立科学专栏,这表明对普通民众进行科学普及成为当时报刊业共识。正如 1933 年《科学画报》发刊辞所说,"这几年来提倡科学的声浪在国内已相当的澎湃",提倡科学的声音"从空谷的足音,已得了鹤鸣的唱和"。[③]

此外,研究二三十年代"科学思潮"的高涨而不将其与当时

① 霍益萍:《科学家与中国近代科普和科学教育》,《科学普及出版社》2007 年版,第 14—15 页。

② 贾晓慧:《中国 20 世纪 30 年代科学化运动与现实启迪》,《自然辩证法究》2004 年版,第 74—76、103 页。

③ 贾晓慧:《中国 20 世纪 30 年代科学化运动与现实启迪》,《自然辩证法究》2004 年版,第 74—76、103 页。

的科学研究、科学事业、科学实践等联系起来的话,那么“科学思潮”也就成了“无源之水”。“中国近现代真正的科学研究是在20世纪20年代开始的。”①这个时期科学家群体逐渐形成,中央研究院建立,各学术机关成立,中国科学体制真正形成,许多学科领域也取得了相当辉煌的成就。现代科学的振兴点燃了一代知识分子向民众传播科学的热情。《生活》周刊就是在这样的背景下创办的,作为一份市场化报纸,“科学”必然成为其迎合受众偏好以及符合行业发展动态的选择,以《生活》周刊为阵地,面向广大民众宣传“科学”,将科学作为解放思想,确立科学生活方式的有力武器,成为当时先进知识分子的选择之一。

(二)“科学”成为《生活》周刊实现刊物宗旨的手段

《生活》周刊初期是中华职业教育社的机关刊物,职教社一直十分注重民众教育,希望将科学技术和现代文化带入普通民众的职业发展中,其月刊《教育与职业》杂志刊出“农业教育号”用科学技术和科学理念指导农民发展农业生产,将科学知识与农业生产实践结合起来。《生活》周刊的宗旨与职教社一脉相承,“科学”作为指导职业发展不可或缺的一部分,也被《生活》传承了下来。

自邹韬奋1926年接办《生活》后,其刊物性质变为“都市生活报刊”,第五卷明确刊物宗旨为“以生动的文字,有趣味有价值的材料,暗示人生修养,唤起服务精神,力谋社会改造”,并在报头附上英文“THE LIFE WEEKLY (DEVOTED TO SOCIAL DEVELOPMENT OF CHINA)”即“《生活》周刊致力于中国社会的发展”。受到改良主义和杜威实用主义的影响,邹韬奋希望以一种温和渐进的“改革方式”塑造新国民、新家庭从而谋求社

① 段治文:《中国现代科学文化的兴起(1919—1936)》,上海人民出版社2001版,第80页。

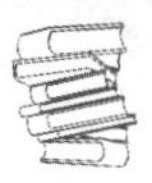

会进步与国家发展。

生活方式变化直接或间接地影响着一个人的思想意识和价值观念也与一个国家的建设息息相关。正如傅斯年所说:"传统是不死的,在生活方式未改变前,尤其不死……生活方式既改,传统也要大受折磨。"[①]所以,邹韬奋选择"生活"作为其尝试"改革"起点,希望走向生活与国家改造相结合的理想之路。如何实现对大众的生活启蒙?韬奋在《生活》的一篇文章中曾说道:"使世界上的生活改进最速的,不是战场、不是政治的议事厅,不是经济的组织,是科学的实验室。"[②]

让什么样的科学融入生活?怎样让科学与民众发生关系?邹韬奋找准刊物与读者定位,邹韬奋选稿注重"有趣味有价值"的材料,他认为"有趣味"是"切合读者需要的材料",是雅俗共赏的,"有价值"指的是必须使人在进德修业上得到一些灵感。所以他在传播科学内容时抛开晦涩难懂的科学技术和科学原理,向读者介绍他们感兴趣的、与日常生活息息相关的科学内容。与同时期的《东方杂志》相比,在介绍爱因斯坦时《生活》并没有解释其晦涩难懂的相对论,而是选择他有价值的经历和性格特点,希望读者在开阔眼界、满足娱乐的同时从科学家的奋斗经历和科学研究历程中得到人生启迪。通过对《生活》周刊科学传播内容的统计发现,"健康"是《生活》谈论最多的话题。因为对普通百姓来说"健康"问题是生活的重要问题,《生活》围绕"健康"介绍了许多有关日常疾病和卫生防护内容,并介绍多种健身方法,鼓励国人积极参加体育运动从而养成健康之体格抵御国外侵略。

---

① 傅斯年:《中国学校制度之批评》,《傅斯年全集》(第 6 册),联经出版事业公司 1980 年版,第 124—125 页。

② 心水:《大发明家告诉我们未来的奇怪世界》,《生活》1927 年第 2 卷第 23 期。

通过传播这些科学内容《生活》希望读者生活中可以融入更多科学色彩,从而打开他们封闭的思想大门,摆脱旧思想的束缚,引导读者解决生活问题,为社会的改造与进步扫清障碍,这也正是《生活》周刊科学传播活动的重要意义。

(三) 受主编编辑思想和理念的影响

报刊的性质和传播内容体现了编辑的思想和理念,《生活》周刊对科学的偏爱体现了主编邹韬奋个人对于科学的崇尚,反过来邹韬奋对科学的关注也将通过《生活》表现出来。1926 年 10 月,邹韬奋接手《生活》周刊,成为《生活》周刊的编辑兼主笔,发表有关科学传播的文章最多。韬奋作为成长于五四时期的新型知识分子,新式教育和新思想为其奠定了坚定的科学信仰,同时又受到新文化运动和"科学救国"思潮的影响,"科学精神"已融入了他的血脉。韬奋从中学起就对科学表现出极大兴趣,他曾"到图书馆里去看几种英文的杂志,选择一些东西。这选译并不是什么长篇答问,只是几百字的短篇的材料,例如体育杂志、科学杂志等等里面的零星的材料,大讲其健康或卫生的方法,以及科学上形形色色的有趣的发明"。①

良好的英语水平也为其进行科学传播活动奠定了基础。韬奋在求学期间便开始给各大报刊投稿,从 1919 年初至 1920 年底,韬奋共翻译了 20 多篇文章,刊登在《申报》《新中国》《时事新报》等刊物上,这些译文都向大众普及了科学、卫生知识,介绍了西方先进文化。② 韬奋毕业后在上海职业教育机关和《申报》社兼职翻译,翻译一些国外新闻和书籍。《生活》周刊中有关科学内容的文章大部分是韬奋从各中西杂志中摘译过来的。"那时

---

① 邹韬奋:《经历》,西北大学出版社 2019 年版,第 17 页。

② 任兰:《教育与民众:邹韬奋的民众观与职业选择》,《新闻世界》2015 年第 3 期,第 88—89 页。

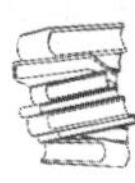

没有听到什么'资料室'的名词,补救的办法是光杆编辑采用了'跑街'政策,常常到上海的棋盘街和四川路一带跑,在那一带的中西书店里东奔西窜,东翻西阅,利用现成的'资料室'。"[①]上海棋盘街是当时有名的文化街,书店林立,凡大书局必在此设立窗口。当时比较有名的出版机构,例如商务印书馆、中华书局、申报馆、广学会,这些出版机构翻译出版的大量科学书籍也成为韬奋获得科学知识的重要来源。

除邹韬奋外,《生活》周刊编辑部其他同人,例如徐伯昕、毕云程、胡愈之等都是新文化运动时期成长起来的新式知识分子,他们崇尚西方的科学精神,同时具有传统儒家思想中"修身治国平天下"的精神特质。中国内忧外患的境况唤起了他们的忧患意识和治国平天下的责任感,他们掀起科学思潮,作为开启民智,造就新国民,谋求社会进步的方法。

二、《生活》周刊:一种到达大众生活的科学传播实践

"赛先生"作为五四新文化运动的主要旗帜,在"革命"之后人们对其面孔的认识已从模糊逐渐清晰,并拥有了自己的独立地位。20 世纪二三十年代也是我国报刊发展的迅猛时期,媒介的传播格局开始发生转变,媒介的发展推动了科学冲破了原有在社会上传发展的藩篱,开始走进普通大众。一系列报刊或是以传播科学为主或是开辟科学专栏,开展了以"让民众掌握科学"为主要使命的科学传播实践。《生活》周刊作为将"科学"与大众生活相结合的"新媒介",使得原来被遮蔽的民众与科学的关系得到彰显,逐渐走向以民众为传播对象的科学传播实践

① 邹韬奋:《经历》,第 70 页。

之路。

(一) 目标受众:以普通大众作为传播科学的对象

自明清传入中国以来,“科学”一直囿于精英圈层,一般民众连“格致”和“科学”为何物都不知。正如程时煃所说:“过去的科学运动,总在上层士绅阶级做工夫……广大民众无与焉!我们今后要从切实的基础下手,把科学的精髓一点一滴地渗入民众的细胞里去。”[①]只有将“普通民众”置于科学传播的核心位置,才能使科学顺利走向民众。直到1915年新文化运动兴起,科学与民主观念得到了空前发扬,“科学”才逐步走出精英圈层,开始意识到向民众传播科学的重要性。新文化运动者们认为拯救国家危亡要先用“科学”启蒙民智,科学在知识分子之间传播是撼动中国的思想根基,只有让普通民众了解科学才能使落后腐朽的中国走出封建思想的阴霾。从此,科学开始走进普通大众的视野。

新文化运动虽然意识到了科学要走向大众,但真正触及的受众大部分是知识分子和青年学生,对于文化程度较低的普通大众的影响则还属于浅层次。20世纪二三十年代的科学传播活动反思新文化运动时期宣传科学思想的不足,开始真正关注如何将科学与民众联合起来。《生活》周刊随着刊物性质由中华职教社刊物转变为都市生活期刊,其宗旨和读者定位逐步清晰,已渐出职业修养和职业指导,回归到“生活”的本义——以谈论民众日常社会生活为主。

邹韬奋作为一位有着崇高理想的出版家,他对自己的定位就是要做一个“永远立于大众立场的新闻记者”,他曾言只有一

---

① 贾晓慧:《中国20世纪30年代科学化运动与现实启迪》,《自然辩证法》2004年第7期,第74—76、103页。

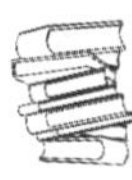

个理想，就是要创办一种为大众所爱读，为大众作喉舌的刊物。[①]《生活》周刊就是他出版理想的具体实践。

邹韬奋在《本刊与民众》中明确将《生活》的读者对象定为“民众”，何为民众，邹韬奋指出“搜刮民膏摧残国势的军阀与贪官污吏不在内；兴波作浪，朝秦暮楚，唯个人私利是图的无耻政客不在内；虐待职工不顾人道主义的惨酷资本家不在内；徒赖遗产，除易世珠及无谓消遣以外，对于人群毫无益的蠹虫也不在内。除此之外，一般有正当职业或正在准备加入正当职业的平民都在内，尤其是这般人里面受额制度压迫特甚的部分。”[②]根据文章表述，《生活》周刊的读者是包括工、农、学、商在内的普通民众。《生活周刊究竟是谁的?》更明确地解释了《生活》的服务对象和目标，“我们的意思是要表明生活周刊是以读者的利益为鹄的”“这样看来，生活周刊究竟是社会的”。[③] 由此可见《生活》的读者就是大众，在赵文对《生活》周刊读者对象的研究中，发现《生活》的读者无所不包，学生、教师、店员、学徒、农村青年、工人、公务人员、士兵以及贩夫走卒都是《生活》的读者。[④] 韬奋说：“大众文化的基本条件是要大众化，是要不忘却大众，是要切合于大众的真正需要，是要能培养大众的伟大的力量，是要能适合于大众的容受性。”[⑤]立足于大众的编辑原则，不仅是邹韬奋自身的定位同时也是《生活》周刊的定位。从目标受众的角度来看，《生活》周刊将普通民众作为传播对象符合向民众进行科学传播的核心价值。

---

① 邹韬奋:《韬奋全集》(第 6 卷),第 679 页。

② 邹韬奋:《本刊与民众》,《生活》1927 年第 2 卷第 21 期。

③ 邹韬奋:《生活周刊究竟是谁的?》,《生活》1928 年第 4 卷第 1 期。

④ 赵文:《〈生活〉周刊与城市平民文化》,复旦大学博士学位论文,2009 年。

⑤ 黄勇:《出版家韬奋:理想和理念》,《出版与印刷》2018 年第 4 期,第 72—77 页。

(二)目标受众的收入水平和支付能力

1925年《生活》周刊初创时只是一份四开一张的小报,每期零售价三个铜板,1928年零售价格调整到每期8个铜板(约合三分钱),全年共五十二期,连邮费共银一元。1929年《生活》调整售价,零售每份两分半,国内连邮费增至一元两角。迫于生存压力,《生活》周刊于1931年2月1日改订价格为零售每期三分二,预定全年国内连邮费一元五角。将《生活》与上海同时期含有科学内容杂志相比,价格还是相当低廉,当时《申报月刊》每期二角五分、《东方杂志》零售一角五分、主张"把普通科学智识和新闻输送到民间去"[①]的《科学画报》每期大洋两角。虽然与同期杂志相比,《生活》周刊售价低廉,但《生活》周刊所定位的普通民众,具有这样的支付能力吗?

王蓉汇总了20世纪二三十年代我国各地农家平均每家年收入,统计显示中国北部农家平均年收入为217.64元、中国中东部农家平均年收入为230.98元。[②] 据张东刚的调查,民国时期农家平均年收入200—300元之间最多。[③] 所以,农民虽然购买《生活》周刊有些困难,但依然存在购买的可能性。

民国时期工人的工资略高于农民,一般来说,高级技工每月收入数十元,工头为20元左右,普通工人基本处于日入三四角,月入10元左右的收入水平。[④] 从全国平均水平来看,工人平均

---

① 曹培鑫、梁轩:《科学传播的中国语境:实践的历史与中西对话》,《现代传播(中国传媒大学学报)》2020年第42期,第42—46页。

② 王蓉:《民国农民贫困问题初探》,武汉大学博士学位论文,2010年。

③ 曹培鑫、梁轩:《科学传播的中国语境:实践的历史与中西对话》,《现代传播(中国传媒大学学报)》2020年第42期,第42—46页。

④ 杨兴隆:《民国初期各阶层的收入水平与生活状况》,《经济社会史论》2015年第3期,第106—115、128页。

每家全年收入以200—300元之间为最多。[①] 在一项对各类工人平均每家全年杂项费用统计分析中，上海工人娱乐费用从20—50元不等，占杂费的30%以上，甚至达到40%。[②] 从此可以推断，工人能够负担得起购买《生活》周刊的费用，一元一本的《生活》周刊是可能成为上海工人的读物的。

至于处于社会的中上层者，根据杨兴隆的研究，民国初期处于社会上层者，如政府官员、大学教授等月收入可达数百元，中产阶层如中学教师、报社编辑月入数十元至百元不等。[③] 所以，对于他们来说是完全可以负担《生活》周刊的购买费用的。综上，《生活》周刊以普通大众为读者定位，其价格在这一群体的普遍购买力之内。

(三) 科学传播内容是否符合目标受众需要

《生活》周刊在目标受众和刊物定价上符合"科学走向大众"的要求，那么《生活》传播的内容能否符合普通民众的阅读兴趣，满足他们的需要吗?

通过整理文本资料，《生活》的科学传播内容可大致分为11类，分别是科学人物、医药卫生、健康、科学进展、实业、心理学、经济学、科学教育、法律、马克思主义和杂俎。其中涉及内容较多的是健康和医学卫生，共有文章129篇，占科学传播内容的34%。

民国时期社会动荡、天灾频发，加上民众缺乏医学常识，卫

---

① 国际劳工局中国分局编:《中国劳工阶级生活费之分析》,《国际劳工通讯》1938年第11期,第14页。

② 匡丹丹:《上海工人的收入与生活状况(1927—1937)》,华中师范大学硕士学位论文,2008年。

③ 杨兴隆:《民国初期各阶层的收入水平与生活状况》,《经济社会史论》2015年第3期,第106—115、128页。

生意识低下,当时社会面临着各种传染病广泛流行的威胁,像天花、霍乱、痢疾、疟疾等。1926 年是上海传染病较为猖獗的一年,人们受到了霍乱和痢疾的双重威胁,中国百姓缺乏卫生观念,同时又受封建思想蒙蔽,在疫情来袭时只能将希望寄托于盂兰会。《生活》周刊向群众介绍了诸多有关个人卫生和公共卫生的知识,例如《科学救命》告诉读者自来水经过科学消毒并过滤可以减少伤寒病的发生,应该饮用经过过滤杀菌的自来水;《一只苍蝇身上竟有六百万微生虫》告诉读者苍蝇身上微生虫多且传播快,容易传播疾病,在夏季应该灭蝇,食物应避免与蝇虫接触。这些卫生常识在今天看来习以为常,但当时这些卫生问题却是导致疾病流行的重要原因,像霍乱、伤寒、痢疾还有一些寄生虫病皆是饮水饮食不净引起的。

在注意卫生的基础上,《生活》还倡导大家注重身体锻炼,只有养成健康的体格才能增强疾病的抵抗能力。例如《健身操练的准备》一文,作者就上肢、下肢、颈部和腹部如何操练的具体方式进行了详细介绍,并配上图片加以示范。此外,《生活》还将工农生产经验纳入"科学"范畴内,介绍了许多与工农生产相关的内容,将科学与人们的生产经验结合起来。例如《八石四斗的空前记录》介绍了日本将科学实验用于农业发展,希望我国也可以借鉴以提高粮食产量;《小而大的问题》介绍了中国的酱油业;《创制中国电风扇的杨济川君》介绍了杨济川发明电风扇的经历。这些文章并不是科学共同体的旨趣,而是关注普通民众实际需要和普遍兴趣的基础上,进行文章题材的选择。这些科学文章文字通俗有趣,符合普通民众的知识水平,内容贴近生活和当时的社会环境,符合普通民众的日常需求。

综上所述,《生活》周刊不仅将普通民众当作目标受众,而且

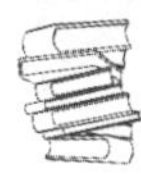

报价低廉,不以盈利性为导向,可以满足购买力偏低的工农阶级需求,在内容上也从实际出发,避免晦涩难懂的科学原理,一切以"科学为人民大众服务"为目标,将普通大众当做科学真正的服务对象。

三、《生活》周刊与新文化运动科学传播之关系

(一) 对"科学"的认识比新文化运动时期更成熟

学者樊洪业对新文化运动时期的科学进行考察时说道:"人们总觉得赛先生的面孔有些苍白或是模糊,可其中原因,恐怕大半是因为学者多以革命史的视角去研究新文化运动"[①],而很少侧重科学本身的发展。关于新文化运动时期"科学"是指什么,学术界颇有争论。它有时指自然科学,有时泛指自然科学与社会科学。通过了解陈独秀的科学观,或许能一窥整个新文化运动时期对于"科学"认识的发展路径。

陈独秀在《敬告青年》一文中对"什么是科学"作了解释,他将科学与想象的、主观的对比,认为科学是事实的、理性的,因此可以与迷信风俗、旧文化相抵抗。由于受到孔德为代表的实证主义的影响,这时期陈独秀所指的"科学"主要指的是自然科学。直到1919年北大学生林德扬投水自杀让陈独秀对"科学"有了新的感悟,开始将社会科学纳入科学的领域。他认为"科学有广狭二义;狭义的是指自然科学而言,广义的是指社会科学而言"[②]。从陈独秀科学观的发展脉络来看,新文化运动时期对于

① 樊洪业:《"赛先生"与新文化运动——科学社会史的考察》,《历史研究》1989年第3期,第39—49页。

② 黄静茹、莫少群:《〈新青年〉的科学传播实践及其当代价值研究》,《出版发行研究》2021年第7期,第98—104页。

“科学”的认识是不断反思的。陈独秀对科学的理解在中国现代科学观念格局的形成中扮演着重要角色,形塑了 20 世纪二三十年代乃至之后国人理解科学的思想框架。

《生活》作为新文化运动结束后创办的刊物,其科学理念受到了新文化运动的影响,对科学概念的理解与陈独秀大致相似。毕云程在《我们的根本信念》一文中,将“相信科学”作为《生活》的根本信念之一,他虽未对“科学”作出概念解释,但对科学态度与科学方法进行了解释。他认为“科学的态度是一种客观的态度,科学的方法是一种求真的方法”[①]。这与陈独秀早期对“科学”的理解大致相同。此外,《生活》扩大了“科学”的含义与用法,从一种价值判断的角度来对“科学”进行理解,常指“正确的、对的、合理的、有道理的”,《生活》有许多文章中提及“科学”时都带有这个意思。比如《贪污土劣下的冤苦农民》一文中讲到“要解决中国的经济问题,必须发展农业,增加农产品。普及农民教育,用科学方法耕种继得有效”[②]。这里的“科学”就有“正确的、合理的”意思。

《新青年》报道的科学内容侧重于科学精神层面,以科学精神为武器反对孔教、反对旧文化,从而达到改造国民性,对民众进行科学启蒙的目的。但新文化运动对传统文化的批判过于极端,从长远看不利于科学在中国的生长。“完全否定传统,本身不仅无法克服原有的偏见,反而增加了科学与传统文化之间不必要的成见。这也为 20 年代中国爆发的科玄论战埋下了伏笔。”[③]或许是看到了新文化运动中一味崇尚科学的弊端,或许是受到“科玄论战”的启发,《生活》在向大众传播科学理念的同

① 毕云程:《我们的根本信念》,《生活》1928 年第 4 卷第 4 期。

② 吴生:《贪污土劣下的冤苦农民》,《生活》1932 年第 7 卷第 3 期。

③ 孟建伟:《论科学的人文价值》,中国社会科学出版社 2000 年版,第 89—102 页。

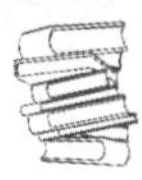

时，却未对传统文化采取彻底的批判，而采用一种科学、理性的批判思维。“我们要打破向来对于风俗习惯宗教道德的一切成见，我们要从新研究，从新考察，从新为他们估定一个新价值；我们要应用科学的分析，查考他们的来源和成绩；我们要查考他们对于社会的影响，来判断他们的功罪；我们要详细地辨别汰除其中不适用于现代社会的一部分，同时我们要选择采用世界上良好的办法，来辅助我们的不足。”[①]传统文化中虽有不利于科学生长的因素，但并不排除传统文化经过改造之后可以成为科学繁荣滋长的土壤。也正因如此，《生活》在传播科学知识和科学精神的同时也关注着中国的科学教育、科学研究、科学建制等科学的本土化问题。

(二) 对科学的传播从思想层面渗入到生产生活方面

按照文化学的观点，整个文化系统从外到内是分层次的，处于最外层的是物质器具，最里层的是价值观念、文化心理、信仰/精神。吴廷俊据此将科学文化分为科学技艺、科学方式、科学制度/体制、科学精神这几个层次。[②]

自鸦片战争英国用坚船利炮打开中国古老的国门后，科学作为“夷之长技”被引进，此后洋务派开启了“中学为体、西学为用”，学习西方科学技艺之路。直到 1895 年甲午战败，洋务运动宣布破产之时，国人才认识到，中国的落后并不是技不如人，而是政治制度、文化理念的落后。所以，严复、康有为、孙中山开始对“科学”有了更深的认识，希望运用科学谋求政治改革，改变中国的政治制度。而新文化运动则完成了科学“由技入道”质的飞跃，“穿越了‘科学生活方式’‘体制—制度’中层，直指‘科学精

① 毕云程:《我们的根本信念》,《生活》1928 年第 4 卷第 4 期。

② 吴廷俊、张振亭:《科学报道史视野中的〈新青年〉》,《新闻与传播研究》2005 年第 4 期,第 9—14、94 页。

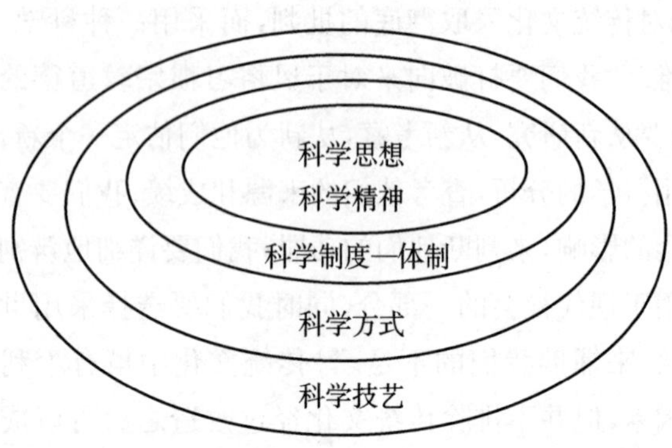

图1　科学文化系统图

神'和'科学信仰'深层。"[①]它大力倡导科学思想和科学精神，将其作为打倒孔教、推翻儒家文化、反对封建迷信、进行科学启蒙、改造国民性、推行新文化的有力武器。

新文化运动直指科学思想与科学精神，注重的是对读者的思想启蒙，而《生活》周刊则是将科学精神、科学思想与科学方式相联结，注重对读者的生活启蒙，并探索出一种新的科学传播路径。

20世纪20年代的中国虽经新文化运动思潮洗礼，但觉醒的也只是少数知识分子和青年学生，普通民众的思想还被宗法礼教，封建余毒牢牢支配着并拒绝接受新思想。正如鲁迅所描写，社会如成一间铁屋子，是绝无窗户而万难破毁的，里面的人们从昏睡入死并不感到临死的悲哀。如果有人大嚷起来，也只能惊起了较为清醒的几个人。新文化运动也只是惊醒了铁屋里较为清醒的人，如何惊醒那些麻木不仁、愚弱的大多数国民，邹

① 吴廷俊、张振亭:《科学报道史视野中的〈新青年〉》,《新闻与传播研究》2005年第4期,第9—14、94页。

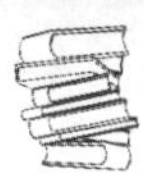

韬奋找到了一个连接点,那就是“生活”。无论是较为清醒的人还是“愚民”都无法脱离生活,从他们无法回避的生活和生产入手,先对他们进行生活启蒙,改变他们的生活生产方式进而达到开启民智,谋求社会进步的目的。

“我们可以把科学中的人的需要依照其迫切程度分为四等,科学同其中每一类需要都有一定的关系。首先是对于食品、住所、健康和娱乐的基本生物需要。其次是对于满足这些要求的各种手段的需要。这些手段就是生产性事业、运输和交通以及文明社会的整个行政管理、经济和政治机构……这些需要的最终体现形式是由科学决定的。”[①]基本的生物需要和满足这些需要的手段构成了一个人生活的绝大部分,《生活》也正是从这两部分入手进行科学传播实践。在对《生活》周刊有关科学的文章进行了分类统计后发现《生活》与“健康”相关的文章最多,共计84篇,与“实业”相关的文章51篇,与“医学、卫生”相关文章45篇。《生活》的科学传播涉及了普通民众的衣食住行,它向民众普及健康理念,讲解常见疾病,培养个人及社会的卫生意识,并用科学理念指导职业发展,将“科学”思想渗入到民众生活生产的各个方面。

(三)对“民”意识的践行更加深入

“民”意识即把国家希望寄托在人民之上。据柯继铭梳理,“民”意识是晚清最后十年伴随着外国入侵兴起的,在国家形势危若累卵的情况下,把国家兴亡寄于人民,以为“国民欲其亡则亡,欲其兴则兴”的思想被反复加以强调。[②] 虽然新文化运动时

---

① J. D. 贝尔纳著,陈体芳译:《科学的社会功能》,广西师范大学出版社2003年版,第345页。

② 柯继铭:《理想与现实:清季十年思想中的“民”意识》,中国社会科学2007年第1期,第179—191、209页。

期大多数还是知识分子的运动，但与维新变法和辛亥革命相比已经开始注意到向“普通民众”传播科学的价值。

梁启超和孙中山在政治变革方面充分提倡“民”意识，对人民地位和与国家的关系有较为正确的认识，也认为中国人民缺乏科学精神，但他们的科学传播活动却没有将这种“民”意识吸纳进去。据方汉奇主编的《中国新闻事业通史》介绍，维新运动时期的改良报刊注意开启“官智”，主要读者是政府官吏、士大夫和地主、资产阶级知识分子。辛亥革命时期的革命报刊的读者曾虽然逐渐下移，但仍以“中等社会”及其知识分子为主要对象。① 而陈独秀在 1916 年初就号召中国青年觉醒起来，为民族更新大业承担更多责任。“吾人首当一新其心血，以新人格，以新国家，以新社会，以新家庭，以新民族。必迨民族更新，吾人之愿始偿，吾人始有与晰族周旋之价值，吾人始有食息此大地一隅之资格。”②如何才能造就“新国民”，陈独秀曾言：“国人而欲脱蒙昧时代，羞为浅化之民，即急起直追，当以科学与民权并重。”③可见，新文化运动在传播科学时并没有选择走精英路线，而是代民立言。从此意义而言，新文化运动是“民”意识的延续，只不过将“民”意识从政治领域运用到了科学传播领域。

邹韬奋作为生于清末，长于新文化运动时期的新青年，自幼读梁启超的《新民丛报》，长大后信仰孙中山的三民主义，对于“民”意识是十分认同的。他在青年时期便意识到开启民智的重要性，1916 年，邹韬奋在《学生杂志》上发表《不求轩因勉录——

---

① 吴廷俊、张振亭:《科学报道史视野中的〈新青年〉》,《新闻与传播研究》2005 年第 4 期,第 9—14、94 页。

② 陈独秀:《一九一六年》,《新青年》1916 年第 1 卷第 5 期,第 10—13 页。

③ 吴廷俊、张振亭:《科学报道史视野中的〈新青年〉》,《新闻与传播研究》2005 年第 4 期,第 9—14、94 页。

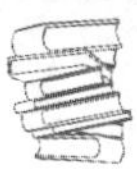

学生十思》,提出首先是“思国家”,叙“无国家受人凌虐之状”,指以“立国之道,莫要于开民智,滋民力。”[①]主编《生活》周刊后他也一直秉持这种思想,将唤醒民众,培养民众的民族国家意识当做办刊宗旨。

与新文化运动时期相比,《生活》科学传播对“民”意识践行更加深入。新文化运动时期的科学传播虽已走向大众,但对当时科学素养低下普通大众来说内容依然深奥。以《新青年》为例,除了介绍科学精神、科学方法外,它也着重介绍生物类、地学、医学等科学知识,以介绍他们的概念、理论知识为主,这些晦涩难懂的理论知识自然是普通民众所不能接受的。而《生活》周刊从不刊登晦涩难懂的理论知识,更注重科学对日常生活的影响,它介绍国内外科学的建设成果及内容,介绍各种科学新闻以及中外科学人物,将这些内容紧密与大众的生产生活相联系,逐渐将科学变为大众生活的一部分。在对《生活》周刊杂志的统计中,其中与科学有关的论著共 384 篇,包括论述科学人物、科学进展、医学卫生、科学与生活、农工业、国防、教育等方面,内容浅显通俗,文字简短,只要识字的读者都可以看懂。

可见,《生活》周刊和新文化运动时期的科学传播活动都是“民”意识的延续,两者都将民众的思想改造与国家、民族的命运结合在一起,希望达到“民新、社会新、国新”的目的。

结　语

《生活》周刊面向大众进行生活启蒙和科学启蒙是近代历史

---

① 任兰:《教育与民众:邹韬奋的民众观与职业选择》,《新闻世界》2015 年第 3 期,第 88—89 页。

背景下的选择,具有那个时代的思想特征和需求。有学者认为20世纪20年代在中国向现代化转型的过程中有着特殊地位,探讨《生活》周刊的科学传播活动则可以看出20年代的科学传播实践是如何对新文化运动时期的“赛先生”进行实践或反思的。同时,《生活》的科学传播活动或许也成为30年代兴起的科学社会化和社会科学化的推动力,从科学传播史的发展历程来看,《生活》周刊的科学传播活动或许起着承上启下的作用。而研究《生活》周刊科学传播实践的时代意义则在于,当代期刊所倡导的科学生活方式理念可以追溯至《生活》周刊对科学生活的塑造,在某种意义上《生活》周刊传播科学生活的理念影响了当今科普期刊的办刊理念。

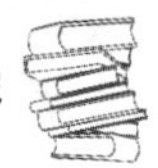

邹韬奋与媒介的抗战动员研究

汪烨楠
（山西大学）

一、"媒介动员"概念辨析

"动员"一词最早被作为军事术语，是指"把国家的武装力量由和平状态转入战时状态，并把所有的经济部门转入供应战争需要的工作"。[①] 随着时代发展，"动员"一词也被广泛运用于非军事领域，泛指发动、鼓励人们参与某项活动，产生了诸如国家动员、政治动员、社会动员等衍生概念，文章探讨的主要是媒介动员。美国政治学家卡尔·多伊奇最早在《社会动员与政治发展》(1961年)一文中考察传播媒介与社会动员的关系，并指出社会动员过程中的三种模式：面对面的交流模式、以传统媒体为中介的交流模式，以及以互联网等大众媒体为中介的交流模式。[②]

由此可见，媒体作为一种沟通交流的中介，是社会动员系统中的重要一环。

在学界，媒介动员研究跨越了新闻传播学、社会学、政治学等多个学科领域，关注的焦点各自不同，也形成了对媒体动员多

① 梅雅丽：《我国公共危机管理中的社会动员研究》，华中师范大学博士学位论文，2012年，第5—6页。

② 周凡：《从社会动员到媒介动员——国内外媒介动员理论研究述评》，《东南传播》2021年第2期，第88页。

种解释。整体上看,对媒体动员的辨析主要有三个维度:一是从动员主体来看,认为政府、企业、民众是动员的组织者,媒体是工具、中介;二是从动员的运动方向来看,将媒体动员分为自上而下的大众媒介动员、自下而上社交媒体动员和共意运动的媒介动员;[①]三是从媒体的自主性出发,注重技术赋权下媒体作为动员主体的行动能力,认为媒体是调停者,公共事件制造者,甚至是抗争专家。[②] 媒介动员实践会受到社会关系、政治民主关系、媒介生态的影响。[③] 因此,考察媒介动员必须从具体的社会语境出发,由社会运动的具体情况入手,才能够厘清媒介动员的角色、结构及运行机制。传播学研究领域的许多经典理论和经典案例来自于有关战争中的传播研究。拉斯韦尔的《二次大战中的宣传技巧》更是其代表论著。本文中媒介动员是指动员主体为了实现某种特定的目的或目标,利用新闻媒介积极引导动员客体参与社会活动的过程。动员过程最重要组成部分就是思想上的动员。对于媒体来说,凭借其所拥有的公信力、影响力这两个社会资本来进行广泛的号召,发动社会成员参与社会实践从而推动社会发展,这一动力机制也是媒介动员区别于传统政治动员的特点之一。可以说,抗战中的社会动员是媒体义不容辞的责任担当。

抗战初期,国民党政府在战争动员方面用力甚少,群众不仅对战局的发展一无所知,就连基本的战争常识也很欠缺,对于国内普通市民来说战争突发,通讯、交通等联络工具的功能减弱,

---

① 郭小安:《媒介动员:概念辨析与研究展望》,《新闻大学》2020 年第 12 期,第 62—66 页。

② 曾繁旭:《传统媒体作为调停者:框架整合与政策变迁》,《新闻与传播研究》2013 年第 1 期,第 37—40 页。

③ 孙玮:《“我们是谁”:大众媒介对于新社会运动的集体认同感建构》,《新闻大学》2007 年第 3 期,第 140—146 页。

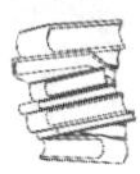

对于人民群众的战争宣传也几乎为零[①]。正是在这样特殊的历史环境下，各种社会、政治力量充分利用报刊来宣传抗战。“虽然一些报刊创办时间不长，但各种大报小报、大刊小刊之数量的庞大，则是前所未有的”。[②] 这些报刊积极宣传抗日救亡的主张，对激发全国人民的抗日救亡作出了不可磨灭的贡献。

二、邹韬奋抗战期间的新闻活动

(一)“九一八”事变后：创办救国救民的舆论阵地(1931—1933)

1931年“九一八”事变后，民族矛盾迅速上升。在这种形势下，“有更多的民主派人士更加清楚地认识到了国民党反动派的本质，更加坚定了他们反抗国民党反动派政治、文化压迫的决心，从而完成了由激进的资产阶级知识分子报刊向革命的或进步的报刊的过渡，成为人民的喉舌”。在这个方面，影响最大也最具典型性的是邹韬奋及其创办的《生活》系列报刊。[③] 1926年《生活》周刊由邹韬奋主编后，根据读者的需求改变刊物的内容，在适当兼顾职业教育的同时，大大拓展了题材的范围，使之逐渐面向全社会的读者。另一方面邹韬奋接办后增设的“读者信箱”栏目已经发展起来，他通过这种形式帮助读者处理他们的婚姻、职业等问题，从而逐渐增强了同群众的联系。随着社会形势的发展、民族矛盾的激化，《生活》周刊内容不断进步，逐渐成为著

---

① 章雪峰：《书生报国无他物，惟有手中笔如刀》，《出版发行研究》2005年第6期，第75—79页。

② 郑大华：《报刊与抗日战争时期的舆论动员》，《史学月刊》2015年第10期，第15—17页。

③ 倪延年、吴强：《中国现代报刊发展史》，南京大学出版社1993年版，第370页。

名的抗日救亡刊物,直至此刊面临停刊的境地,仍然刊登邹韬奋的《与读者诸君告别》一文,文中严正声明:“本刊同仁自痛遭无理压迫以来,所始终自勉者:一为必挣扎奋斗至最后一步;二宁为保全人格报格而决不为不义屈。”[①]正是由于该刊鲜明的政治倾向,发行量最高时达到 15.5 万份,打破了当时全国期刊发行量的最高纪录。《生活》周刊积极面对现实、面对生活,宣传抗日救亡,关心人民疾苦,成为我国以疾呼救国争论为主要内容的重要舆论阵地。

(二)全面抗战前夕:高举抗日救亡的舆论旗帜(1935—1937)

1933 年,《生活》周刊被国民党政府查封,邹韬奋被迫流亡海外。邹韬奋在海外流亡期间思想觉悟有所提高,他逐步将立场、观点和方法转到马克思主义方面来。1935 年 11 月 16 日邹韬奋在上海创办《大众生活》周刊,企图促进民族解放,提高大众文化水平。该报的撰稿人主要有邹韬奋、杜重远、金仲华、章乃器等当时主张抗日的左翼知识分子,主要读者群是普通民众,主要的立场也是为群众的利益。邹韬奋在其发刊词《我们的灯塔》一文中就明确说明:“力求民族解放的实现、封建残余的铲除、个人主义的克服这三大目标……是当前全中国大众所要努力的重大使命。”这些地处当时信息最发达的上海的左翼知识分子,通过报刊这一媒介将他们抗日救亡的主张传播给普通大众,为即将到来的全面抗战奠定了基础。《大众生活》周刊存在的时间短暂,但它对当时抗日救亡的宣传产生了重大影响,尤其是在全国人民抗日救亡舆论的形成方面起到了重要作用,正如刊登在其上的文章所说的:“舆论是民族的神经系,它沟通民众的意志,指导

---

① 周芳:《邹韬奋〈生活〉周刊之特色研究》,河南大学硕士学位论文,2007 年,第 27 页。

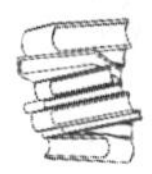

民众的行动。然而,在目前,我们所有的舆论是什么?它隔离民众的意志,麻醉民众的抗敌情绪;它帮助敌人,去欺骗中国民众。这种汉奸舆论的造成,是谁的责任呢?”①同时它也算是这一时期主张抗日的报刊的典型代表,由于内容的通俗易懂,深受广大民众的喜爱,也为当时国人办报提供了重要的方向。

(三)全面抗战期间:呼吁全民抗战(1937—1941)

抗战全面爆发后,中国社会的主要矛盾变为中日民族矛盾,将社会各阶级动员起来投身于抗日救亡运动,争取民族独立,是当时社会最大的政治。1937 年,邹韬奋主编创办《抗战》三日刊,作为创办于抗战初期的刊物,《抗战》三日刊对于自己在抗战宣传中所要承担的使命和责任有着清醒的认识。邹韬奋指明其宗旨是:力求适合抗战紧急时候的需要,并旗帜鲜明地坚持团结、民主和全面抗战的立场,主张妥协和平者就是汉奸,抨击亲日派的卖国谬论。② 从这个宗旨出发,《抗战》三日刊刊发的文章主要包括以下六个方面的内容:一是及时有效地报道关于战争的形势,有利于人们了解战争情况;二是对战时国际形势进行分析与评论,方便人们对战争的前途作出正确的判断;三是社论时评,实时评论战况,有利于引导人们团结抗战;四是各地通讯,使人们对于全国各个地方的战局都能充分明了;五是读者来信与战争常识,有利于很多普通老百姓了解战争与战争武器的相关知识;六是与战争相关的诗歌与漫画,通俗易懂,深受读者喜欢。《抗战》三日刊办刊时间虽短,但《抗战》三日刊在全面战争时期政治动员中表现出的理论性与实践性相统一、时效性与深

① 秦利国:《全面抗战前的报刊舆论动员——以〈大众生活〉周刊为例》,《郑州航空工业管理学院学报(社会科学版)》2017 年,第 44—46 页。

② 高秀红:《〈抗战〉三日刊的政治动员研究》,湘潭大学硕士学位论文,2019 年,第 12—13 页。

入性相结合、通俗性与多样性相结合的特点,在抗日战争时期的政治动员中发挥了重要作用。

三、邹韬奋的抗战动员方式

(一)始终将报刊看作党的耳目喉舌,宣传党的抗战政策

邹韬奋的办报思想始终与中国共产党的团结抗战主张一致,强调统一全民族的抗战思想对于抗日战争的重要性,致力于从思想上实现全民抗战动员。1936 年邹摇奋在《生活日报》和《生活日报星期增刊》上发表《关于团结御侮——救国联合阵线的误解》《前进思想与救国阵线》《救国联合阵线的出发点》《团结御侮》《民族解放与人民阵线》等文章,文章中他主张抗日的救国正确立场是:第一,抗日救国应该集合一切人力、财力、物力,全民动员起来抗战方能取得最终的胜利。第二,在联合战线中间,大家需要互相宽容,要公开和坦白。第三,联合战线的主要目的在于扩大抗日救国的队伍。第四,对于联合战线的前途,都应该有坚定的信仰同对中央及地方当局、各党各派和一般民众都提出要求,呼吁蒋介石要赶快真正作好抗日的准备,联合各党各派,要求国民党当局“停止对西南的军事行动”“和红军停战议和,共同抗日”等。文章中充分彰显邹韬奋赞同中国共产党建立抗日民族统一战线的政策,热情呼吁其他党派和全国民众积极参与救国联合战线,为打倒日本帝国主义共同奋斗。[①] 邹韬奋在呼吁联合抗战的同时,也致力于使民族走上进步思想之路,他认为报刊在战争中的主要作用就是“努力促进民族解放运动”。他鼓励“有一份力量可以贡献于这斗争的任何人,尽他所有力量

① 邹韬奋:《韬奋全集》(第 6 卷),上海人民出版社 1995 年版,第 707—716 页。

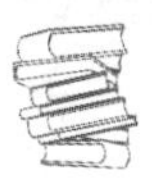

参与到民众联合阵线上”，将视野聚焦在鼓动国家政策，主张立即武装反抗日本对中国侵略。[①]

(二) 重视与人民群众的紧密联系

邹韬奋主持或创办的报刊，一个突出的特点是具有强烈的社会责任感和使命感。邹韬奋之所以这样做，是把创办报刊看作一种人民大众的事业，而非个人的事业。当民众的喉舌，促进全体国民思想进步，在他从事编辑出版工作的生涯中，始终秉持这种理念。[②]

全面抗战时期，邹韬奋利用报刊实时传递中国正面战场战况，评述战局进展，使读者在第一时间对战争的情况有所了解，激发他们的抗战热情。以《抗战》三日刊为例，《抗战》三日刊从第一号至第五十号每期都设置了“战局一览”的栏目，标题以醒目的黑体字来引起人们对战局的关注，该栏目由编者金仲华专门撰写，翔实地介绍近期战局概况，评述苏浙皖、晋冀边境、淞沪战场、津浦线上、华北战场等各个战地的战况。“战局一览”的设置激发了社会各阶级成员对于中国抗战的关怀，激励他们为抗战救国。[③] 此外，另一方面，邹韬奋的抗战动员注重报道的全面性，不仅报道中国正面战场的战况，而且对于敌后战场和八路军游击战略方针也及时给予报道。邹韬奋在该刊(第1卷第26号)《怎样争取持久战的胜利?》一文中，介绍了彭德怀所著的一本小册子《争取持久抗战胜利的先决条件》，深刻阐述彭德怀对于游击战争重要性的思想指示，明确概括彭德怀抗战思想的精髓:“游击战争应该是群众战争，是群众直接参加抗战的最高形式，游击战争的发展，会给侵略者以极大的危害，而对于我主力

---

① 邹韬奋:《经历》，生活·读书·新知三联书店上海分店1958版，第83页。

② 任兰:《社会交往与邹韬奋的政治主张(1912—1937)》，安徽大学硕士学位论文，2015年，第61—65页。

③ 王琳:《〈抗战〉三日刊研究》，北京印刷学院硕士学位论文，2006年，第12—14页。

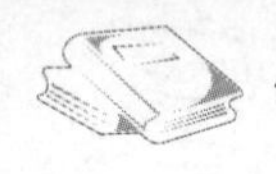

军的作战,则成为有力的助手"。这些文章和专栏的设置高度肯定了第八路军游击战的优势和作用,而且指出了群众动员与全面抗战的关系,为抗日持久战的胜利奠定群众基础。

(三)办报风格力求通俗性与战斗性相结合

邹韬奋的办报实践一定程度上继承了马克思主义的新闻思想,将报纸看作一种思想武器,保持党报的战斗性。在《文化工作者的责任》一文中邹韬奋就明确指出了文化事业与民族解放事业的关系,他认为文化工作应该和抗战时期的迫切需要密切地联系起来,这与马克思主义新闻观中"把新闻出版工作作为进行革命斗争的有力武器"的观点相契合,充分体现了邹韬奋保持报纸战斗性的新闻出版思想。[①] 抗日战争前夕,日本制造华北事件企图侵犯我国领土主权,针对日本的这种侵略野心,邹韬奋主办的《大众生活》周刊积极进行报道,刊发的第 3、4、5 期有多篇文章如《华北问题》《所谓三大原则》《动荡中的华北一隅》《我们的三大原则》《蒋梦麟被邀请谈话》《华北的行政机关》等侧重于对日本侵略华北的本质报道。随着日本侵略脚步逼近,该报对于日军侵略本质的分析也不断深入,《谈非武装区域》一文指出:"所谓非武装区域,正是帝国主义政治中的一个特殊的形式,它的作用不是表示帝国主义间的斗争就是表示帝国主义对于半殖民地的侵略;其中没有一点维持国际和平和安全的真意的"。该报刊登的文章话语浅显易懂,却又能立场鲜明地表达了抗击日本侵略的政治主张,正是报刊中通俗富有战斗性的语言为抗战初期的宣传工作起到良好的舆论动员效果。

邹韬奋曾谈到他所办报刊的几大原则,其中有两条是内容

① 杨琳、刘晓旭:《抗战动员与媒体人的责任担当——邹韬奋与媒体抗战动员研究》,《天水师范学院学报》2019 年第 3 期,第 51—52 页。

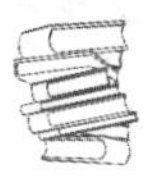

的力求精警和要照顾到一般读者的需要,《大众生活》周刊主要的读者是普通大众,由于其知识水平的关系决定了《大众生活》内容的通俗性,而这反过来增强了它的影响力。报刊语言的通俗性,可以有效地动员民众,激发起民众抗日的积极性。尤其是《大众生活》对"一二·九"运动的描述,极具煽动性的语言对激起民众抗日情绪起了很好的作用。其中在《朔风吹荡中的呐喊》一文中,作者用通俗化的语言将这一运动描绘得极具煽动性,最后写道:"晚风从街头掠过,大队的武装警察在路口来往地巡视着,地上可以看到遗留着滴滴的血痕,大众的热气随着北国的烈风,依然在天空中吹荡着。"这些文章对于"一二·九"运动的报道跳脱出了单纯事实概述,将周围场景做了详细描写,更易从情感上动员该报的读者坚定抗战的信念。此外,在《大众生活》中刊登有大量的图片与漫画,这也是其通俗性的一个方面。《大众生活》上有三种类型的图片,一种是照片,另一种是漫画,还有一种是图画的世界栏目里面的图片。这些图片积极反映时事,对于当时抗日救亡的舆论动员起到了很好的作用。

(四) 重视加强抗战文化教育,以思想武装头脑

抗日战争不仅是军事的抗战,而且是思想的、经济的、外交的和文化的总体抗战。如何加强和发展抗战文化精神,使抗战文化发挥核心支撑作用,邹韬奋主办的《抗战》三日刊在这方面也有深刻的分析和论述。

邹韬奋指出国家前途的希望在于青年的奋斗精神,所谓奋斗精神是指青年能够以百折不回的毅力去与自身的腐败恶习、社会的腐败环境相斗争,进而更新国家的成分和风气,如此国家的前途才有希望。"现在不是由个人主义做出发点的所谓'独善其身'的时代了,要注意怎样做大众集团中一个前进的英勇的斗士”[①],因为“个人为小我,民族为大我”[②],如果不把“个人生活所附丽的垂危的国命救好”,国人是很难“获得正当的生存与向上的发展”[③],邹韬奋为促进民族解放、舍小我为大我的国家观,不仅推动了抗日救亡运动的发展,更直接影响了众多知识青年走向革命的道路。具体而言,抗战时期邹韬奋在思想上对青年的苦闷予以积极的解答,也在行动上直接引导青年走向抗日救国的道路,这对抗日力量的增加起到了重要推动作用。1937 年 8 月 29 日,邹韬奋在《抗战》三日刊上回答读者任一关于如何服务抗战的苦闷。任一急切希望能够得到服务抗战的机会,但到写信给邹韬奋为止,仍是一个“没有工作的”后备军,邹韬奋认为这不仅是读者个人的苦闷,更是“大多数青年的苦闷”。这个问题的解决途径,主要包括:1. 有个人根据自己的特殊能力,寻得服务的机会。2. 由党政机关和民众机关根据实际需要,调查登记有能力可用的人,通盘筹划地支配工作。3. 最根本的办法,应由中央“迅速决定并执行整个的国防建设计划,从国防生产方面容纳大量的国民,训练大量的国民”,这不仅能够解决青年关于服务抗战的苦闷,更是“持久战的必要的条件”。[④]

邹韬奋在抗战时期的教育观不仅体现在青年群体的动员上,随着战事的爆发,战区的教育也随之停顿,教育的停顿一方面给敌人以可乘之机,去欺骗我们的人民做汉奸;另一方面无法动员我们的人民与军事行动配合,不能帮助军事行动顺利地开展。对此,《抗战》三日刊发表了多篇文章提出一定要努力加强

① 邹韬奋:《〈期望〉编者附言》,《韬奋全集(增补本)》(第 6 卷),第 563 页。

② 邹韬奋:《今后全国应集注的三大工作(上)》,《韬奋全集(增补本)》(第 3 卷),第 389 页。

③ 邹韬奋:《一致》,《韬奋全集(增补本)》(第 2 卷),第 129 页。

④ 邹韬奋:《答任一》,《韬奋全集(增补本)》(第 7 卷),第 563—564 页。

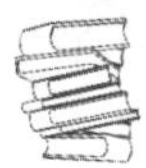

战时教育，提高军队和人民的政治意识。同时指出加强军队政治教育的中心问题就是提高士兵民族自觉的政治水平，提高政治自觉的基础才能严明军队纪律，才能提高士兵的战斗力量。战区的教育问题最重要的是动员广大的教育工作者，坚持进行战时教育活动，一是要在敌人未被占领的区域开展教育活动，使人民对抗日战争有一个正确的理解；二是人民的行动要能自发地与军事配合，组织人民进行游击战，进一步帮助军事的开展。积极进行战区的民众教育活动，有利于抗战的大后方的稳定与团结。

四、邹韬奋利用媒介抗战动员的意义

中国近代报刊的起步与发展和列强的侵略活动以及近代中国追求民族独立的过程有着紧密的联系，这就导致了在这个体制中的报人更加追求言论自由。在抗日战争这样的民族危亡之际，邹韬奋先生的新闻出版思想，以及主办刊物的本身都表现出了鲜明的报人立场和社会责任感。

邹韬奋在抗日战争中的新闻宣传活动不仅表现出强烈的报人立场，还表现出强烈的民众立场。报刊作为一种纸质媒介，负责刊载和传递抗战信息，而且站在民族的立场对抗日进行宣传和动员，把自身视为中国民众的一员。抗战全面爆发以后，中国抗战的局势越来越严重，民族矛盾上升为主要矛盾，国内抗战也逐渐由片面抗战进入全民族抗战阶段，此时出版的《抗战》三日刊在动员范围上扩展到了包括广大农民群众在内的民众参与到抗战中来。[①] 该刊动员的抗战群体包括农民、知识分子、资本家

① 王茜茜：《历史与战争动员：淞沪会战后〈抗战〉三日刊的抗日动员研究》，安徽大学硕士学位论文，2019 年，第 73—76 页。

和商人等,逐渐形成了一个各阶级群体联合抗战的局面,为抗日战争的胜利奠定了坚实的群众基础。

报刊言论对社会有着重大的动员力量。1931 年 5 月 22 日,《大公报》在其刊发的一万号纪念词中认为舆论对社会及政治事业具有指导作用。邹韬奋也谈到抗战时期舆论机关负有重要的责任,它们"应以巩固抗战的基础,及保障抗战胜利"为最重要的任务。[①] 这一思想在他抗战时期的报刊实践中得到印证。邹韬奋在全面抗战爆发初期,就利用报刊与中央党报配合,以"抗日救亡"为己任,将全国民众纳入抗日民族统一战线的动员范围之内,致力于引导全国民众积极抗战,共同实现中华民族救亡图存的历史任务。由此可见,邹韬奋创办《大众生活》周刊、《抗战》三日刊等刊物在全面抗战前期充分进行舆论宣传动员,不仅是特殊环境下党的新闻媒介身发展的内在需求,同时也是保障抗战消息及时传递和战争取得最后胜利的必要方式。基于邹韬奋表现出强烈的报人立场和国民立场,他所创办的报刊充分动员民众的抗战积极性,在民众中间形成了一个坚固的抗战共同体,而这种共同体对于抗战的最终胜利起到了重要的作用,这也是新闻媒介抗日动员的价值和意义所在。

---

① 邹韬奋:《战争时期的文化工作》,《韬奋新闻出版文选》,学林出版社 2000 年版,第 44 页。

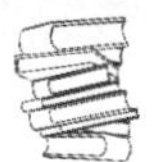

浅析邹韬奋受众观及其传播实践①

陈小凤　雷宝宝

（兰州大学）

所谓受众，是指信息传播的接受者，包括报纸杂志的读者、广播的听众和电视的观众等。受众观是指对受众在媒介信息传播过程中所处的角色和地位的整体认识与看法，涉及媒介如何看待、对待受众的问题。在西方传播学领域，受众研究经历了从"传者本位"到"受众本位"的转变，其中，美国经验学派的"使用与满足"学说和霍尔"编码/解码"理论，从根本上肯定了受众在信息传播中的主体地位，逐渐成为受众研究领域的主流学说。

邹韬奋作为我国新闻事业史上的杰出记者，在其新闻实践中所持有的读者观点与西方现代传播学领域中的"受众本位论"相得益彰。本文旨在探析邹韬奋受众意识的生成语境及其"以受众为中心"的受众观意涵，总结其在报刊传播中采取的具体实践，这对当下的媒介传播活动来说无疑深具价值观照与启发意义。

一、邹韬奋受众意识的生成语境

纵观历史，任何一种理论的产生与发展，往往有其特定的现实语境。在报刊时代这一特殊现实语境的指向下，邹韬奋对受

① 本文系兰州大学新闻与传播学院 2021 年科研培育项目"邹韬奋新闻传播思想的系统性研究"(18PY1012)阶段性成果、国家社科基金项目"延安时期中国共产党新闻传播话语建构及其当代价值研究"(项目号 19BXW009)延伸性成果。

众的主体地位与能动角色形成较为系统、完整的自我理解与认知,是综合历史因素共同作用的结果,依赖于特定的生成语境,其中主要包括媒介发展状况、思想传播环境及其自身实践与经验积累。

(一) 媒介:报刊定位偏离市场

邹韬奋投身新闻行业之际,报刊、杂志等媒介达到一定规模数量,读报的习惯日渐辐射到爱国青年群体中,但当时许多报刊的自我定位尚不准确,出现与市场与读者脱轨的现象,其中较为典型的是邹韬奋接手创办的《生活》周刊。《生活》周刊创刊于1925年10月11日,当时"各地提倡平民教育日趋众多,亟需一种出刊品。以供业余之浏览和身心修养之参考"。在邹韬奋接办之前,《生活》周刊的定位只是指导职业教育的刊物,生活和职业修养问题是其主要内容,读者对象也局限于企业职工、店员等小市民群体,总体上没有与市场有效接轨,发行量低下,经营惨淡。因此在邹韬奋接手之际,办刊条件相当艰苦,但他始终心系读者,倾心倾力地投入到新闻事业的建设中,并说:"念到我们的精神是和无数万的读者联系着,又好像我们是夹在无数万好友丛中工作着!"①

(二) 传播环境:信息需求旺盛

1895年,邹韬奋出生于"一个没落的地主豪绅官僚的家族里",②当时正值甲午中日战争时期,清廷大势将去,统治摇摇欲坠。待到邹韬奋青年时期,民国诞生,中华民族内忧外患的艰难局势进一步加剧,整个社会的极度黑暗令知识分子深感唏嘘与悲愤。邹韬奋初入新闻行业,所面临的社会传播环境是:一方

① 陈挥:《韬奋评传》,上海交通大学出版社2009年版,第80页。

② 陈挥:《韬奋评传》,第1页。

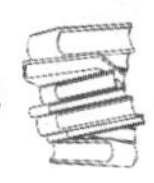

面，进步青年对新知识、新思想和事实真相迫切渴望；另一方面，官僚军阀在肆无忌惮搜刮民脂民膏的同时，钳制不利于自身统治的新思想、新知识，甚至采用关押、杀害报人等残忍手段掩盖其罪恶的事实真相。由此可见，邹韬奋所处的报刊时代，大众对真实信息的需求空前旺盛，亟需一大批德才兼备的报人和敢于作为的报刊出现，营造有利舆论环境，共克时艰。

（三）个体：前辈教导深受触动

邹韬奋之所以具备深厚的受众意识，得益于黄炎培等职教社前辈的教导。邹韬奋初到职教社入职时，由于毫无经验，只是依葫芦画瓢地编译了第一本专著《职业智能测验法》。黄炎培先生告诫他，不要忘却我们的重要对象是中国读者，要处处照顾到读者的理解力。邹韬奋深受触动，重新编译，获得了黄炎培的极高称赞。职教社的工作经历，为邹韬奋后来形成较为系统的受众观念奠定了良好的思想与实践基础。“在写作的时候，不要忘记了你的读者”后来也成为邹韬奋严格奉行的原则与纪律。[①]可以说，前辈的谆谆教导是邹韬奋受众意识萌发的起点，此后他在这方面逐渐形成一套较为完整的自我认知系统。

二、受众本位：邹韬奋受众观的意涵

（一）肯定受众至上

在西方传播学领域，受众研究经历了从“传者本位”到“受众本位”的转变，从初期的强效果“魔弹论”到饱受争议的弱效果“有限效果论”，再到如今占据主导地位的适度效果“宏观效果理论”，西方传播学者多次对受众的主体地位进行重新认识和深刻

---

① 陈挥：《韬奋评传》，第55页。

阐释。反观我国新闻事业的先驱记者——邹韬奋,从一开始就与现代西方所崇尚的"受众本位"思想不谋而合,始终秉持受众至上的观念,给予受众极高的地位,并希望受众能广泛参与到报刊的创办中来。

在《生活》周刊发刊词《本刊与民众——本刊动机的重要说明》中,邹韬奋写道"完全以民众的福利为前提",力避"佶屈聱牙"的贵族式文字,采用"明显畅快"的平民式文字。事实上,邹韬奋所写的许多文章确实是"明显畅快"的,他用通俗易懂的语言比喻某些深奥晦涩的大道理,使可读性得以提升,文章受众面得以拓宽。其"受众至上"的思想已显山露水。

在诸多以受众为中心的理论中,尤以"使用与满足"理论影响最大,该理论考察报纸、电视等媒介以大众传播形式给受众带来的心理和行为上的效用。美国学者赖特认为,受众使用媒介的需求有四个方面:消遣娱乐功能、解释与规定功能、社会化功能和环境监测功能。从这个角度看,邹韬奋虽没有就受众需求提出较为明晰且系统的理论学说,但他从根本上是认同了受众对报刊等大众媒介是有其自身需求与期望的,如他提到,作为一个编辑"要用敏锐的眼光、深切的注意和诚挚的同情,研究当前一般大众读者所需要的是怎样的'精神粮食'"。此处"精神粮食"就对应着赖特所提及的消遣娱乐功能。[①]

邹韬奋发自内心地认可并尊重受众至上的概念,在主编《生活》周刊时积极改革,将办刊宗旨转变为以受众中心,竭力满足受众的信息需求,他认为,尽一人之心力,使社会上的人多得到他工作更多的益处,是人生最愉快的事情。

---

① 邹韬奋:《社会的信用》,《韬奋全集(增补本)》(第7卷),上海人民出版社2015年版,第206页。

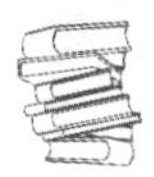

（二）受众是媒介的风向标

在传播学中，受众的需求按照时间划分有稳定性需求、阶段性需求和情境性需求三种，由此可见，受众的需求不是一成不变的，而是不断发展变化的。因此，媒介所从事的信息传播活动要依据受众的需求而变，而受众也就成了媒介的“风向标”，其一举一动媒介都该有所回应。随着社会的发展，受众的心理状态、认知结构和社会化需求等也会产生相应的变化，到如今，受众不再满足于大众媒介简单地提供信息的功能，更把它视为进行“表演”、实现自我价值的平台，这也是受众媒介素养提高的表象。而在邹韬奋办刊的时期，他已经注意到时时进步着的大众了，并且在报刊活动中有所体现。

前期的《生活》周刊，内容多以讨论青年婚姻、恋爱与职业为主，以“读者信箱”为平台进行大众生活的探究，关注平民大众的现实生活问题，邹韬奋所提出的解决问题的方法多是在当前社会制度的基础上所进行的，而到了后期，《生活》周刊的言论有了明显的转向，即关注抗日战争与民族解放。这一明显的转变是以“九一八”事变为分界线的，此后，报刊的内容将斗争的锋芒指向日本帝国主义和国民党反动政权，并且不再寄希望于国民党，而是主张发动群众的抗日运动。报刊内容的变化，是大众心之所向，他们渴望着自由与解放，而邹韬奋则给他们带来了黑暗时代的一盏明灯。

从都市文化刊物转变为时事政治刊物，是邹韬奋为大众竭诚服务的印证。伴随着社会的发展与进步，大众的信息需求也有相应的变化，而以《生活》周刊为代表的报刊，密切联系广大读者，实时掌握大众需求，发挥着联系群众、动员群众的作用。受众的思想与需求是随着社会环境而变化的，报刊作为受众的喉舌，就应当与时俱进，创新内容与形式来适应不断更

新发展的形势。“风向标”的指向就是媒介从事新闻传播活动的方向,而邹韬奋在时刻关注“风向标”的变化,以此来更好地服务大众。

(三) 受众是媒介的好友

人类社会生活的不断变迁与进步,是受众内涵不断演变的内生动力。西方传播学界对受众内涵的认知,大致经过了作为大众的受众、作为群体的受众和作为个体的受众。他们认为,作为大众的受众具有广泛性和匿名性等特点,且处在被动接受信息的地位;作为群体的受众则具有文化水平、身份、价值观等基础性的共同特点;作为个体的受众,具有自主判断信息的能力,在信息传播过程中起着无可替代的主体性作用。

从邹韬奋的认知视角看,他认同将读者——报纸的受众视为一个个具象的独立个体,肯定受众具备独立辨别新闻信息的能力。参照邹韬奋在报刊活动中的诸多具体实践来论,其中令受众极为印象深刻的是“读者信箱”的设立,邹韬奋尽心竭力回复读者来信,俯下身子倾听读者的批评与意见,甚至会把较为重要的来信直接在刊物上发表,拓展读者化的稿件来源,“读者信箱”的设立一度使《生活》周刊名声大噪。可见,邹韬奋将受众视为媒介的好友。

从事报刊工作二十余载,邹韬奋先后主编《生活》周刊、《大众生活》周刊和《生活日报》等多份刊物,虽然每份报刊的宗旨、内容和侧重点存在差异,但始终保持不变的是他与受众密切的联系,而与受众形成的这些浓厚关系是建立在受众自身具备独立判断信息的能力之上的,即西方传播学领域里所说的——受众具备主观能动性,这也是受众能够影响媒介的前提。

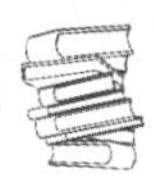

三、邹韬奋受众观的传播实践

在邹韬奋的办刊活动中，其受众观映照的具体实践主要体现在刊物内容、版面形式和栏目设置等方面。为了使更多的读者能从读报中受益，邹韬奋扩展刊物的内容范围，使之能涉及更广泛的读者的需求；同时，为突出报刊的特色，邹韬奋主张培养编辑的创新精神、创新版面形式；“读者信箱”栏目的设立，加强了报刊与读者的联系，更充分地体现了邹韬奋“为大众竭诚服务”的服务精神。

（一）内容：优化内容使读者受益

邹韬奋接手创办《生活》周刊之时，就明确其办刊宗旨：“本刊期以生动的文字，有价值有兴趣的材料，建议改进生活途径的方法，同时注意提醒关于人生修养及安慰之种种要点，俾人人得到丰富而愉快的生活，由此养成健全的社会。”[①]因此，他所设立的栏目涉及广泛的社会问题，目的是使人读报后都有所收益，体现在其报刊内容的统一性和广泛性。

第一，统一性。在说明如何办《生活日报》时，邹韬奋认为，在过去，中国在政治、经济、文化、思想等方面呈现出分裂与不平衡的现象，在报纸上则体现为各类新闻栏目的分配不均、编辑思想与实际操作的自相矛盾。因此，在编辑《生活日报》时，要打破这种分裂与不平衡的状态，各种新闻体裁的内容要一致对待，在选材上也要兼顾软性文字与硬性文字，使其达到均衡。

第二，广泛性。一是刊物内容的广泛性，邹韬奋指出：“《生活日报》的内容要尽力顾到广泛性。只要在法律许可的限度内，

---

① 邹韬奋：《〈生活〉第一卷汇刊》，《韬奋全集（增补本）》（第 1 卷），第 839 页。

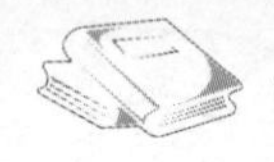

《生活日报》的言论,打算使各党各派的主张意见,都有发表出来以听取民众公判的机会。"[①]在编辑方面,《生活日报》除了有社论,还要有研究特定问题的论文,包括外交、体育、工业、医药、文艺等各方面;二是服务对象的广泛性。在抗战救国的特殊时期,邹韬奋把文化工作者的服务对象扩大到除了汉奸卖国贼之外的各个社会阶层,指出要加强对广大读者对象的认识,使更多人受益。从另一角度来说,要注意到文化落后的大众,要使得报刊属于大多数人,而不是少数人。

(二) 形式:创新版面的编排形式

邹韬奋认为,刊物要具有"个性"或"特色",要培养编辑的创新精神。邹韬奋在总结《生活》周刊经验时指出:最重要的是要有创造的精神。尾巴主义是成功的仇敌。刊物的内容如果只是"人云亦云",格式如果只是"亦步亦趋",那是刊物的尾巴主义。

在编排形式上,邹韬奋主张刊物的版面要新颖活泼、彰显个性,极力反对一成不变的传统编辑思想,在主编《生活》周刊时,就有"专论""小说""杂文""各国通讯""一周鸟瞰""读者信箱"等特色栏目。有读者曾到承印《生活》周刊的印刷所,要求报纸的印刷格式做到与《生活》周刊"一色一样",邹韬奋知晓后对这种缺乏创新思想的行为不以为然,并认为只有"百花齐放"才能促进个人与社会的进步。从报刊体裁来看,除了长篇的通讯、传记,也有短小精悍的小言论、随笔等,同时,邹韬奋还强调插图、漫画的使用,使得版面焕然一新。在文字编辑方面,邹韬奋认为,要避免使用"贵族式文字",要使文字大众化,为最大多数的大众服务,让文化水准不高的农夫们、妇女们、孩子们都能读懂,有所受益。

---

① 邹韬奋:《我们要怎样办〈生活日报〉》,《韬奋全集(增补本)》(第6卷),第483页。

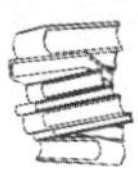

从内容到形式的创新,使得邹韬奋所办刊物独具“个性”,也因此刊物能够畅销,受到广大读者的欢迎。有读者曾写信赞扬《生活》周刊说:“每星期之渴望《生活》,真有‘若大旱之望云霓’之慨。”可见其编辑之成功。[①] 邹韬奋认为,无论做人做事,宜多动脑,多思考,不可盲从,要有独创的精神,将这一思想付诸实践,才能为大众提供独特的“精神食粮”。

(三) 栏目:设立“读者信箱”

邹韬奋自1926年10月接办《生活》周刊开始,对刊物的内容、形式等做出了革新,尤以“读者信箱”栏目为例。为了加强与广大读者的联系,邹韬奋开设了“读者信箱”栏目,为读者答疑解惑,以期更好地了解读者的需求,获得良好的反馈。

“读者信箱”栏目的内容主要涉及一些非常现实的问题,例如求学问题、家庭问题、婚恋问题等,尽管这些来信在旁人看来十分繁琐,对邹韬奋而言却如获至宝。他全力以赴读信、复信,对每一个问题都用心解答,开始是亲力亲为,忙得不可开交,后来随着来信数量愈加巨大,又增加了四个人来负责,但最后必须由他签名检查后方可寄出。邹韬奋说:“做编辑最快乐的一件事就是看读者的来信,尽自己的心力,替读者解决或商讨种种问题,把读者的事看做自己的事,与读者的悲欢离合、酸甜苦辣,打成一片。”[②]胡愈之先生说:“在中国的新闻工作者中,他(邹韬奋)是第一个重视和读者的联系的。”

大量的来信,对邹韬奋的报刊活动也产生了深刻的影响。读者们形形色色的问题为邹韬奋的写作提供了源源不断的素材与灵感,也正因为如此,他所著的文章均与大众利益息息相关。

---

① 陈挥:《韬奋评传》,第103页。

② 邹韬奋:《生活与服务》,《韬奋全集(增补本)》(第9卷),第721页。

这种热情、诚恳的服务精神获得了广大读者的喜爱与信任,“读者信箱”栏目也成为报刊的“灵魂”。

四、邹韬奋受众观的价值观照

邹韬奋作为我国新闻史上享有盛誉的报刊活动家,一生致力于通过报刊为大众竭诚服务,将为大众谋取利益作为办刊的主要理念,真正做到了大众的“喉舌”。《生活》周刊、《大众生活》《生活日报》等的创办,邹韬奋无一不以为大众服务作为目标,将有价值、有趣味、具有现实意义的内容呈现于报刊上,致力于通过报刊促进大众觉醒与社会进步。在当时,报刊上所涉及的下至普通劳苦大众的生活问题,上至建国立业的国家大计,邹韬奋对此都有着深刻的见解,而这一切均来源于他对国家与人民强烈的责任意识。

在邹韬奋的办刊实践活动中,闪烁着“以受众为中心”的理论观照,与大众的密切联系,让他能最大程度地贴近生活,以此营造出更加贴近现实的“拟态环境”。邹韬奋的办刊活动虽已成为历史,但其“为大众竭诚服务”的精神和“读者中心”的新闻理念依然具有特殊的历史价值和现实意义。而邹韬奋是如何平衡其受众观与反向传播中媒介观之间的关系,他对此是否留有困惑,是本文尚未但今后值得探究的方向。

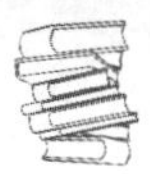

浅析邹韬奋对学生运动认知的演变[①]

梁凤至
（兰州大学）

邹韬奋与青年学生的紧密联系源于他独特的社会经历。在教育救国和实用主义思想的影响下，他反对学生运动，主张青年学生以可贵的学业为重，希冀通过改良的道路来实现国家的振兴。但随着民族危机的不断加深，邹韬奋对学生运动的态度发生了明显的转变，“九一八”事变后，他在《生活》周刊上发表了数篇文章支持学生救亡运动，并分析了学生运动的根源在于政府当局未能肩起责任。1935 年爆发的“一二·九”运动使邹韬奋的内心大为震动，他热情地赞扬了这场运动，并开始以更加积极的态度支持和指导学生救亡运动，提出了一系列建设性的救国策略。

一、历史动因

邹韬奋的新闻实践和思想始终包含着一股强烈的民众意识，如对青年学生及其运动的品评论说是其重要内容。细究文本可以发现，邹韬奋对学生运动的关注并非偶然的选择，而是有意识的侧重。这和他所处的时代环境紧密相连，也与他自身的

① 本文系兰州大学新闻与传播学院 2018 年科研培育项目“邹韬奋新闻传播思想的系统性研究”（18PY1012）阶段性成果、国家社科基金项目“延安时期中国共产党新闻传播话语建构及其当代价值研究”（项目号 19BXW009）延伸性成果。

经历及思想文化息息相关。

民族危亡的严重事实使青年学生的民族及民主意识觉醒进一步觉醒。第一次世界大战后,帝国主义列强召开巴黎和会、华盛顿会议重新划分势力范围,中国成为帝国主义列强共同瓜分的对象。中国民众特别是青年学生逐渐意识到帝国主义列强的侵略野心,并进一步坚定了争取民族独立和人民解放的爱国意识。五四运动后,政府当局对内维护自己的统治利益,进一步打压进步学生运动,对外出卖主权,不断向帝国主义妥协。1931年"九一八"事变后,面对日本帝国主义侵略东北的行径,政府当局采取不抵抗政策,致使东北三省在短短三个月内沦为殖民地,面对中华民族历史上的奇耻大辱,青年学生的民族意识、爱国意识不断增强,最终举起反对日本帝国主义侵略的旗帜。青年学生民族及民主意识觉醒的表现主要有以下几个方面:第一,学生在群众运动中担任了先锋;第二,学生通过演讲、发放传单等形式提高了国民民族意识;第三,学生参与政治意识增强,学生运动成为中国反帝反封建的重要组成部分。

其次,邹韬奋独特的职业经历使得他始终与青年学生紧密联系在一起。从上海圣约翰大学毕业后,邹韬奋先后在上海华商纱布交易所和上海青年会中学担任了英文秘书和英文教员。之后,他还在中华职业教育社任编辑股主任,同时兼任中华职业教育学校和海澜英文专门学校的英文教员。这段当教员的经历对邹韬奋来讲收获颇丰并充满趣味。一方面他总结出了诸多教授学生的心得方法。他十分注重锻炼学生的自主研究能力,他认为"教师的重要责任是要训练学生养成独立研究的精神和能力"①。另一方面他培养起了与青年学生的情感纽带。"做教

① 邹韬奋:《经历》,西北大学出版社2019年版,第52页。

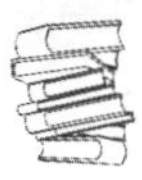

员，在我也可说是一种有趣味的工作。我尤其感觉愉快的，是可以这样和天真的青年接触。我觉得青年都是可爱的，虽则有时也有一两个使你感到不舒服，但是仔细想来，他自身也有特殊的原因而不能任咎的。”[①]不论是最初接手《生活》周刊，还是设立“读者信箱”专栏，他的目的都是建立起与青年学生的信息交流通道。邹韬奋对青年学生的这种喜爱关注使得他之后不断把握时代脉搏，了解学生所思所想，为学生运动的发展提供了建设性的指导和鼓舞作用。

二、邹韬奋对学生运动态度的演变

（一）1931年“九一八”事变之前：质疑与反对

一战结束后，帝国主义列强未对华发动大规模的侵略战争，此时的民族矛盾较为缓和。与此同时，大革命失败后，国共两党发动内战，国内各个政党为了争夺统治权对学生运动展开争夺。我们从这个时期学生运动发生的原因来看，主要有不满学校设施（37件）、驱逐校长（5件）、学纪（2件）、教育经费（22件）、反对政府及当局（32件）、职员问题（22件）、反对列强（23件）。[②] 从以上原因中看出，学生运动的发生最主要是源于对帝国主义列强的痛恨，其次是学校的一些政务，而这些都是和统治当局的政策分不开。各个政党通过开展各种政坛和校内外活动，吸引学生，竞相争取这股新兴的社会势力和政治资源。学生界、教育界和政治界的关系越来越紧密，学术的独立性受到严重考验，校园不再安宁。

① 邹韬奋：《经历》，第57页。

② 吕芳上：《从学生运动到运动学生（民国八年到十八年）》，台北“中央”研究院近代史研究所1994年版，第23页。

20世纪初到20年代,邹稻奋在南洋公学和圣约翰大学的教育经历使其有了新闻记者的梦想,在此期间他接触并肯定美国的实用主义。受黄炎培和蔡元培教育救国思潮影响,邹稻奋坚持教育救国,将知识分子的使命与民众结合。五四新文化运动期间,他深入了解了杜威和胡适的实用主义。这使得他在实用主义的影响下主张研究实际问题,希冀通过改良的道路来实现国家的振兴。

在教育救国思潮的感召下,邹韬奋认为学生应以可贵的学业为重,不断提高自身的"修养",他在《生活》周刊上连载了几十篇论述青年服务的条件(才、学、德、体)及服务所需要的"性情"(劳苦、礼貌、负责、服从、简朴)。在意识到学生运动与政治的紧密性后,邹韬奋清楚地知道学生运动背后是各个党派的操纵。学生运动与政党的紧密联系激起了邹韬奋的不满,他曾说,"我们的大学在学术上有什么'大'处,记者不敏,不大明白,但是有一种'大'是近数月来的事实明明摆在我们眼前的,便是惯于'大'闹学潮"。"希望我国的'大'学在学术上发扬光'大',勿在学潮上尽量扩'大'。"①同时,他对青年学生在闹学潮的天地中虚掷宝贵的光阴感到惋惜,并意出至诚地指出青年学生要避免被少数人操纵煽惑,"由少数人操纵其间,有意掀起波澜,以学生可贵的学业为牺牲,视学潮为家常便饭,此行彼效,使全国高等教育陷于破产境地,则操纵者罪不容诛,而被利用者亦为国家社会的罪人"②。

(二) 1931年"九一八"事变—1935年:理解并支持

1931年9月18日,日军攻占沈阳,开始全面实施侵吞中国

① 邹韬奋:《学潮之谜》,《韬奋全集》(第3卷),第599页。

② 邹韬奋:《再论学潮之谜》,《韬奋全集》(第3卷),第602页。

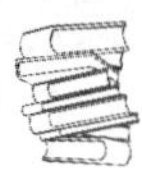

东北的预谋。学生对国家失地、当局者派系斗争、政府腐败无能痛心疾首，要求“停止内战，一致抗日”。此时的学生运动处于低潮期，一方面因为国民党南京政府为求得日本政府谅解日渐采取压制抗日救亡运动和进一步加强独裁统治，另一方面此时正值中国共产党最艰难的时候，不但遭受国民党围剿，还受到党内左倾错误思想的影响，党领导下的各校学生会组织被破坏殆尽。

1931 年 4 月，艾寒松正式加入《生活》周刊。同年，胡愈之在回国途中访苏，在考察访问后写下了《莫斯科印象记》。1931 年 9 月底，在《生活》周刊第 6 卷第 40 期上，邹韬奋刊发《读〈莫斯科印象记〉》，推荐胡愈之的这本著作。1931 年 11 月，邹韬奋与胡愈之、艾寒松、毕云程等人经常举行讨论会、座谈会，研究国内外形势和重大理论问题。在民族危亡的严重事实和胡愈之等人先进思想的影响下，邹韬奋的思想发生急剧转变，毅然举起抗日救国的大旗。

邹韬奋在 9 月 26 日出版的《生活》周刊上对“九一八”事变予以强烈的反映，痛称“本周要问，是全国一致伤心悲痛的国难，记者执笔记述，盖不自知是血是泪”①。邹韬奋认为自国难危机以来，国人无论男女老少无不骇汗相奔告，其愤慨之情绪固不以青年学生为限，但情感旺盛、较有组织和易于团结的青年学生所发起的救亡运动更具有风发云涌之气概。“此次学潮谓为全国人民在民族意识及救国热诚中之一种激流怒涛，未尝不可。”②

邹韬奋在《生活》周刊中发表数篇文章旗帜鲜明地支持学生救亡运动：“记者日夜彷徨，悲痛国事之凄惨，而回视这许多高尚

① 穆欣：《邹韬奋》，湖北人民出版社 1981 年版，第 60 页。

② 邹韬奋：《国难与学潮》，《韬奋全集》(第 5 卷)，第 102 页。

纯洁为国家将来干城的青年,辄于热泪盈眶中寄其一线希望。”[①]他分析了学潮发生的根源在于“应付当前责任的政府当局未能尽其责任”,否则学潮为何不紧接“九一八”发难之后,而独发生于两月后当局政府外交乞相日露与毫无抗日决心之后。“欲解决学潮,决不可仅注目于学潮本身,而当从根源之处作釜底抽薪之计,即在居高位而应负解决国难之责者,乃至各界领袖之应负责督促政府应付国难者,皆能肩起责任,勿令在学青年彷徨不安,忧虑国事。”[②]此时的邹韬奋对学生运动的看法仍具有局限性,他将学生运动的原因归咎于“内”部政府当局不作为,而没看到“外”部民族危亡环境下的必然性。他认为,“学生之职,在于求学”,但使学生不能得到“安心求学”环境的是只会说风凉话的政府当局的问题。

(三) 1935年“一二·九”运动之后:指导并鼓吹

“一二·九”学生运动是继“九一八”事变后邹韬奋态度转变的又一个关键点。1935年12月9日,为反对日本帝国主义在华北推行所谓的“华北自治运动”和扶植傀儡政权,抗议国民党当局的妥协政策,在中国共产党的号召下,北平学联带领数千名学生举行游行示威,最终发展成为全国范围的“一二·九”运动。“一二·九”运动不仅打破了国民党长期的恐怖统治,还把全国民众抗日救亡运动推向了新的高潮。

1933年至1935年邹韬奋流亡海外,在流亡期间,他刻苦学习了马克思列宁主义,并对社会主义社会和资本主义社会进行了考察。在对比了两种社会意识形态下的新闻事业后,他认为资本主义和社会主义关于言论自由的分歧在于“一方面是少数,

---

① 邹韬奋:《对全国学生贡献的一点意见》,《韬奋全集》(第5卷),第61页。

② 邹韬奋:《国难与学潮》,《韬奋全集》(第5卷),第102页。

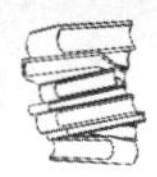

一方面是多数”。而邹韬奋认为这两者都不能说是完全意义上的自由，在一定程度上，“多数”已比“少数”先进。[①] 在比较欧美和苏联民主政治和言论自由方面，邹韬奋显然对苏联比较赞同。这段流亡经历使他的思想有了飞跃，对中国的前途问题找到了答案。

北平学生英勇壮烈的示威运动使他内心大为震动，他热情地赞扬了这场运动。“参加救亡运动的男女青年同胞们！你们的呼号声，是全国大众心坎里所要大声疾呼的呼号声！你们的愤怒的表现，是全国大众所要表现的愤怒！你们紧挽着臂膀冲过大刀枪刺的英勇行为是全国大众洒热血抛头颅为民族解放牺牲一切的象征！记者为着民族解放的前途，要对你们这先锋队顶礼膜拜致诚恳的最上敬礼！”[②]他在《大众生活》上全力动员鼓吹学生运动，并以最大的篇幅来反映这个运动。邹韬奋相继发表了《学生救亡运动》《再接再厉的学生救亡运动》和《学生救亡运动与民族解放联合战线》等文章，积极响应中国共产党“发动群众团结抗日”的主张。同时，他还与流传于社会上的反对抗日、反对学生运动的种种谬论进行了针锋相对的激烈斗争。他认为现在必须要发动救亡运动而不能“埋头”不顾一切。对于参加运动的青年学生他还给出了诸多的建议和指导，将这次澎湃汹涌，震惊中外的学生运动推向了抗日救亡的高潮。“学生运动的前途怎样，便是整个民族的前途怎样！”[③]

1936 年 11 月，国民党政府制造了中外著名的“七君子”事件。邹韬奋与其余六君子为了国家和民族共患难，继而共同为救国运动而努力。与救国会同僚们的交往更加坚定了邹韬奋为

① 邹韬奋:《言论自由的问题》,《韬奋全集》(第 6 卷),第 179 页。
② 邹韬奋:《学生救亡运动》,《韬奋全集》(第 6 卷),第 508 页。
③ 邹韬奋:《再接再厉的学生救亡运动》,《韬奋全集》(第 6 卷),第 512 页。

挽救民族危亡而努力的决心,并更加积极地关注着青年学生救亡运动。他对北平学联、上海学生总会和全国学联予以鼓励和支持,在《北平学联会的继续努力》《北平学联会的救国主张》《青年运动与抗战》《欢迎全国学联代表会》和《上海学生总会与青年救国运动》中热情地赞扬了青年学生大无畏的精神和无上尊荣的民族气节,为实现民族解放战争的胜利起到了巨大的推动作用。"一二·九"运动之所以能有广泛的影响,之所以能成为抗日救亡运动新高潮,与邹韬奋在《大众生活》上的鼓舞推动是分不开的。他后来在病榻上撰写《患难余生记》时写道:"《大众生活》每期数达二十万份,打破中国杂志界的纪录,风行全国,为每一个爱国青年所爱护,为每一个妥协阴谋者所震慑,不是偶然的,因为它是与当前时代最进步的运动——救亡运动——联结在一起。"①

邹韬奋对学生运动态度的演变,呈现出以下两个方面的特点:一是邹韬奋对学生运动的态度伴随着民族危亡不断加深而愈发积极。邹韬奋始终是一位忧国忧民的爱国志士,面对空前严峻的国难,他站在民族大义和国家存亡的立场上完成了自己思想的转变,紧跟抗战形势推动学生救亡运动的发展。二是邹韬奋对学生运动的态度与学生运动之间相互影响、促进。一方面,学生运动的发展促进了邹韬奋思想的进步,另一方面,邹韬奋对学生运动态度的深化演变促进了学生救亡运动的持续扩大。

三、邹韬奋对学生运动的策略引导

自"一二·九"运动后,邹韬奋对学生运动的支持和推动不

① 邹韬奋:《患难余生记》,《韬奋文集》(第3卷),生活·读书·新知三联书店1978年版,第338页。

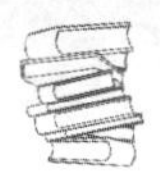

仅体现为在《大众生活》上连续报道反映学生运动，还表现为对学生救亡运动的出谋划策。邹韬奋满怀着“天下兴亡，匹夫有责”的爱国热情，对抗日战争和学生运动进行了创造性的思考，提出了一系列建设性的救国策略。

（一）研究时事动态，做到动静结合

邹韬奋认为：“时事是活的历史，世界天天变动着的大事，告诉我们地理，历史，科学的各部分学问，比我们在学校里读死书真多得不知多少倍，每一个青年学生，每一个爱国民众，都应该了解时事，训练自己，教育别人，努力为民族解放奋斗。”[①]邹韬奋强调研究时事是为了能够在救亡运动中提出正确的策略，青年学生应该分析时事，研究时事，根据时事的发展建立学生运动的新策略，做到“实事求是，具体问题具体分析”。同时，他提出要“能静能动，能动能静，做到动静结合”。对于时事的研究和钻研就属于静的功夫，但他不赞同不顾一切地埋头读书，“如认为有必须动的时候，便须团结同志起来轰轰烈烈动他一下”[②]。“在动的时候，如有爱国的实际工作可做，自当努力做去，否则即须同时顾到静的工作。”[③]邹韬奋还要求学生克服“动后的颓废”和“动后的傲慢”[④]这两个毛病，他认为青年学生一方面仍须时刻注意国事之进展，同时勿忘自身能力之有限，忌因爱国运动所得结果之无几而自暴自弃，自误误国。另一方面须为群众福利而努力，养成艰苦卓绝的自我牺牲精神，忌将集团的力量当作一己之功勋，蔑视秩序，骄傲放肆。

---

① 邹韬奋：《怎样研究实时动态》，《韬奋全集》（第 6 卷），第 422 页。

② 邹韬奋：《动静两个方面》，《韬奋全集》（第 5 卷），第 103 页。

③ 邹韬奋：《动静两个方面》，《韬奋全集》（第 5 卷），第 103 页。

④ 邹韬奋：《教育家的重大责任》，《韬奋全集》（第 5 卷），第 106 页。

(二) 确定民族解放的大目标

在反思"一二·九"运动时,邹韬奋正确地看到了北平学生运动中存在目标对象不正确的问题。"在北平发动的学生救亡运动提出的最注重的一个点是'反对所谓自治运动',这只是就当地实际情形提出的一个具体要求,同时却要注意变相的奉送华北,尤不可忘却整个民族解放的大目标。"[①]邹韬奋站在民族解放战争的全局出发,考虑到任何救亡运动并不是仅仅局限于一个局部或一个问题,在实现民族解放前不能说"目标已经达到"或"问题已经告一段落"。他为学生救亡运动取得的阶段性胜利敲响警钟,"别人一步一步地非灭亡我们整个民族的不止,有些人却拼命缩着头蒙在鼓里,歌颂升平!我们认为学生救亡运动要看清目标是整个民族的解放,绝对不受任何欺骗"[②]。

(三) 运用"联合战线"原则

面对学生运动中出现的"救国会"和"自治会"等组织对立的问题,邹韬奋建设性地提出:"在救亡的大目标下,学生组织的本身,必须要先造成'联合战线',才有充实地斗争力量。"[③]面对国势的危险境地,是要采取积极的"联合战线"来为民族解放的大目标而斗争,还是采取"联合降线"用无限制的屈服来抢救,这是一个重要的问题。邹韬奋认为"全国人民也在民族解放斗争的大目标下,响应学生救亡运动而结成全国救亡的联合战线"[④]才能拯救这个危亡的国家。在学生运动"联合战线"之外他还提出要成立起"民族联合战线","救国不是任何一界所能包办的,必须不论阶级不论职业,为救国这一个唯一目的而共同联合起来;

---

① 邹韬奋:《学生救亡运动》,《韬奋全集》(第6卷),第510页。

② 邹韬奋:《学生救亡运动》,《韬奋全集》(第6卷),第510页。

③ 邹韬奋:《学生救亡运动与民族解放联合战线》,《韬奋全集》(第6卷),第515页。

④ 邹韬奋:《学生救亡运动与民族解放联合战线》,《韬奋全集》(第6卷),第516页。

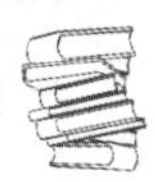

这才是民族联合战线的本意”。[①] 拒绝互相猜忌，拒绝阶级成见，国难当头，全民族联合起来共同奋斗定能实现民族解放大目标。

四、邹韬奋对学生运动认知的历史意义

首先，“联合战线”为全国抗日民族统一战线的形成发挥了积极作用。在国难万分严重的时候，各民族每个人都应该贡献自己的力量加入到民族联合阵线当中，邹韬奋的“联合战线”思想契合了中国共产党三大法宝之一的“统一战线”思想。“联合战线”的论述极大地增强了抗日战争期间的民族革命力量，为全国人民集中力量，团结抗日及国共两党二次合作提供了战略导向。

其次，理论与实际结合，使学生运动积极作用于爱国等实际工作当中。鲁迅曾评价学生运动“至尤下而居多数者，乃无过假是空名，遂其私欲”[②]。他认为学生运动要走出“借众凌寡”“假是空名”的问题，需要“立人”，因为青年学生只有先做到个人的觉醒和独立才能避免学生运动中的专制。但对于怎样“立人”，鲁迅并没有给出答案。邹韬奋在早期也看到了学生运动背后的政治及专制问题，对于这些问题，他提出青年学生要“研究实时动态，做到动静结合”，学生在学习时事知识上要做到“静”，在参与救亡运动时要轰轰烈烈地“动”，使学生运动能积极地作用于爱国等实际工作当中。

再次，邹韬奋为爱国青年救亡运动指明了前进的方向。在

---

① 邹韬奋：《北平学联的救国主张》，《韬奋全集》（第 6 卷），第 599 页。

② 鲁迅：《文化偏至论》，《鲁迅全集》（第 1 卷），河南人民出版社 1994 年版，第 45 页。

学生运动中也产生了许多极端现象,诸如捣毁与索车,伤人与被伤等,表现出盲目性和仿效性。由于学生群体的不成熟和自身水平的限制,一些悲观的流血事件本是可以避免的。邹韬奋对于民族解放大目标的论述及时地发现并纠正了学生运动中存在的狭隘思想。在肯定青年爱国情感的同时,指导青年学生将牺牲的决心转换为御侮的信念和行动,为迷茫中的进步青年指明了奋斗前进的方向,同时也为中国共产党领导下的统一的青年救亡组织——“中国民族解放先锋队”的成立做了思想动员的工作。

最后,邹韬奋对学生运动的指导发扬了天下兴亡,匹夫有责的爱国精神。邹韬奋对于“联合战线”的重要论述纠正了国内救亡运动存在的“关门主义”错误,积极地推动了全国各族人民树立“实现民族解放”的奋斗目标。同时,他站在人民的立场上,分析了最紧要的问题是救亡,而不是任何党派:“国家亡了,什么主张都是徒然的。”①

① 邹韬奋:《民族解放与人民战线》,《韬奋全集》(第6卷),第606页。

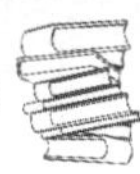

邹韬奋马克思主义思想转变研究之研究[①]

刘　瑶

（兰州大学）

邹韬奋作为我国著名的新闻记者、出版家、政论家和杰出的爱国主义者，因其在中国新闻传播史和民主政治方面的巨大影响，逐步成为学界研究的重要对象。邹韬奋及其研究在特定的历史语境里往往和马克思主义有着深刻的联系，学界对邹韬奋马克思主义思想的研究最早聚焦于其马克思主义世界观的转变和完成上。绝大多数学者肯定了其前后思想有性质不同的变化，有一个从民主主义到共产主义的转变，认为韬奋最终成为一名共产主义战士。随着研究的深入，近年来也有学者开始剖析这一议题的复杂性和历史性，开始探究韬奋马克思主义思想转变的缘起、节点、范畴以及历史呈现等问题。

一、研究焦点

目前，对于邹韬奋马克思主义思想转变的争议主要聚焦在以下几个方面：(1)韬奋思想转变的时间，即"九一八"事变是否是韬奋思想转变的转折点，韬奋是在流亡前，还是流亡后完成转变的？(2)韬奋思想转变的方向，即韬奋的思想是否全然转向马

① 本文系兰州大学新闻与传播学院 2018 年科研培育项目"邹韬奋新闻传播思想的系统性研究"(18PY1012)阶段性成果、国家社科基金项目"延安时期中国共产党新闻传播话语建构及其当代价值研究"(项目号 19BXW009)延伸性成果。

克思主义?(3)韬奋思想转变的范畴,即邹韬奋的马克思主义思想呈现只停留在思想认识的范畴,还是付诸社会实践层面?(4)韬奋思想转变的程度,邹韬奋的思想已经完全马克思主义化,还是逐渐趋向马克思主义?针对以上问题,学界展开了具体的论述和研究。

二、观点与论争

(一) 转折点之争

不少学者认为"九一八"是韬奋思想实现转变的标志。穆欣(1981)、岳国芳(2013)主要从"九一八"事变后《生活》周刊所发表的内容判定"九一八"事变是韬奋思想转变的转折点,之前不谈政治的《生活》周刊,开始将抗日救亡运动等中国政治生活纳入其中。陈挥(1993)论述了"九一八"事变后,韬奋对国民党反动派、阶级和阶级斗争、中国革命的对象问题以及苏联和社会主义运动的认识,认为韬奋对马克思主义的理解逐步加深;许良廷(2002)更多地结合时代背景,认为"九一八"事变后韬奋开始重新认识中国共产党,为其思想转变指明了方向,并将"九一八"事变提升到转折点的高度。与之不同,也有学者不认同"九一八"转变论,郝丹立(2002)曾在《尊重历史事实　克服主观臆断——关于邹韬奋"九一八"转变论的反思》一文中反驳了这一观点。她认为,"九一八转变论"是完全站不住脚的,……"转变论"规避(尽管这种规避有着非论述者本人所能超越的时代背景)立三路线和王明"左"倾中央给党和抗战大计造成的危害及其在客观上带来的不良社会影响,看不见在 1930 年至 1935 年间抗日舆论一度操于爱国民主人士之手的事实,忽视了邹韬奋自身思想发展的内在逻辑,无视这种逻辑所具有的思想史价值,这就使"转

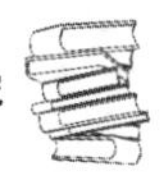

变论”的视野，既离开了所研究的对象，又离开了对象置身其中的历史现实，而一旦脱离这些根本立足点，也就不可能得出实事求是的结论了。①

“九一八”事件对韬奋思想的转变具有一定的影响，在中华民族生死存亡的紧要关头，国民党一味屈膝投降，这使得韬奋对国民党的幻想破灭。韬奋逐渐认识到了人民大众的力量，并一心投身于抗日救亡的爱国运动中。当然，此时韬奋的思想还存在一定的疑虑，譬如对世界大势的发展方向，中华民族的出路问题还没有明确的认识。

（二）转变方向之争

大多数学者认同韬奋最终走上了共产主义的道路，转变为共产主义战士这一观点。陈毅在1944年11月22日延安《解放日报》的《邹韬奋先生逝世纪念特刊》中，发表了《纪念邹韬奋先生》一文。陈毅在文中称，邹韬奋是“继孙、鲁两公之后”“从革命民主主义开始，直达共产主义行列”的楷模。曾经与韬奋战斗生活在一起的胡绳也提出了这样的观点。在《一位革命知识分子的选择》一文中，胡绳指出：“30年代中期，在国民党地区内抗日救亡运动兴起；韬奋在这时成为党的积极的同路人，起了重要的作用。”围绕这一基调，沈钧儒、徐伯昕、张仲实、史良、胡愈之等人作为曾经同韬奋一起为抗战、为民主、为进步文化而共同奋斗的朋友为韬奋撰写了一批悼念性文字，指出“韬奋先生是进步文化界的权威，是民主运动的斗士，是抗日救国阵线的领导者”，“韬奋是一位革命永不停步，不断追求真理与光明的伟大革命者”，“从一个爱国知识分子，通过坚忍不拔的努力，终于走上无

① 郝丹立：《尊重历史事实　克服主观臆断——关于邹韬奋“九一八”转变论的反思》，《西南交通大学学报（社会科学版）》2002年第3期。第41—44页。

产阶级的革命道路,并成为无产阶级先锋队战斗的一员”。

然而,新时期的部分学者对这一观点提出了质疑,郝丹立(2002)认为,思想观念的转变往往呈现出滞后性,而被用来论证知识分子思想改造运动合理性的韬奋研究领域内的这种工具论视野,以及由此而出的“九一八转变论”“马克思主义者论”等论点,却一直作为一种主流的价值取向左右着这个研究领域。

(三) 流亡经历的作用之争

1933 年初,邹韬奋参加了宋庆龄、蔡元培等发起的中国民权保障同盟,并当选为执行委员。面对国民党特务的暗杀,韬奋被迫流亡海外。流亡期间,韬奋游历了欧美和苏联社会主义国家,并且在大英博物馆接触到了马克思主义。许良廷(2002)认为,从 1933 年 7 月至 1935 年 8 月,邹韬奋流亡海外,这是他完成由民主主义者向共产主义者根本转变的阶段。流亡期间,他始终带着世界大势如何发展和中华民族的出路何在两大问题,着重访问和考察了欧美和苏联,以他的亲历从马克思、列宁那里找到了圆满的答案,完成了世界观的根本转变。[①]

李晓灵、张高杰(2018)认为,邹韬奋的马克思主义思想及其新闻实践的呈现以 1933 年的流亡为显著标志,并以对马克思著作的系统学习和对马克思主义理论的全面梳理为基础。同时,对苏联社会的考察和盛赞,以朝圣和觐见的心态表达了对马克思主义理论社会实践典范的仰慕,而对欧美资本主义国家的负面呈现则力图反证马克思主义理论体系的真理性。[②] 陈挥(1993)则认为,他(邹韬奋)从“九一八”开始转变,到 1933 年 7

---

① 许良廷、李克芬:《邹韬奋思想转变与发展的轨迹》,《党史纵览》2002 年第 9 期,第 28—30 页。

② 李晓灵、张高杰:《试论邹韬奋马克思主义思想及其新闻实践的历史呈现》,《陕西师范大学学报(哲学社会科学版)》2018 年第 3 期,第 167—176 页。

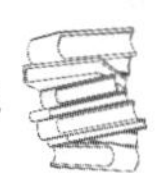

月出国以前，已经基本上树立了马克思主义世界观。①

可见，有些研究者着重描写了韬奋在大英博物馆图书馆系统地阅读和研究大量的马克思、恩格斯、列宁的著作和其他社会科学的书籍，这对邹韬奋的思想起转变与发展有重要影响；有些学者则认为，通过对法国、英国、苏联和美国的访问与考察，邹韬奋看清了世界大势，深刻地认识到资本主义本质和社会主义的光明前景。

(四) 韬奋马克思主义思想转变的节点与渐变之争

显然，思想的转变不可能在瞬间完成，而是要经过一个转变的过程。穆欣(1981)认为，韬奋思想上的转变并不是直线向前，而是经过了一段长远、曲折而艰辛的摸索过程。在“九一八”以后的初期他所发表的一些言论中，往往还残留着前期思想的烙印。当时韬奋有些主张仍然带着资产阶级改良主义的色彩，例如他对国民党的政权还只是采取希望它改善的态度，仍旧是不主张革命。② 潘大明(1998)认为，“九一八”之后的几年内韬奋“除在进步的书报上求锁钥外，无时不惶惶然请益于师友，商讨于同志”。因此得出结论，“韬奋政治观的转变的感性和理性积累尚少，不可能在‘九一八’以后迅速实现转变”。③ 岳国芳(2013)认为，邹韬奋对中国共产党政治态度的转变，是循序渐进的过程，是内在人格素养与复杂的外在环境共同发挥作用的结果，渴望进步的内心与舆论平台的结合、追求民族独立的精神与寻求救国道路的结合、信仰民主自由的灵魂与主动汲取先进思想的结合。这些结合的因素相互交叉影响着、强烈碰撞着，影响

① 陈挥：《试论邹韬奋由民主主义者向共产主义者的转变》，《福建学刊》1993 年第 1 期，第 55—58 页。

② 穆欣：《邹韬奋》，首都师范大学出版社 1995 年版。

③ 潘大明：《韬奋人格发展的轨迹》，上海文艺出版社 1998 年版。

并决定了邹韬奋的政治选择,最终走向了中国共产党。①

三、争论相关特征

(一) 历史语境

在中国的文化中,文章内容、作者身份、发布载体和发布时机,均具有重要的符号意义。早期对韬奋思想转变的研究基本遵从了主流话语的界定,规定性强,政治话语特色鲜明,和主流保持了同步和一致。

1949 年之前,宣传韬奋精神的目的主要是团结抗战、揭露黑暗、反对专制、追求民主。延安《解放日报》作为中共中央机关报,对韬奋这位党外人士进行了大篇幅的赞扬与宣传,1944 年 10 月 7 日延安《解放日报》在头版用几乎整版的规模集中对邹韬奋的逝世进行了报道,《邹韬奋先生事略》《邹韬奋先生遗嘱》《中国文化界先进战士邹韬奋先生病逝弥留时呼唤:全国坚持团结抗战早日实行真正的民主政治》《悼邹韬奋先生》和《中共中央电邹韬奋先生家属》,这些文章的发表无一不代表着主流话语对韬奋的重视。

1953 年 6 月,中国开始进行社会主义改造。这种宏大叙事的背后含义就是,邹韬奋的思想只能从"历史发展的规律"中获得。只有在此历史规律下,邹韬奋精神才有生发的基础和土壤。

20 世纪 80 年代以来,韬奋研究的成果越来越丰富。这一时期韬奋研究的繁荣,固然首先是由于政治环境的宽松、有关领导的重视、作者思想的解放等,郝丹立(2002)认为,这 60 年的韬

① 岳国芳:《抗战时期邹韬奋对中国共产党的认识过程》,《学理论》2013 年第 3 期,第 88—89 页。

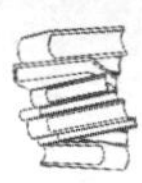

奋研究，按其最基本的价值取向，可以大体区分为政治工具取向和文化价值取向。实际上，只有站在中国先进文化的理论制高点上，才有可能正确理解韬奋思想。①

(二) 研究者的主体特征

对于韬奋马克思主义思想的研究，早期著名的学者主要有潘大明、黄逸之、穆欣等，近些年主要有陈挥、沈谦芳、杨宏雨、李晓灵、郝丹立等。从对韬奋的纪念活动以及撰写文章，我们可以大致将研究者分为三类：主流话语代表人、当代理论专家和高校的专业研究者。

作为政治组织的中共，还是中共领袖及其他主流话语的代表人，他们都对邹韬奋从专业理念到政治追求给予了全面褒扬。以穆欣为代表的主流话语的代表人，他们的研究带有一定的政治导向。穆欣(1981)在《邹韬奋》书中提到："他不但自己逐步摆脱资产阶级民主主义思想而终于成为共产主义者，还在广大的知识分子中播下革命的种子，引导成千成万的青年走向革命的道路。"②

相比之下，当代理论专家更具有某种主体性，他们兼具组织角色和个体知识分子的双重身份，与邹韬奋作为民主人士和新闻专业主义知识分子的身份有着高度的契合，这就在某种意义上增加了研究的妥帖性和深刻性。

高校的专业研究者也是研究韬奋思想的重要人群之一，他们挖掘更多的史料，对以往的观点提出质疑，以个体知识分子的视角对邹韬奋的精神内涵进行了深度挖掘，服务大众、人格力量和精神气度是关注的焦点，而全面审视和系统阐释则是传播特

① 郝丹立：《论韬奋思想研究中的价值取向》，《四川大学学报(哲学社会科学版)》2002年第3期，第64—70页。

② 穆欣：《邹韬奋》，首都师范大学出版社1995年版。

征所在。李晓灵(2018)认为,邹韬奋的马克思主义思想及其新闻实践的历史呈现存在某种内在对抗性。邹韬奋一方面秉持马克思主义新闻传播观,肯定党性和组织性,但另一方面又对西方新闻事业所推崇的新闻职业人取向异常神往。他宣扬客观、中立、平衡等新闻理念,期望同人办报,渴望成为一个无党派立场的独立职业新闻人。从某种意义上讲,这两种观念具有特殊的对抗性和冲突性,不能兼具,但是它们却如此奇特地同时存在于邹韬奋的思想体系之中。①

近年来,也有不少硕士研究生开始研究韬奋的思想转变,如林梦(2015)《从〈生活〉周刊言论看邹韬奋思想的转变》、蔡静(2016)《邹韬奋的变与不变》等,为韬奋马克思主义思想转变的研究注入了不少新鲜血液。

(三) 史料选择

整理发现,研究者在研究韬奋马克思主义思想转变时主要以韬奋主办的《生活》周刊、海外通讯以及翻译作品为参考文本。

1926 年 10 月,邹韬奋继任《生活》周刊的主编,从此走上了新闻出版道路。邹韬奋任该刊主编后,锐意改革,将刊物宗旨定为“暗示人生修养,唤起服务精神,力谋社会改革”,以此“力求政治的清明”和“实业的振兴”。穆欣、陈挥和林梦等多引用《生活》周刊中韬奋刊登的文章来证实韬奋马克思主义思想的转变,例如:穆欣在《邹韬奋》中写道,1931 年 10 月,《生活》周刊发表一篇《世界的趋势和中国的前途》……1932 年 1 月,《生活》第七卷第一期又刊出韬奋写的《我们最近的思想和态度》,进一步认识到“剥削大多数民众以供少数特殊阶级享用的资本主义的社会

---

① 李晓灵、张高杰:《试论邹韬奋马克思主义思想及其新闻实践的历史呈现》,《陕西师范大学学报(哲学社会科学版)》2018 年第 3 期,第 167—176 页。

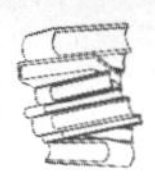

制度终必崩溃，为大多数民众谋福利的社会主义的社会制度终必成立”。《生活》周刊办刊方针的转变也正是邹韬奋思想转变的折射。从前期所形成的趣味观、价值观，以提高个人修养为中心的资产阶级改良主义思想发展到“新闻评述性质的周报”，邹韬奋开始摆脱资产阶级思想的牢笼，一步一步向着马克思主义立场迈进。

流亡期间，韬奋写下大量有关于西方资本主义与苏联集体主义的反思与感想，这些都收录在《萍踪寄语》和《萍踪忆语》中。陈挥(1993)认为，韬奋在第一次流亡期间所写的主要著作《萍踪寄语》中所阐述的理论观点清楚地反映了他的马克思主义世界观已经形成。[①] 除此之外，李晓灵(2018)认为，邹韬奋对马克思主义思想的学习和研究集中体现在《读书偶译》中。《读书偶译》是邹韬奋在1933年到1934年在英国伦敦的博物馆图书馆所写的英文笔记的一部分。[②] 韬奋的海外通讯对资本主义制度进行了深刻的剖析与批判，并对苏联的集体主义进行了细致的报道与宣传，此外还就东西方文明与社会体系频繁进行对比，通过这些，我们也可以看出韬奋马克思主义思想的转变历程。

同时，韬奋也是一位优秀的翻译家，对翻译理论也有过深刻的独到的论述。其译本也反映出韬奋的思想转变。李晓灵(2018)在《试论邹韬奋马克思主义思想及其新闻实践的历史呈现》一文中，通过韬奋翻译的《社会科学和实际科学》的《苏联的民主》等书籍，突出强调了韬奋对马克思主义理论的学习以及苏联现实的描绘。他认为，邹韬奋通过斯隆的《苏联的民主》一书，

---

① 陈挥：《试论邹韬奋由民主主义者向共产主义者的转变》，《福建学刊》1993年第1期，第55—58页。

② 李晓灵、张高杰：《试论邹韬奋马克思主义思想及其新闻实践的历史呈现》，《陕西师范大学学报(哲学社会科学版)》2018年第3期，第167—176页。

热情地勾画了苏式国家机制下的政治、经济、司法、新闻、教育和民主等全景式图画,试图为抗日图存的中国寻找可以供借鉴的发展道路,可谓用心良苦。① 陈挥(1993)提到,1933 年 5 月,韬奋还编译了一本长达 20 万言的传记《革命文豪高尔基》,这也是他思想进步的一个标志。②

四、研究特点

(一) 由一元到多元

对于邹韬奋马克思主义转变这一议题,早期的学者所持的观点是"九一八转变论",是指 1949 年以来邹韬奋思想研究的一种主流观点。这一观点认为,邹韬奋从一个进步的持改良主义政治态度的知识分子,逐步转变为一个马克思主义者,"九一八"事变是其思想转变的分界线,虽然在转变时间上还存在争议,但普遍认为邹韬奋最终成为了一个马克思主义者。随着对韬奋思想转变研究的深入和细化,有学者提出了新的思考:邹韬奋真的成为一个马克思主义者了吗?邹韬奋的思想体系中马克思主义思想究竟以何种方式得以体现?这些问题都是这一时期研究者所关注的。和早期的研究学者不同,郝丹立在《韬奋新论》中,对韬奋的思想提出了不同于以往的新见解。同时,对 60 多年来韬奋研究中存在的目的与对象的分离、目的与对象的颠倒等问题提出了自己的看法,这些观点既尖锐又中肯;潘大明的《韬奋人格发展的轨迹》则提出"以儒学为核心的传统文化,在各个不同

① 李晓灵,张高杰:《试论邹韬奋马克思主义思想及其新闻实践的历史呈现》,《陕西师范大学学报(哲学社会科学版)》2018 年第 3 期,第 167—176 页。

② 陈挥:《试论邹韬奋由民主主义者向共产主义者的转变》,《福建学刊》1993 年第 1 期,第 55—58 页。

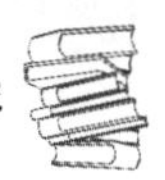

的历史阶段，帮助韬奋有选择地吸取了资产阶级和无产阶级的思想"这样的角度，来探讨韬奋思想发展的原因①；李晓灵(2018)认为，邹韬奋的马克思主义思想呈现仍只停留在文化的范畴，居身于理论探索和反思的层面，他没有、也没能真正将它付诸浩大的社会政治领域，用以社会实践。而这也恰恰契合了他作为公共知识分子和专业主义新闻人的身份特征。② 这些大胆、新颖的观点的提出和得到发表，丰富了韬奋马克思主义思想转变的研究。

(二) 由保守到开放

早期的学者因为受时代的影响，多是汇编性的作品，综合性较强。而新时期的学者善于带着问题意识来研究韬奋的思想，他们通过分析不同时期、不同身份主体留下的历史资料得出了新结论，甚至推翻了已有的某些观点。他们的研究突出强调了韬奋思想转变的复杂性和历史性。邹韬奋的马克思主义思想呈现仍只停留在文化的范畴，并未将它付诸社会政治领域。可见，近些年学者对韬奋马克思主义思想的研究转向了更广阔的视野。

(三) 由现实性到历史性

1944 年 11 月 22 日，延安《解放日报》刊登了共 3 版的"邹韬奋先生逝世纪念特刊"。这期特刊刊载了共 27 篇纪念性稿件，撰写者主要是中共高层领导和中共党内高级知识分子。中共高层领导中除了毛泽东和朱德的上述题词外，陈毅的《纪念邹韬奋先生》、凯丰的《纪念韬奋先生》和陈伯达的《纪念邹韬奋先生》是其代表，它们都对邹韬奋进行了高度评价。可见，早期对

---

① 潘大明：《韬奋人格发展的轨迹》，上海文艺出版社 1998 年版。

② 李晓灵，张高杰：《试论邹韬奋马克思主义思想及其新闻实践的历史呈现》，《陕西师范大学学报(哲学社会科学版)》2018 年第 3 期，第 167—176 页。

韬奋思想的研究具有一定的目的性和现实意义,遵从现实性原则。随着社会形势的发展,学者们逐渐把眼光放在邹韬奋个人思想和实践上,以实事求是的原则开展对邹韬奋马克思主义思想的研究。置身于具体历史语境,研究其历史价值,也反思其历史局限性。

四、余论

(一) 追求研究结论的开放性和创新性

1944 年 7 月 24 日,邹韬奋在上海病逝。9 月 28 日,由周恩来亲自修改的中国共产党中央委员会致邹韬奋家属的唁电发出。唁电表示接受邹韬奋的临终请求,追认其为中国共产党党员,"并引此为吾党的光荣"唁电充分肯定:"韬奋先生二十余年为救国运动,为民主政治,为文化事业,奋斗不息。虽坐监流亡,决不屈于强暴,决不改变主张,直到最后一息。犹殷殷以祖国人民为念,其精神将长在人间,其著作将永垂不朽。"随后,毛泽东、周恩来、朱德、陈毅等都为韬奋题词或撰写文章,这为第一阶段的韬奋思想转变的研究奠定了基调,随后的研究都认同并强化了这一历史评判。而现阶段学术氛围日渐宽松,这就启发韬奋研究者进行反思,我们不必遵循一条逼仄狭窄的研究思路反复地去论证同一种结论,而应该客观地、历史地理解与评价邹韬奋思想的性质。

(二) 明晰韬奋思想转变的系统性和矛盾性

关于邹韬奋思想演变研究,绝大多数学者肯定了其前后思想有性质不同的变化,有一个从民主主义到共产主义的转变。但是邹韬奋思想呈现出复杂性、深刻性和历史性的特点,面对阶级斗争,韬奋面对了那个时代几乎所有知识分子的困顿:应该选

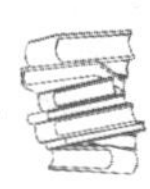

择怎样的道路。因此，我们不仅要看到韬奋最终成为一名共产主义战士，更应该注重其思想转变的过程，韬奋最初信仰的资产阶级民主思想，由于不合时宜而不得不一再转换自己的寄托对象，变更自己的斗争策略，将自身从一个温和的改良主义者变为一个激进的民主斗士。在此过程中，我们更应该看到像韬奋一样的爱国知识分子，面对国运、党争，如何为抗战、为民主、为进步文化而奋斗。另外，对于韬奋思想的研究，我们可以尝试从政治领域提升出来，置入到一个具有广阔前景的现代文化领域之内。

（三）考虑韬奋思想转变的历史性

毋庸置疑，韬奋的思想因社会环境的变化发生了转变，且向着社会主义的方向发展，但是最终的结果是怎么样的呢？他最终成为一名共产主义战士了吗？这些问题还有待商榷。因此，我们应当将韬奋留下的大量作品视为一个丰富的现代文化宝藏，将其放回到当时的社会环境之中，对其本身的文字进行仔细地研读和提炼，并以其思想发展本身为内在逻辑，梳理出这一思想历程本身所蕴含的丰富的文化价值。

五、结语

从 20 世纪 50 年代开始，关注韬奋研究的学者、出版社、报纸杂志及学术团体撰写的研究文章也越来越多。学界对韬奋马克思主义思想的研究逐渐深化和细化，主要从韬奋马克思主义思想转变的转折点、转变方向、流亡期间的作用、节点与渐变等方面展开论述。整理可见，对韬奋马克思主义思想转变的研究具有一定的时代特征，不同的历史环境呈现出不同的研究动因，且研究结论为社会现实服务，两者是一个相互建构的过程。同

时,我们也看到了像邹韬奋这样深受五四精神熏陶的知识分子群体,在继承传统文化和西方文明的基础上,以他们舍生忘死的民主斗争实践和文化建设实践,为中国先进文化的形成贡献了自己的一份力量。整体来看,韬奋马克思主义思想研究呈现从一元到多元、从保守到开放、由现实性到历史性的研究特点。学界对韬奋的研究,让我们对韬奋的了解更加透彻,这也成为我们之后研究韬奋思想的重要材料。当然,对韬奋的深入研究要以韬奋研究的历史回顾与现实反思为切入点。重视研究对象置身其中的社会现实,克服违背历史事实的判断,承认邹韬奋思想发展的内在逻辑,这样才更具有历史性、客观性。

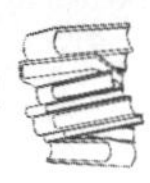

邹韬奋通讯中城市空间的立体模型[①]

宋朝军

（兰州大学）

一、引言

在进行海外城市空间生产时，邹韬奋统合了零散、微观的手法和内容，将它们系于“塑造立体空间”的大目标下，塑造立体空间成为韬奋进行城市空间生产的最庞大、最宏观的传播手段。立体空间蕴藏着更为隐晦的价值递归，这些价值居于整个立体空间的不同位置，但却相互联系。因此，这种立体空间起着统揽、支撑和论证等多重作用，成为了城市之“悬索桥”上的一座座“索塔”，既承接着来自悬索力量的牵引，也承受着悬索之外其他方向的荷载。

邹韬奋在建构此立体空间时，着意将城市空间各种元素吸纳进来，并归置于不同的维度范畴下，形成三维立体的空间（图1）。在空间塑造时，邹韬奋注重选取同时期具有较强影响力、发生重大事件或变革的城市，城市归类成为了空间中的 X 轴（横轴）；对于城市空间中的具有标志性的建筑、区域或事件，邹韬奋

① 本文系兰州大学新闻与传播学院 2018 年科研培育项目“邹韬奋新闻传播思想的系统性研究”(18PY1012)阶段性成果、国家社科基金项目“延安时期中国共产党新闻传播话语建构及其当代价值研究”(项目号 19BXW009)延伸性成果。

超越其物理本体或事件本身，更注重记述其历时性的古今变化、前因后果，即梁启超所言的“活动之体相”[①]和“活动之总成绩及其因果关系”[②]，这成为了立体空间中的Y轴(纵轴)；城市人物作为空间中最鲜活的个体，在城市的所有关系范畴中都处于最关键位置，人的生产生活、群体的矛盾冲突分布于立体空间的各个角落，构成了空间生产的Z轴。

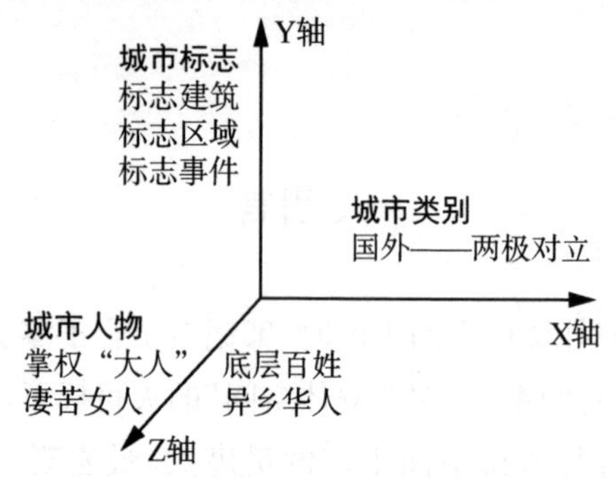

图1　邹韬奋海外通讯中城市立体空间的建构模型图
（笔者根据邹韬奋海外通讯绘制）

三条轴线上的不同要素结构、不同维度范畴汇聚于一体，构建成了邹韬奋海外通讯中最为立体的城市空间。此立体空间的模型显著而庞大，成为邹韬奋海外通讯进行空间生产的最宏观手段，其中所有内容的排布选择都蕴藏着邹韬奋的政治思考和社会逻辑思维。它还体现着批判视野下邹韬奋对当时社会关系、社会环境的认知，从侧面展现邹韬奋对未来城市空间乃至整个国家、整个社会关系的愿景。

---

① 梁启超:《中国历史研究法　中国历史研究法补编》，四川人民出版社2018年版，第5页。

② 梁启超:《中国历史研究法　中国历史研究法补编》，第6页。

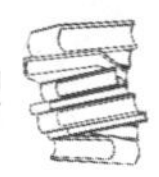

二、城市类别：撷取标准的多元性及嬗变特征

邹韬奋对城市的选择包括选择城市本身，以及选择城市内的典型事件。邹韬奋的选择兼具普遍性和特殊性。普遍性在于所选城市都是当时在国内、国外政治场域中的重要节点，要么是传统的大都市、大中心，要么发生过重要的历史事件，诞生了重要的历史人物。特殊性在于邹韬奋选择的城市具有一定的偶然性，有的城市是他人生经历的重要节点，有的城市是因为具有特殊的记忆点而给邹韬奋留下了深刻的印象。在这普遍性和特殊性之下，邹韬奋对具体城市的选择体现着多元性、多样性。例如，不同国家地区的城市选择标准有差别，不同历史阶段内对城市以及城市中事件的选择也有不同。

(一) 城市类别：寻求出路时的两极对立

邹韬奋海外通讯中，国外城市的选择主要基于持续近两年的海外流亡经历。相对而言，邹韬奋对国外城市的选择自由度要略小一些。这主要有两个原因。

首先是行程安排原因。1933 年 6 月，爱国反侵略人士杨杏佛被国民党特务暗杀，邹韬奋同时被列入暗杀黑名单。次月，邹韬奋孤身一人从上海出发，前往欧洲，开始了第一次流亡历程。直至 1935 年 5 月回国，邹韬奋在这段时间内先后考察欧洲各老牌工业资本主义国家、苏联和美国。同时，邹韬奋还多次拜会好友和《生活》周刊读者，他们大多分布在各国的主要城市。基于当时海轮远洋的交通效率和邹韬奋拜访人群的分布，不难推算，邹韬奋对于这些国家内各城市的选择有着很强的指向性和针对性，而非像在国内一样对不同层次的城市都有细致的考察和体验。邹韬奋在极为有限的时间里考察两个大洲、两种制度下的

不同国家城市,这导致他的观察、思考直至最后的记述、表达传播都带有偶然性,并非完全客观。

其次是目的原因。邹韬奋在专门记述海外流亡的《萍踪寄语》开篇写道:“目中却常常涌现着两个问题:第一是世界的大势怎样?第二是中华民族的出路怎样?”[①]基于两个目的,邹韬奋考察欧美诸国,而此时恰逢经济大萧条[②],欧美老牌资本主义国家受挫严重,社会民生水平断崖式下跌。而同期的苏联却凭借制度优势完成了五年计划,国家实力和社会生产水平持续向好。邹韬奋寻求出路的目的和两种天渊之别的现实叠加,最终使得他选择和描述欧美城市的侧重点、评价等也截然不同。

在此两种因素共同作用下,邹韬奋对海外城市的空间塑造、关系建构和发展前景等给出了两极对立的判断:在他看来,西欧和美国城市虽然组成不同,但都充满了压迫和剥削。资本主义制度下,城市内部不仅分化割裂,而且矛盾近乎不可调和,阶级的倾轧使得底层人民痛苦不堪,城市发展也因资本主义制度遭遇打击而停滞不前。相反的是,以莫斯科为代表的苏联城市正蒸蒸日上,城市建设的规模大、设施齐全,并且几乎全部运用于工人和市民的生产生活。城市市民也团结一致、相互配合,整个城市空间的生产呈现出积极的特征。

在这两种对立的城市空间里,邹韬奋经常以中国的城市、社会类比,突出强调政治制度因素对于城市中不同阶层的影响。例如,邹韬奋在伦敦和巴黎考察时,看到了走投无路却仍被倾轧

---

① 邹韬奋:《萍踪寄语》,生活·读书·新知三联书店 2018 年版,第 4 页。

② 1929—1933 年,世界经济危机(又称“大萧条”)发源于美国,后来波及整个资本主义世界,其中包括英国、法国和德国等韬奋游历的欧美资本主义国家。这是资本主义历史上最深刻、破坏性最大的危机。不仅导致了长期的大规模失业,也改变了社会关系,帮助纳粹党上台,最终催生了第二次世界大战。

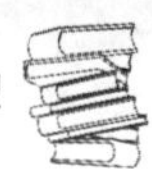

的妓女群体，就联想到了中国广州的废娼运动以及上海等城市的娼妓现状，突出强调了黑暗社会逼良为娼的残忍性。而在苏联考察时，邹韬奋记述了苏联女性在不同工作岗位上发光发热的场景，凸显了男女平等的重大意义。他在《生活》周刊的"读者信箱"中也叙述、评价过很多当时上海男女关系不平等的案例，中苏也形成了鲜明的对比。

所以，两种城市空间的对立实际上是政治制度的对立。在极其有限的时间里，邹韬奋对海外多国的城市进行了宏观的空间生产，讨论其中生产关系、社会关系的大体结构。当然，结合当时历史背景，可以发现邹韬奋的空间生产并不完整，部分关键性的事件或要素被隐去，这展现出了邹韬奋政治思考的重点和方向。

（二）类别特征：生产关系交错生存关系

从历史唯物主义视角来看，通讯的城市选择虽然标准不同，但都围绕着城市所在地的生产关系展开。在不同的国家里，各城市的生产资料被不同的阶级占据，由此引发了社会中不同群体之间的经济差异，继而生发出在财富分配上的贫富鸿沟、消费上的天壤之别……最终影响到社会对立、撕裂的程度，形成了完全不同的生存关系。同一个城市中，少部分是手握资本的资本家，但更多的是底层苦难深重的普通人。在欧美城市和苏联城市的通讯中，邹韬奋从正反两个角度切入，强调了此种强烈的生存关系对立。

邹韬奋海外通讯中，在资本主义制度治下，欧美城市中人群的生存关系处于非常紧张的状态，存在着强烈的对比。例如，邹韬奋在利物浦考察时，他回顾了利物浦因造船业而发家的繁荣历史，但受到资本主义世界爆发的经济大危机冲击，当下的利物浦已然死气沉沉，底层的工人阶级已经快到了山穷水尽的地步。邹韬奋列举了仅仅 1933 年一年的数据："在一九三三年的一年中,造船业工人有一半以上失业;船埠工人及水手有三分之一以上失业,形势严重,可以想见。”[①]但与此同时,资本家却仍在修建标榜自身的利物浦大教堂,他们不仅捐款踊跃,还试图让这个尚未完工的教堂成为世界第二大教堂。邹韬奋表达了对底层人的同情,以及对资本家的批评:“该处大贫民窟里的许多贫民集合起来,哪比得上这个上帝的福命啊……资本家所欢迎的又是大教堂!”[②]二者相比,邹韬奋就建构出了资本主义城市空间中生存关系的极大反差。

萍踪寄语

蘇聯印象記

衡微日記

▶上海生活書店發行◀

图2　邹韬奋《表面和里面——罗马和那不勒斯》[③]

而苏联的城市通讯相反,邹韬奋从生存关系对立的反面进行论证。也就是说,邹韬奋是从苏联城市如何消除帝俄时期的生存对立关系角度出发的,他的落脚点在于苏联的社会主义制度。以莫斯科为例,邹韬奋记述了在社会主义制度下,工人不仅

① 邹韬奋:《利物浦》,《韬奋全集(增补本)》(第5卷),上海人民出版社2015年版,第744页。

② 邹韬奋:《表面和里面——罗马和那不勒斯》,《韬奋全集(增补本)》(第5卷),第675页。

③ 邹韬奋通过描述罗马的现状和援引罗马城历史,讽刺封建残余和法西斯的统治。《生活》周刊1933年第8卷第45期。

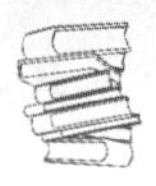

平等地获得了就业的权利，还获得了暑期学校、疗养院、托儿所、公园和工会等机构或基础设施的保障。公有制的生产关系直接影响到了生存关系，政治上的组织关系就是生存关系的重要组成部分。邹韬奋以莫斯科的红区政府为例，分析了红区苏维埃的组成代表构成情况，着重强调了近九成的代表都是工厂的工人："这个区苏维埃的代表共有四百五十人，其中四百人是仍在工厂中做工的工人。"①邹韬奋还记述了代表的基层选举流程，突出了类似政治权利在工人群体中的普遍性。邹韬奋笔下，苏联社会主义制度使得城市空间更加完整，空间背后的社会关系更加合理、平等。

在不同的生产关系组织下，不同人群的生存关系交织其中，形成了不同城市的社会关系风格。但无一例外，邹韬奋海外通讯中的海外城市都经过了生产关系的鉴别和筛选，并最终形成了欧美和苏联对立的两种城市空间类型，突出了邹韬奋的权力批判倾向(图 3)。

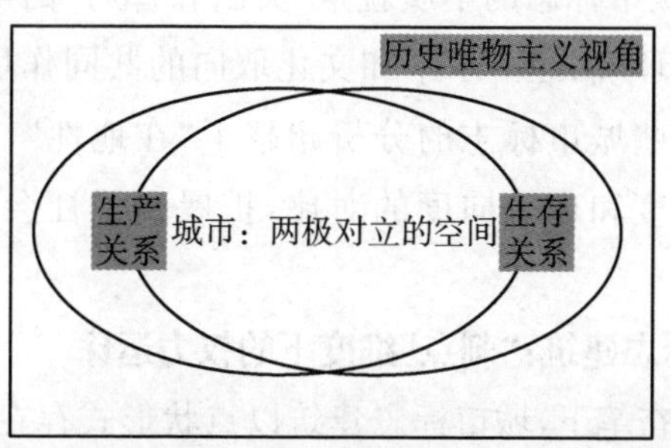

图 3　历史唯物主义视角下城市选择特征示意图

（笔者根据邹韬奋海外通讯绘制）

① 邹韬奋：《莫斯科的一个区政府》，《韬奋全集（增补本）》（第 6 卷），上海人民出版社 2015 年版，第 102 页。

可以看出,邹韬奋海外通讯中,对国外的城市选择标准差异较大,选出的城市也在多个维度上具有不同特征。在国外,邹韬奋秉持着谋求出路的目的,结合当时欧美、苏联的社会情景,进行了对立强烈的城市选择。邹韬奋的城市选择都体现着历史唯物主义色彩,都依靠着对城市中生产关系的分析进行空间建构,空间中最主要交织的就是生存关系,映照着整个社会关系的格局,以及邹韬奋注入通讯中的政治偏向。

三、城市标志:空间坐标展示情节要素与评判

从内容的丰富性和新鲜性角度来看,城市标志是整个城市通讯中最引人注目的地方。不同城市的标志集合成了城市空间中的Y轴,具体的标志就是坐标轴上的一个个坐标,具有多层次上的象征意义。城市标志深刻体现着文化地理学价值,正如钱穆先生所强调:“中国历史上的地理展扩,同时即是文化展扩。”[①]城市标志的本质就是“突出和普通”的辩证对比,其背后是政治环境、经济水平和文化取向的共同作用力。因此,邹韬奋对这些城市标志的分析超越了“在地性”,进一步延伸到了历史向度和现实向度的对比,扩展到了社会层面的价值评判。

(一) 标志建筑:“刺点”维度下的权力运作

在邹韬奋笔下,城市标志建筑以点状形式存在于整个城市区域中(图4),是典型的政治符号,邹韬奋承认部分建筑的文化性和艺术性,但将建筑的绝大部分价值和意义都归结到政治属性之中。因此,邹韬奋对各城市建筑的编码和解码兼顾索绪尔

---

① 钱穆:《中国历史研究法》,生活·读书·新知三联书店2013年版,第124页。

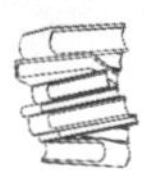

(Saussure)和皮尔士(Peirce)所强调的符号象征意义,既认同建筑所指的不同层次意义,又强调建筑背后结构性的自身逻辑和解释意义。这些建筑往往独立而存,没有形成连片的建筑群,它们大多都和周边的社会环境构成鲜明对比,凸显着政治权力作用下城市建设及建设者们的不平等关系,暗示了政治力量对文化艺术的促进或侵蚀。

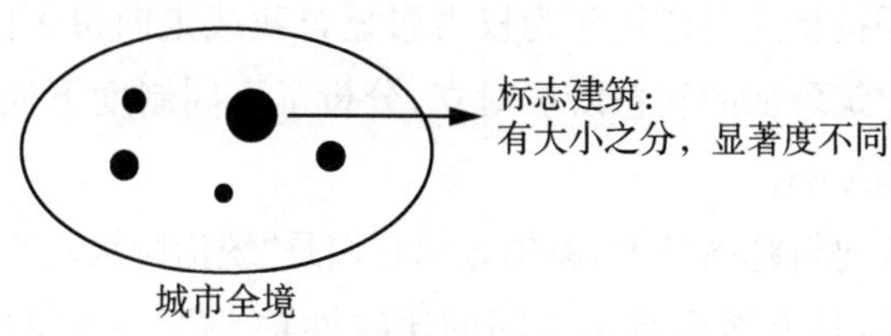

图4 城市空间生产中"标志建筑"位置概念图

(笔者根据邹韬奋海外通讯绘制)

标志建筑是城市标志中最鲜明的部分,也往往最能突出矛盾。这些建筑成为了符号学意义上的"刺点"(punctum)。"刺点"概念由法国文学家罗兰·巴尔特(Roland Barthes)在《明室》中提出,他认为这是一种特殊的文本或表现,巴尔特形容其是"出乎意料的伤痕"[①]。相对于整体文本或者环境而言,"刺点"所对应的内容具有破坏性和反常规性,无论本身还是背后的文化价值,都与周边内容极不协调。同时,因其"格格不入",会带来莫名的"恐慌感"[②]。对应到邹韬奋的海外城市通讯中,他所记述的城市标志性建筑往往规模庞大、富丽堂皇,它们背后对应的政治意义和文化价值亦有不同:有的是纪念历史事件或英雄

① 罗兰·巴尔特著,赵克非译:《明室——摄影纵横谈》,文化艺术出版社2003年版,第149页。

② 刘涛:《环境公共事件的符号再造与修辞实践——基于兰州自来水污染事件的符号学分析》,《新闻大学》2014年第6期,第27页。

人物,有的是贵族阶级享乐奢靡的产物或工具。这些建筑与当时的社会整体环境差别巨大,邹韬奋从建筑的设计、建造和用途等方面进行了记述和分析,讨论了建筑所蕴藏着的阶级对立和利益冲突。在邹韬奋笔下,这些庞大的建筑和当地现实和历史都形成了鲜明的对比,建筑本身和影响都具有强烈的情感张力,折射着国家民族发展的矛盾情景,浓缩了历史时空下的特定情节。邹韬奋将这些建筑作为权力彰显自我或走向覆灭的标志,讨论了建筑象征的利益阶层对立,分析了不同制度下权力的生成过程和影响。

这些建筑越高越大,就越显示它们是"统治阶级建造的等级式的意象,具有城市政治空间的比喻性意义"[①]。例如,在罗马考察时,邹韬奋专程前往圣彼得大教堂[②],圣彼得大教堂是世界上最大的教堂,邹韬奋形容它有"三百尺高""雄伟,雕刻极美"[③]。但邹韬奋强调了教堂下危难时期天主教徒藏身所用的地窖,这些地窖是天主教徒悲惨历史的重要见证,邹韬奋形容其"满目惨象,踉踉跄跄地好像游了一次'地狱'"[④]。与此同时,此时教堂的雄伟更映衬了建筑周边罗马底层人民的惨状,邹韬奋在城边看到随处可见的乞丐。他写道:"有一个男乞丐穿着破烂不堪的衣服,对我们哀诉家有子女六人,做手势表示由小而大,

---

① 理查德·桑内特著,黄煜文译:《肉体与石头——西方文明中的身体与城市》,上海译文出版社2016年版,第2页。

② 圣彼得大教堂,位于梵蒂冈(在罗马西北角的梵蒂冈高地上)。教堂由文艺复兴三杰之一的米开朗琪罗等人设计,于1506年起兴建。在几百年时间里,经过不断完善、修葺,它成为天主教宗教圣殿,也是天主教会的重要象征。

③ 邹韬奋:《表面和里面——罗马和那不勒斯》,《韬奋全集(增补本)》(第5卷),第678页。

④ 邹韬奋:《表面和里面——罗马和那不勒斯》,《韬奋全集(增补本)》(第5卷),第678页。

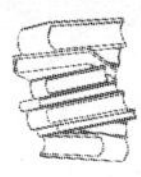

嗷嗷待哺，这也好像堂皇的教堂下面有着黑暗的地窖。”①类似的对比还有很多，例如威尼斯圣马可广场周边的穷苦百姓，海岸纪念塔旁衣衫褴褛、食不果腹的劳动者等。通过城市建筑的鲜明对比，邹韬奋突出了矛盾的张力和强度，雕梁画栋、金碧辉煌的建筑虽有文化意义，但本质上是封建宗主、大资本家或宗教领主的赏玩之物。而真正修建这些建筑的劳苦大众却只能在啼饥号寒、凄风苦雨中寻求勉强度日，看不到未来。在“金圆王国”——美国，邹韬奋看到了华盛顿的几个标志建筑，除了高大巍峨的圆顶国会、总统白宫，还有许多领袖纪念的大型建筑，如华盛顿纪念塔、林肯纪念墙等。而这些奢华建筑的另一边，却对应着被层层盘剥的劳工、少数群体和儿童。邹韬奋以林肯纪念堂前一座小纪念桥为例，它修建于 1932 年，在当时就造价不菲。邹韬奋惊叹：“建筑费就达二千五百万金圆，这不可不说是金圆王国的魄力！”②由此，这些建筑成为了不平等或者权力压迫的象征，也成了看似安乐的图景中最真实的“刺点”，它传递着压迫与被压迫的现状，也表达着对芸芸众生发展前景的迷茫。

除直接批判之外，还有一些作为“刺点”建筑起到了侧面批判的作用。它们往往通过褒扬当下来批判过去，是对历史进程中的封建主义、资本主义进行批判。例如，邹韬奋对莫斯科的红场、中央文化休养公园等标志性建筑进行叙述时，他不但称赞了这些建筑或者景观不同凡响、美轮美奂，更强调这些建筑真正为人民所用的属性。邹韬奋形容中央文化休养公园

---

① 邹韬奋：《表面和里面——罗马和那不勒斯》，《韬奋全集（增补本）》（第 5 卷），第 678 页。

② 邹韬奋：《南游》，《韬奋全集（增补本）》（第 7 卷），第 454 页。

“面积达八百英亩之广,里面有森林,有种种运动游戏的场所,有游泳沙滩,有休养所……一天决看不完的”[①],同时强调这些玩耍的孩童都“出于一般的平民的家庭”[②],他们的出身并不类似于“西欧各国的贵族或布尔乔亚的家庭”[③]。在邹韬奋笔下,莫斯科的建筑越是高耸、建筑周边活动规模越大,就越能凸显苏联人民的集体主义精神。这些建筑不再是单独为小部分膏粱子弟的享乐场所,而是广大劳动者放松身心的乐园。莫斯科建筑背后体现的关系是和谐友好的,它们是平等和团结的写照,凸显了帝俄封建帝国主义和资本主义政府的昏聩无能。

在通讯中,城市的标志建筑作为“刺点”,在和周围或历史场景文本的对比中,超越了建筑的表层意义,揭开了表面上的城市关系。这类“刺点”跳出了描绘城市的叙述框架,以“扎眼”的姿态表达了深层次的意义内涵。邹韬奋以建筑为传播枢纽和媒介节点,串联起了市民群体之间、市民和国家、城市和国家的关系,映照出国家政治权力的表现形式和运作特点,说明了权力为谁而运作、如何运作、运作的结果如何等问题,从而进行了制度层面的批判性评价。

(二) 标志区域:现实维度下的权力分割

标志区域意味着片状的区隔(图 5),而非点状的对立。在邹韬奋的城市通讯中,不同国家的城市多存在着明确或者模糊的分区。分区意即不是一栋一幢的建筑,而是在有规模、有组织的基础设施或公共服务设施区别下,城市内部被迫形成社会政治、经济、文化乃至整个社会都对立的区域。然而,这些区域没有办法完全独立,在很多情况下又不得不以各种形式进行相互

① 邹韬奋:《中央文化休养公园》,《韬奋全集(增补本)》(第 6 卷),第 59 页。

② 邹韬奋:《中央文化休养公园》,《韬奋全集(增补本)》(第 6 卷),第 59 页。

③ 邹韬奋:《中央文化休养公园》,《韬奋全集(增补本)》(第 6 卷),第 59 页。

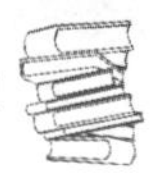

交流（例如，西欧很多城市中，富人区的体力劳动仍需依靠贫民区的底层劳动者跨区进行）。最终，这些分区既成为城市内部对立的产物，又加速着这种对立情况不断延续，甚至恶化。邹韬奋凭借在地性的考察优势，看到了中国乃至世界城市里多种多样的分区标准，有的城市内分区依据国别（例如中国上海、天津的租界），有的依据种族（例如美国各城市黑人和白人分区而居），有的依据民族内部的贫富或阶级关系（例如英国伦敦的富人区、平民区）……但无论如何划分，城市分区都标志着一种或多种不同利益群体的对峙，代表着不同的力量大小、关系强弱，反映着彼时的关键社会问题。从本质上看，邹韬奋将这些分区的各种要素划归为权力的分隔和对立。因此，邹韬奋从批判视野出发，透视这些城市内权力和制度对分区的影响，看到分区造成的后果。同时，邹韬奋也认可，在一定历史意义上，这些标志分区代表了历史进程的走势和前景，反映了不同政治制度的优劣和前途。

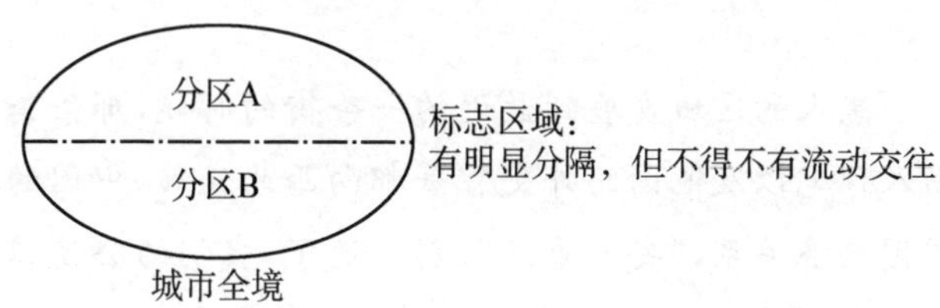

图 5　城市空间生产中“标志区域”位置概念图
（笔者根据邹韬奋海外通讯绘制）

邹韬奋按照英国传统惯例，记述了伦敦城里东伦敦、西伦敦的对比。西伦敦是“最繁华阔绰的地方。最奢华的店铺，皇族贵人的宫邸，布尔乔亚享乐的俱乐部……以及最豪华的住宅区，都在这里”。[①] 南伦敦、北伦敦是普通工人的住宅区。东伦敦则是

① 邹韬奋：《大规模的贫民窟》，《韬奋全集（增补本）》（第 5 卷），第 768 页。

英国最大规模贫民窟的所在地,在这里“满街旁的褴褛垢面的孩子,东奔西窜着。贫民窟里的住宅,大都是建筑于百年前的老屋,地板破烂,墙壁潮湿,破窗裂户的空隙常有冷风继续不断地传送进来”[①]。贫民窟里的民众患病率高,就业收入微薄,一家人果腹更是难上加难。邹韬奋的归因剑指资本主义制度:“贫民窟问题也是资本主义制度下的一部分的产物……土地的私有专利,房租的高抬,工人的贫穷,都一概不顾。”[②]同样的,他认为,这些问题不但没有解决,而且日益恶化,威胁着本已脆弱的底层工人,显示了权力拥有者对底层人民的漠视。

在华盛顿的四个区中,东南和西南是“倒霉的区域”[③],东北和西北是“豪华的区域”[④]。黑人和贫民窟则是“倒霉区”的标准配置。邹韬奋发现,因为黑人的存在,其他阶层群体避之不及,甚至城市发展轨迹也因此改变。结合当时对中国使领馆的观察,邹韬奋略带黑色幽默地从侧面说出了这一现实的黑暗:

> 黑人的区域发展到最近的一条街的时候,那条街上的白人住宅以及他国的外交官署都向西北迁移,中国的公使馆因经济关系,“安土重迁”,别人迁了,我们的公使馆却始终仍在原处,前门的那条街上已成“黑化”的街道(即黑人多的街道),遇有别国的外交官来访问,或请别国外交官来宴会等等的时候,说起这地址——“黑化”街的名字——不免觉得怪难为情,于是想出一个很“妙”的解决办法,索性把前门关起来,用后门出入!(因为后门的那条街恰在黑化街的

---

① 邹韬奋:《大规模的贫民窟》,《韬奋全集(增补本)》(第5卷),第768页。
② 邹韬奋:《大规模的贫民窟》,《韬奋全集(增补本)》(第5卷),第770页。
③ 邹韬奋:《南游》,《韬奋全集(增补本)》(第7卷),第453页。
④ 邹韬奋:《南游》,《韬奋全集(增补本)》(第7卷),第453页。

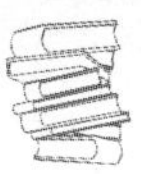

贴边，而还未被黑化。）我到后就去瞻仰瞻仰本国的公使馆，初看到那样小的门和门前那样小的草地，颇以那样的“寒酸相”为可疑，后来才知道是因为执行了永关前门仅开后门的策略！①

同时，区域具有向内或向外属性，也体现着区域内人和整个城市空间的关系。凯文·林奇（Kevin Lynch）认为：“一些区域是向内的，只是自身存在，很少与外部城市发生联系，例如中国城。一些区域是外向的，向外与周围的元素联结在一起。”②很明显，欧洲的青田人小巷，美国大城市里的唐人街，东南亚华人商圈……都属于向内的区域，他们内部有一套与所驻国不同的社会架构。这种架构是对母国文化的继承，也是融入当地文化圈层失败后的被动保护。

无论是国内还是国外，城内区域的划分是现实的，更是残酷的。不同区域成为不同城市的显著标志，甚至像东伦敦一样成为“文化名片”。无论贫富、贵贱，所有的区域都对应着现实政治权力的割裂和对立，其中必然有一方占据着此时间段内的绝对优势，这些具有政治优势的阶级由此在经济、文化或其他社会资源优势。在历史进程中，这些分割越来越明显，区域优势资源集中程度愈发强烈，但与此同时，社会矛盾也日益增大。由此，邹韬奋不仅都对这些对比强烈的区域现状进行了解读，更表达了担忧和愤慨。

（三）标志事件：时空维度下的权力代码

城市内的标志事件可以是某一件事，也可以是某一类、某一

① 邹韬奋：《南游》，《韬奋全集（增补本）》（第7卷），第453页。

② 凯文·林奇著，方益萍，何晓军译：《城市意象》，华夏出版社2001年版，第74页。

系列事情。它们的发生地点都是当地城市,但却在时间维度上跨越较大。因此,不同于标志建筑和标志区域,标志事件在物质上的显著性较弱,不是点状的辐射作用,而是持续的、大范围的弥散性、渗透性力量,类似于一层雾霭弥漫于城市上空(图6)。

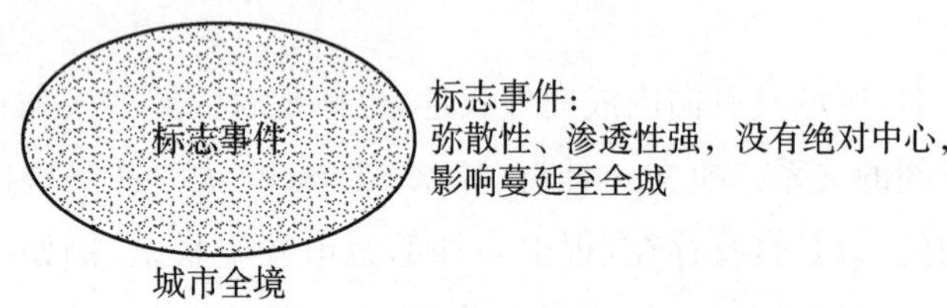

图6　城市空间生产中"标志事件"位置概念图
(笔者根据邹韬奋海外通讯绘制)

它们不会突然或强有力地在某一特定地点产生影响,而是会以经久不息、经年累月的力量积淀下来。它们体现为某一件或某一系列值得纪念的事情,体现了新闻叙事学和文艺批评中"五种代码"①概念,例如伦敦城的"休战纪念日",都柏林纪念民族革命英雄等活动阐释了"阐释代码"和"象征代码"的意义;滑铁卢的拿破仑之败、莫斯科青年进行大检阅、列宁奔波于多个城市间掀起革命的壮举阐释了"行动代码"意义;巴黎和伦敦报业的一系列变革,香港(当时被英国殖民)言论审查机关的行为都从正反两面阐释了"语义代码"和"参照代码"的意义。邹韬奋海外通讯中,这些城市的标志事件不止一个,它们从不同的代码角度反映着权力的关系。可以说,这些事件是"权力代码",最终完成了叙事学角度的五种代码②构建。它们对应着

① 胡亚敏:《叙事学(第2版)》,华中师范大学出版社2004年版,第225页。
② 秦海鹰:《文化与象征——罗兰·巴尔特的五种代码分析法及相关问题》,《中国人民大学学报》2015年第4期,第10页。

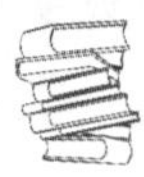

不同的权力逻辑和行为范式，以具体的案例和事件传递邹韬奋的精神价值偏向和评价选择，构成了城市空间里必不可少的一部分社会关系。

首先，就某一个标志事件来看，邹韬奋通常以该事件和城市关系为起始点，剖析其中的行为价值和历史意义，并进行双向延伸，向下延伸到城市公民个体，向上延伸到国家意志。

标志事件本身就是一种阐释代码，指出事件的问题、悬念或秘密，揭示事件的真相。同时，标志事件也是一种象征代码，它作为能指符号，运用代替手法揭露深层次的对立结构，抑或引导文本细节的解释走向象征性理解。例如在海外通讯中，伦敦城里休战纪念日活动规模庞大，是他唯一单独描述的西欧群体大型活动。其中，薄绸制成的红花、两分钟的静默以及伦敦教堂的祷告尤为引人注目，它们象征着不同群体对战争牺牲者的怀念和尊敬，更饱含着“房东太太”①等人对战争的厌恶、对现实生活的无奈。邹韬奋的记述不仅集中于涕泪纵横的人民，更借“休战”深刻分析了一战中惨无人道的战争形式和手段(如毒气战、细菌战)，阐明了战争爆发的原因，揭露了帝国主义者的欺骗性和战争真相。他说：“这是何等惨酷的事情，但却是各帝国主义者努力准备着干的……所以在伦敦有的报上老实说所谓‘休战纪念’简直是和死者开玩笑！”②

其次，就一类或一系列事件来看，邹韬奋多是回顾此类事件的历史渊源，分析它与该城市中其他要素的勾连关系。最突出

① “房东太太”：指邹韬奋在伦敦租住房屋的老年女房东，她的丈夫、一个女儿、两个儿子全部战死于第一次世界大战，年老的她家破人亡、无依无靠，年近七旬的女房东只能靠出租家中房屋勉强果腹。

② 邹韬奋：《英伦的休战纪念日》，《韬奋全集(增补本)》(第5卷)，第728页。

辦。元老重臣們，知道只有以軍治軍，方有辦法。但是，在陸軍方面，少壯派和關東軍，不是陸軍長官所能壓服，只有海軍下級的將士，尚受上級的指揮。由之，自齋藤起，日本政局不成問題的，造成以海軍治陸軍的局面。齋藤既是海軍的要人，又曾任朝鮮的總督，具有軍人兼政治家的資格，任首相之職，是不成問題的，而岡田呢，係是軍人而已，他的上台，可算是海軍政治人物缺乏的表示。然而，亂七八糟的政黨，馬鹿的陸軍，卻不足付以重任，交椅輪到岡田身上，也是西園寺公爵們沒有辦法的辦法，和齋藤的推薦的結果。

岡田內閣，既是繼承齋藤的政策，所以海陸兩部仍舊，受兩部支配的外交也不更易。高橋的下野，代以自己可以驅使的次官，半斤八兩，其餘或許為勾結政黨的代價。

高橋是荒木的政敵，他自推倒荒木後，用通貨膨脹的政策，振興日本的工業，以資產階級為後盾，力抑軍備費用過大的支出。當齋藤內閣倒前，他的日美，日英一九三五—三六年戰事不可能的論調，企圖減少軍費的計謀，引起軍部的反對，所以不得不去。去後，日本的銀行家實業家們之留任高橋的示威，迫岡田只好使高氏舊次官代替了。

因此，日本政局仍在混亂中。岡田的上台，或許是推動日本的政治，更離開政黨政治而造成法西斯內閣的形成的過渡橋樑吧。

游比雜談（比國通訊）（三）

韜奮

比利時是在歐洲經過戰爭最多的一個地方。這在上面已提及。滑鐵爐(Waterloo)之戰，就是這許多戰爭裏面最著名的一個。記者曾於三月廿三日午後，和寄寒伉儷偕往滑鐵爐一遊，整整費了一個半天的工夫。滑鐵爐是一個居民僅有四千人左右的小村，在比京布魯塞爾之南十一英方里，由布魯塞爾去，乘一小時的電車可達。在一八一五年的六月，這是英將威靈頓(Wellington)駐紮抗戰拿破崙的地點。拿氏以神出鬼沒的戰術，懷囊括全歐的野心，幾於所向無敵，最後竟在滑鐵爐一敗，真是中國話所謂「一敗塗地」，皇帝沒得做，關到聖赫倫那(St. Helena)島上去，五年後便以一死了之。在當年六月十八日那天交綏的處所，就在這滑鐵爐村上一個小莊名叫 Hougomont 的上面開始，現在僅是一個農場，設有一個陳列館，陳列關於該次戰爭的遺物，在樓上有個圓形的大畫室，卻很別緻，中間一個大亭，亭的周圍有圍欄，圍欄外面離七八丈的周圍，便掛着高十餘丈的大油畫，圍着這個亭子，油畫的內容是描寫當時聯軍和拿破崙軍隊交戰的情形。油畫的下面和亭外的空地接連，在地上用異草，異茅屋，以及逼真的人馬槍礮等的模型布置着，油畫的上面是畫着蔚的天空，和亭子上面接連着，全部用電襯托出來，使看的人從亭子裏看出來，像身臨戰地似的。除這個陳列館外，還一個紀念此次戰事的人造的獅子山(Mot du Lion)。這山是比利時於一八二三年二六年間造成的，山高約一百五十尺，圍約一千七百尺，頂上中間有個鐵鑄的獅子，二十四噸重，從山下可由二百廿級的石級登到獅子的座子，座子周圍及級兩旁都有鐵欄杆圍着，我們三個人

蘇紗汗衫

質地精良

輕薄涼爽

柔軟舒適

图 7 邹韬奋《游比杂谈(比国通讯)》①

(1934 年《新生》周刊第 1 卷，第 25 期)

的系列事件就是邹韬奋对伦敦报业的多年变革事件的描写，成为了语义代码和参照代码的鲜明体现。

语义代码指某词或某句的内涵方向，代码可以通过暗示或"意义闪现"②手段含蓄地展现深层含义，实现传播和交流目的。邹韬奋将伦敦看作"世界新闻事业的一个中心"③。这个"中心"有多重指代意味，除了说明伦敦新闻事业发展的水平很高外，还表明了伦敦报业在影响舆论内容、左右舆论指向的重要地位。当然，这种高端地位并不意味着品质高尚。例如，邹韬奋批评了伦敦报业报道中国东北时的误导做法，他们所报内容若为正面，

① 此文是邹韬奋回忆和评价拿破仑的滑铁卢之战。

② 胡亚敏：《叙事学(第 2 版)》，华中师范大学出版社 2004 年版，第 227 页。

③ 邹韬奋：《世界新闻事业的一个中心》，《韬奋全集(增补本)》(第 5 卷)，第 728 页。

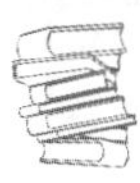

则称为“满洲国”[①]，若所报内容为负面，就称为“中国土匪”[②]。除了“中心”一词外，邹韬奋还用“绅士”“风行”和“秘闻”等词去影射伦敦百年新闻业的发展变革。

参照代码被巴尔特称作“科学的声音”[③]，实际上就是公认的“常识”体系，多是一般性的知识，通过引入参照代码，内容的关键部分能够以更加贴近受众的方式进行传播，传播细节更为准确。参照代码的最主要体现就是伦敦报馆的机械装置。当时中国人对外国新闻言论制度了解不多，但在机械、工业方面有着共鸣，邹韬奋从此切入，详细描写了《每日快报》和《每日传知》等报刊的排版、浇筑、印刷和传送设备，不仅是报业内部先进设施的代表，更是全社会先进科技推动生产效率的代表。邹韬奋将报业机械化生产看作一个标杆，呼应了传者和受者都能理解的“科技常识”体系，成为了邹韬奋的欧美城市通讯中为数不多的正面标准化、积极标志性内容。

在某一件事或某一系列事件的情节塑造下，这些事件作为城市的标志，分别对应着五种不同的权力代码。在时空维度下，这些代码成为权力的表征，牵连着背后不同的群体关系和文化背景，构成了城市空间生产不可缺少的组成部分。

城市通讯中，标志建筑、区域和事件三者共同标记着城市空间中的多元关系。它们或明或暗、或浅或深，都在从个人到社会再到国家的不同层次里回答着权力如何运作、权力如何分割、权力代码如何表征等问题，呈现出点状、区隔和弥散特征。值得注

---

① 1932年，在侵占东北三省后，日本军国主义者扶持清废帝溥仪在长春就任“执政”，建立伪满洲国。1945年日本战败后，溥仪宣布退位，伪满洲国覆灭。

② 邹韬奋：《英报背景和对华态度》，《韬奋全集（增补本）》（第5卷），第734页。

③ 秦海鹰：《文化与象征——罗兰·巴尔特的五种代码分析法及相关问题》，《中国人民大学学报》2015年第4期，第12页。

意的是,这些标志的存在交叠,甚至形成了一套体系,内部包含多种关系。正如林奇所言:“标志物如果恰巧集中了一系列的联系,其意象的强度会因此提高”。① 从标志们形成一串串联系中,邹韬奋更体会到了“不平等”的意象感。在整体的空间生产中,城市标志与城市选择、城市人物相互融合,内容各有侧重,无论是从细节上还是宏观上,城市标志都推动了更广阔角度的立体空间的生产。

四、城市人物:个体命运与家国图景的悲喜勾连

从新闻通讯的传播效果而言,邹韬奋海外通讯中人物的经历和故事最具有吸引力。邹韬奋将城市和人物勾连起来,记录城市变迁对人的影响,也记录不同人在城市发展或衰落中的活动。同时,此两者与国家的命运紧密相关,人物的悲欢离合呼应着国家的运势,城市的繁荣衰落又在一定程度上是国家的缩影。因此,人物成为连接国家和城市的重要桥梁和映照。城市人物最突出的特点就是多样性。正如理查德·桑内特(Richard Sennett)论证亚里士多德相关看法的一句话:“城市由各种不同的人所构成,相似的人无法让城市存在。”②邹韬奋笔下的城市人物既有得志者,也有失意者。他们既有乱世中的各路豪杰枭雄,也有深重国难下的绝望百姓。他们贯穿于城市生活,是城市空间中社会关系的最活跃细胞。邹韬奋的海外通讯对城市人物的记叙是全方位的,并没有仅仅根据“事业”大小而分配笔墨。正如钱穆所强调的:“历史虽是人事之记载,但并非人事之堆

---

① 凯文·林奇著,方益萍、何晓军译:《城市意象》,华夏出版社2001年版,第77页。

② 理查德·桑内特著,黄煜文译:《肉体与石头——西方文明中的身体与城市》,第2页。

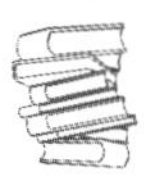

积…… 正由此人在事业上不圆满,倒反把他那个真人显出来。"[①]

(一) 掌权"大人":权力的绝对把控者

城市中的官大人是邹韬奋着重描写的人物类型之一。他们拥有社会治理、政治参与以及经济牟利等方面的绝对优势,把控着几乎全部的权力,形成了对其他社会阶层的显著优势。海外通讯中,这些官大人不一定都是希特勒、墨索里尼一类的领导人,也有像城市入境港口检查员、城市街道警察等一般的公职人员,后者虽然权力相对单一,却是和民众打交道最直接的群体,他们欺压普通民众的行为也更加直接。

同时,一些社会精英也属于权力把控者,他们虽然没有直接参与政府事务,但却凭借着在其他领域的优势直接或间接地影响国家政治,极端维护私人或本阶层利益。例如,邹韬奋在伦敦考察时就提到了北岩勋爵和比佛补鲁克勋爵,他不仅描写了两人先后对英国报业的操控,更指出二者如何通过报界维护资本家利益:"每日销数达二百万份的《每日快报》,比佛补鲁克勋爵便是最大的股东,全受他的操纵,他极力主张'大英帝国'的巩固,以便大资本家得尽量吸收殖民地的膏血!"[②]类似的还有美国纽约华尔街上的金融财阀们,他们促使纽约城市空间的焦点定位于此,所有的社会生活、人际关系和物质生产都围绕资本操作展开,甚至不断将这种价值取向延伸至其他城市或地区。邹韬奋将他们称作"华尔街的统治者——也就是美利坚合众国的后台老板"[③],包括摩根、洛格佛勒、梅隆、福特、杨格、乌窝尔和

① 钱穆:《中国历史研究法》,生活·读书·新知三联书店 2013 年版,第 98 页。
② 邹韬奋:《英报背景和对华态度》,《韬奋全集(增补本)》(第 5 卷),第 732 页。
③ 邹韬奋:《掌握全美国经济生命的华尔街》,《韬奋全集(增补本)》(第 7 卷),第 318 页。

格林等人。

> 梅隆(Andrew Mellon)是当时的财政部长(梅隆是美国“倍数的百万富豪”之一,也可说是美国可作代表型的资本家之一,我很想另作一文谈谈这位可作代表型的资本家的经历),此外有两个电影业大王,五个新闻业大王,其余都是华尔街的台柱子。后来格拉得又加上三个财政家和两个“劳工领袖”——一个叫格林(William Green),是美国全国劳工总会的正会长,还有一个是乌窝尔(Matthew Woll),是同一总会的副会长……每个领袖都各有其特殊部门的活动——银行、公用事业、铁路、零售商业、重工业,乃至国际外交等等。[①]

这就说明,这些金融寡头人在华尔街,但其触角已经延伸至整个城市和国家的各行各业,搅动了一池全世界的经济“春水”。他们有个相似的特点——为了扩大规模、提高效率和巩固资本而不择手段,邹韬奋形容他们“勾心斗角,斗得四分五裂”[②],这也使得城市空间中其他人、其他群体和社会关系充满不稳定性。城市中的精神生活不仅面临极大压力,还有分裂的危险,城市里的社会关系也更加复杂、微妙。

当然,邹韬奋并没有完全否认权力掌控者群体。他曾多次撰文,记述凯末尔在土耳其各城市内奔走呼号,号召民众团结一致进行革命、建设国家的历程。在莫斯科,很多历史遗迹也记载了列宁领导苏联人民反对内外压迫的革命历程。莫斯科等苏联

---

① 邹韬奋:《掌握全美国经济生命的华尔街》,《韬奋全集(增补本)》(第 7 卷),第 318—319 页。

② 邹韬奋:《掌握全美国经济生命的华尔街》,《韬奋全集(增补本)》(第 7 卷),第 320 页。

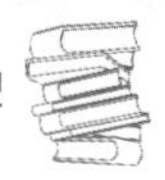

城市中的工人委员会或者政府中的各类代表也是权力群体的正面代表。邹韬奋记述了这些代表的产生、履职和受监督过程，并通过称赞他们的表现，肯定了苏联社会政治制度的建构模式。往小处着眼，邹韬奋也看到，资本主义国家的城市中，也有少部分基层职员心存良善，与整个社会强调的取向相左，例如在美国哈尔冷姆，部分华侨在纽约受尽侮辱，被迫迁移至此开店谋生，这里的警察没有太过为难，没有不分青红皂白就打砸，邹韬奋形容"警察当然还是沟通的"[①]。

总体而言，邹韬奋笔下，西欧和美国城市里的掌权者有好有坏，负面的内容占据绝大部分；而苏联的掌权者则多为民意体现，也是勤勉为公、恪尽职守。这些掌权者数量少，但是影响力大，在所处城市的社会关系建构中处于关键节点乃至中心地位，与之后分析的底层百姓呈现相反特点。同时，这些掌权者并非独立存在，邹韬奋将他们视作政治制度的产物和推动者，并通过分析不同城市中的掌权者行为、性格和气质，强调政治权力的属性和风险。这些权力拥有者直接控制并决定城市空间中的物质呈现（包括位置、数量和大小等），也决定着城市空间内人与人之间社会关系的搭建，进而影响个人、群体的精神状态以及整个城市的精神面貌。

（二）底层百姓：生活的忍气吞声者

相对掌权者而言，生存在同一城市的底层人民呈现出完全不同的状态，他们处于城市里社会关系的弱势地位。这部分人是城市中规模最大、数量最多的群体，但也是受权力压制最直接、最严重的群体，例如中国大城市中的劳工、欧洲工业城市中的破产市民、美国南方城市里的黑人。邹韬奋的海外

① 邹韬奋：《世界上最富城市的解剖》，《韬奋全集（增补本）》（第7卷），第336页。

通讯中,记述了这部分人在城市中大体的三种出路:要么长久被欺压却无可奈何,要么保持乐观心态寻求自救,要么走上革命的道路。

第一种人在西欧、美国的城市里满目皆是。他们大部分处于一个恶性循怀中,例如西欧的失足女们、底特律工厂中任人欺压的劳工们、伦敦街头无法接受教育的穷孩子们……他们数量庞大,分布较为分散。无论从哪个角度观察城市空间,都无法对他们视而不见,他们遍布每一个角落。他们没有自主权,很多人并非没有谋生能力,而是缺乏谋生的空间。他们的权利、时间和肉体都被资本和权力变相占有,最后他们要么在被压迫的漩涡里越陷越深,在庞大城市里越来越没有物质意义和社会意义的存在感;要么无奈走上令人不齿的道路,含泪带笑地获取逼仄黑暗的生存空间。底层百姓在夹缝中求生存,但在社会权力和制度的压迫下,他们费尽心力却仍屡遭惨祸,成了城市空间中最黯淡、最悲惨的组成部分。从数量上看,他们人数众多,但从城市空间的物质角度看,富丽堂皇的建筑、休闲惬意的环境和恬淡雅致的生活都与他们无关;从精神角度看,他们处于一个城市空间内关系链的底端,任意由权力掌控者迫害却不能反抗。最终,城市空间内的社会关系越复杂,他们生存的空间越小。

邹韬奋较为欣赏第二种人,但他们数量不多。在伦敦,邹韬奋专程用一个篇章描写了伦敦成立卖艺而生的叫花子。他们生活穷苦,但却也不像乞丐似的弯腰乞食,而是凭借着身上的本领卖艺赚钱,邹韬奋称他们是"独立观念中的叫化子"①。特殊的是,这些叫花子有的还有大学学位,有的还摆架子,有的定下

---

① 邹韬奋:《独立观念中的叫化子》,《韬奋全集(增补本)》(第5卷),第770页。

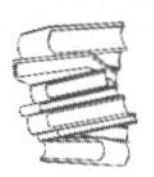

了“不骚扰外国人”的原则……于邹韬奋而言，这些叫花子不是城市空间中的多余部分，而是有“坚毅的精神”①的城市市民。

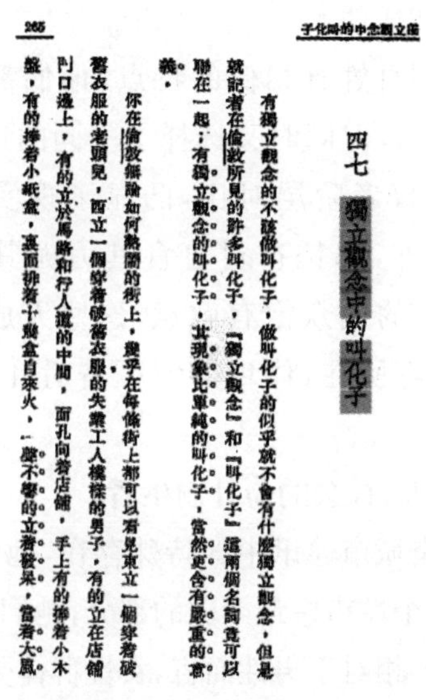

265　獨立觀念中的叫化子

四七　獨立觀念中的叫化子

有獨立觀念的不該做叫化子，做叫化子的似乎就不會有什麼獨立觀念，但是就記者在倫敦所見的許多叫化子，「獨立觀念」和「叫化子」這兩個名詞竟可以聯在一起；有獨立觀念的叫化子，其現象比單純的叫化子，當然更含有嚴重的意義。

你在倫敦無論如何熱鬧的街上，幾乎在每條街上都可以看見東立一個穿着破舊衣服的老頭兒，西立一個穿着破舊衣服的失業工人模樣的男子，有的立在店舖門口邊上，有的立於馬路和行人道的中間，面孔向着店舖，手上有的捧着小木盤，有的捧着小紙盒，裏面排着十幾盒自來火，一聲不響的立着發呆，當着大風

图 8　《独立观念中的叫化子》②
（1936 年，生活书店汇编邹韬奋海外通讯的《萍踪寄语初集》）

第三种人是邹韬奋最为钦佩的。例如，邹韬奋的莫斯科通讯中，有一位罗璧泽克女士，出身很低，但爱国革命热情高，通过努力担任中央党部秘书。邹韬奋通过朋友了解到了她的事迹。从推翻帝俄开始，她和革命的同志们挺过了饥荒苦难，实现了革命目标。罗璧泽克女士以列宁和其夫人为榜样，不断回顾他们在革命中穿着破袜子、破大衣的故事。罗璧泽克女士成为邹韬

---

① 邹韬奋：《独立观念中的叫化子》，《韬奋全集（增补本）》（第 5 卷），第 770 页。

② 此文中邹韬奋描写了一批伦敦街头靠卖艺而拒绝不劳而获的流浪者，他们成为城市空间中底层但没有行尸走肉的一部分，邹韬奋对此表示赞赏。

奋海外通讯中城市革命、城市前进的标杆性人物,邹韬奋通过称颂这类人物,不断激励国内各城市中底层人民的奋斗精神。而在苏联,类似的群众有很多,他们胸有一腔爱国热情,心怀赤诚地抵御外国侵略和代理人。

城市里的底层百姓有相似的特点,他们都成了权力和制度压迫下的牺牲品,但同时又选择了不同的道路和前途。邹韬奋将他们和掌权者阶层对比,凸显了现实和资本的残酷性。除了同情之外,邹韬奋对自食其力尤其是走上革命道路、奋力改革社会的民众抱有敬意,这些人成了邹韬奋城市空间生产中的光辉所在,体现了邹韬奋对社会公平、国家发展的希望。

(三) 凄苦女人:社会的苟且偷生者

女性是邹韬奋城市通讯中的特殊存在,她们出现的次数不多,但是却成了一个城市中最柔弱的部分,她们也大部分沦落到更加凄苦的境地。相对于男性而言,女性群体受到世俗、社会偏见等的压迫更重,她们在城市中的生活与城市本身发展呈现出更大的反差,这种反差成为城市空间的又一个特点,成为城市人物群像中不可忽视的要素。在城市女性个人凄苦现状的基础上,邹韬奋的通讯又将城市女性和城市生活的其他要素联系起来,延展到社会关系层面。在具体内容上,邹韬奋强调了城市女性的两种境遇:婚恋和事业。可以说,邹韬奋描写城市通讯中的女性,实则是拷问城市乃至国家的底线,既是政治权力的底线,也是社会包容度的底线。

首先是交往婚恋中的城市女性。邹韬奋考察了莫斯科结婚离婚的办事机关,他还通过访谈等形式了解到,苏联在革命后,女性权利得到解放和巩固,在婚姻方面和男性有着同样的自由、权利和义务。他前后写下《结婚和离婚》《家属间的关系》和《民

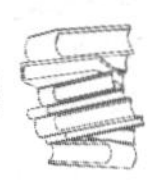

事注册局》三篇通讯稿件，集中体现了女性在交往恋爱、婚姻家庭等方面的权利变革，以及这种变革对整个社会产生的影响。邹韬奋认为，这种变革不仅保障了妇女的物质权益，更在精神、社会关系层面为女性撑腰，扭转了城市中以往的封建思想，从制度、物质和思想层面将莫斯科的现代城市空间建构得更加完整。同时，邹韬奋在欧洲考察时，对这些现代婚恋观的实践提出了警示。他认为观念本身有益，但在实践中，囿于当时巴黎、伦敦等城市的经济、社会治安现状，女性无法保证自己权利，甚至遭受极端迫害。

其次是谋求事业中的城市女性。在不同的社会制度下，此类女性的个人努力拥有不同的命运和结果，邹韬奋借她们的事例说明了权力压迫的现实。例如，邹韬奋对纽约的美国饼干公司工厂[①]进行了剖析。他揭穿了工厂凭借资本和制度优势欺压女工的现实，通过压缩休息时间、延长工作时间、缩减工人正常活动、偷换工人计时机器等行为，工厂强迫女工每天工作近 12 小时，并且克扣、盘剥工人所得。但因检察官大多受贿，这些女工有冤无处申，为了维持生计，只能接受无休止的剥削。邹韬奋将其归为“金圆王国”中“资本主义的社会本来就要使妇女居于卑下的地位，因为这样才于资本家们是有利的”。[②] 在巴黎、伦敦和纽约的百老汇，更有女性为了谋求生存不得不出卖肉体。邹韬奋大费笔墨写这些女性问题，对应着他之前在国内发现的女性问题。之前在上海工作时，邹韬奋就发现，女性面对新式男女观念和恋爱思想的冲击，但又受到传统观念和家庭习惯的制约。这个时期的上海女性身处中国的大都市，却也在双重思想

① 邹韬奋:《“金圆王国”的劳动妇女》,《韬奋全集(增补本)》(第 7 卷),第 382 页。
② 邹韬奋:《“金圆王国”的劳动妇女》,《韬奋全集(增补本)》(第 7 卷),第 379 页。

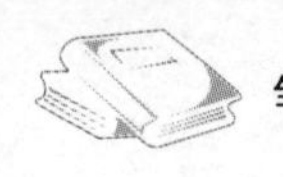

压力中纠结徘徊,甚至遭受指指点点或羞辱。问题出现在女性参与社会生活、男女社交、恋爱、结婚、婚后相处等方面,在一定程度上,上海女性遇到的问题会是中国其他城市的女性即将面临的必然问题。这些问题与邹韬奋在中西欧、美国看到的女性问题有"殊途同归"之处。而苏联恰恰相反,在莫斯科的工厂里,归功于社会主义的生产制度,妇女不仅享有基本的人身权利,并且还拥有产假工资等特殊福利,在社会地位和劳动技能上也有更大优势。但从总体而言,在谋求事业上,世界上大多数城市的妇女处于绝对不利地位。

邹韬奋笔下的城市妇女不仅面临物质上的生存压力,更面临精神上的进步阻碍。城市女性在并不友好的城市空间中开展各项活动,她们的遭遇从更大层面印证了彼时城市空间中的失调现状。在归因和价值评判上,邹韬奋透过城市妇女的遭遇,剖析她们在城市宏观空间中扮演的角色,从正反两方面凸显城市空间的复杂性,并大多直接归因于城市中的资本力量和权力制度。

(四) 异乡华人:彼岸的颠沛流离者

华侨华人在邹韬奋的国外城市通讯中频繁出现。邹韬奋笔下,他们进入但是没有融入国外的城市社会,在整个城市空间中处于一种"半存在"的状态。他们迫于生存压力,从清末开始就旅居欧美谋生,在陌生的城市环境里干着最脏最累的苦活,成为当地城市经济、社会发展中不可缺少的一部分。但同时,这些华侨华人几乎没有被当地人接纳过,他们聚集在一起,规模或大或小,形成华人自身的社会团体,被迫与当地社会隔绝。于邹韬奋而言,这些身处客乡的华侨是流浪在外的游子,他们孤立无援、勉强求生;但华侨在外仍沾染着偷窃、赌博、不讲卫生和不守公德等陋习。面临所在国市民的鄙夷,他们实际上处于一种"被隔

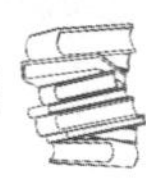

离”的状态，他们所居住的破烂小巷成为一个“压迫空间”①。在这里，他们形成了“有一定程度自治的新社团”②，以供加强群体抵御外界风险的能力。总体而言，邹韬奋对委身客乡的华侨华人有着双重态度，首先是“哀其不幸”，同情他们在异国他乡的遭遇，分析了他们在异国城市社会关系中的地位；其次是“怒其不争”，分析他们在外国城市中屡遭排挤和欺压的原因。在这之中，分布在欧洲多个国家城市中的青田人，以及美国各城市中唐人街里的华侨华人成为了建构当地城市关系中最明显的群体。

首先是分布在欧洲各城市的青田人。他们大多在巴黎、伯尔尼（瑞士首都）、伦敦和布鲁塞尔（比利时首都）等城市内贩卖石器物件，或者从事苦力劳动。青田人在欧洲分布广，但不成规模，大多都是分散式的聚集，力量微弱，时常受到当地政府和其他商贩的打压。例如，巴黎的青田商贩只能聚集在火车站旁边的破陋小巷里，除干活外，一切社会活动几乎都与外界隔绝。长期的封闭也使得他们内部酗酒、赌博等陋习日渐猖獗。即使尽可能地远离当地城市内部生活，但在不得不开展的活动中仍被当局欺压。例如，在德国海德堡市，一个青田商贩因沟通不畅，在公交车上与售票员发生争执，不但被赶下了车，还遭受了半年的牢狱之灾。③ 同时，还有的小贩被布鲁塞尔的警察强制按了象征犯罪的手印……他们的权益被洋人侵害，本国所谓的外交使节又置若罔闻。邹韬奋哀叹：“聪明才智并不逊于他国人的中

① 理查德·桑内特著，黄煜文译：《肉体与石头——西方文明中的身体与城市》，第237页。

② 理查德·桑内特著，黄煜文译：《肉体与石头——西方文明中的身体与城市》，第237页。

③ 邹韬奋：《出了世界公园》，《韬奋全集（增补本）》（第5卷），第690页。

国人,何以就独忍受这样的侮辱和蹂躏!”[1]

其次是美国城市中唐人街里的华侨华人。相对于欧洲的青田人而言,这里的侨胞组织性强、规模较大,生活状况略微好一些。例如华盛顿的唐人街,聚集了七百多侨胞,甚至形成了以“堂”为单位的社会组织,内部等级森严,有所谓的“重要领袖”[2]。邹韬奋在描述唐人街侨胞时,最先点明的特点就是“嗜赌”,就像“那位‘重要领袖’到午时才起来,就是因为他前一夜是赌到深夜才睡觉的!”[3]在归因方面,邹韬奋强调了美国社会中以“大生意”发财的生活氛围。在此影响下,很多做小本生意的中国人将赌博看作可以发财的“大生意”,进而沾染上了这一恶习,甚至引发纠纷、械斗。邹韬奋通过抨击这一行为,间接地批评了资本思想对人性的腐蚀。

当然,邹韬奋的城市通讯中,也有一些华侨华人在东南亚的新加坡等地开设银行,有较为成功的经商经验。巴黎高校中亦有勤奋求学、取得重大成果的中国留学生。社会地位好于在欧洲的青田人和美国的侨胞。但从总体而言,通讯中的侨胞在国外城市中的地位卑微,在城市的社会关系网中处于最底端,是明显的边缘性人物。虽然华人也努力形成群体抵御外侮,但正如理查德所言:“借由压迫造成的群体认同及活动,最终命运还是操在压迫者手里。这些人成为压迫景象的一部分,在压迫空间中凝聚成一个社团。但其只是一个盾牌,而非利剑。”[4]邹韬奋笔下,这些颠沛流离的华人华侨不仅是外国他乡的可怜人,更是

---

① 邹韬奋:《出了世界公园》,《韬奋全集(增补本)》(第5卷),第689页。

② 邹韬奋:《再经华盛顿回到纽约》,《韬奋全集(增补本)》(第7卷),第491页。

③ 邹韬奋:《再经华盛顿回到纽约》,《韬奋全集(增补本)》(第7卷),第491页。

④ 理查德·桑内特著,黄煜文译:《肉体与石头——西方文明中的身体与城市》,第274—275页。

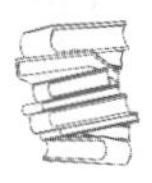

被权势、资本压榨下的受害者，他们成为完整生产城市空间的必然要素。

掌握绝对权力的官大人、忍气吞声的底层百姓、苟且生存的城市妇女、流落他乡的华侨华人等成为海外通讯中城市空间的重要组成部分，他们不仅代表着单独个体，更象征着不同利益集体在彼时城市中的政治地位和社会关系。这四类城市人物贯穿于城市通讯之中，加之阶段性出现的其他类型城市人物（如浴血沙场的将士群体、成果卓著的科技工作者等），他们在韬奋的海外通讯中起到了串联和讲述的作用。城市人物的故事和命运反映着城市中多样交往关系的复杂性，映照着关系背后的多元政治、文化因素。邹韬奋在城市范畴中讨论这些人物，但没有局限于某一个城市，而是突出了国家权力和制度的压迫。邹韬奋在政治经济的批判视角下，建构了与城市、国家相呼应的各类城市人物。

五、结语

总体而言，海外通讯中的城市选择、城市标志和城市人物三项内容互为表里，共同建构起了一个个立体的城市空间，搭建了集物理空间、精神空间和关系空间特征于一体的综合模型。在这个模型中，三个向度的城市要件各富含多样的元素和标准，使得立体空间也具有丰富的内涵，蕴含着强烈的价值递归逻辑和推定结果。作为宏观的空间生产方式，立体空间建构成为“桥”上的“索塔”，它与微观话语手法交融一体，促使海外通讯中的城市空间生产更加完整，更具有偏向性。

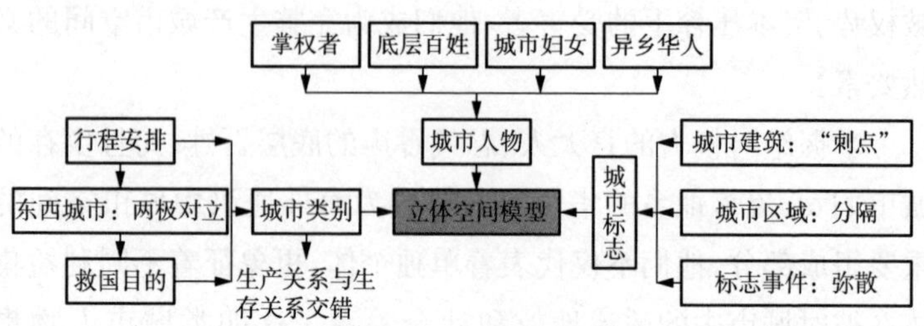

图 9　本章逻辑图

（笔者根据韬奋通讯整理）

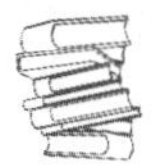

邹韬奋女子职业教育的功能论[①]

孙博博
（兰州大学）

一、历史缘起

中国古代对于女性的教育主要集中于伦理道德教育，且以家庭教育为主。自清朝末年，西学东渐，女子职业教育开始逐步发展。随着五四新文化运动的开展，开始倡导女性解放。时值邹韬奋于1922年开始供职于中华职业教育社，借助于一系列文章和实践，其女子职业教育思想得以广泛传播。

（一）社会发展：西学东渐，发展女子职业教育

中国自确立父权制的宗法社会以来，女性逐渐丧失了与男性平等受教育的权利。中国历史上对于女性的教育，有一种看似松散实则无处不在的形式。传统对女性的教育主要着眼于压制才华、灌输伦理道德和完善女性社会角色，并以家庭教育为主要形式，内容始终围绕伦理道德教育方面，且性别教育色彩极为突出。[②]

---

① 本文系兰州大学新闻与传播学院2018年科研培育项目“邹韬奋新闻传播思想的系统性研究”（18PY1012）阶段性成果、国家社科基金项目“延安时期中国共产党新闻传播话语建构及其当代价值研究”（项目号19BXW009）延伸性成果。

② 章艳丽：《简论中国传统的女性教育》，《中国特色社会主义：理论·道路·事业》，山东人民出版社2008年版，第450—454页。

清朝末年，随着资本主义工商业在中国的发展，中国的先进人士逐渐接受西方教育思想，开始倡导女权，并提倡女子实业教育。1903 年清政府颁布了“癸卯学制”，虽然其中未涉及女子实业教育的内容，然而女子实业教育的思想依然开始兴起，不断呼吁女子接受教育、参与实业。辛亥革命后，1913 年民国政府颁布“壬子·癸丑”学制，这一学制规定女性与男性平等接受中等、实业及高等师范教育。民国时期，对于职业教育的界定有广义和狭义之分。广义上指“凡含职业性质之教育，无论分科简密，俱得谓之职业教育。如律师、教师、医生、新闻记者等皆是”[①]。狭义上则包括农业教育、工业教育、商业教育、家事教育。职业学校则是“以授直接生产之技艺者为限”[②]。女子职业教育思想得以发展，逐渐形成一系列女子职业教育的功能论。

(二) 文化环境:倡导女性解放、男女平等

在 1840 年至 1927 年的 80 余年间，女子职业教育的功能论大体经历了三个阶段。

1840—1899 年为第一个阶段，是以改良派和维新派为代表的萌芽阶段，形成了“强国保种”为目的的封建主义女子职业教育功能论。1900—1911 年为第二个阶段，是以实业派张謇和女权派秋瑾等为代表的形成阶段，女子职业教育的功能论从“小家”进入“大家”，从“自养”迈向“养家”。1912—1927 年为第三个阶段，随着民国建立、五四新文化运动开展，女子职业教育的功能论发生巨大变化，开始倡导女性解放、男女平等，而邹韬奋的女子职业教育的功能论正处于第三阶段。

---

① 杨鄂联:《职业教育概要》,世界书局 1929 年版,第 9 页。

② 杨鄂联:《职业教育概要》,第 15 页。

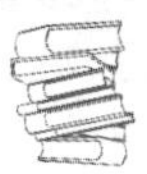

(三)个人经历:供职中华职业教育社

邹韬奋的父亲邹国珍曾受实业救国思想影响,一度想办大型纱厂,将17岁的邹韬奋送进南洋公学附小就读电机工程。1919年,美国实用主义大师约翰·杜威来华讲学,当时就读于美国人创办的圣约翰大学的邹韬奋深受其影响,后翻译其著作《民本主义与教育》(*Democracy and Education*)。1921年7月,邹韬奋从上海圣约翰大学毕业,一直想进入新闻界工作,但由于找不到合适的机会,便不得不走"曲线就业"之路。1922年经黄炎培介绍,得以供职于中华职业教育社,担任编辑股主任一职。在此期间,邹韬奋善于学习,并受蔡元培、黄炎培等早期倡导女子职业教育的人的影响,勇于接受新事物,撰写文章、翻译书籍,并参加中华职业教育社的职业指导实践。他的文章一改传统,将女子纳入职业教育的行列,形成了比较完备的女子职业教育功能论。在其努力倡导下,中国女子职业教育被政府和社会关注并得到重视,中国职业教育群体由此得以扩张。

邹韬奋从女子的自身人格出发,通过一系列典型真实的案例,号召全社会女性能够行动起来,冲破封建思想的牢笼,争取自身受教育的合法权利。邹韬奋借此向她们传达个体独立、经济自由的重要性。他的文章,语言风格生动凝练,凭借着强烈的人文主义关怀和男女平等的立场,使得女子职业教育思想得到了广泛的传播。

二、研究概述

民国时期,随着女性问题的深入讨论,很多思想家意识到,女性经济上的独立才能享有"人"的自主权,因而女子职业问题被作为女性解放的核心问题而引起人们重视。[①] 在清末民初至20世纪20年代的职业教育思潮中，梁启超、张謇、蔡元培、黄炎培和陶行知等人，对女子职业教育有大量的论述。在前人的思想基础上，邹韬奋作为中华职业教育社的成员，积极参与并推动了中国女子职业教育的发展。[②]

(一) 女子职业教育功能论的缘起

清朝末年，梁启超先生在《变法通仪·论女学》中指出，由于中国女性未能接受教育，尤其是实业教育，致使国家积贫积弱。“无业之人，必待养于有业之人，不养之则无业者殆，养之则有业者殆”，则称为“生利分利”。[③] 中国有两亿女性，全属“分利”，因为女性没有任何正式的职业，导致无以为生。然则女性因何没有职业？盖因任何一种职业都有其专门的学问，“必有此业中所以然之理，及其所当行之事，非经学问不能达也”。[④] 由于女性无法接受与男性同等的职业教育，也就无法“经学问”以达各业，于是乎成了“分利者”。因此，梁启超主张“学业者，业之母也”[⑤]，让女性接受实业教育，能够成为拥有职业的“生利者”。由此，女性能够获得经济独立，以便能够获得与男性同等的社会地位，摆脱对于男性的经济依附。这样则男女同为“生利者”，以民富推动国强。梁启超以“生利分利”理论，倡导女性实业教育，实现女性平等解放，以此来实现国富民强。

---

① 王慧敏:《民国女性词研究》，南开大学博士学位论文，2012年，第81页。

② 刘桂林:《论中国近代职业教育思想》，《华东师范大学学报(教育科学版)》1996年第4期，第89—98页。

③ 梁启超:《变法通议·论女学》，《饮冰室合集·文集》(第1卷)，中华书局2008年版，第43页。

④ 梁启超:《变法通议·论女学》，《饮冰室合集·文集》(第1卷)，第38页。

⑤ 梁启超:《变法通议·论女学》，《饮冰室合集·文集》(第1卷)，第39页。

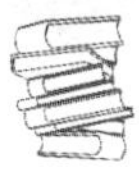

在梁启超“生利分利”理论的基础之上，实业家张謇进一步论述了女子实业教育的重要性。他认为几千年来，中国人民长期处于蒙昧状态，而女性更是深受其害。要想摆脱这种现状，除了兴办女子师范教育外，还应积极倡导女子实业教育。“实业教育直接即可生利……当以经济为目的”，[①]人活在世，不能依赖他人，而应自谋生计，女子实业教育应当帮助女性获得经济能力。实业家张謇从中国资本主义工商业发展的视角出发，看到了女子实业教育的“生利”作用，但其思想依然保留了一定的封建性。张謇提倡女子实业教育的“生利”作用，却反对男女的平等。邹韬奋在一定意义上继承并发展了梁启超和张謇“生利”理论，不仅看到了女子职业教育的“生利”作用能够实现女性经济独立，更能够推动男女平权，以及生产力的发展。

此后，蔡元培对北大提出改革，规定北大实施男女同校。在那个新旧交替、多元价值观并存的时代，蔡元培认为女子职业教育有三个方面的必要。首先，女子通过职业教育，能够脱离依附地位，可以实现男女平等。“女子不学，则无以自立而一切依男子以生存，至乃不惜娇揉涂泽，以求容于男子。”[②]长此以往，会导致女性懦弱无能，经济上依附于男性。因此需要通过教育来发展女性的德智体等方面，发展具有完备的人格，唤醒女性的自立意识，以此来发展女权。但女性仅具有自立的意识是不够的，还需要有职业，在经济上获取独立，才能从根本上实现男女平等。其次，发展女子职业教育能够使生产力得到充分的利用。蔡元培反问“占全国民半数的女子不读书不做工，这不是国民的

① 刘桂林编：《中国近代职业教育思想研究》，高等教育出版社 1997 年版，第 105 页。
② 高平叔编：《蔡元培全集》（第 1 卷），中华书局 1984 年版，第 150 页。

智力及生产力一种大大的损失吗?”[①]他主张发展女子职业教育,使女性通过专门的职业训练而适应社会上的职业需求,以此来服务社会。最后,发展女子职业教育,能够培养女性的自产意识,养成良好的品格。“乃自己有一定之职业,以自谋生活之谓。夫人果能自谋生活,不仰食于人,则亦无暇装饰,无取虚荣矣。”[②]邹韬奋在大学生涯及后来的工作中受到了蔡元培思想的影响,其女子职业教育的功能论与蔡元培所提出的三个必要性不谋而合,认为女子职业教育不仅有助于个人的经济独立、男女平等,而且对于社会生产力大有裨益。

而同时期的黄炎培依据理论与实践两个方面,来倡导女子职业教育。理论方面,他笃信进化论,社会是接续进化的,文明是不断发展的。进入工业文明时代,女性在封建时代所受到的压迫应当适时改变。在实践层面,他认为职业教育可以解决平民问题,因此提倡“男女教育机会应该均等”[③]。女性接受教育是手段,而非目的,需要通过接受职业教育获取谋生手段,以求实现经济独立。“解放必先自立,必先能治生。”[④]女子只有自谋生计,才能获取与男性平权、家庭幸福的基础,进而为国家谋生存、为世界谋幸福。职业教育从根本上为女性提供自治之道,对女性本身不可或缺,对社会发展亦不可或缺。对于女性在封建时代所受到的压迫应当适时改变,邹韬奋认为应当提倡女子职业教育,通过女子从事家庭工艺、社会兴办解放妇女的实际设施

① 蔡元培:《工读互助团募款启事》,中国蔡元培研究会编:《蔡元培全集》(第3卷),浙江教育出版社1997年版,第753页。

② 蔡元培:《在爱国女学校之演说》,中国蔡元培研究会编:《蔡元培全集》(第3卷),第14页。

③ 黄炎培:《对于中国今后教育设施的意见》,中华职业教育社编:《黄炎培教育文选》,上海教育出版社1985年版,第309页。

④ 黄炎培:《读职业教育最近统计》,中华职业教育社编:《黄炎培教育文选》,第104页。

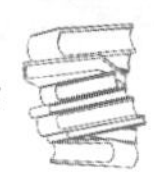

等措施，来逐渐谋求男女平等。

另外，陶行知也同样对女子职业教育给予了关注。他认为当时的中国，女性教育备受冷落。中国人口中一半为女性，而“女性同为人类，自应有知识技能，去谋独立生活”[①]，这就需要女子接受职业教育。邹韬奋更进一步认为，如果我国占一半人数的女子从事社会服务，在全国范围内来看，有助于社会生产力的解放。

但相较于以上人士仅限于对女子职业教育的理论层面阐述，邹韬奋在理论的指导之下，更加重视女子职业教育的实践。在中华职业教育社工作期间，邹韬奋不仅潜心职业教育的研究，还参与了一系列职教社的职业指导活动，调查女子职业状况、学生个性与境况，以此来启迪学生择业兴趣。同时，邹韬奋还研究和编译了《职业教育研究》《职业指导》等著作，发表了大量文章。

(二) 研究现状

作为邹韬奋教育思想的重要部分，女子职业教育的研究在邹韬奋教育思想研究中占据一定比例。

首先，唐树森认为，邹韬奋早期的妇女解放思想中，其关于女子职业教育目的的论述，主要是倡导男女教育平权。中国妇女问题根源于传统小农社会的经济基础，而随着社会经济制度的变革，工业大规模发展，妇女问题也将随着其大量从事社会工作而得以解决。[②]

其次，王秀霞指出，邹韬奋的见解是对张謇女子实业教育可生利思想的继承与发展，在一定程度上更深刻地揭示了女子职

---

① 陶行知:《陶行知全集》(第1卷)，湖南教育出版社1983年版，第257页。

② 唐森树:《论邹韬奋早期的妇女解放思想》，《河南科技大学学报(社会科学版)》2005年第3期，第39—41页。

业教育的意义。[①] 一方面强调开展女子职业教育是实现男女平等的基础,另一方面这样做可以对国家的经济增长有所贡献。但对于女子职业教育的课程及教材设置,具体如何兴办等问题未能像张謇、黄炎培等人那样有详细论述。

最后,在女子职业教育方法方面,李益生指出,邹韬奋认为职业指导是职业教育的重要组成部分,开展职业指导应当走向社会,深入学校教育、学生的生活及家庭等。[②] 此外,冯丽指出,邹韬奋认为女子职业教育存在一个严重的困难,即女子难以抛开家务而专门从事于职业,为此他提倡家庭工艺,兴办解放妇女的实际设施。[③]

以上诸位学者虽然对于邹韬奋女子职业教育的功能论研究成果较为丰富,但基本上都见端于民国时期职业教育的研究、邹韬奋思想的研究、邹韬奋妇女及职业教育思想的研究中,并作为文章的其中一部分来对其进行阐述,而关于这一方面的专门研究目前仍然没有。因此,大多只能做到浅尝辄止,未能进行深入的阐述。鉴于此,本文将从具体的历史语境出发,试图去阐述邹韬奋女子职业教育功能论的具体内涵,以及其历史价值。

三、功能意涵:人格解放、经济解放及生产力解放

近代以来,梁启超、张謇、蔡元培、黄炎培及陶行知等人为代表,先后从女子职业教育能够实现男女平等、服务社会、培养女

---

① 王秀霞:《民国时期的女子职业教育思想》,《理论学刊》2005 年第 9 期,第 106—107 页。

② 李益生:《邹韬奋论职业教育》,《教育与职业》1994 年第 6 期,第 39—40 页。

③ 冯丽:《论邹韬奋的女子教育思想》,《河南职业技术师范学院学报(职业教育版)》2004 年第 1 期,第 57—59 页。

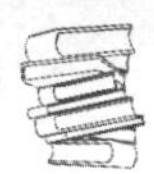

性品格等方面探讨其重要性，大力倡导女子职业教育。在近代中国一系列关于女子职业教育的理论与实践基础上，邹韬奋也大力倡导女子职业教育，形成了一系列独特的女子职业教育功能论。女子通过接受职业教育，从而在人格上不依附于男子，实现男女平等；然后进入社会获取职业，实现经济独立；并且提升了社会生产力，实现国家繁荣富强。

(一) 人格解放：男女接受同等教育

邹韬奋曾在《我的母亲》一文中回顾了自己母亲平凡而伟大的一生。但也哀叹她“可爱的性格”“努力的精神”和“能干的才具”都埋没于封建社会的家族之中，一生都葬送在无意义的事务上，不能为社会作出贡献。[①] 为此，少年时代的邹韬奋就开始了探寻妇女解放之路。

1919 年五四新文化运动期间，女性解放和男女平等的呼声日趋升高，对我国妇女解放事业起到了很大的助推作用。然而，运动结束之后，复古派开始大肆攻击社会上女性的正常社交活动，甚至有称男女之间的自由情爱“有伤风化”，鼓吹“女子无才便是德”的封建伦理思想，一股公开反对女性解放与男女平等的逆流开始涌动。

针对这一逆流和封建教条思想，女子解放运动的呼声一浪高过一浪，但囿于当时社会动荡不安、经济发展落后，女性解放运动未能得到广泛推动。邹韬奋认为，最致命的是，我国女子两千年来受“三从四德”“男尊女卑”等封建思想的影响根深蒂固，自身甘愿奴化，没有意识到要解放自己。

而放眼国外，在《革新潮流中之日本妇女》一文中，邹韬奋介绍日本自明治维新以来五十余年间，在女性革新的潮流下，日新

---

① 邹韬奋：《我的母亲》，《韬奋全集(增补本)》(第 7 卷)，第 289 页。

月异,生活和思想发生了很大的变化。"在日本,女子出外就职情况已经较之以前大有改观。在全国的妇女里面,已有百分之十三的是有职业的能够自食其力的妇女;这百分之十三意味着共有三百五十万妇女有了正当的职业。其中大约有一百五十万就业于工商界,约有一百五十万服务于农业,还有五十万做其他的工作。"①他认为,要谋得有益的革新,最根本的途径还是在于要提升教育,进而普及教育。

马克思说:"没有妇女的酵素就不可能有伟大的社会变革,社会进步可以用女性(丑的也包括在内)的社会地位来精确地衡量。"②邹韬奋坚持主张必须实现男女平等。他认为,"妇女解放,至少有两方面,一是经济上的解放,二是人格上的解放"。③邹韬奋主张的是妇女解放、男女平等,而如何实现,邹韬奋认为:"最重要的是男女须有领受教育的同等机会……要使女子获得自由,要能和男子平权,最基本的方法还是要极力提倡女子教育的普及和提高。"④

邹韬奋认为,女子天生才能并不比男子差,只是受摧残被埋没,所以,他提倡女子积极争取入学的权利,接受新式教育,最终成为一个有独立人格的人。

(二) 经济解放:收入逐渐增加

"妇女要获得自由,要不受人欺侮,要争风,最重要的是能经济独立,有自立的职业做后盾。否则完全处于'依赖'的地位,安得不'饮泣吞声'? 从哪里来的勇气?"⑤邹韬奋认为,女子应该

① 邹韬奋:《革新潮流中之日本妇女》,《韬奋全集(增补本)》(第1卷),第879页。

② 《马克思恩格斯全集》(第32卷),人民出版社1975年版,第571页。

③ 邹韬奋:《妇女解放与女茶博士被禁合废娼运动》,《韬奋全集(增补本)》(第1卷),第244页。

④ 邹韬奋:《男权扫地》,《韬奋全集(增补本)》(第2卷),第423页。

⑤ 邹韬奋:《一位女明星的婚姻问题》,《韬奋全集(增补本)》(第1卷),第812页。

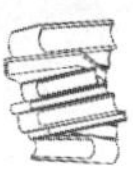

拥有属于自己的职业,才能实现经济上的独立,而经济上的独立是实现男女平等极其重要的因素。女子必须从事于社会服务才能养活自己,这样,一方面她就不会担心受家庭的压迫;另一方面,即使终身不嫁也不至于仰人鼻息。

邹韬奋依据当时"最风行也最动人"的观点——天赋人权,认为人格独立即是男女平权。在《愿全国为女子者思之》一文中,邹韬奋极力主张男女平等,对当时社会上男女不平等的现象提出了批评。"吾国社会何为专提倡奖励寡妇而从未见提倡奖励鳏夫者。""同为人类,为何男子亡妻即可续弦而女子丧夫就需守节?""严男女之界限何为专锢闭女子而从未有锢闭男子者。""社会上何为视媳妇如翁姑之奴隶而从未见女婿如岳父母之奴隶者?""男子常有以其妻不能产育子女为借口而任意娶妾者,女子何不思不能产育子女之咎何为专归诸女子而于男子则若丝毫无与也者?"①正是由于社会上普遍的男女不平等思想的影响,男性看待女性如奴隶,而女性也深受荼毒甘居奴隶之境。

邹韬奋发现,"家庭在人类生活中占有最大势力,家庭之入款有百分之八十五至九十出诸女子之手,而儿童在体育方面、道德方面,及与社会有关系各方面之发展,其责任亦全在女子之手"。② 因此,邹韬奋认为,女子从事业社会服务,则其"生活程度日高,男子对于家庭经济之担负,常有筋疲力尽的苦况,女子若能于暇晷从事相当的家庭工艺或家庭园艺,于家庭经济方面不无小补"。③ 而女子要得到职业,就必须接受职业教育。他提出女子职业教育能够便于女子寻得适当的职业,可以直接改善

① 邹韬奋:《愿全国为女子者思之》,《韬奋全集(增补本)》(第 1 卷),第 212 页。
② 邹韬奋:《一九二五年之美国职业教育》,《韬奋全集(增补本)》(第 1 卷),第 468 页。
③ 邹韬奋《提倡女子职业教育之商榷》,《韬奋全集(增补本)》(第 1 卷),第 521 页。

女子生活,让其在繁杂琐碎的家务活之余,拥有社会服务能够增添人生的趣味与意义,进而实现经济独立和人格自立。

正如恩格斯所言:“妇女解放的第一个先决条件就是一切女性重新回到公共的事业中去。”[①]邹韬奋以当时西方国家因工业渐趋发达而逐步走向妇女解放为例,认为随着经济社会的发展,女性在经济上的解放必然随之到来,即使是不予提倡依然会如此。因此,他希望中国工业能够快速发展,社会各行业都雇佣女性,使妇女在经济上实现解放。

(三)生产力解放:全国女子生产总量庞大

邹韬奋对女子职业教育功能论的论述,除了个人层面的“生活程度日高”,人格独立外,还认为女子从事社会服务能够推动国家经济繁荣发展。而他提倡女子职业教育,也对当时社会上流行的妇女的主要职责就是操持家务,除此之外无须有其他职业的说法进行了强烈的批判。他指出:“有人说女子的重要责任在管理家务,家事就是女子的职业,似乎用不着讲些别的职业。其实女子管理家务虽属重要,确于管理家事之外有许多空闲时间可以利用……要改良女子的生活,最重要的一点,是要想法把管理家务有余的时间,利用来从事正当的业务。”[②]

邹韬奋认为女子通过职业教育寻得职业能够得到扩充的话,间接的好结果还有“一国之富庶与其国民生产力很有密切的联系,吾国女子之数姑认与男子相等,则以半数之女子增加多少生产力,于全国总量所加可惊,所以这件事不但关系个人,于国家社会都很有关系”。[③] 由此可以看出,他认为在当时的社会背景之下,无论男女,既已成为社会当中的一份成员,当在社会服

---

① 恩格斯:《家庭、私有制和国家的起源》,人民出版社2018年版,第80页。

② 邹韬奋:《愿全国为女子者思之》,《韬奋全集(增补本)》(第1卷),第212页。

③ 邹韬奋:《提倡女子职业教育之商榷》,《韬奋全集(增补本)》(第1卷),第521页。

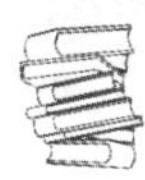

务方面作出自己的贡献。因此，女子职业教育的扩充实施亟待落实。

四、历史价值

邹韬奋关于女子职业教育的功能论，为女子职业教育乃至妇女解放运动作出了巨大的贡献。正如胡愈之曾评价邹韬奋："他的热情奔腾喷发出生命火花的如椽巨笔，和他领导创办的遍及后方和前线、国内和国外的生活书店出版事业相结合，才能使他在三四十年代前后十余年间，成为全国爱国青年的精神导师，形成鼓舞全国人民团结抗战的宣传堡垒，在抗战前后时期，影响了整整一代青年的成长发展。"①

邹韬奋所阐发的女子职业教育功能论，是通过女子接受职业教育，从而在人格上不依附于男子，然后进入社会获取职业，得以经济独立，最终实现男女平等乃至国家繁荣。但这仅仅是邹韬奋一厢情愿的美好设想，这样的想法在当时是难以实施的。因为当时的中国处于连年的社会动荡期，致使经济发展低迷，职业界萧条；再加上职业界男尊女卑的封建思想根深蒂固，使得中国的女子职业教育难以普及，女性想要找到一份工作更是难上加难。而女子无法接受教育，则不能实现人格解放和经济独立，最终依然依附于家庭。

正如陈独秀先生所言："若以一人而附属一人，即丧失其自由自尊之人格，沦于被征服之女子奴隶捕虏家畜之地位。"②当然，邹韬奋并非提倡所有女子皆入职业教育，他指出当时中国女

---

① 胡愈之：《我的回忆》，江苏人民出版社 1990 年版，第 361 页。

② 陈独秀：《一九一六年》，《陈独秀著作选》（第 1 卷），上海人民出版社 1993 年版，第 170 页。

子学校极其稀少,有教育之责者,当亟筹补救之实际的办法。意即在办女子学校有困难的情况下,宜办女子职业教育学校,这是根据当时社会情境为大多数女子考虑,而有能力进入高等教育去从事律师、教师等的则例外。

由于所处社会环境、教育背景与供职于中华职业教育社等因素,邹韬奋所提倡的职业教育主张较为保守,即是温和的现实主义,在当时的社会大环境下作出了很多妥协:面对当时社会教育资源匮乏、就业范围狭窄的困境,加之多数女性需要兼顾家庭与事业,因此折中地把女子职业教育转变到家庭教育为主。他主张通过点滴的改良,使套在妇女头上的绳索逐渐松散,直至脱落,这与后来中国无产阶级领导下的革命所倡导的思想具有明显的不同。而邹韬奋以媒介实践的方式践行其女子职业教育的功能论,仅仅限于抗日战争之前的一段时间。随着“九一八”的爆发,尤其是1935年流亡归国之后,邹韬奋将更多的精力投入到宣传抗日的实践中。

邹韬奋
女性观的演变研究①

马丽霞
（兰州大学）

作为中国近代史上著名的新闻记者，邹韬奋毕生都在探寻近代中国的民族独立与解放路径。而妇女解放作为整个中华民族解放的重要组成部分，始终都是邹韬奋作品、译作与言论中的重要关注点，且这种关注常常是以中外女子不同维度下对比的形式呈现出来的。邹韬奋对于中外女性观在不同时期呈现出了迥异的关注视角。它与其自身职业特性、世界观的转变倾向、民族危机的大环境紧密交织在一起，共同谱写出了一幅近代中国知识分子思想演变的历史图谱。

一、女性观演变的历史动因

评判一位历史人物，我们必然需要将其放置于其所在的历史语境里。邹韬奋前后女性观的变化不是一蹴而就的，其中蕴涵着邹韬奋对于中国社会现代化进程的深刻思考。

（一）五四运动：女性意识的唤醒

韬奋生活的年代正是中国无数文人志士寻求救亡图存道路

① 本文系兰州大学新闻与传播学院 2018 年科研培育项目“邹韬奋新闻传播思想的系统性研究”（18PY1012）阶段性成果、国家社科基金项目“延安时期中国共产党新闻传播话语建构及其当代价值研究”（项目号 19BXW009）延伸性成果。

的时代，其中五四与新文化运动的影响最甚。在五四运动"民主"与"科学"精神的熏陶之下，韬奋的女性意识也被唤醒。彼时，五四精神影响了当时的女性勇敢表达自身，批判封建制度，其中独立自主、女权解放成为具有鲜明的时代特征的女性意识表达。在这种氛围下，韬奋先后翻译了《社会改造原理》《科学底基础》等学术专著，妇女解放、男女平等是其核心。而其主办的《生活》周刊也是具有鲜明时代特色的产物。在五四及新文化运动之后，妇女思想解放成为社会潮流，《生活》周刊言论的进步性与改造社会的强烈愿望则是顺应了这一历史潮流。正如韬奋所说："中华民族的妇女解放问题，并不仅仅是属于妇女的问题，实是有关整个民族的问题。"[①]五四运动成为了唤醒邹韬奋女性意识的文化启蒙。

(二) 自身经历:家庭女性角色的影响

邹韬奋的自身经历是其女性观发生变化的重要原因之一。而其中，母亲与妻子带给他的影响最甚。韬奋对于母亲的怀念与惋惜在《我的母亲》一文中表现得淋漓尽致。嫁人后的女子不能拥有自身姓名，邹韬奋只知道母亲为"浙江海宁查氏"。母亲对他的关心无微不至，教育方法得当，很有才能，但每天也只是囿于家务。在后来回忆时，韬奋把这种悲哀归结于"封建社会对于女性的压迫上"。他疾呼"她的努力的精神，她的能干的才具，都埋没在封建社会的一个家族里，都葬送在没有什么意义的事务上，否则她一定可以成为社会上一个更有贡献的分子"。[②] 可以说，韬奋对母亲的观察让他对提升中国女性的地位有了自己的见解，所以才会发出"像我的母亲这样被埋没葬送掉的女子不

① 邹韬奋:《韬奋全集(增补本)》(第 6 卷)，上海人民出版社 2015 年版，第 477 页。

② 邹韬奋:《韬奋全集(增补本)》(第 7 卷)，第 284—289 页。

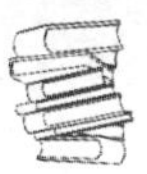

知有多少”①的感叹。同样的，邹韬奋有过两次婚姻。由于第一次婚姻是包办，因而在五四运动的影响之下，他对此提出抗议，期盼自由婚姻。虽然最后韬奋因“怜悯女子也是时代的牺牲者而已”而不再拒绝，但他的这份抗议也体现了其婚姻自由的女性观。而此后，他对于第一任妻子的追念，也体现了他人性中尊重女性的一面。

（三）友人影响：与同仁的媒介实践

夏衍曾说：“邹韬奋的转变，完全是胡愈之的功劳。韬奋的生活书店，胡愈之是‘军师’，他出主意，做了大量的工作。”②胡愈之帮助邹韬奋策划《生活》的编辑工作并写稿，二人还共同创办了生活书店。因着亲密友人的新闻实践和帮助，邹韬奋不断在《生活》周刊等媒介上学习、发表相关女性言论。邹韬奋与新闻同仁一道以《生活》周刊为平台，言辞犀利，直指传统制度如买卖婚姻对广大妇女的残害，同时报道了大量西方女性的社会生存状况，以鼓舞广大中国女性争取自己的生存权和发展权，在奋斗中追求梦想，实现人生价值。可以说，韬奋在这种媒介实践中不断进行着自身的女权启蒙和民众女性观的再教育。

二、女性观演变的内在意涵

邹韬奋对于中外女子观的关注视角在其 22 年的职业生涯中发生了重要转变：刚开始时聚焦西方女子且多为赞美之词，后来更多夸赞苏联女子，同时将苏联女子地位与西方女子进行对

---

① 邹韬奋：《韬奋全集（增补本）》（第 7 卷），第 289 页。

② 林海清：《亦师亦友胡愈之，引领邹韬奋走上革命路》，《档案天地》2014 年第 7 期，第 24—27 页。

比而批判后者。这是邹韬奋身为新闻记者职业素质的体现,也是其世界观发生转变的反映。

(一)从西式婚姻自由到苏式婚姻观念:婚恋自由观的转换

在邹韬奋早期的文章里,我们可以发现有许多从各方面赞扬西方女子独立自主的文章,这些文章充满了对西方女子经济独立自主、体格健硕、思想先进的艳羡。在未亲自踏上美国那片土地之前,邹韬奋对西方的家庭与女子生活给予了充分的肯定:"我们读着这种叙述,只有赞叹,只有羡慕而已。"[①]在韬奋眼里,这时的西方女子十分自由,而"要让妇女获得自由,要让她们不受人欺侮,要争风,最重要的是能经济独立。只有这样,才能有坚实的后盾,才有勇气,才不会忍气吞声"。[②] 而韬奋认为,西方女子婚姻自由与个体自由一样,其原因就在于她们有独立的经济能力。他认为,这种经济上的独立就是西方女子优越于中国妇女的原因,而我们中国要实行妇女解放,就是要"预备使我们的妇女,得着欧洲妇女的地位,却不须付若大牺牲的代价"。[③]

在那时,美国有统计表明美国彼时离婚案逐渐增多,而韬奋认为出现这种问题的原因是美国有很多"新女子"。这些新女子要求比以往更高,同时也比以往更加独立,所以她们选择的自由也随之增加。相较美国,中国妇女只能忍气吞声,不离婚就摆脱不了苦海。这是中国传统的社会风俗与社会制度造成的。西方的女子拥有独立自主的离婚选择权,她们"体格健硕、发育平均、精神活泼","以美观为重要条件",所以她们差不多都有十分健全的身心。而中国女子却大多身子羸弱,所以韬奋认为中国女子应该学习她们,因为"这关系到国家未来的国民体格,是有关

① 邹韬奋:《韬奋全集(增补本)》(第1卷),第813页。

② 邹韬奋:《韬奋全集(增补本)》(第1卷),第812页。

③ 邹韬奋:《韬奋全集(增补本)》(第1卷),第244—249页。

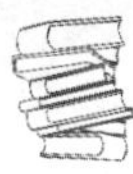

国家民族前途的大事”。[①] 可见，此时的西方在邹韬奋心目中是一种模范榜样式的存在。他赞赏西方女子拥有的个性自由与婚姻自由，并将其均归结于经济自由，力倡中国妇女获得经济独立。这是由于此时的中国深受千年封建思想影响，“男尊女卑”的观念仍然普遍存在。妇女要获得解放，必须要与以男性为中心的中国传统封建宗法社会体制作斗争。而斗争要采取的方式就是通过经济独立脱离男权控制，避免成为附庸。

1933 年，邹韬奋开启意大利、法国、英国、德国、美国的欧美流亡之旅，而这一时期是其思想转变的一大促成因素。学者杨宏雨认为，1930—1932 年是邹韬奋对资本主义世界的认识由肯定到否定的转变期[②]。在这一时期里，经过切身体验后，韬奋对西方女子现实处境的认识也发生了鲜明的转变。在那里，他看到美国纽约戏院里，性的诱惑被人当作一种剥削工具。“在这里你可以看见成群的女子最初穿着舞衣在台上依音乐步行，逐渐把衣服脱去，脱得几乎一丝不挂。这些女子为着生计，每天自午时到深夜要很吃力地舞蹈歌唱无数次，你可看出她们憔悴的容态，强笑的哀音，涌流的热汗，使你感觉到她们是在悲惨的情况中受人利用为谋利的工具……”[③]看到这般情景，邹韬奋不禁感叹道：“在不合理的社会中，女子被人当作商品出卖，这是一般人所司空见惯熟视无睹的现实……我看后所得的印象和我在芝加哥所看见的杀猪宰羊的屠场，竟不觉得有什么两样。”

而至后期，邹韬奋又将旗帜一转将视角转向苏联，认为苏联的女子“拥有个人自由”。首先，他们享有自行选择堕胎的权利。

---

① 邹韬奋：《韬奋全集（增补本）》（第 2 卷），第 143 页。

② 杨宏雨、吕啸：《从崇仰到扬弃：邹韬奋对欧美资本主义民主的认知历程》，《学术界》2018 年第 5 期，第 179—195 页。

③ 邹韬奋：《萍踪寄语》，生活书店出版有限公司 2018 年版，第 21 页。

这是苏联经过调查,进一步完善法律,凸显了避免个别医生从中作恶、增加妇女死亡概率的可行办法。而让韬奋进一步感叹的就是"妇女在堕胎后,工资照付,且该行为享受保密照顾"。他同时还援引自己在英国伦敦报上看到的新闻,讲述妇女因想堕胎,重金收买医生"送一条命"的荒谬事。邹韬奋愤而感慨,"这就是'资本主义社会中妇女的命运呀!'"[①]其次,韬奋由原先赞扬欧美女子"体格健硕"到表达对苏俄妇女形体所体现出的自立精神的赞扬。在《苏俄的妇女》一文中,他借美国摄影家怀德女士游历苏俄观察所得到的印象对此进行里讲述。认为她们的形体"不仅是强健的美,尤其注意坚强的毅力和自立的精神"。[②] 此外,邹韬奋还对比苏俄与美国,认为苏俄妇女的个人生活要比美国妇女自由得多。这是因为在美国还有许多社会的顽固习俗,而在苏俄却一概没有。可见,此时的邹韬奋的视野已经从单纯关注女子个体到关注更庞大的国家社会层面。

(二)从西方社交公开到苏联有社交公开的保障:社交性别观的再认知

提倡男女社会地位之平等是邹韬奋一直以来的观点。而在社交性别观上,邹韬奋的观点也经历了从赞同西式社交公开到转而认为只有苏联才是真正实现了男女的机会平等。

在前期,韬奋在多篇文章中论及美国、以英国等欧美国家妇女参政的行为,认为这是西方男女平等观的重要体现。在《美国白宫里的男女社交公开》一文中,他提及西方习俗是"男女社交公开",即男女共同参加宴会,而中国社会的交际太不讲男女社交公开。中国丈夫独自"逍遥"而只留妇女一人在家,所以妇女

① 邹韬奋:《萍踪寄语》,第 115 页。

② 邹韬奋:《韬奋全集(增补本)》(第 4 卷),第 394—397 页。

生活便苦闷、无生气，社会生活也因此不健全。就此，邹韬奋主张社交方面男女或者夫妇要共同参加。在《夫妇同做国会议员》一文中，邹韬奋举英国夫妇同做国会议员的例子，认为“女权一天天膨胀是世界闻名且不可抵挡的趋势”。[①] 而在男女之间的交往与婚恋观上，邹韬奋认为中西家庭在基本观念上存在差异：西方的婚姻是以“爱”为前提，所以婚姻是由自己来选择的，父母在其中只是一个顾问或者指导的角色。而我国的婚姻可以是从“素不相识”一下子到成为夫妇，婚姻的维系是靠生育的儿女来完成的。相比来看，我国以“养儿子”为目的的婚姻是“一件不可思议的荒谬绝伦的野蛮风俗”。[②] 由此可见，邹韬奋此时的婚恋观均是通过中西对比来发声，认为男女的社交公开就是男女平等的体现；而在男女婚恋上，个人意志是不能忽视的因素之一，也就需要父母对此只可立于顾问或者指导的地位，而在大体上要以两方本人的意愿为主。因此，这样的观念就与中国“指腹为婚”的传统相悖逆，而后者均是韬奋矢志打破、废除的。

这种观念在其流亡期间有了很大改变，在其海外流亡后写成的《萍踪寄语》一书中，邹韬奋直言“资本主义的社会本来就要使妇女居于卑下的地位”。[③] 他认为，其中的主要原因就是雇主们要利用贱价的妇女劳动力来打击男子劳动力的价值；如果男女劳动力有相同待遇，那么雇主就失去加紧剥削的机会。鲜明地指出了资本主义剥削的本质。

“对于苏联而言，她们才拥有真正的机会平等。”在旅苏过程中，他记录苏联男女社交自然，身边通行的朋友都觉得“在美国

① 邹韬奋：《韬奋全集（增补本）》（第 2 卷），第 131—132 页。

② 邹韬奋：《韬奋全集（增补本）》（第 2 卷），第 257 页。

③ 邹韬奋：《萍踪寄语》，第 129—139 页。

的男女生的社交仍然不及在苏联的自然”。[①] 在参观完妓女治疗院之后,他认为苏联解决这个问题的实际措施十分合理。妓女治疗院能为这类人教授教育和工作技能,让她们能成长为能自立的有用的公民。而在《解放妇女的实际设施》一文中,他更是明确提出了三种社会的划分与不同:就妇女地位来说,社会大概可以分为社会主义社会、资本主义民主社会和法西斯主义社会。第一种社会不仅在宪法上公开地确定“妇女享有和男子同等的权利”,而且在事实上也有着实际的设施作为实现妇女解放的保证。在第二种社会里,即使代议制度的民意机关成立,有的妇女的选举权仍然被剥夺或者限制,仍不能和男子处于平等地位。同时,经济上的不平等和对结婚后的职业妇女的限制也存在着。在这样的社会里,原则上主张男女平等但能解放妇女的施舍仍然绝无仅有。第三种社会里,只有压迫妇女和欺侮妇女。[②] 对于社会阶段的不同认识体现了邹韬奋向马克思主义转向的倾向。

(三)从西方女子“职业教育发达”到苏联“妇女地位不在家里”:职业教育观的深层认知

同样,邹韬奋在职业教育观上的转向也十分明显。起初,他热情赞美美国职业女子数量庞大,认为对比中国与美国女子,后者更能在精神上获得愉快。然而在后期,面对同样庞大的数据,他却认为美国妇女人数增加是资本主义的特征之一,是资本家用来增加利润的工具。

邹韬奋在前期称赞美国上议院议员办事的女秘书威廉斯女士,认为秘书对于女性是一种好职业,他也称赞英国的毕佛卜鲁

① 邹韬奋:《萍踪寄语》,第76页。

② 邹韬奋:《韬奋全集(增补本)》(第10卷),第10—15页。

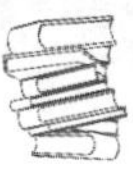

克夫人有着自己的出版事业，对社会有她的贡献。通过对西方女子职业的介绍，邹韬奋建议中国妇女既能顾全家政，也能顾全职业，积极参与社会服务。而在此后，韬奋虽然也积极推崇女子参与社会服务工作，但其认为苏联的妇女“在实际上已经获得真正的解放了！”[①]邹韬奋认为，在苏联有保障女子从“家庭的奴隶”里逃出来的条件与措施——托儿所。建立托儿所就能使女子在工作或者求学的时候不致受孩子牵累，能让她们共同努力参与新社会的建设，“得自由参加社会工作或求学”。托儿所的数量大增使得妇女能够抽身参加社会的事业，也就保证了新社会的建设，是真正的价值所在。也是它区别于其他国家的显著特征。可见邹韬奋对于妇女解放这一观点的认识已经不仅仅停留在单纯提倡妇女自由独立、接受教育或是参加社会服务，而是进入更深层次，从妇女与整个社会的关系进行探讨。

三、邹韬奋女性观演变的特征分析

从以上邹韬奋不同时期发表的言论可以看出其女性观的确发生了转变。综述以上三点转变来看，韬奋的女性观转变具有以下三点特征：

（一）视角层面：由女性个体延伸至社会层面

在早期，邹韬奋女性观点的抒发多来自其自身所见所闻或读者信箱的来稿，作者多会根据具体案例表达自己对此事的见解，用于警醒世人。《我们怜惜黄慧如女士》系列文章里作者对黄慧如与陆根荣私奔一事表示了自己的同情，认为黄女士“只是因为不良的家庭环境和社会环境使她跟错了人”，是社会使得女

① 邹韬奋：《韬奋全集（增补本）》（第6卷），第83—87页。

性沦落至此;《为秦女士说几句话》里,作者以秦女士的四岁婚约为始借机批判了父母包办婚姻的恶风俗,斥责这种行为为"鸭矢臭";《男权扫地》一文中,韬奋更是直指目前中国国内各省"女权处于被压迫"这个现状,倡导通过女子教育而达到男女的平权。

而到后期时,韬奋对于中国及外国女性的观察更加深入。虽然也关注具体案例,但其观察视角已明显转向更广阔的层面。不仅关注问题本身,更关注解决问题的方法路径。例如,韬奋大力赞扬苏联为堕胎女子所提供的社会保障。此前,他将堕胎看作一种自由权利,但至后期,他意识到了社会层面上对于妇女发生这种行为后的保护,是一种更高层面的自由。他的视角开始多元化,由问题本身延伸至问题发生的原因、解决问题的途径、社会保障等广阔的层面。

(二) 理论层面:马克思主义转变倾向明显

周恩来总理曾说:"邹韬奋同志经历的道路,是中国知识分子走向进步、走向革命的道路。"[①]在后期,邹韬奋的这种进步性与革命性逐渐明晰,且在其妇女观上有所反映。在前期,邹韬奋花费大量笔墨介绍西方女子在经济、男女平等、政治权利、教育、职业上取得了如此之好的成就,主要是将其作为中国女子学习的借鉴。在此时他的主要观点就是提倡妇女经济独立、接受教育、认为男女应该社交公开、婚姻更应以个人意志为前提等。只有这样,男女才能平等,妇女才能解放。

而后期,邹韬奋的认识就不仅局限于个人或者是家庭层面,转而开始关注社会层面的女性议题。他意识到妇女问题不仅仅是单独存在的,而是与整个社会问题息息相关。这一点在他对

① 《光明日报》:英雄烈士谱/邹韬奋:走向进步,走向革命,载红色基因传承网 http://www.hsjycc.com/c/2021/0208/1971342.shtml.

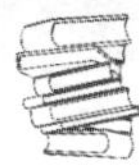

译作中有着明显体现。在翻译嫁到中国的美国人麦葛莱女士的文章时，韬奋在“译余闲谈”中不止一次提到自己反对大家庭制度的坚决态度。大家族制度对女性道德和行为上的压迫令他不止一次疾呼：“要改良中国社会，要改良中国制度，非要把这种流弊丛生的恶制度打倒不可！”①

而在后期分析苏联女子社会生活状况时，他不止一次将资本主义社会与社会主义社会相对比，指出了资本主义社会剥削妇女的本质：“资本主义的社会雇主们利用贱价的妇女劳动力来打击男子劳动力的价值……加紧剥削。”②“资本主义社会即使代议制度的民意机关成立，有的妇女的选举权仍然被剥夺或者限制，仍不能和男子处于平等地位。”③在谈到苏俄妇女爱好服饰时，作者运用阶级分析观念分析，认为“人生享用是应该的，不应该是少数剥削阶级的专利品”④；而在提到中国简易离婚的弊病时，认为现在的弊病只有在中国现存的社会制度下才会有。而在苏俄，男女教育平等，无论男女都需要工作谋食，社会上的地位无论性别都是以劳动者为高，男子并没有什么比女子更高的资本。邹韬奋感慨：“所以我常感觉有许多罪恶都是制度造出来的，我们要改造一般的人性，需要注意根本改造制度。”⑤可见，邹韬奋在后期已经运用马克思主义的阶级分析法来分析中国妇女问题，体现出了明显的马克思主义倾向。而认为实现平等最根本的就是改造制度，这一观点也与马克思哲学之历史唯物主义观点契合，体现了他的进步性。

---

① 邹韬奋：《韬奋全集（增补本）》（第 12 卷），第 514 页。

② 邹韬奋：《萍踪寄语》，第 129—139 页。

③ 邹韬奋：《韬奋全集（增补本）》（第 10 卷），第 10—15 页。

④ 邹韬奋：《韬奋全集（增补本）》（第 4 卷），第 394 页。

⑤ 邹韬奋：《韬奋全集（增补本）》（第 5 卷），第 367—370 页。

(三) 实践层面:理论探讨大于实践考察

但我们也应该意识到,邹韬奋对于马克思主义的意识与相关实践也只停留在最初理论探讨的层面。他认识到了资本主义社会剥削妇女获取利润的事实,也提出了实现妇女解放的根本路径是改造制度,但对于如何改造、改造成如何的问题,他却没有进一步深入探讨。邹韬奋虽然使用了阶级分析的观点对妇女问题进行了分析,但他的关注重点自始至终都充满着某种"贵族"气息,还没有从根本上意识到中国广大的劳动妇女对于中国妇女解放的重要性;此外,他也没有从实际出发凸显联合妇女的重要性。早期马克思主义者认为,要"在'小联合'的基础上实现'大联合',各个团体通过联合同志,'不分男,女,老,少,士,农,工,商','与之联络,结为同心',以改造这个黑沉沉的社会"。[①]而邹韬奋始终坚持妇女自身的独立:"中国职业妇女目前最感困难的,就是缺乏适当的托儿所,寄托儿童费用高常人难负担。所以建议公家拨专款创办、妇女界领袖努力想办法解决这个问题。"[②]邹韬奋尚未意识到"从阶级解放达到妇女解放"这个关键性问题。

从"倾慕西方"到"苏联至上",邹韬奋女性观的转变与国运与个体命运息息相关,同时也是其身为新闻记者与出版家的职业特性使然。从韬奋先生的言论里,我们看到了彼时知识分子的使命担当,但同时我们也要深入思考其转变的特殊性:韬奋对于西方后期的认知,是自己在逃亡过程中的所见所感;而对于苏联的认知,也出现在受人之邀去参观的这一语境之中,因此这种言论的历史语境与潜在倾向值得我们去进一步探寻。当然,不

---

① 中共中央文献研究室编:《毛泽东书信选集》,人民出版社 1983 年版。

② 邹韬奋:《韬奋全集(增补本)》(第 9 卷),第 359 页。

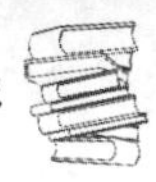

论是论及西方女子，还是苏联妇女，邹韬奋所有文章、译作等言论的最终落脚点都是“中国女子”，都是为了“引他国之经验而救中国”。从邹韬奋的言论中，我们看到了彼时进步的知识分子如何关注当时作为弱势群体的妇女群体，为她们谋出路的；更看到了彼时的知识分子是如何在国家危亡时刻挺身而出，为家国命运指明方向的。

试论"读者信箱"中邹韬奋的女性贞操观①

张艳文

(兰州大学)

一、问题缘起

女性贞操观是读者信箱中富有特色的内容,也是邹韬奋女性传播思想中很重要的方面。邹韬奋通过"读者信箱",在当时的历史环境下,跟受众之间进行贞操观的交流并传播自己对女性贞操观的观点,他的女性贞操观是特殊语境下的产物,也是邹韬奋推动女性思想解放的重要凸显,在当时有很大的影响,是值得研究的命题。

(一) 历史语境:推动女性思想解放

1919 年五四运动使得启蒙运动继续推进,而启蒙运动中女性解放是非常重要的内容。随着国人思想运动的高涨,女性解放的旗帜逐渐升起,女性贞操观是女性解放中最核心的问题。中国女性自古被迫穿着用"守住处女童身、上门守节、寡妇不可再嫁等"观念缝制的"贞操"之衣,男性则顺理穿着"将妇女当奴隶、可肆意娶妾、亡妻'续弦'等"的"华丽"之衣。邹韬奋认为:

① 本文系兰州大学新闻与传播学院 2018 年科研培育项目"邹韬奋新闻传播思想的系统性研究"(18PY1012)阶段性成果、国家社科基金项目"延安时期中国共产党新闻传播话语建构及其当代价值研究"(项目号 19BXW009)延伸性成果。

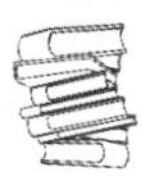

"女子当远恶德,而男子则可实行恶德……苟同是人类,何为如此之不平哉?"[①]在男权主导的社会中,封建的伦理道德之衣禁锢女性心灵,剥夺女性自由的权力,中国多少女子的灵魂被这种观念之衣吞噬,实属一种摧残女性的道德教条。在《妇女解放与女茶博士被禁合废娼运动》中邹韬奋提出:"越下等的民族,越重视贞洁。"[②]可见,女性贞操观是对女性压迫最大的枷锁,也是女性解放中需要迫切去除的重要方面,所以女性贞操问题逐步被关注并讨论。对贞操观的重视是韬奋进行思想启蒙新闻实践的一个重要内容。邹韬奋作为在五四之后现代的知识分子,他传承了"五四精神"和对女性解放的观念,重视女性贞操观的改造,他想通过媒介这个窗口,通过跟读者之间的交流,去改变他们对女性贞操观的传统的认识,宣传现代的女性贞操观,从而促进启蒙的高涨,实现新闻传播实践的目的。

(二)"读者信箱":邹韬奋女性贞操观的窗口与折射

《生活》周刊初由王志莘主编,1925 年 10 月创刊于上海,"读者信箱"是邹韬奋先生于 1926 年 10 月 24 日第 2 卷 1 期起接任《生活》周刊主编时开设的一项专栏,其内容丰富,涉及求学、职业、教育、婚恋等各方面的问题。邹韬奋通过"读者信箱"实现了与读者的平等交流,使得他的传播变成双向性的,强调了受众在其中的作用,提升了传播效果,当时影响很大。在"读者信箱"中,贞操观也是非常重要的命题。总体而言,有关"婚恋问题"讨论的稿件不在少数,共计 188 篇,"九一八"事变前共计 125 篇,"九一八"事变后共计 63 篇,其中婚恋方面的信件内容

---

① 邹恩润:《愿全国为女子者思之》,《约翰声》第 32 卷第 3 号。

② 邹恩润:《妇女解放与女茶博士被禁合废娼运动》,《约翰声》第 33 卷第 3 号。

中关于贞操和性道德方面,共约50篇。①

读者信箱是邹韬奋与读者交流女性贞操观的特殊园地,与韬奋交流贞操观的读者有男性也有女性,邹韬奋与读者的直观交流,反映了当时社会热点,极具真实性。邹韬奋先生认真、真挚地解答每位读者遇到的贞操观问题,对琐碎的问题耐心地给予建议,树立了有效解决问题的编辑方针,深入社会,引起了大家的广泛关注,也大大提升了女性贞操观的传播效果。鉴于此,贞操问题是女性解放中非常重要的问题,同时也是新闻实践中很重要的区间,值得去研究。

二、"读者信箱"中邹韬奋的女性贞操观

"读者信箱"中,邹韬奋的女性贞操观十分有特征。应着不同的阶段、不同的特定对象和不同内容,主要有婚前贞操、婚后贞操以及寡妇贞操问题。就这些问题,韬奋与受众进行了充分的交流、解答他们的问题,表达了女性解放思想,提出了自己的观点。

(一) 婚前贞操:爱与尊重、立守忠贞

婚前贞操在邹韬奋看来是很重要的内容,传统的贞操观中也讲求对婚前女性贞操的注重,韬奋对此也是十分关注。他认为婚前贞操是非常有必要的,要竭力保护婚前贞操。所以他提出"婚前贞操"应该遵循以下几点:1. 所谓贞操者,是关于性的德义。为尊重自己人格起见,为将来的配偶而保守贞操,拒绝与任何异性发生性关系;2. 如若女子不是因为道德而失去童身,就不

① 徐灵嘉、傅德华:《〈生活〉周刊"读者信箱"婚恋问题研究》,上海韬奋纪念馆编:《邹韬奋研究》(第6辑),上海锦绣文章出版社2018年版,第237页。

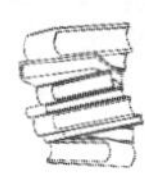

能说女子失去了贞洁;3.提倡以爱和尊重彼此为前提下,男女平等、社交自由。

邹韬奋认为:为尊重自己人格起见,为将来的配偶而保守贞操,拒绝与任何异性发生性关系。“所谓贞操者,是关于性的德义……至于未婚的男女,虽未对任何特殊异性负此责任,但为尊重自己人格起见,为将来的配偶而保守贞操,拒绝与任何异性发生性关系。泽田顺次郎把未婚者的贞操称为第一义的贞操。”[①]这种观念强调“性道德”,不能仅因肉体欲望忽略精神,丧失道德,既保护女性不受伤害,又警戒男性迷恋肉体欲望,无疑是一种理性的婚前贞操观念。其中典型的案例有哲学家李石岑和女诗人童蕴珍的故事,两人没有保守婚前贞操,在婚前发生性关系,导致童蕴珍陷入痛苦之中。“至于入世未深的少女,凄凉身世的童女士,遇着这学识丰富,以‘纵欲’‘私利’‘残忍’为人生观的哲学家,只有怪自己意识薄弱,不能明哲保身,还有什么话可说的。”[②]如若童女士可以尊重自己的人格,为将来的配偶而保守贞操,不在婚前与李先生发生性关系,也不会受到伤害。

邹韬奋先生认为婚前保护贞操是非常必要的。对此,邹韬奋提出了自己的解决方案,即提倡男女平等、男女公开社交,同时又提出了一个前提条件:“绝对尊重对方的自由意志与人格;无论为友或求爱,须以对方出于自愿为第一条件。”[③]这一观点维护了女性自由择偶的权利,保护女性身心不受到伤害;如果与这一观点反其道而行,就会酿成不必要的悲剧。“读者信箱”里的相关事例就是明证。《丑态百出》中一位女教师被男同事强行非礼,该男子擅自闯进女教师的房间要求接吻的故事。邹韬奋

---

① 严秀芳:《贞操》,《生活》周刊第4卷第16期,1929年3月17日。

② 亦青:《恋爱的责任问题》,《生活》周刊第7卷第38期,1932年9月24日。

③ 龚宝仙:《异性接触》,《生活》周刊第6卷第26期,1931年6月20日。

认为这位男同事的行为是一种兽性、畜生的表现,婚前不尊重对方而强行接吻会威胁女性贞操。“接吻”是神圣的仪式,要在男女彼此尊重人格和意志,有深厚友谊后恋爱、成伴侣,再接吻。这件事情发生后,女教师到校长及教务主任处诉告,但是两位校领导不但没有处置此事,还云淡风轻地回答她:“这有什么要紧呢!”这从侧面体现出当时的社会虽已大力提倡男女平等,但女性的地位依旧低下,女性遭遇侵犯的事情仍然经常发生,接吻后续可能会有身体的接触,进而威胁到女性贞操。邹韬奋对这种行为进行谴责,为保护这位女教师,建议其离开工作的“兽窑”,另行寻觅其他就职岗位,保护自身贞操。《和男同事在一块儿》中的梅女士已订婚,男同事求爱,她饱受骚扰之煎熬,离职又无法维持生计。邹韬奋对这位梅女士的回复内容值得我们深思,他除了依旧强调男女交往要尊重对方的人格和意愿外,还提出坚决反对打着男女社交公开的幌子去实行陷害压迫女性的卑鄙残忍行为。邹韬奋对女性出于同情及保护才有此观点,同时也警醒广大女性要分清交往过程中男子的真实目的:是出于真诚的求爱之心,还是欺压女性的卑鄙暴行。

《我和家姊》中,女子被男性骚扰,《快跟牢前面一辆女子的车子》中,无耻的男子对女性跟踪、盯梢,在韬奋看来,女性身体本要比男性柔弱得多,男子此种言语骚扰、行为骚扰可谓是压迫女性的表现。“殊不知‘平等’云者,其意义虽广,至少须含有任何方面绝对不应不顾对方意志而加以无理的压迫,今以压迫女性的行为而谓为‘平等’,‘平’在何处?”[①]故此,亟须大力呼吁“男女平等,社交自由”,但传统女性贞操观的笼罩使得女性处于弱势而无法自我保全,女性地位还有待提高。想从根本上铲除

① 朱垂泪:《我和家姊》,《生活》周刊第5卷第41期,1930年9月21日。

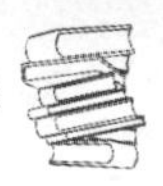

传统女性贞操观的不良影响，还需要促使些“无耻”压迫女性的男子觉悟，女子更需从自身人格出发，维护自己。

除此以外，邹韬奋认为：传统封建女性贞操观中的“守住处女童身”尤为不公，贞操是“性的德义”，如若女子不是因为道德而失去童身，就不能说女子失去了贞洁。“如有女子不幸为强暴所辱，或不幸为人用伪善手段所骗，她的心地原是光明的，原是无辜的，都不应加以失贞的恶名。”[①]《一度之诱惑》一文中就有女子因不幸受人诱惑而失足之事件，“盖彼自结婚后曾侦知彼之夫人在未嫁前不幸受人一度之诱惑而失足。夫此等事件值今日新旧潮流激荡之际，原不足为异，亦不必置怀。但孙君思想颇固旧，以为此等事件实使彼蒙莫大之耻辱，几无颜立于人世。”[②]孙君夫人对孙君的情意是真挚的，对孙君也是百般照顾，但如此仅仅因为贤女遭受他人一度之诱惑而离婚，怎能忍心？男女平等又谈何来讲？故孙君“应知他是二十世纪一个文明世界的男子，应有理性，应有义气，应有心肝，而不应做野蛮时代的顽固残忍心理的保镖者”。[③] 所以邹韬奋认为未婚前女性失去童身，如果对其原因不进行分析、辩证地看待，而是粗暴地进行谴责，对女性是不公平的，也是对女性的不尊重。

(二) 婚后贞操：恪守贞操、理性社交

邹韬奋提出“婚后贞操”中的主要观点有：1. 夫妻俩应当严守一夫一妇的制度，双方须互相尊重两者间之贞操；2. 女性婚后不越界的交友行为无损贞操。

邹韬奋认为：“未婚时代的贞操是偏面的，结婚后的贞操是相互的。所以就责任上来讲，既婚者的贞操，比未婚者更为重

---

① 严秀芳：《贞操》，《生活》周刊第 4 卷第 16 期，1929 年 3 月 17 日。

② 王腾苍：《一度之诱惑》，《生活》周刊第 5 卷第 3 期，1929 年 12 月 15 日。

③ 王腾苍：《一度之诱惑》，《生活》周刊第 5 卷第 3 期，1929 年 12 月 15 日。

大，因为经过了婚仪之后，夫有保护妻子生命和身体的责任，而妻也有保护和安慰丈夫的义务……换言之，他们俩应当严守一夫一妇的制度，双方须互相尊重两者间之贞操。”[①]传统旧式婚姻对女子贞操的要求过于严苛，而男子的“贞操”却恰恰相反，甚至部分男子认为只和自己的妻子发生性关系是种无能无权的表现，所以男子就有了“三妻四妾”“嫖妓狎游”的行为表现。

因为旧礼教的婚姻专制，很多女子无法选择自己的终身幸福而倍感痛楚，深受女性贞操的压迫。《弱女哀音》一文中的女子母亲顽固地将其女儿配给一恶棍般的男子做媳。《不愿意跟一只猪猡》一文中的女子被许配给一位无知无识的人，此女子觉得旧礼教下对于已经配定的丈夫，她是不能发表意见的，发表了便是对长辈的一种批判和轻视，在此情此景下她无奈至想要做尼姑或是一死了之。《那知不能如愿》一文中的女子称自己为旧式婚姻制度下的牺牲者，因父母之命媒妁之言，葬送了自己的幸福，虽丈夫待此女子很好，但她始终觉得自己的心上深深印了旧式婚姻制度的伤痕，想轻生却因老人孩子所牵绊。这些“读者信箱”中的来信女子都深受旧式婚姻下女性贞操观的压迫，因自身无法自立，只能忍气吞声，可怜至极，这些事例都是对女性贞操的过分要求。韬奋认为未得本人的同意所定的婚姻，万万不可随便勉强结婚，若是结了，便有更大的痛苦，是对女性不尊重的表现。《偶然的传种职务》中的男子与一位面貌丑陋的旧式女子勉强结婚，现有三四个小孩，“然而这点我自己认为不是爱情的结晶品，乃系偶然的传种职务”[②]。妻子多次生产面色衰老，他回家感觉烦闷不堪，精神得不到慰藉。此男子将女性当成了一

① 严秀芳:《贞操》,《生活》周刊第 4 卷第 16 期,1929 年 3 月 17 日。

② 张固殿:《偶然的传种职务》,《生活》周刊第 6 卷第 6 期,1931 年 1 月 31 日。

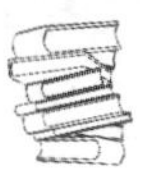

种生殖工具，在妻子为他产下三四个孩子后不体谅妻子不说，竟如此嫌弃妻子，因女性没有经济地位而将女性"财产化"，女性的财产价值就是繁衍后代，将女性看作生殖奴隶，这实在是种对女性的压迫。这些案例都证明了邹韬奋先生极其反对社会对女性贞操的过分要求，对男性的纵容，贞操在婚后是夫妻相互的，要男女相互保守双方贞操。

新式婚姻的确使女性有了更多的选择，也使女性地位有些提升，但是新式婚姻下的女性贞操观是否也有所改变呢？更进一步说，男性是否遵守了一夫一妻的制度并尊重女性？在邹韬奋眼里，新式婚姻的贞操观也不尽如人意，值得深究。《很可怜而没有胆量的女子》中的女子经常遭受丈夫的打骂，丈夫在家，她要像仆人一般伺候；丈夫游玩，她无资格参与，只叫她看好小孩，留心门户；丈夫与其他女性动手动脚调情，女子面对这不公的一切没有胆量开口，若是开口，恐怕生活还不如现在。细究之，在这段婚姻中，此女子与旧式婚姻中女性有何区别？传统女性贞操观中要求女性做的，尽体现于此女子身上，倘若她丈夫能尊重自己妻子，为自己的妻子保持贞操，又何来有与其他女性动手动脚之举呢？邹韬奋认为："她们虽很可怜而仍没有胆量反抗，大半都是由于没有自立的能力，为维持生计而勉强忍耐着。所以我们以为要增加妇女的地位，最重要的是要养成可以自立的能力。"①虽然新式婚姻中男性随意抛弃妻子会受到法律的制裁，但是女性遭受的隐忍之痛却无法消除。《一个害人的男子》中，女子每天忙于家务，照料孩子，孩子父亲不尽父亲的职责，只顾在外另恋新欢，这种遭遇使女性有了"男子是不可靠的"想法。这些事例都说明，可以婚恋自由的新式婚姻固然好，但也会存在

① 恒芳：《很可怜而没有胆量的女子》，《生活》周刊第 4 卷第 30 期，1929 年 6 月 23 日。

一些问题,如过分的自由可能会威胁到婚姻幸福、有不忠出轨、不保守贞操等行为的出现。传统贞操观的遗留对现代婚姻中的女性有很大的影响,对现代女性的压迫还是显而易见的,部分男性见识浅薄,在现代婚姻中对女性的尊重还不够。邹韬奋提出了重要的解决办法:夫妻俩应当严守一夫一妇的制度,双方须互相尊重两者间之贞操。这种解决方法维护了男女双方对婚姻的忠诚度,保护相互贞操。

(三) 寡妇节操:真情再嫁、无损贞节

韬奋对“寡妇节操”中的主要观点有:提倡男女双方真情实意情形下寡妇可再嫁。我国奖励节妇这种事,在韬奋看来是惨无人道的事情,“这种事情的遗毒,就生出于无形钳制寡妇,及‘上门守节’等等非人的行为……”[①]韬奋认为不是说做女子的不要贞节。如果嫁了一位恋人,忠心于他,这就是贞节。至于做寡妇的人,再嫁不再嫁,应尊重她的自由,别人不应强迫她嫁,也不应用许多圈套,硬把她压到非永做寡妇不可的一个深渊里面去。换句话说,倘若有一个寡妇,有了一个知己,再嫁过去,这在贞节上不能算有亏缺。贞操是“性的德义”,如果婚后有一方不幸逝世,那么性的关系中断,性的德义也就中断,但是在下一段婚姻中双方成为夫妇,性的关系成立,再保守夫妇间相互的贞操,这就不能加以无节操的罪名。

《恋爱已呈白热化》中的男子在妻子去世后,与一位同样遭遇的女子相爱,但由于旧礼教的压迫,女子只好守节。两人若是同居,定会遭到家族的诽谤,社会的攻击,进退两难,没有法子。对此,邹韬奋给的建议是:当然结婚!对于家族的诽谤和社会的

① 邹韬奋:《一位美国人嫁于一位中国人的自述·译余闲谈》,《韬奋全集(增补本)》(第12卷),第532页。

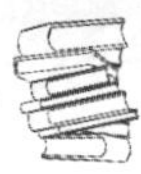

攻击可以完全不理会。他认为男子丧妇，女子丧夫，两人单身，为美好的情感结婚是符合法律、也符合道德的行为。"吴先生这样专重恋爱而不以寡妇为不可娶或不屑娶，不但救了他的恋人，而且替社会开一个好风气之先声，于社会的贡献也很大。"[①]《终身的伴侣盍安慰者》中，徐君由于媒妁之言与旧礼教旧道德所压迫三从四德的沈女士订婚，但徐君与一位青年寡妇两情相悦，不知怎么好。邹韬奋十分赞同寡妇解放，婚姻要以爱为基础，如果爱她，不是寡妇，要她；是寡妇，也要她。这必要与旧家庭做反抗，若能抵抗得住便能获得最后的胜利，但要考虑自身有无条件和勇气；若无坚定的决心和勇气，不要轻举妄动的好。《觉悟了的她》中黄君想向一位女子求婚，不料这女子曾被恶环境的诱惑而堕落过，换言之，便是失去了处女身。黄君将此事告知叔伯，但叔伯中了旧礼教的毒，认为与此等女子结婚便是有辱家声。对于此事，邹韬奋认为：只要彼此有真正的情爱，就是所娶的寡妇，或是已与他人离过婚的妇女，都是正当的。[②]

三、邹韬奋女性贞操观的内在特征与历史价值

邹韬奋贞操观的特征，在那个时代显现出特有的价值。主要的内在特征体现于现实性、现代性、个性化、生活化。

(一) 内在特征

1. 现实性、现代性

在韬奋所处的时代背景下，传播思想余毒尚存，女性受其贞操观毒害，痛苦深重，而社会则以"传统"之名，挥舞贞操大棒，对

---

① 吴熊：《恋爱已呈白热化》，《生活》周刊第 3 卷第 40 期，1928 年 8 月 19 日。

② 黄见秋：《觉悟了的她》，《生活》周刊第 5 卷第 2 期，1929 年 12 月 8 日。

女性大加迫害。在这种现实影响下，韬奋想通过“读者信箱”与读者双向交流，传播合理的女性贞操观。

五四时期，伴随民主运动的兴起以及西方“性革命”的影响，知识分子对传统女性贞操观进行了批判，但批判有余而传播不足，践行则更是有待强化。邹韬奋先生通过《生活》周刊“读者信箱”与读者交流互动，进一步批判了传统贞操观对女性的束缚。同时他科学、辩证地看待女性贞操观，他的贞操观符合当下的社会形态。有人认为女性若在婚姻中遭受不幸，深受贞操残害时，则在社交自由、法律允许的情况下离婚即可，保护女性自身贞操。邹韬奋观点有效地解决了诸多读者遇到的现实困难。他传播了现代思想观念、现代女性贞操观，并借此呼吁新女性，实现女性解放，完成启蒙的宏志，深刻体现了现代性。

2. 个性化、生活化

韬奋呼唤现代贞操观，但他并不完全否定传统，有条件地容纳。当有人认为应完全挣脱迫害女性贞操的旧式婚姻时，他提出：如果能加上相当的条件(彼此相爱、彼此欣赏、相互体谅包容等)，“父母之命，媒妁之言”的婚姻也不是完全不能容纳，凸显了个性化。

另外，从邹韬奋先生与读者的信件往来中可以看出，邹韬奋先生温和的性格特征。他将女性读者当作红颜知己一般倾听她们的故事，与她们谈心，用生活化的情节、语言和语调，娓娓道来，以对生活问题的详细解读，温和而理性地给予建议，阐发他的独特观点。这种为读者解决问题的方式具有生活化的特征，体现了邹韬奋先生的智慧。

(二) 历史价值

邹韬奋先生的女性贞操观对女性思想解放作出了特殊的贡献。新旧交替的时代下，他将新闻实践与解决社会问题进行有

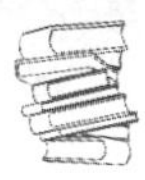

效结合，以现代媒介作为手段，通过对女性贞操观的传导，对传统文化中的糟粕进行了有利的打击，倡导了一种符合时代发展的现代化女性贞操观，提出了诸多富有个性、意义独特的观点：“以爱和尊重彼此为前提下的男女平等社交自由”“婚后严守一夫一妇制度，双方相互尊重两者间之贞操”“女性婚后不越界的交友行为无损贞操”“女性要审视自身人格、提高自身自立能力才是女性思想解放的根本”“提倡男女双方真情实意情形下寡妇可再嫁”等。这些主张不啻于是对封建制度当头一棒，大力呼吁将女性从传统贞操观的钳制中解救出来，唤醒女性自主价值和意识，促进女性的经济独立。

韬奋通过“读者信箱”的形式强调与读者的双向交流、强调互动性、凸显受众的特点。同时韬奋在传播过程中用平等对话的方式，用生活化的答疑解惑方式使得传播效果大大增强，使得对现代女性贞操观的传播效力大大提高。韬奋不同于其他思想家和学者，思想家和学者需通过文章进行传播，文章与读者之间有阅读和接受的过程，而韬奋通过“读者信箱”与读者面对面地交流，解决了最实际的问题。新闻传播实践中，他借助现代媒介、倡导现代传播方式和传播形式，使得传播女性贞操观的效力大大提升，从而凸显了他作为职业新闻人的显著特征。韬奋在那个时代下推动女性解放，进而推进社会和思想的启蒙，都是大有益的。

邹韬奋新闻实践的正义思想[①]

王惠冉
(兰州大学)

邹韬奋作为我国著名的记者、编辑、出版家,其新闻实践始终贯穿于他20多年的职业生涯。不难看出,由于当时的历史背景和社会环境,邹韬奋的新闻实践旨在践行正义思想,追求正义精神,最终实现社会正义。而这样一种正义思想也正是韬奋思想的重要组成部分。因此,邹韬奋新闻实践活动中的正义思想具有重要的研究价值。

要想探析邹韬奋新闻实践中的正义思想,首先需要明确什么是正义。"正,是也。"[②]"义,是事之'宜',即'应该'。它是绝对命令。"[③]从这可以看出,正义最基本的内涵之一就是对秩序的维护和对法律的遵从。正义作为一种价值理念,是衡量社会发展水平的重要指标。自古以来,人们对于正义的探讨从未停止过,柏拉图、亚里士多德、罗尔斯都对此进行了深入探讨。然而,在这个问题上,人们始终没有达成一致,在不同的历史时期和历史背景,正义的内涵存在着或多或少的差异。"柏拉图把维护等级制度视为正义;亚里士多德则认为正义就是平等;休谟指

① 本文系兰州大学新闻与传播学院2018年科研培育项目"邹韬奋新闻传播思想的系统性研究"(18PY1012)阶段性成果、国家社科基金项目"延安时期中国共产党新闻传播话语建构及其当代价值研究"(项目号19BXW009)延伸性成果。

② 许慎:《说文解字》,中华书局1963年版,第46页。

③ 冯友兰著,涂又光译:《中国哲学简史》,北京大学出版社1996年版,第37页。

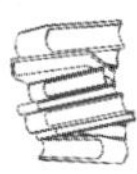

出公共福利是正义的唯一源泉；穆勒断定正义是关于人类基本福利的一些道德规则；罗尔斯确认正义即公平；诺齐克则强调正义即权利；麦金太尔坚持正义即美德。”[①]在近代西方社会，正义被具体为自由、平等、博爱的观念，而到了现代西方社会，正义更多指涉社会政治制度的合理程度，即对公民的权利和义务是否能够合理分配。尽管正义的内涵在不同的社会有所不同，但不可否认的是，正义是个人、社会秩序和制度的重要价值，不仅是人们的理想和奋斗目标，更是对现实的批判和关照。正义应当包含个人美德、社会秩序和国家制度这三个层面。

新闻，作为一种面向大众的、广泛的信息传播活动，通过新闻从业者自身的主观活动，能够深刻影响社会进程。新闻具有作为社会公器的公共性质，对社会具有广泛而重大的影响，因此正义就不可避免地成为新闻必须考虑的问题。正义体现在新闻对社会的作用和影响上，新闻通过其作用和影响来促进正义的实现。严格意义上的新闻活动是从近代报刊的出现开始的，然而人类传播活动却是自古以来就连续不断的。有学者提出，“宋代小报是中国古代报纸的雏形”[②]，明清小报以及民间报房所出的邸报复制形态都是中国古代报纸。在这些报纸中，流传着关于揭露社会不公的正义言论。明末就有小报刊登“兽官董其昌，枭孽董其常”的文章，“谴责董其昌鱼肉乡里，号召大家群起而攻之”。[③] 而在中国近代新闻史中，关于新闻正义的论述就更多了。洪仁玕在《资政新篇》中提及新闻的职能是“昭法律，别善恶”，王韬在《论日报渐行于中土》中认为报人最重要的资格与条

① 胡海波、宋禾：《正义、正义观与正义理论》，《求是学刊》1998 年第 3 期，第 10—15 页。

② 廖基添：《邸报是古代报纸吗？——中国古代报纸发展线索再梳理》，《新闻与传播研究》2010 年第 17 期，第 12—20 页。

③ 何芳明：《新闻正义论》，中南大学博士学位论文，2013 年，第 5 页。

件就是“其立论一秉公平,其居心务其诚正”。其中“公平”“诚正”就是新闻从业者最重要的品德,这也意味着近代报人在新闻实践当中逐渐自觉追求新闻正义。郑观应提出报刊应当“有功于救荒”“有功于除暴”,梁启超认为“记事,以直为主”“以正为主”,“以国民最多数之公益为目的”。这些都是对于新闻正义内涵的探索,也是如何通过新闻实践推动社会正义的尝试。

新闻实践想要追求正义、践行正义,应该体现在两个方面,一是新闻实践本身是正义的,二是报道的结果是正义的。其中新闻实践的本身正义又包括两点:新闻实践需要具有正义的精神,同时,新闻实践需要采用正义的报道方式。因此可以说,新闻实践正义的内涵包括三个部分:新闻实践要具有正义精神,新闻实践要采用正义的报道方式,新闻实践要以实现社会正义为目的。

从邹韬奋的文章言论当中不难发现,他的新闻实践活动始终体现着富有个性的正义思想,一切实践都具有正义精神,同时采用正义的报道方式,并且最终是以实现社会正义为目的的。

一、精神正义

有观点认为新闻报道中的正义精神相当于欧洲的骑士精神,就是需要不畏强者,善待弱者,为弱者发声,与不公正的事做抗争。新闻与正义具有天然的联系,“之所以在阐释媒介正义内涵的时候强调正义精神的作用,就是认为这种基于德性的道德框架特别适合于新闻业”[①]。新闻从业者只有自始至终具备正义精神,才能在新闻实践活动的整个过程中践行正义。因此,我

① 李学孟:《论媒介正义的内涵——以〈焦点访谈〉为例》,《中国广播电视学刊》2014年第7期,第101—104页。

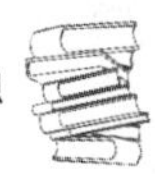

们不能忽视正义精神在新闻实践活动中的重要性。在这里，正义精神所维护的是共同的正义，而非个人私利。他曾写道："我十几年来所常以自勉的是要做个有益大众不为私图的新闻记者，我现在以及将来的志愿还是如此……我要终我之身守着这个岗位，和同志们望着光明的前途共同努力。"[①]"我们民族强盛起来，对于弱小民族便要扶持他，对于世界列强便要抵抗他，如果全国人民都立定这个志愿，共同奋斗，我们民族便可以发达。"[②]邹韬奋对于共同正义的明确立场可见一斑。同时，邹韬奋的报刊"渐渐转变为主持正义的舆论机关，对于黑暗势力不免要迎面痛击"[③]。这些言论都表明了邹韬奋不畏强者，善待弱者，与不公之事做抗争的态度，而这样的正义精神，也是他一切新闻实践的出发点。

二、报道正义

新闻对读者的影响是潜移默化而又至关重要的，新闻的呈现会影响读者对世界的认知，新闻的表达方式也会影响读者的态度和行为方式。因此，首先需要考察内容方面是否符合正义，即是否真实客观，是否失之偏颇。其次还需要考虑新闻在社会中的传播是否符合正义这一价值观念，即尽可能平等地让多数民众能够接触到信息。最后需要考察新闻的类别是否能够尽可能满足不同读者群体的需求，新闻应该多层次反映社会的各个部分，这同样也是报道正义的一个重要方面。

---

① 邹韬奋：《新闻记者活动的正确动机》，《韬奋全集（增补本）》（第 8 卷），上海人民出版社 2015 年版，第 23 页。

② 邹韬奋：《怎样恢复民族地位》，《韬奋全集（增补本）》（第 1 卷），第 725 页。

③ 邹韬奋：《转变》，《韬奋全集（增补本）》（第 7 卷），第 202 页。

(一) 内容:真实客观

新闻的本源是事实,真实性客观性应当是每一位新闻从业者必须遵守的基本原则。邹韬奋一向坚持内容上的真实客观,追求报刊的独立精神,为此他提出了"报格"这个概念。"记者所始终认为绝对不容侵犯的是本刊在言论上的独立精神,也就是所谓的报格。倘须屈服于干涉言论的附带条件,无论出于何种方式,记者为自己的人格计,为本刊报格计,都抱有宁为玉碎,不为瓦全的决心。"①即使遇到一些政治力量的胁迫,邹韬奋也断不屈服。他说过"编辑可不干,此志不肯屈"。② "没有气骨的人不配主持有价值的刊物,区区既忝主本刊笔政,我的态度是头可杀,而我的良心主张,我的言论自由,我的编辑主权,是断然不受任何方面任何个人所屈服的。"③事实证明,邹韬奋确实做到了这一点。为了保持新闻工作言论的客观和独立,不受外来因素的牵制,邹韬奋力求经济上的独立,以经济独立保证言论自由。他不愿接受任何党派的资助,只是用自己赚得的正当收入,谋得报刊自身的改进。"能保持这种精神的便可仍得读者的信任,否则读者所给予的信任亦随时可以收回。"④

(二) 文风:平实畅快

从报刊的性质、风格等多方面来看,邹韬奋的一系列报刊远不同于同时期以赢利为目的的商业性报刊,也不同于作为党派纷争阵地的政党报刊。邹韬奋的报刊立足民众,其读者对象是知识文化水平不是很高的小市民、小职员等。"希望能做到读者诸君的一位欣悦和爱的好朋友——但却不愿做'群居终日,言不

① 邹韬奋:《与读者诸君告别》,《韬奋全集(增补本)》(第5卷),第446页。
② 邹韬奋:《答复一封严厉责备的信》,《韬奋全集(增补本)》(第2卷),第383页。
③ 邹韬奋:《答复一封严厉责备的信》,《韬奋全集(增补本)》(第2卷),第383页。
④ 邹韬奋:《韬奋新闻出版文选》,学林出版社2000年版,第295页。

及义'的损友，是要黾勉淬砺做一个纯洁清正，常在进步途上的益友。"因此，在文风上，邹韬奋努力创造出大众需要的文风，笔法生动、短小精悍、亲切感人。他所办的《生活》周刊，不是教堂里装作正经面孔的牧师讲道，也不是课堂上板着面孔的严师讲学，而是好像每一星期趁读者在星期日上午的余暇，代邀几位好友聚拢来谈谈，没有拘束。《生活》周刊避免呆板，采用"明显畅快"的平民式文字，使初识字半通文的孩子、妇女、农夫们都能看得懂。"民众只有拥有媒介接近权、言论自由权和知情权，才能摆脱作为'沉默下属'的命运。"[①]邹韬奋采用这样平实畅快的文风，首先就保证了能够让多数民众可以看得懂，在一定程度上保证了民众信息接触的公平正义。

(三) 类别:无所不包

社会生活是多种多样的，因此体现在新闻实践当中，就意味着多层次地反映社会的各个组成部分。通过分析《生活》周刊的稿件，不难发现，其主题无所不包，从事业修养到处世之道，从男女关系到科学技术，以各个方面向读者展示社会全貌。邹韬奋认为青年人做事要认真，要实事求是。"天下终必拆穿的是假的事情糊涂也罢了，糊涂而假认真，这便更危险。"[②]在男女关系上，邹韬奋主张男女平等，崇尚女性婚姻自由。"我们以为得到愿嫁的人就嫁，未得到愿嫁的人就不嫁，倒也是很正当的态度。不过要能自立，才能如此自由。"[③]对于科学技术的普及，邹韬奋刊载了一篇《看看宇宙何等的伟大》，其中描写了太阳系的组成、八大行星各自的名称和特点等，"把奇大无比的，不可思议的天

---

① 阳海洪:《论邹韬奋的媒介正义思想》,《南昌大学学报(人文社会科学版)》2020年第1期,第98—105页。

② 邹韬奋:《糊涂虫假认真》,《韬奋全集(增补本)》(第3卷),第494页。

③ 邹韬奋:《一位不嫁的女书记官》,《韬奋全集(增补本)》(第3卷),第470页。

空奇境,告诉诸位”[①],向读者普及了宇宙科学知识。而后,又刊登了一篇《深逾三万尺的海底奇境》,“要把稀奇古怪的难得知道的海底奇境,与诸位谈谈”[②]。除此之外,邹韬奋通过“海外通讯”栏目向读者介绍各国的风土人情、社会情况,为读者打开了解新世界的大门。《萍踪寄语》与《萍踪忆语》记录了邹韬奋在世界各国的所见所闻,包括对不同社会制度的考察,旨在启发读者思考中国未来的出路。这里可以看出,邹韬奋试图通过多种类别的信息,向读者展示社会的真实全貌,这也是报道方式的正义体现。

三、目的正义

邹韬奋的新闻实践活动最终都是以实现社会正义为目的的,正如前文所述,正义应当包含个人美德、社会秩序和国家制度这三个层面。

对于受众个人而言,处在旧社会的底层人民常年被压迫、被欺凌,由于文化水平不高,他们对于自己所处之地以外的事知之甚少。因此,邹韬奋通过报刊为他们普及知识,旨在启发民智,寻求个人的解放。对于社会而言,邹韬奋勇于揭露一些不公不义之事,针砭时弊,促进社会的进步和发展。对于国家而言,首先是追求民主、反对封建,而在民族危机空前深重之时,邹韬奋主要将重心转移到抗日救国、救亡图存之上。可以说,不同维度、不同时期、不同阶段的社会正义是不同的,而邹韬奋能够准确把握当时的工作重心和历史任务,真正做到以实现社会正义

① 邹韬奋:《深逾三万尺的海底奇境》,《韬奋全集(增补本)》(第1卷),第654页。

② 邹韬奋:《深逾三万尺的海底奇境》,《韬奋全集(增补本)》(第1卷),第654页。

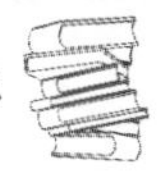

为自己一切新闻实践活动的目的。

（一）受众层面：普及知识，寻求解放

新闻实践活动伊始，邹韬奋就认定了这是一项以民众的福利为前提的社会文化事业。然而，“我国不识字的同胞还有百分之九十八，怪不得少数自命知识阶级的人尽管兴波作浪！”①于是，邹韬奋大量刊载各类科普文章，分享自己及同人的所见所思所想，以启发民智，并“提醒关于人生修养及安慰之种种要点”②。

为了能让读者易于接受，邹韬奋还提出了硬性读物与软性读物的概念。“硬性读物每偏于专门性；软性读物则每偏于普遍性。两者都是社会上不可少的精神滋养，我们所希望的是：硬性读物能尽量的软一些，软性读物能纯正而导人趋于身心愉快德慧日增的境域。”③此外，邹韬奋经常向到国外开会或考察的专家学者、政府官员约稿，以海外游记的形式刊载，有的栏目还配上插图和漫画。这样启发民智的方法避免了传统死板的说教，这种轻松有趣的方式，更容易为读者所接受。普及知识是为了促进个人的解放，邹韬奋也在大量文章中体现了这一观点。为读者介绍宇宙和深海，“好像与诸君上天下地游览一番，可以扩大我们对于人生的眼光，也可以扩大我们处世的胸襟”。④ 除了将民众从封建思想中解放出来，邹韬奋也一直关注着妇女解放问题，这些在他的文章中都有体现。例如，在《一封万分迫切求救的信》一文中，一位女性反对包办婚姻，与一位朋友相爱，而后怀孕了，但她并无经济独立的能力，而孩子的父亲也没有经济独

① 邹韬奋：《吴稚晖先生的未来世界观》，《韬奋全集（增补本）》（第2卷），第10页。

② 邹韬奋：《〈生活〉第一卷汇刊弁言一》，《韬奋全集（增补本）》（第2卷），第839页。

③ 邹韬奋：《韬奋新闻出版文选》，第200页。

④ 邹韬奋：《深逾三万尺的海底奇境》，《韬奋全集（增补本）》（第1卷），第654页。

立。邹韬奋提出了自己的观点和建议:“我说她错……是在她原可比较顺利地向前奋斗,现在因此在事实上却加了一层困难。所以我常奉劝青年,在经济能力未能独立以前,且慢实行恋爱,尤其是且慢‘结晶’。”[①]邹韬奋首先对这类女性的遭遇表示同情,但他也提出了自己的看法,那就是女性也要争得经济独立,才能有对抗这类问题的能力。

(二) 社会层面:揭露丑恶,促进进步

“本刊为什么要事业发达？无非要想竭其绵薄,为社会多争得一线光明。”[②]邹韬奋“办这个周刊不是替任何个人培植势力,不是替任何机关培植势力,是要借此机会尽我们的心力为社会服务”[③],“所以本刊因销数激增而广告涌进所得的收入,都尽量地用来谋改进本刊的自身,由此增加读者的利益,由协助个人而促进社会的改进”[④]。因此,他可以不顾政治势力的威胁,直接揭露社会上不公不义之事。1931 年 4 月,邹韬奋调查国民党政府交通部长王伯群贪污公款修建私房并强娶女大学生一事。在进行实地调查之后,邹韬奋准备刊文报道此事。王伯群知道后立刻派人前来行贿,遭到邹韬奋严词拒绝。行贿不成,王伯群又派人威胁恐吓,邹韬奋依旧不为所动。1931 年 8 月 15 日,《生活》周刊发文报道此事,彻底揭露了王伯群的丑行,维护了社会正义。邹韬奋尽自己所能推动着社会的进步,虽然十分艰难,“但我们不顾前途的辽远……往前干去,尽力埋头干去,能为社会的福利尽多少力,即尽多少力,‘不问收获,但问耕耘’”。[⑤]

---

① 邹韬奋:《一封万分迫切求救的信》,《韬奋全集(增补本)》(第 3 卷),第 520—521 页。

② 邹韬奋:《苦痛中的挣扎》,《韬奋全集(增补本)》(第 3 卷),第 393 页。

③ 邹韬奋:《〈生活〉周刊究竟是谁的?》,《韬奋全集(增补本)》(第 5 卷),第 452 页。

④ 邹韬奋:《〈生活〉周刊究竟是谁的?》,《韬奋全集(增补本)》(第 5 卷),第 453 页。

⑤ 邹韬奋:《〈不断的奋斗〉编者附言》,《韬奋全集(增补本)》(第 2 卷),第 528 页。

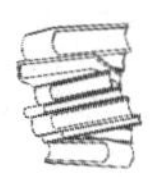

（三）国家层面：宣扬民主、救亡图存

邹韬奋的新闻实践活动还有一个非常突出的特点，就是具有强烈的社会责任感和民族使命感，为民请命、为国分忧。他曾说过："我们这一群的工作者所共同努力的是进步的文化事业，所谓进步的文化事业是要能够适应进步时代的需要，是要推动国家民族走上进步的大道。"①早期，邹韬奋主要以宣扬民主、反对封建为主。而在民族危机逐步加重之时，邹韬奋对于战争时期新闻记者的任务又有着明确的立场。他曾说："积极方面，应根据抗战建国纲领以宣传国策，建议具体方案；在消极方面也应根据抗战建国纲领以纠正并扫除那些破坏团结为虎作伥的言论与行为，这是抗战建国期中新闻记者的主要任务。"②1931 年 5 月，日军"万宝山事件"和屠杀旅韩华侨事件后，邹韬奋在《生活》收看上揭露了日本帝国主义的暴行。"九一八"事变后，邹韬奋更是发表《应彻底明了国难的真相》《唯一可能的民众实力》《一致的严厉监督》《对全国学生贡献的一点意见》四篇小言论，一方面对日本军国主义的野蛮行径进行披露，一方面痛斥国民党的不抵抗政策，号召民众积极抗日，救亡图存。他认为"全国同胞对此国难，人人应视为与己身有切肤之痛，以决死的精神，团结起来作积极的挣扎与苦斗"。③ 而对于不能冲上前线的民众，邹韬奋认为他们也同样能够为国家民族贡献自己的力量。"在（现在的）中国，实际上已分不出什么前线和后方，因为我们民族敌人的魔手已伸到我们整个国家的每一个角落……救亡的工作有很多的方面可以努力，不一定要上前线去……我以为只须根据自己的能力，时刻留心国事的发展，和救亡运动的开展，随时随

---

① 钱小柏、雷群明编著：《韬奋与出版》，学林出版社 1983 年版，第 116 页。

② 邹韬奋：《新闻记者当前的任务》，《韬奋全集（增补本）》（第 8 卷），第 26 页。

③ 邹韬奋：《应彻底明瞭国难的真相》，《韬奋全集（增补本）》（第 5 卷），第 58 页。

地都有救亡工作可以努力的。”①

邹韬奋针对不同时期、不同对象,真正做到将实现社会正义作为自己一切新闻实践活动的目的,这在当时是十分难得的。他的新闻实践在一定程度上也实现了他对正义的理解和设想。

结语

在邹韬奋一生的新闻事业当中,他对于正义的理解和践行贯穿于始终。他一切新闻实践的出发点,到他的报道方式,再到新闻实践的最终目的,都是与正义二字直接联系的。也正因为如此,邹韬奋才能获得如此之高的社会赞誉。邹韬奋一生笔耕不辍,致力于新闻实践活动,恪守新闻专业主义精神。他希望自己的新闻事业能够启发民智、促进社会进步、拯救国家于危亡,体现了他作为一个新闻从业者的职业修养和道德品质。

邹韬奋的正义思想具有强烈的历史价值和现实意义,因此在媒介快速发展的今天,仍然能够提供借鉴。正义是一个社会最基本也是最重要的道德要求,具体到新闻实践时,就更应该被重视。新闻记者应该坚守正义,不应因为经济利益就出卖自己的职业道德。媒体应当认识到自己肩负的社会责任,积极为民众发声,维护民众的利益和社会的正义。这是有品质的新闻媒体应具备的最基本的特征,也是所有新闻媒体仍需追求的目标和方向。

---

① 邹韬奋:《韬奋文集》(第1卷),生活·读书·新知三联书店1956年版,第455—456页。

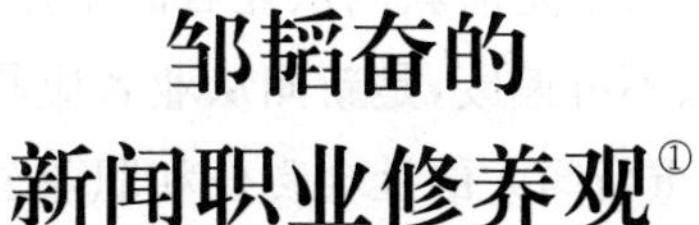

邹韬奋的新闻职业修养观[①]

曾梦颍

（兰州大学）

20世纪初的中国正经历战争的摧残，日本法西斯的侵略使得国家和民族都面临瓦解的风险；而国内蒋介石对共产党人进行全面围剿，国共战火不断。国内外战争硝烟不断，邹韬奋主编的以《生活》周刊为代表的报纸杂志则承担着为国内民众传递最新国内外局势，同时动员民众参与抗战的功能。

在这样动荡的时局下，作为我国现代著名的编辑、记者、出版家和政论家，邹韬奋在主持生活书店，主编《生活》周刊等报刊时，十分关心和重视职业修养，编辑及同人的专业能力和职业品格深刻影响着报刊的办报实践，他也常常就职业道德和职业修养发表文章。邹韬奋认为人生内容是多方面的，社会内容也是多方面的；但是职业是其中的一个很大的要素，并提出职业修养要遵循的三个原理："1. 一个人必须有个志愿或目标，然后易于着力，易取聚精会神的功效；2. 机会虽是不全由自己作主，但奋勉自修以求进步，是完全可以自主的事情；3. 对事业能胜任愉快，全靠平素的准备工夫。"[②]而在新闻职业修养方面，邹韬奋则

---

① 本文系兰州大学新闻与传播学院2018年科研培育项目"邹韬奋新闻传播思想的系统性研究"（18PY1012）阶段性成果、国家社科基金项目"延安时期中国共产党新闻传播话语建构及其当代价值研究"（项目号19BXW009）延伸性成果。

② 韬奋：《职业修养不是隔靴搔痒》，《生活》周刊第3卷第26期。

认为记者和编辑要具备专业的新闻能力,更要有新闻职业道德。邹韬奋认为,德才兼备是对新闻从业者的整体的、系统的要求,德与才互为条件、不可偏废,是新闻从业者应具备的基本素质,而以德为先则侧重新闻人的社会责任和职业道德,同时也是其选拔新闻人才的重要标准。

一、社会责任与职业道德并重

作为一名优秀的新闻记者、编辑,邹韬奋始终把民众放在心中的,全心全意投入到新闻工作中。在他进行新闻写作、新闻编辑时,始终秉持为民众说话的立场观,满足读者的需要;同时坚守新闻专业主义,保证新闻的真实客观。在近二十年的职业生涯中,邹韬奋主持的《生活》周刊创下了 15.5 万份的报刊发行量,这不仅是凭借报刊的内容和质量,更体现出邹韬奋的新闻道德修养。

(一) 问需于民的社会责任

受众定位的大众化,报刊文字的通俗化,认真对待读者来信等无一不体现了邹韬奋坚持大众化的办刊立场和一切为民众服务的精神。[①]

1921 年邹韬奋从上海圣约翰大学毕业后,受聘担任中华职业教育社编辑,负责编辑《教育与职业》月刊。从进入中华职业教育社开始,邹韬奋便对职业教育与职业指导倾注了大量心血与精力。针对社会上普遍认为职业无非是"混饭吃"的手段的观点,他撰文《职业的真乐》指出:"职业是一方面利己,一方面利人的行为。一个人生在世界上,受了人群的许多利益,人人都应该

① 雷群明:《邹韬奋论职业道德》,《编辑学刊》1997 年第 1 期。

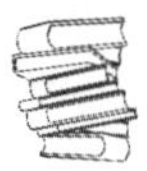

各尽所长，对于社会有尽量的贡献。这是人人所以必须有一业以服务社会的原理。”[①]这奠定了他为大众服务的报格。邹韬奋主编的《生活》周刊反映了农民的生活，工人的生活，学徒的生活，乃至工役和女仆的生活，是对当时民众大众凄苦生活的真实刻画，也是对社会的无声反抗。邹韬奋让更多的民众了解到最新的时事，同时推动了处于社会中下层的民智的进步。1926 年 10 月，邹韬奋在《生活》周刊中开辟了“读者信箱”专栏，热心地为读者解答各种问题，包括生活、恋爱、求学等。回复读者来信，是他觉得做编辑工作中最快乐的事。读者来信的内容五花八门，甚至有南洋的读者要求编辑部帮忙买“几尺什么颜色的布”，邹韬奋也都尽可能满足读者的要求。

在《生活日报》创刊号中，邹韬奋写道：“在决定本报篇幅和格式的时候，我们考虑到几种条件：第一是读者大众的需要；第二是我们自己的能力；第三是目前一般新闻纸无法顾及而我们可以设法补充的地方。关于第一点，我们想，读者不一定希望篇幅的繁多，而要新闻的准确敏捷；不一定希望消息的繁复，而要内容的简明化系统化。”[②]

全面抗战时期，邹韬奋带领以《生活》周刊为代表的期刊杂志，以新闻图片、读者信箱等形式为民众解读国内外最新时局信息，在传递最新最准确新闻的同时又不失趣味性，加强与民众的互动，起到了动员全民抗战的作用。这些地方处处体现了韬奋对国家、民众的社会责任感。

（二）尽我所能的职业道德

1926 年，邹韬奋在接办《生活》周刊时，资金困难，甚至请不

① 米靖：《论邹韬奋的职业教育思想》，《青年通讯》2007 年第 2 期，第 22 页。

② 邹韬奋：《编者的话》，《生活日报》1936 年创刊号，第八版。

起作家写稿,于是他自己用“心水”“思退”“沈慰霞”等笔名,依据不同栏目的读者需求,用不同的写作风格,撑起了整个《生活》周刊的前期发行。邹韬奋自称自己是“光杆编辑”,他的十来个不同的笔名,每个笔名都有其特殊的任务。[①] 例如叫“因公”的是专门负责撰写宣扬三民主义及中山先生遗教的文章;叫“落霞”的是翻译外国的名人轶事。尽管在当时没有看出这个刊物有什么远大前景,但是他敬业认真的态度使得《生活》周刊成为大众喜爱的报刊,也给中国新闻出版史添了浓墨重彩的一笔。

邹韬奋不仅在他所主办的《生活》周刊上呼吁民众要将大公无私、不谋私利作为职业道德的首要标准,还用实际行动诠释大公无私、廉洁自律等职业道德精神的内涵。[②] 例如,他向来不赞成在自己主持的机关里用自家亲戚,也从不介绍亲戚来生活书店工作。纵使是自己的亲戚里有人才,他也情愿让他在别人主持的机关里去发展;在当教师时,他也从不因学生的家庭背景而差别对待,正是因为他这种坚持原则的态度使他获得了“硬汉教师”的称号。他不仅严格要求自身的态度和行为,还会在书店同事没有尽职的时候写文章提醒其注意职业道德修养。邹韬奋始终积极倡导大众要重视培养职业道德精神,并且从思想到行动上都阐释了个人职业道德修养对其事业发展的重要性。

在《生活日报》创刊号《编者的话》中他提到,在物资方面虽无法与大资本相比拟,但会尽力设法补充其他新闻纸无法顾及的地方。[③] “我们知道以我们有限的能力,以现在的艰苦的环境,要创办这样一个报纸,事实上并不容易。但为了客观环境上

---

① 邹韬奋:《韬奋全集》(第 9 卷),上海人民出版社 1995 年版,第 717—718 页。

② 周丹:《邹韬奋的职业道德观探析》,《职业教育研究》2021 年第 10 期,第 91—96 页。

③ 邹韬奋:《编者的话》,《生活日报》1936 年创刊号,第八版。

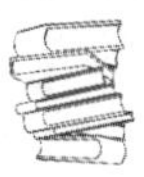

迫切的需要，我们终于大胆地开始尝试了。”[①]不管是《生活》周刊还是《生活日报》，在报刊、报纸的篇幅、内容、形式等方面都尽其所能地满足读者的需要。

二、以德为先的人才培养与保障理念

从人才学视角来看，邹韬奋新闻人才观，即合理把握内外人才的策略性需求、始终坚守德才兼备的人才选拔标准、倡导理论与实践相结合的人才培养模式和完善真心实意爱护人才的保障制度，在新闻人才的培养及保障过程中贯彻以德为先的理念，这也是其取得新闻事业成功的重要因素之一。

(一) 知行合一的人才培养模式

邹韬奋认为，新闻人才的培养有两种途径。一种是在学校中学习，另一种是在工作事件中的学习[②]。

第一种新闻人才的培养是根据自己的兴趣爱好进入大学新闻系的某一个部类进行专门的教育学习，从而迅速成为新闻人才。然而，当时的中国既无太多开新闻系的大学，又无太多优秀的新闻专业书籍。所以，邹韬奋告诉青年人，“有志入新闻界的，不一定要毕业于大学新闻系才可以，实际上有许多在新闻界成绩昭著的人士，并不是大学新闻系毕业的”。他还特别指出，这种情况并非只有中国存在，在欧美国家也是处处可见。[③]

关于在工作实践中培养可用之才，邹韬奋结合自己的人生经历，认为人才的培养应当采用学做结合的方式。邹韬奋曾总

① 邹韬奋:《编者的话》,《生活日报》1936 年第二号,第八版。
② 邹韬奋:《事业管理与职业修养》,生活·读书·新知三联书店 2012 年版,第 104 页。
③ 张文明:《邹韬奋的报刊编辑人才思想》,《新闻爱好者》2011 年第 19 期,第 55 页。

结自己的新闻历程说:“我个人是在且做且学,且学且做,做到这里,学到这里;除在前进书报上求锁钥外,无时不惶惶然请益于师友,商讨于同志。”[1]如1927年,邹韬奋兼任《时事新报》的秘书主任,并主持该报副刊《人生》的编务,时间近一年。邹韬奋认为,“这一年的‘联系’,比进什么大学的新闻科都来得切实,来得更有益处”。所以,他总是说:“在没有适当学校可进的时候,如有志从事新闻事业,只要能努力自学以及在实际工作中加紧学习与锻炼,也未尝不能获得成果。”[2]不仅如此,他还将学做结合的人才培养方式视为一个人成才的基本途径。在《事业管理与职业修养》一书中,他指出:对于用人,最主要的基本态度是大公无私,是非明辨。这句话听来好像是老生常谈,但如把理论与实践联系起来,仔细研究一下,便知道在实践上决不是一件很容易的事情。要真能做到大公无私,是非明辨,最重要的须能根据事实,注意理智的考虑与判断,而不可夹以私人的感情作用。[3]

“干部是不易培养起来的,是不易请到的,如‘放冷箭’一个一个地‘放掉’,实在是莫大的罪恶!”[4]人才培养是生活书店运营管理的重中之重,生活书店有许多学识能力胜过受过国内外大学教育的干部就是从店里的练习生成长起来的。

总之,邹韬奋总是在尽可能地调动同人的积极性,开发他们的创造力,以求培养出业务技能精湛、创造力非凡的干部,推动其新闻事业的发展。

(二) 爱才惜才的人才保障制度

新闻人才的社会生活保障是人才队伍建设的重要组成部

① 张文明:《邹韬奋的报刊编辑人才思想》,《新闻爱好者》2011年第19期,第56页。
② 杨广越:《邹韬奋的新闻人才观研究》,《科技与出版》2018年第10期,第31—35页。
③ 邹韬奋:《事业管理与职业修养》,第41页。
④ 韬奋纪念馆、北京印刷学院编:《店务通讯》(下),学林出版社2007年版,第1346页。

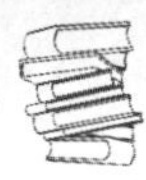

分。邹韬奋在经营生活书店时，实行职工保障制度，尽最大能力为职工解决后顾之忧，以便职工能安心工作，充分发挥个人才能；其次主张为职工创造出良好的学习和工作环境。

一方面，为了使得机构人才的聪明才智能够得到充分的发挥，以发展新闻事业，邹韬奋真诚地关爱人才，他在《事业管理与职业修养》中曾言“凡是真知爱护事业的人，没有不诚心诚意地爱护干部的”[①]，另一方面，在多年的新闻事业发展过程中，韬奋发掘和使用了大量新闻人才，这些人几乎都成了与他并肩作战的好战友。这一份文化革命堡垒的交情，也是促使他真心诚意爱护他们的催化剂。邹韬奋曾深有感触地说道，我们同人的工作，比别家辛苦，报酬却比别家微薄，所赖以支持全体同仁的工作情绪，全恃我们大家有着精诚团结的精神，存着互相爱护的精神。[②]

正因如此，作为人事委员会的领导，他制定了“八项注意”来保障人才的基本原则：一要注意干部的需要与困难，需用最关切的态度，尽力帮助解决；二要注意教育干部，使他们的天才能获得最大限度的发挥；三要注意分配干部以最适当的工作；四要注意保护并增进干部的健康；五要注意提拔干部；六要注意奖励干部；七要注意使干部能有机会均等尽量贡献他的意见，并须虚心考虑他的意见；八要注意使干部没有内顾之忧与后顾之忧。[③]

个人才能的发挥要始终坚守道德底线，邹韬奋在人才发掘、使用、选拔、培养和保障过程中，不断地以社会发展需要为底色引领人，以大公无私的用人态度感染人，以民主集中制原则团结人，以崇高的职业道德要求人，在他的认真带领下，“向来有着一

① 邹韬奋：《事业管理与职业修养》，第 43 页。
② 杨广越：《邹韬奋的新闻人才观研究》，《科技与出版》2018 年第 10 期，第 31—35 页。
③ 邹韬奋：《事业管理与职业修养》，第 44 页。

群得力的干部”成为生活书店一张亮丽的名片。

三、历史价值

邹韬奋强调:“一人而欲对于任何一业有胜任之能力,则受其教之范围,亦须顾到智识技能品性道德及健全之体力种种方面之平均发展,尤须注意其精神上之修养。”[①]

无论是在思想上,还是在实践上,邹韬奋都非常重视个人职业道德修养。自从他参加工作,就一直恪守职业道德,在从事报刊工作时更是常常发表文章呼吁从业者培养职业道德。他所提倡的职业教育,是在教给受教者职业技能,让他们享受到就业的愉悦外,还要注重对受教者职业素养和精神品质的培养。[②] 在这一理念的指导下,邹韬奋不仅在他所主办的《生活》周刊上呼吁民众要将大公无私、将不谋私利作为职业道德的首要标准,还用实际行动诠释大公无私、廉洁自律等职业道德精神的内涵,始终积极倡导大众要重视培养职业道德精神,并且从思想到行动上都阐释了个人职业道德修养对其事业发展的重要性,对 20 世纪初的中国新闻人及整个报刊行业具有重要的指导意义。

---

① 李益生:《邹韬奋论职业教育》,《教育与职业》1994 年第 6 期,第 39—40 页

② 周丹:《邹韬奋的职业道德观探析》,《职业教育研究》2021 年第 10 期,第 92 页。